“十二五”职业教育国家规划教材
经全国职业教育教材审定委员会审定

供高专高职护理、助产专业使用

妇产科护理学

（第三版）

主　编　陈云梅　熊　瑛
副主编　张　欣　蒋　莉　秦　雯
编　者　（按姓氏汉语拼音排序）
陈云梅　红河卫生职业学院
蒋　莉　重庆医药高等专科学校
李湫莲　云南省红河州委办公室
罗丽蓉　四川护理职业学院
秦　雯　聊城职业技术学院
王　敏　聊城职业技术学院护理学院
王　侠　皖西卫生职业学院
王丽君　沧州医学高等专科学校
熊　瑛　辽宁医药职业学院
张　欣　南阳医学高等专科学校
张艳民　潍坊护理职业学院
朱　敏　红河卫生职业学院
左欣鹭　承德护理职业学院

科学出版社
北　京

内 容 提 要

本书为“十二五”职业教育国家规划教材，是全国医药高等学校规划教材之一。本书主要内容包括女性生殖系统解剖与生理、妊娠生理、妊娠诊断、正常及异常妊娠期、分娩期及产褥期母儿的护理、妇科疾病病人的护理、妇科手术病人的护理、计划生育妇女的护理、妇科常用护理技术及诊疗技术护理和妇女保健等。本书内容简明、实用，在每一章节正文内容之前设情境案例，文中有考点提示，之后有目标检测，均参考最新护士执业资格考试的知识点和题型命题。

本书可供全国高等职业院校护理、助产专业学生使用。

图书在版编目（CIP）数据

妇产科护理学 / 陈云梅，熊瑛主编. —3 版. —北京：科学出版社，2016
“十二五”职业教育国家规划教材
ISBN 978-7-03-048717-9

Ⅰ. 妇… Ⅱ. ①陈… ②熊… Ⅲ. 妇产科学－护理学－医学院校－教材 Ⅳ. R473.71

中国版本图书馆 CIP 数据核字（2016）第129197号

责任编辑：张 茵 许贵强 / 责任校对：张凤琴
责任印制：徐晓晨 / 封面设计：张佩战

科学出版社出版
北京东黄城根北街 16 号
邮政编码：100717
http://www.sciencep.com

北京虎彩文化传播有限公司印刷
科学出版社发行 各地新华书店经销
*
2007 年 12 月第 一 版 开本：787×1092 1/16
2016 年 12 月第 三 版 印张：20
2020 年 1 月第十二次印刷 字数：512 000

定价：42.00 元
（如有印装质量问题，我社负责调换）

前　　言

为了推进我国高职高专护理教育事业的改革与发展，培养更多实用型的护理专业人才，进一步推动我国护理教育改革的进程，加强教材建设是促进改革与发展的重要环节之一。教材是知识的载体，是各层次护理人员学习专业知识的必备工具，是贯彻护理教育改革的理论依据和指导用书。本教材的编写力求为护理专业的学生学习专业知识提供依据，最大限度地实现护理教学与护理实践的无缝对接，同时也为学生建立临床护理诊断思维打下坚实的基础。

妇产科护理是一门研究母儿的主观和客观资料，以确定其护理需要的基本理论、基本技能和临床思维方法的学科，是护理专业的主要课程之一，也是护士职业资格考试的主要科目。该课程的主要任务是使学生掌握妇女在妊娠期、分娩期、产褥期等各个时期的身体评估和心理社会评估的内容、方法及护理诊断和护理措施，熟悉妇产科护理记录的格式与内容，为从事相关专业护理工作奠定坚实的基础。

本教材的内容包括绪论、生理产科病人的护理、病理产科病人的护理、妇科病人的护理、计划生育妇女的护理和妇女保健。在教材编写过程中力求做到博众取长，叙述清晰、语言流畅、图文并茂，并将历年来护士职业资格和职称考试的考点知识贯穿在教材内容中，通过章节学习目标、案例分析、目标检测题加强重点难点知识的学习与巩固，使教材内容更充实，更加符合临床护理实践的需求。本教材主要供护理和助产专业专科学生、成人教育专科学生及相应水平的护理专业学生使用。

本书在编写过程中参阅了大量的相关书籍和文献资料，在此衷心感谢。本书的编者来自于多所高职高专院校的一线专业教师，以及部分从事临床工作的教师，衷心感谢各位编者在繁重的工作之余，花费了大量的时间来完成编写任务。感谢教材编审委员会、科学出版社等各级专家和领导的悉心指导，同时感谢各参编院校和领导给予的大力支持。

本教材虽经过反复讨论、修改和审阅，但疏漏和不足之处在所难免，恳请使用教材的广大师生、读者和妇产科同道们不吝赐教，给予批评指正，以便改进。

编　者

2016 年 2 月

目　录

第1章 绪　论

📖 学习目标

1. 熟悉妇产科护理学的性质、内容、特点及学习方法。
2. 了解妇产科护理学的发展简史和发展趋势。

一、妇产科护理的性质及内容

妇产科护理是研究女性在整个生命周期中的不同时期生殖系统的生理和病理变化，提供相应身体护理和心理护理的一门学科，是临床护理的主干课程之一，是为妇女健康提供服务的科学，是现代护理学的重要组成部分。妇产科护理的服务对象包括生命各阶段不同健康状况的妇女及其胎儿、新生儿以及相关的家庭成员和社会成员。妇产科护理内容包括孕产妇的护理、妇科疾病患者的护理、计划生育指导及妇女保健。妇产科护理具体的学习内容包括女性在非妊娠期常见的健康问题护理；妊娠期、分娩期、产褥期全过程的护理及孕妇、产妇及胎儿、新生儿的健康问题护理；女性生育调控中的护理；妇女各时期保健和生殖健康的护理。

二、妇产科护理学的发展史

妇产科护理学最早源于产科护理。自有人类以来，就有专人参与照顾妇女的生育过程，这是早期的产科及产科护理雏形。大约在公元前1500年，古埃及Ebers古书中就有关于妇产科学的专论，记述了古代民间对缓解产科阵痛的处理、胎儿性别的判断及妊娠诊断方法，也有关于分娩、流产、月经以及一些妇科疾病处理方法的描述。《内经》中的《素问》篇里有对女子成长、发育、月经疾患、妊娠诊断及相关疾病治疗的认识和解释。唐代孙思邈著有《千金要方》，其中有三卷专论《妇人方》，对恶阻、养胎、妊娠等相关问题的处理、临产注意事项、产后护理及崩漏诸症有较详尽的分析和论述。唐朝大中初年昝殷所著的《经效产宝》是我国现存最早的一部中医妇产科专著。妇产科护理的真正发展始于近代，由于妇女所选择的分娩场所由家庭转为医院，参与产科护理的人员结构和性质发生了根本变化，一批受过专业训练、具备特殊技能的护理人员参与产科护理工作，由此助产工作开始规范化。20世纪70年代以来，开始引入围生医学，实行高危妊娠管理、宫内监测、胎盘功能检查等。

三、妇产科护理的发展趋势

为适应医学模式转变和社会发展过程中人们对生育、健康及医疗保健需求的变化，妇产科护理模式由单纯“以疾病为中心的护理”向“以整体人的健康为中心”转变；妇产科护理理念也从单纯的“护理疾病”发展为“保障妇女生殖健康的护理”；护士的工作场所逐渐由医院扩大到家庭、社区；随着产前诊断技术的进步及人类辅助生殖技术的发展，遗传咨询门诊、孕前保健门诊应运而生，产科护理学的范畴不断扩大；随着女性生殖内分泌学理论研究、妇科肿瘤学的发展以及妇科微创手术的不断普及，妇科病人的护理方面产生了新的技术及思路；妇女保健学的建立及计划生育措施的不断改进、各种监护仪器的临床应用等，都对妇产科护理学提出了更高、更广泛的要求，同时也为妇产科护理学的发展开辟了广阔的前景。

目前开展的“以家庭为中心的产科护理”针对个案、家庭、新生儿在生理、心理、社会等方面的需要及调适，向他们提供安全、高质量的健康照顾，尤其强调提供促进家庭成员间的凝聚力和维护身体安全的母婴照顾，是当代整体化护理的具体体现，代表了妇产科护理的发展趋势。

四、妇产科护理学的特点

1. 妇产科护理对象的特殊性 妇产科护理对象涉及不同时期的女性，可能涉及女性最隐私的部位及个人隐私问题，因此应尊重护理对象。女性一生中生殖系统在不同时期表现出不同的特殊生理变化，如青春期的月经初潮、性成熟期的生育过程、绝经过渡期的性激素水平低落等，在护理过程中要注意不同时期的关注点。女性病人容易出现害羞、焦虑、情绪不稳定、抑郁等心理问题，这些问题可能影响疾病的进展及预后，应注重心理护理。

2. 妇产科护理工作的兼顾性 产科护理对象包括孕妇及胎儿和新生儿，因此不仅要保护孕产妇健康、安全，也要兼顾到对胎儿、新生儿的影响，两者同样重要而且息息相关。对于产褥期妇女的护理，既要做好产褥期的妇女保健，预防产妇生殖道感染，保证母婴健康，又要做好计划生育指导。

3. 妇产科护理内容的复杂性 妇产科涉及心理学、社会学及伦理学等学科，同时还牵动着家庭和社会的各方面。妇产科危急重症多，随机性强，妊娠期和分娩期的各种并发症多，是医患、护患矛盾与医疗纠纷相对较多的科室。

五、妇产科护理的学习目的及方法

学习妇产科护理的目的在于掌握现代化妇产科护理理论和技能，发挥护理特有职能，为病人提供缓解痛苦、促进康复的护理活动，帮助护理对象尽快获得生活自理能力；为健康女性提供自我保健知识、预防疾病并维持健康状态。学习妇产科护理除具备扎实的医学基础和社会人文学科知识外，还需具有护理学基础、内科护理学、外科护理学、儿科护理学、社区预防保健等综合知识。在学习的全过程中强调理论联系实际，注重综合素质和创新能力的培养，加强实践能力和职业行为规范培养，使学生的知识结构与临床病人护理需求相适应。

六、妇产科护士应具备的素质

妇产科护士必须具有良好的身体素质、高尚的道德情操和精湛的医学护理技能，扎实的专业技术，并应有较强的人际交往能力和协调能力，以及发现问题、解决问题的能力，同时还应具有较好的语言、文字表达能力。要有热爱本职工作、诚实守信的道德情感及对病人的同情心，要以优良的道德品质和良好的心理素养，广博的知识、端庄的仪表、亲切的态度影响病人，使患者获得安全感、亲切感和信任感，为确保母婴的健康做出应有的贡献。

（陈云梅）

第 2 章　女性生殖系统解剖与生理

学习目标

1. 掌握内外生殖器官解剖结构及功能、卵巢的功能及周期性变化、雌孕激素的生理作用、生殖器官的周期性变化。

2. 熟悉女性一生各阶段的生理特点、月经周期调节机制。

3. 了解骨盆组成、骨盆的分界及骨性标志、内生殖器官邻近器官、月经的临床表现及健康教育。

第 1 节　女性生殖系统解剖

女性生殖系统包括内、外生殖器官及其相关组织与邻近器官。

一、骨　　盆

骨盆为女性生殖器官所在，也是胎儿经阴道分娩的必经通道。骨盆除支持躯干使其重量均匀分布于下肢外，还具有保护盆腔脏器的作用。骨盆的大小、形态对分娩有直接影响。

（一）骨盆的组成

骨盆（pelvis）由左右 2 块髋骨、1 块骶骨和 1 块尾骨组成。每块髋骨又由髂骨、坐骨及耻骨融合而成；骶骨由 5～6 块骶椎融合形成；尾骨由 4～5 块尾椎融合形成（图 2-1）。两耻骨之间由纤维软骨连接形成耻骨联合；骶骨和髂骨之间为骶髂关节；骶骨与尾骨的连接处为骶尾关节。以上关节和耻骨联合均有韧带附着，其中骶骨、尾骨与坐骨棘之间的骶棘韧带和骶骨、尾骨与坐骨结节之间的骶结节韧带最为重要。妊娠期在激素的影响下，附着于关节周围的韧带变松弛，各关节的活动略有增加，例如：分娩时，骶尾关节活动增加有利于胎儿娩出。

考点：骨盆的骨骼组成、骨盆关节及韧带

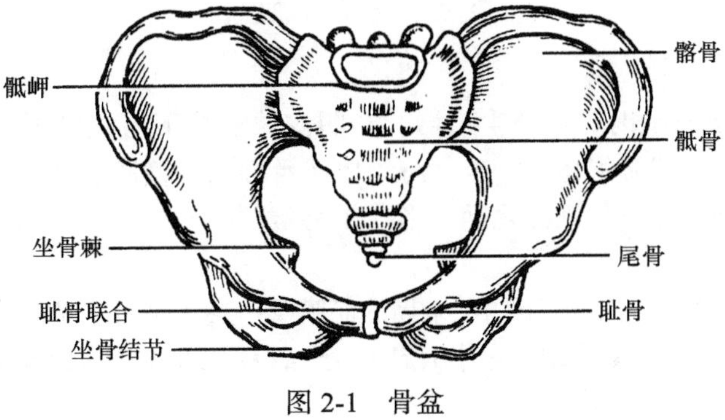

图 2-1　骨盆

（二）骨盆的分界

以耻骨联合上缘、两侧髂耻线及骶岬上缘的连线为界，将骨盆分为两部分。分界线以上部分称为假骨盆，又称大骨盆；分界线以下部分称为真骨盆，又称小骨盆。假骨盆与分娩无直接关系，但通过测量其径线可以间接了解真骨盆的大小。真骨盆又称骨产道，其大小、形态与分娩有密切关系。真骨盆有上、下两口，即骨盆入口与骨盆出口，两者之间形成的腔称为骨盆腔。

考点：骨盆的分界及真骨盆的骨性标记

真骨盆的重要骨性标志：①骶骨岬：第一骶椎向前突出形成骶岬，是骨盆内测量的重要骨性标志。②坐骨棘：位于真骨盆中部，坐骨后缘中点突出的部分，可于肛门或阴道检查时触及，是分娩过程中衡量胎先露下降程度的重要标志。③耻骨弓：耻骨两降支的前部相连构成耻骨弓，形成的夹角称为耻骨弓角度，正常值为 90°。④坐骨结节：位于真骨盆下部的坐骨上较大的隆突部位。

（三）骨盆的类型

骨盆的类型只是理论上的归类，临床上多见混合型，骨盆的形态、大小的差异受遗传、营养、生长发育、疾病等影响。通常将骨盆分为四种类型：①女性型；②男性型；③扁平型；④类人猿型。其中女性型骨盆最常见，占我国妇女骨盆类型中的 52.0%～58.9%。女性正常骨盆较男性骨盆宽而浅，有利于胎儿的娩出。

二、骨　盆　底

骨盆底由多层肌肉和筋膜组成，承托盆腔脏器，封闭骨盆出口，有尿道、阴道及直肠穿过。其主要作用是支持盆腔脏器并使之保持正常的位置。骨盆底的前面为耻骨联合下缘，后面为尾骨尖，两侧为耻骨降支、坐骨升支及坐骨结节。骨盆底由外向内有 3 层组织（图 2-2）。

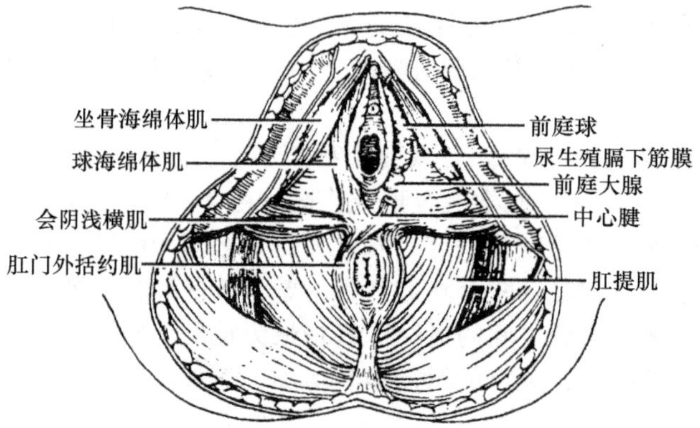

图 2-2　骨盆底肌层

（一）外层

外层为浅层筋膜与肌肉。在外生殖器、会阴皮肤及皮下组织的下面，有一层会阴浅筋膜，深部由 3 对肌肉（球海绵体肌、坐骨海绵体肌及会阴浅横肌）及肛门外括约肌组成。这层肌肉的肌腱会合于阴道口与肛门之间，形成中心腱。

（二）中层

中层又称泌尿生殖膈，由上、下两层坚韧的筋膜及一层薄肌肉组成。尿道和阴道穿过此膈。在两层筋膜间有一对由两侧坐骨结节至中心腱的会阴深横肌及位于尿道周围的尿道括约肌。

（三）内层

内层又称盆膈，为骨盆底最内层，最坚韧，由肛提肌及其筋膜所组成，有尿道、阴道及直肠贯通。每侧肛提肌由耻尾肌、髂尾肌和坐尾肌 3 部分组成，两侧肌肉互相对称，合成漏斗形。肛提肌的主要作用是加强盆底的托力。其中一部分纤维与阴道及直肠周围密切交织，加强肛门与尿道括约肌的作用。

会阴（perineum） 有广义及狭义的区分。广义的会阴指封闭骨盆出口的所有软组织。狭义的会阴指阴道口与肛门之间的软组织，也是骨盆底的一部分，包括皮肤、筋膜、部分肛提肌及中心腱，又称会阴体。会阴体厚 3～4cm，由外向内逐渐变窄呈楔状，表面为皮肤及皮下脂肪，内层为会阴中心腱。会阴伸展性很大，妊娠后组织变软变薄向两侧分开，有利于分娩。若产力强，容易发生裂伤，因此，分娩时要注意保护会阴，避免裂伤。

三、外 生 殖 器

女性外生殖器又称外阴，指生殖器官的外露部分，包括两股内侧之间从耻骨联合到会阴之间的组织（图 2-3）。

（一）阴阜

阴阜即耻骨联合前面隆起的脂肪垫。青春期该部位皮肤开始生长阴毛，分布呈尖端向下的三角形。阴毛为第二性征之一，其疏密、精细、色泽可因人或种族而异。

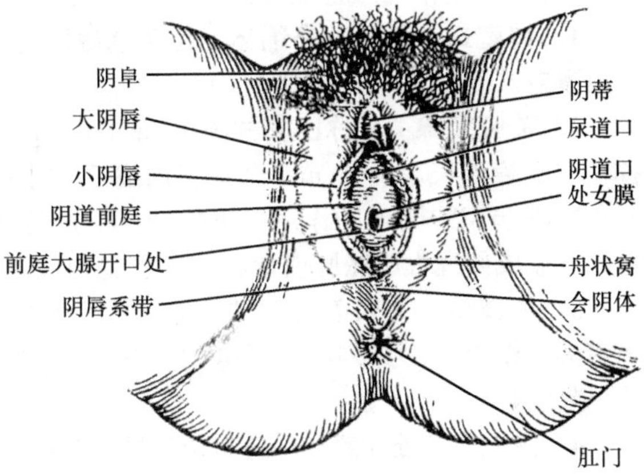

图 2-3　女性外生殖器

（二）大阴唇

大阴唇为两股内侧一对隆起的皮肤皱襞，起自阴阜，止于会阴。两侧大阴唇前端为子宫圆韧带的终点，后端在会阴体前融合，形成阴唇前、后联合。大阴唇外侧面为皮肤结构，皮层内有皮脂腺和汗腺，青春期长出阴毛；内侧面皮肤湿润似黏膜。大阴唇有很厚的皮下脂肪层，富含血管、淋巴管和神经。当局部受伤时，易发生出血，可形成大阴唇血肿。未婚妇女的两侧大阴唇自然合拢，遮盖阴道口及尿道口；经产妇大阴唇因受分娩影响两侧分开；绝经后妇女的大阴唇呈萎缩状，阴毛稀少。

外 阴 血 肿

外阴血肿最常见的发生部位是大阴唇。由于大阴唇有很厚的皮下脂肪层，皮下组织疏松，富含血管、淋巴管和神经，当外阴受到骑跨伤或硬物撞击时，皮下血管破裂而皮肤无裂口时，易发生大阴唇血肿。

如发生大阴唇血肿需要进行相应的处理及护理，根据血肿程度的不同护理如下：①血肿小无继续增大现象时，可给予保守治疗。嘱患者卧床休息，血肿形成最初 24 小时内宜局部冰敷，降低局部血流量和减轻外阴疼痛。血肿形成 24 小时后可改用热敷或局部理疗如红外线、超短波照射，促进血肿吸收。②血肿较大，可在血肿形成 4～5 天后，在严密消毒下抽出血液，加速血肿的消散。③血肿直径＞5cm，症状重，或血肿继续发展，应给予手术止血和取出凝血块的护理配合。

知识链接

（三）小阴唇

小阴唇为位于大阴唇内侧的一对薄皱襞。表面湿润，色褐、无毛，富含神经末梢，故极敏感。两侧小阴唇前端相互融合，再分为两叶，包绕阴蒂，前叶形成阴蒂包皮，后叶形成阴蒂系带。小阴唇与大阴唇的后端相会合，在正中线形成一条横皱襞，称为阴唇系带。经产妇受分娩影响阴唇系带已不明显。

（四）阴蒂

阴蒂位于小阴唇之间的顶端，类似男性的阴茎海绵体组织，有勃起性。它分为3部分，前端为阴蒂头，中为阴蒂体，后为2个阴蒂脚，附着于两侧的耻骨降支上。仅阴蒂头外露，直径6～8mm，富含神经末梢，极为敏感。

（五）阴道前庭

阴道前庭为两小阴唇之间的菱形区域，前为阴蒂，后为阴唇系带。在此区域内，前半部有尿道外口，后半部有阴道口。阴道口与阴唇系带之间有一浅窝，称舟状窝，又称阴道前庭窝，经产妇因受分娩影响，此窝常不复见。

1. 前庭球 又称球海绵体，位于前庭两侧，由具有勃起性的组织构成，表面为球海绵体肌覆盖。

2. 前庭大腺 又称巴多林腺（Bartholin glands），位于大阴唇后部，如黄豆大小，左右各一。腺管细长，1～2cm，开口于前庭后方小阴唇与处女膜之间的沟内。性兴奋时分泌黄白色黏液起润滑阴道的作用。正常情况下进行检查时不能触及此腺，若因感染致腺管口闭塞，可形成前庭大腺脓肿或囊肿，则能看到或触及波动性肿物。

3. 尿道口 为尿道的开口，位于阴蒂头的后下方、阴道前庭的前部，略呈圆形，女性尿道的后壁有一对并列的尿道旁腺，其分泌物有润滑尿道口的作用，但此腺常可被细菌潜伏引起感染。

4. 阴道口及处女膜 阴道口位于尿道口后方、前庭的后部，其大小、形状常不规则。阴道口覆盖一层较薄黏膜，称为处女膜。膜上有一小孔，多在处女膜的中央，孔的形状、大小及膜的厚薄因人而异。处女膜多在初次性交时破裂，分娩后形成数个小隆起状的处女膜痕。

四、内 生 殖 器

女性内生殖器包括阴道、子宫、输卵管和卵巢。输卵管与卵巢称子宫附件（图2-4，图2-5）。

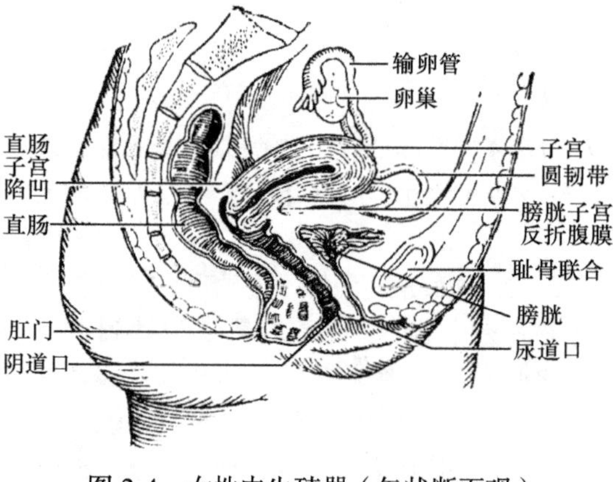

图2-4 女性内生殖器（矢状断面观）

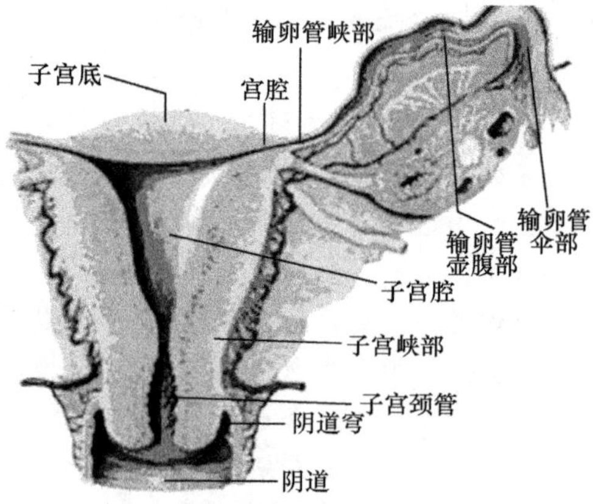

图2-5 女性内生殖器（冠状断面观）

（一）阴道

阴道（vagina）位于真骨盆下部中央，为性交器官，也是月经排出及胎儿娩出的通道。阴道为上宽下窄的肌性管型器官，前壁长7～9cm，与膀胱和尿道相邻，后壁长10～12cm，与直肠贴近。平时阴道前后壁相贴近。阴道上端环绕宫颈的部分称阴道穹隆，按其位置分为前、后、左、右4部分，其中后穹隆最深，其顶端与直肠子宫陷凹（为盆腔最低点）紧密贴近，当盆腔积液时可经阴道后穹隆进行穿刺，是某些疾病诊断或进行手术的途径。

考点：阴道后穹隆的临床意义

阴道壁由黏膜、肌层和纤维组织膜构成，有很多横纹皱襞，有较大伸展性。阴道黏膜呈淡红色，由复层鳞状上皮细胞覆盖，无腺体。阴道黏膜受性激素影响有周期性变化。幼女及绝经后妇女的阴道黏膜上皮甚薄，皱襞少，伸展性小，容易在创伤后发生感染。

（二）子宫

子宫（uterus）是产生月经和孕育胚胎、胎儿的脏器。

1. 位置　子宫位于骨盆腔中央，膀胱与直肠之间，下端接阴道，两侧有输卵管和卵巢。成年女性子宫呈前倾前屈位，主要靠子宫韧带、骨盆底肌和筋膜承托于正常位置。

2. 形态　子宫呈前后略扁的倒置梨形。成年妇女的子宫重约 50g，长 7～8cm，宽 4～5cm，厚 2～3cm；子宫腔容量约 5ml。子宫上部较宽称子宫体（宫体），其上端隆突部分为子宫底（宫底）。子宫底两侧为子宫角（宫角），与输卵管相通。子宫的下部较窄呈圆柱状称子宫颈（宫颈）。子宫体与子宫颈的比例，婴儿期为 1∶2，成年女性为 2∶1，青春期及老年期为 1∶1（图 2-6）。

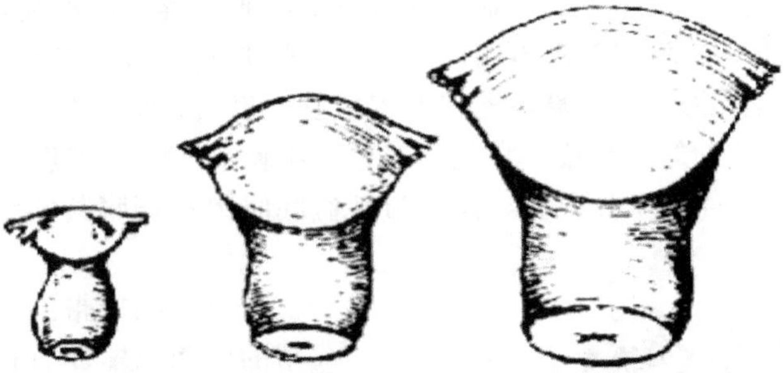

图 2-6　不同年龄子宫体的发育比较

子宫腔为上宽下窄的三角形，两侧通向输卵管，尖端朝下通向宫颈管。宫体与宫颈之间最狭窄的部分，称子宫峡部。子宫峡部在非孕期长约 1cm，其上端因解剖上较狭窄称解剖学内口，其下端因黏膜组织在此处由宫腔内膜转变为宫颈黏膜，称组织学内口。妊娠期子宫峡部逐渐延伸变长形成子宫下段，是软产道的一部分，妊娠末期可达 7～10cm。

宫颈内腔呈梭形称宫颈管，成年妇女长 2.5～3.0cm，其下端为宫颈外口，宫颈下端暴露于阴道的部分称宫颈阴道部（图 2-7）。未产妇的宫颈外口呈圆形；经阴道分娩后妇女的宫颈外口因分娩裂伤，故产后宫颈外口呈横裂状。

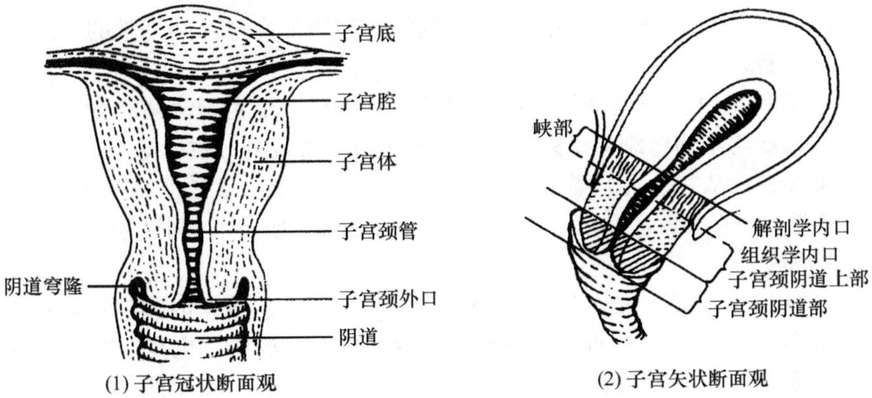

图 2-7　子宫各部

3. 组织结构 宫体和宫颈的组织结构不同。

（1）子宫体：由 3 层组织构成，内层为黏膜层即子宫内膜，中间层为肌层，外层为浆膜层即脏层腹膜。

1）子宫内膜：为粉红色黏膜组织，分功能层和基底层，其表面 2/3 能发生周期性变化称功能层，靠近子宫肌层的余下 1/3 内膜无周期性变化称基底层。子宫内膜在月经周期中及妊娠期受卵巢激素的影响会发生周期性变化（详见月经周期及妊娠生理章节）。

2）子宫肌层：为子宫壁最厚的一层，非孕时厚约 0.8cm。由平滑肌束及弹力纤维所组成，肌束纵横交错如网状，外层纵行，内层环行，中层交叉排列。肌层中含血管，子宫收缩压迫血管起到止血作用，利于减少产后出血。

考点：子宫的解剖特点、子宫峡部的变化

3）子宫浆膜层：为覆盖宫体底部及前后面的脏层腹膜，与肌层紧贴，但在子宫前面近峡部处，腹膜与子宫壁结合较疏松，向前反折以覆盖膀胱，形成膀胱子宫陷凹。在子宫后面，腹膜沿子宫壁向下至宫颈后方及阴道后穹隆，再折向直肠，形成直肠子宫陷凹，亦称道格拉斯陷凹。覆盖在子宫前后壁的腹膜在子宫两侧会合，并向两侧延伸，形成阔韧带。

（2）子宫颈：主要由结缔组织构成，亦含有平滑肌纤维、血管及弹力纤维。宫颈管黏膜为单层高柱状上皮，黏膜层有许多腺体能分泌碱性黏液，形成宫颈管内的黏液栓，将宫颈管与外界隔开。宫颈阴道部为复层鳞状上皮覆盖，表面光滑。在宫颈外口柱状上皮与鳞状上皮交界处是宫颈癌的好发部位。宫颈黏膜受性激素影响发生周期性变化。

4. 子宫韧带 子宫有 4 对韧带。韧带与骨盆底肌肉和筋膜共同维持子宫于正常位置（图 2-8）。

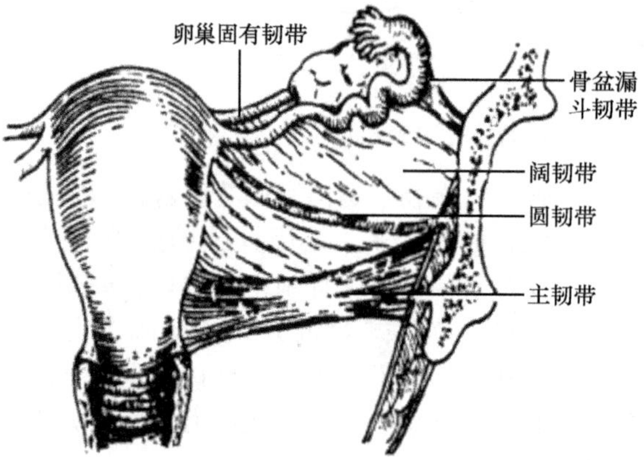

图 2-8 子宫韧带

（1）圆韧带：呈圆索状。起于子宫角的前面、输卵管近端的下方，然后向前下方伸展达两侧骨盆壁，再穿过腹股沟，终止于大阴唇前端。圆韧带的作用是维持子宫前倾位置。

（2）阔韧带：为一对翼形的腹膜皱襞。由子宫两侧至骨盆壁，将骨盆分为前、后两部分。阔韧带分为前后两叶，其上缘游离，内 2/3 包裹输卵管，外 1/3 由输卵管伞端下方向外侧延伸达骨盆壁，称为骨盆漏斗韧带或卵巢悬韧带。卵巢内层与子宫角之间的阔韧带稍增厚，称卵巢固有韧带。子宫动、静脉和输尿管均从阔韧带基底部穿过。阔韧带的作用是维持子宫在盆腔的正中位置。

考点：维持子宫正常位置的韧带及作用

（3）主韧带：又称宫颈横韧带，在阔韧带下部横行于子宫颈两侧和骨盆侧壁之间，为一对坚韧的平滑肌与结缔组织纤维束，是固定宫颈于正常位置的重要组织。

（4）宫骶韧带：从宫颈后上侧方向两侧绕过直肠到达第 2、3 骶椎前面的筋膜。韧带含平滑肌和结缔组织，外有腹膜遮盖，短厚有力，将宫颈向后向上牵引，间接保持子宫于前倾位置。

（三）输卵管

输卵管（fallopian tube or oviduct）为一对细长而弯曲的管，内侧与宫角相连通，外端游离，与卵巢接近，全长 8～14cm，是卵子与精子相遇的场所，也是向宫腔运送受精卵的管道。根据输卵管的形态由内向外可分为 4 部分（图 2-9）：①间质部：紧接子宫角部的部分，狭窄而短，长约 1cm。②峡部：为间质部外侧管腔较狭窄的部分，长 2～3cm。③壶腹

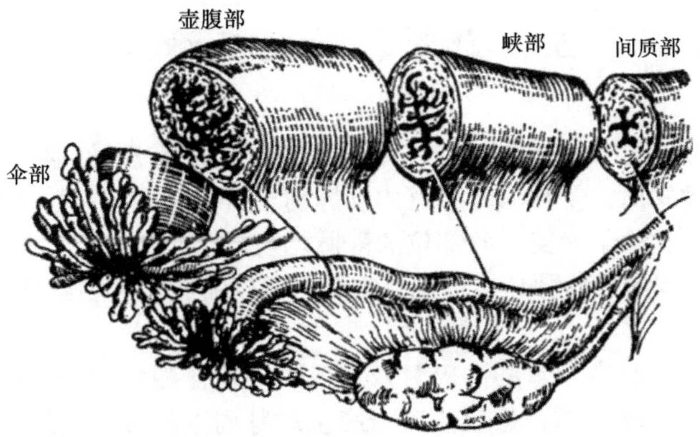

图 2-9　输卵管各部及其横断面

部：在峡部外侧，管腔较宽大，为正常情况下受精的部位，长 5～8cm。④伞部：输卵管的末端，形似漏斗，长 1～1.5cm，开口于腹腔，游离端呈漏斗状，有“拾卵”作用。

输卵管壁在组织学上分 3 层：外层为浆膜层，为脏层腹膜的一部分，即阔韧带上缘；中层由内环行和外纵行的两层肌纤维组成；内层为黏膜层，由单层高柱状上皮组成，其中有分泌细胞及纤毛细胞，纤毛向宫腔方向摆动，协助孕卵的运行。输卵管黏膜受性激素影响出现周期性变化。

（四）卵巢

卵巢（ovary）为一对扁椭圆形的性腺，有产生激素和排出卵子的功能。青春期前，卵巢表面光滑；青春期开始排卵，卵巢表面逐渐变得凹凸不平；成年妇女的卵巢约 4cm×3cm×1cm，重 5～6 g，呈灰白色；绝经后卵巢萎缩变小、变硬。

卵巢位于输卵管的后下方，以卵巢系膜连接于阔韧带后叶的部位称卵巢门，卵巢血管与神经由此出入卵巢。卵巢外侧以骨盆漏斗韧带连于骨盆壁，内侧以卵巢固有韧带与子宫相连。

卵巢表面无腹膜，由单层立方上皮覆盖，称表面上皮，其内有一层纤维组织，称卵巢白膜。再向内为卵巢组织，分皮质和髓质两部分，皮质在外层，其中含数以万计的原始卵泡及致密结缔组织；髓质在卵巢的中心部分，内无卵泡，含疏松结缔组织及丰富血管、神经、淋巴管及少量的平滑肌纤维（图 2-10）。

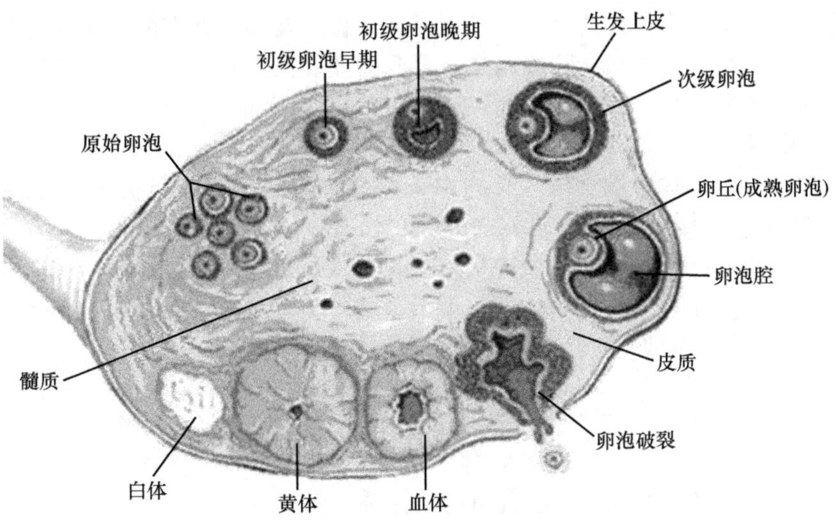

图 2-10　卵巢的构造（切面）

五、血管、淋巴及神经

（一）血管

女性内外生殖殖器官的血液供应主要来自卵巢动脉、子宫动脉、阴道动脉及阴部内动脉。卵巢动脉自腹主动脉发出，子宫动脉为髂内动脉前干分支，阴道动脉为髂内动脉前干分支，阴部内动脉为髂内动脉前干终支。各部位的静脉均与同名动脉伴行，但静脉数量较动脉多，并在相应器官及其周围形成静脉丛，且互相吻合，所以盆腔静脉感染易于蔓延。

（二）淋巴

女性生殖器官和盆腔有丰富的淋巴管及淋巴结，均伴随相应的血管而行，淋巴液首先汇集进入沿髂动脉的各淋巴结，然后注入沿腹主动脉周围的腰淋巴结，最后汇入于第二腰椎前方的乳糜池。女性生殖器官淋巴主要分为外生殖器淋巴与内生殖器淋巴两大组。当内、外生殖器发生感染或肿瘤时，往往沿各部回流的淋巴结传播，导致相应淋巴结的肿大。

（三）神经

女性外生殖器主要由阴部神经支配。阴部神经由第Ⅱ、Ⅲ、Ⅳ骶神经分支组成，与阴部内动脉并行，在坐骨结节内侧下方分成3支，分布于会阴、阴唇、阴蒂、肛门周围。内生殖器官主要由交感神经与副交感神经支配，交感神经纤维自腹主动脉前神经丛分出，下行入盆腔分为两部分：卵巢神经丛及骶前神经丛，其分支分布到输卵管、子宫、膀胱等部。但子宫平滑肌有自律活动，完全切除其神经后仍有节律收缩，还能完成分娩活动。临床上可见下半身截瘫的产妇能顺利自然分娩。

六、邻近器官

女性生殖器官与尿道、膀胱、输尿管、直肠及阑尾，不仅位置相邻，而且血管、神经、淋巴系统也有密切联系。当女性生殖器官出现病变时，能够累及邻近器官。

（一）尿道

尿道为一肌性管道，位于阴道前、耻骨联合后，始于膀胱三角尖端，穿过泌尿生殖膈，终止于阴道前庭的尿道外口。女性尿道长4～5cm，短而直，与阴道邻近，容易发生泌尿系统及生殖系统的交叉感染。

（二）膀胱

膀胱为一囊状肌性器官，其大小、形状因充盈程度及邻近器官的情况而变化。排空的膀胱位于子宫与耻骨联合之间，膀胱充盈时可凸向盆腔甚至腹腔。充盈的膀胱在手术中易遭误伤，并妨碍盆腔检查，故妇科检查及手术前必须排空膀胱。

（三）输卵管

输尿管为一对圆索状肌性管道，长约30cm，粗细不一，最细部分的直径仅3～4mm，最粗可达7～8mm。输尿管从肾盂开始，在腹膜后沿腰大肌前面偏中线侧下降，在骶髂关节处，经过髂外动脉起点的前方进入骨盆腔，并继续在腹膜后沿髂内动脉下行，至阔韧带基底部向前内方行，在宫颈外侧约2cm处，于子宫动脉下方穿过，再经阴道侧穹隆顶端绕向前方进入膀胱。结扎子宫动脉时，应避免损伤输尿管（图2-11）。

（四）直肠

直肠位于盆腔后部，上接乙状结肠，下连肛管，前为子宫及阴道，后为骶骨，全长15～20cm。肛管长2～3cm，借会阴体与阴道下段分开，在其周围有肛门内、外括约肌和肛提肌。肛门外括约肌为骨盆底浅层肌肉的一部分，阴道分娩时应注意保护会阴，避免损伤肛管及直肠。

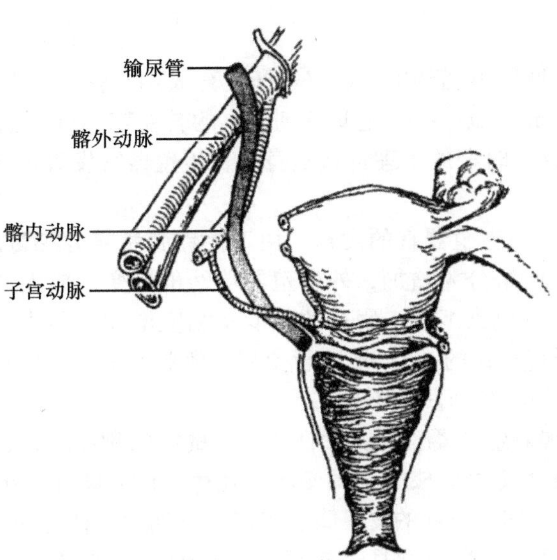

图 2-11　输尿管与子宫动脉的关系

（五）阑尾

阑尾通常位于右髂窝内。阑尾的位置、长短、粗细变化较大，有的下端可达右侧输卵管及卵巢部位。妊娠时阑尾的位置可随妊娠月份增加而逐渐向上外方移位。妇女患阑尾炎时可能累及右侧附件，引起附件炎。

考点：内生殖器官的五个邻近器官名称

第 2 节　女性生殖系统生理

一、女性一生各阶段的生理特点

女性一生各时期有不同的生理特点。各时期生理特点受遗传、环境、营养、心理因素等影响，个体间亦有差异。根据女性一生年龄和生殖内分泌变化，分为胎儿期、新生儿期、幼年期、青春期、性成熟期、绝经过渡期和绝经后期 7 个阶段。

（一）胎儿期（fetal period）

受精卵是由父系和母系来源的 23 对（46 条）染色体组成的新个体。其中性染色体 X 与 Y 决定着胎儿的性别，XX 合子发育为女性，XY 合子发育为男性。胚胎 6 周后原始性腺开始分化，至胚胎 8～10 周性腺组织出现卵巢的结构。

（二）新生儿期

出生后 4 周内称新生儿期（neonatal　period）。女性胎儿在子宫内受到母体性激素的影响，生殖器官及乳房均有一定的发育，出生后数日内出现乳房略隆起或少许泌乳，外阴较丰满，少量阴道血性分泌物排出，这些均属生理现象，短期可自然消失。

（三）儿童期

从出生 4 周到 12 岁左右称儿童期（childhood）。儿童期早期（约 8 岁之前）生长发育较快，但生殖器官呈幼稚型：阴道狭长，上皮薄，无皱襞，阴道酸度低，抗感染能力弱，容易发生炎症。儿童期后期（约 8 岁之后），卵巢中开始有少量卵泡发育，但达不到成熟阶段，可分泌一定量的性激素。乳房和内生殖器开始发育，皮下脂肪开始在胸、髋、肩部及外阴部堆积，出现早期女性特征，逐渐向青春期过渡。

（四）青春期

从乳房发育等第二性征出现至生殖器官逐渐发育成熟，获得性生殖能力的生长发育期，称青春期（puberty or adolescence），是儿童到成人的转变期。世界卫生组织（WHO）规定青春期为10至19岁。这一时期的生理特点是身体及生殖器官发育迅速，第二性征形成，开始出现月经。

1. 第一性征发育 即生殖器官的发育。由于促性腺激素分泌量的增加及作用的增强，卵巢中的卵泡发育，性激素分泌增加，外生殖器从幼稚型变为成人型，阴阜隆起，大阴唇变肥厚，小阴唇变大且有色素沉着；阴道的长度及宽度增加，黏膜增厚，出现皱襞；子宫体明显增大，宫体占子宫全长的2/3；输卵管变粗，弯曲度减少；卵巢增大，皮质内有不同发育阶段的卵泡，致使卵巢表面凹凸不平。

2. 第二性征 出现除生殖器官外，女性所特有的征象称第二性征，其中乳房发育是女性第二性征的最初特征。此时女孩的音调变高，乳房丰满而隆起，出现阴毛及腋毛，骨盆横径的发育大于前后径，胸、肩部的皮下脂肪增多，显现女性特有的体态。

3. 月经来潮 月经初次来潮称月经初潮（menarche），为青春期的重要标志。由于卵巢功能尚不健全，初潮后月经周期常不规则。女性青春期生理变化很大，心理反应及思想情绪亦不稳定，如产生焦虑情绪，家庭和学校应注意心理疏导。

考点：青春期的生理特点

4. 生长加速（growth spurt） 随着青春期的到来，少女体格加速生长，各器官的生理功能逐渐发育成熟，月经初潮后增长速度减缓。

（五）性成熟期

卵巢功能成熟并分泌性激素，引起周期性排卵和月经来潮称性成熟期（sexual maturity period）。一般从18岁开始，历时30年左右。在性成熟期，生殖器官和乳房也都有不同程度的周期性改变。此期女性生育活动最旺盛，故也称生育期。

（六）绝经过渡期

绝经过渡期（menopausal transition period）是指卵巢功能开始衰退直至最后一次月经的时期。此期卵巢功能逐渐减退，生殖器官开始萎缩并向衰退变更。一般始于40岁以后，历时短则1～2年，长则10余年。由于卵巢功能衰退，卵泡数明显减少，卵泡不能发育成熟及排卵，最突出的表现为经量减少，周期不规则，最后绝经。自然绝经是指女性生命中的最后一次月经，一般发生在44至54岁；世界卫生组织（WHO）将卵巢功能开始衰退直至绝经后1年内的时期称为围绝经期。由于雌激素水平降低，出现血管舒缩障碍和神经精神障碍，可表现为潮热、出汗及情绪不稳定、不安、抑郁或烦躁、失眠和头痛等，称绝经综合征。

考点：绝经过渡期的生理特点

（七）绝经后期

绝经后期（postmenopause）指绝经后的生命时期。妇女60岁以后称老年期（senility period）。此阶段卵巢功能进一步衰退，卵泡耗竭，分泌雌激素功能停止，生殖器官进一步萎缩退化，易发生老年性阴道炎；由于缺乏雌激素的保护，骨代谢失常引起骨质疏松，易发生骨折。

二、卵巢周期性变化及其激素的功能

（一）卵巢的功能

卵巢是女性的性腺，其主要功能：生殖功能，即产生并排出卵子；内分泌功能，即产生性激素。

（二）卵巢生殖功能的周期性变化

从青春期至绝经前，卵巢在形态和功能上发生周期性变化称为卵巢周期，包括卵泡的发育及成熟、排卵、黄体的形成及退化。

1．卵泡的发育与成熟　卵巢皮质中含有数以万计的始基卵泡。新生儿出生时卵泡总数约 200 万个，经历儿童期直至青春期，多数卵泡退化，只剩下约 30 万个卵泡。性成熟期每个月有一批卵泡发育，一般只有一个优势卵泡发育成熟并排出卵子，其余的卵泡在发育的不同阶段自行退化，称卵泡闭锁。女性一生一般只有 400～500 个卵泡发育成熟并排卵。成熟卵泡直径可达 15～20mm。成熟卵泡的结构由外向内依次为卵泡外膜、卵泡内膜、颗粒细胞、卵泡腔、卵丘、透明带、放射冠及卵细胞（图 2-12）。

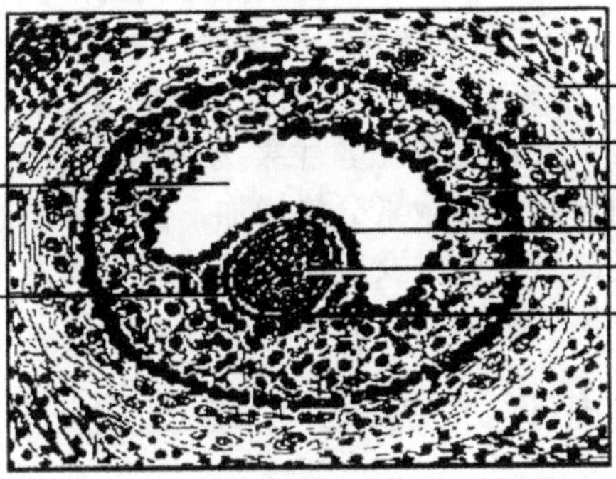

图 2-12　成熟卵泡

从月经第一日至卵泡发育成熟，称为卵泡期。

2．排卵　随着卵泡的发育成熟，卵泡逐渐外移并向卵巢表面突出，在垂体促性腺激素的作用下，卵泡壁破裂，卵细胞和它周围的卵丘颗粒细胞一起被排出，此过程称为排卵（ovulation）。排卵多发生在下次月经来潮前 14 天左右。

3．黄体的形成及退化　排卵后卵泡液流出，卵泡壁塌陷，血液流入腔内，周围被卵泡外膜包围，形成血体。血体中的卵泡颗粒细胞和卵泡内膜细胞进一步黄素化，逐渐形成黄体，黄体分泌孕激素和雌激素。排卵后 7～8 日（相当于月经周期第 22 日左右）黄体功能达到高峰，直径 1～2cm，外观色黄。若排出的卵子未受精，黄体在排卵后 9～10 日开始退化，黄体细胞逐渐萎缩变小，组织纤维化，外观色白，称白体。若排出的卵子受精，黄体继续发育成为妊娠黄体。排卵日至月经来潮为黄体期，一般为 14 日。

（三）卵巢性激素的周期性变化及生理作用

考点： 卵巢的周期性变化、排卵时间及黄体功能

卵巢分泌的性激素包括雌激素、孕激素及少量雄激素，均为甾体激素，属于类固醇类激素。

1．雌激素（estrogen，E）　卵巢主要合成雌二醇（E_2）及雌酮（E_1），体内尚有雌三醇（E_3），系雌二醇和雌酮的降解产物。E_2 的生物活性最强。

（1）周期性变化：雌激素在一个月经周期中出现两个高峰。随卵泡的发育，分泌量逐渐增高，于排卵前形成第 1 个高峰。排卵后的雌激素暂时下降。排卵后 1～2 日，黄体开始分泌雌激素，于排卵后 7～8 日黄体成熟时出现第 2 个高峰，但其均值低于第一个高峰。

（2）主要生理作用：①促进子宫发育，肌层增厚，增强子宫平滑肌对缩宫素的敏感性；②使子宫内膜发生增生期变化；③使宫颈黏液分泌增多且稀薄，易拉成丝状，涂片呈现羊齿植物叶状结晶；④促进输卵管的蠕动，有利于孕卵的运送；⑤促进阴道上皮的增生、角化，细胞内糖原增多，阴道酸度增加；⑥协同卵泡刺激素（FSH）促进卵泡发育；⑦对丘脑下部和垂体产生正、负反馈调节作用；⑧促进乳腺管发育，大量雌激素可抑制乳汁分泌；⑨促进体内水钠潴留及骨中钙质沉积。

2. 孕激素（progestogen，P） 在排卵前孕酮主要来自肾上腺，排卵后主要由卵巢内黄体分泌。孕二醇是孕酮的主要降解产物。

（1）周期性变化：当排卵发生时，开始分泌少量孕酮；至排卵 7～8 日黄体成熟时，分泌量达最高峰，以后逐渐下降，至月经来潮时降至卵泡期水平。

（2）主要生理作用：孕激素在雌激素作用的基础上发挥作用。①使子宫平滑肌松弛，降低子宫平滑肌对缩宫素的敏感性，有利于胚胎及胎儿在子宫内生长发育；②使子宫内膜从增生期转化为分泌期；③使子宫颈黏液减少、变稠，拉丝度降低，涂片呈现椭圆型结晶；④抑制输卵管平滑肌节律性收缩；⑤加快阴道上皮细胞脱落；⑥对丘脑下部和垂体产生负反馈作用；⑦促进乳腺腺泡发育；⑧促进水、钠排泄；⑨兴奋下丘脑体温调节中枢，使排卵后基础体温升高 0.3～0.5℃，临床上以此作为判定排卵的重要标志之一。

考点：雌激素、孕激素的生理作用

3. 雄激素（androgen） 女性的雄激素主要为睾酮和雄烯二酮。大部分来自肾上腺，小部分来自卵巢。自青春期开始，雄激素分泌增加，促使阴蒂、阴唇和阴阜的发育，促进阴毛、腋毛的生长；促进蛋白质的合成及肌肉生长，刺激骨髓中红细胞增生；在性成熟后可促使骨骺闭合，使生长停止；雄激素还与性欲有关。

三、子宫内膜及其他生殖器的周期性变化

卵巢分泌的雌、孕激素的周期性变化，导致其他生殖器官发生相应的变化（图 2-13），尤以子宫内膜的变化最显著。

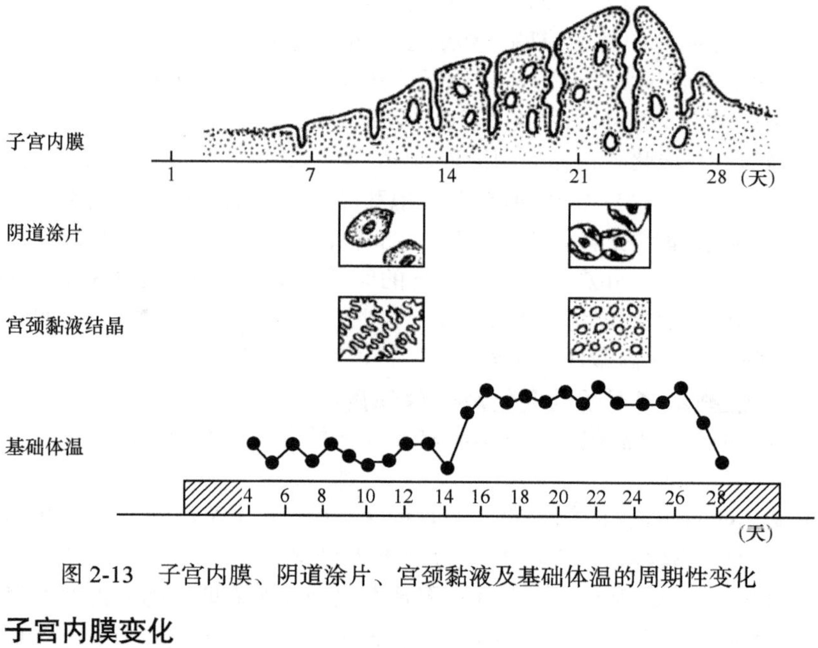

图 2-13 子宫内膜、阴道涂片、宫颈黏液及基础体温的周期性变化

（一）子宫内膜变化

子宫内膜在结构上分为基底层和功能层。基底层靠近子宫肌层，在月经期不发生脱落；功能层由基底层再生而来，受卵巢激素的影响出现周期性变化。子宫内膜组织形态的周期性变化分为 3 期，以 28 日为一个月经周期为例叙述如下。

1. 增生期 为月经周期的第 5～14 日，相当于卵泡发育、成熟阶段。在雌激素作用下，子宫内膜基底层细胞开始增生变厚，腺体增多、变宽、变长并逐渐弯曲。螺旋小动脉发育，管腔增大呈弯曲状。

2. 分泌期 为月经周期的 15～28 日，排卵后，黄体分泌的孕激素和雌激素，使增生期

考点：子宫内膜的周期性变化

内膜继续增厚，腺体进一步增大、弯曲，出现分泌现象。螺旋小动脉血管进一步增加、弯曲，间质疏松水肿。此时内膜厚且松软，呈海绵状，富含营养物质，有利于受精卵着床发育。

3．月经期　为月经周期第 1～4 日。因黄体萎缩，雌、孕激素分泌急剧下降，子宫内膜组织变性、坏死，腺体萎缩，内膜功能层崩解脱落，形成月经血。子宫内膜的基底层随即开始增生，形成新的功能层内膜。

（二）输卵管的变化

在雌激素的作用下，输卵管黏膜上皮纤毛细胞生长，体积增大；促进输卵管发育及输卵管肌层的节律性收缩。孕激素能抑制输卵管的收缩速度，减少输卵管的收缩频率；抑制输卵管黏膜上皮纤毛细胞的生长，减低分泌细胞分泌黏液的功能。雌、孕激素的协同作用保证受精卵在输卵管内的正常运行。

（三）宫颈黏液的周期性变化

月经期后随着雌激素水平不断提高，宫颈黏液的分泌量也不断增多，至排卵期达高峰。宫颈黏液质稀薄、透明，拉丝度大。黏液涂片检查：干燥后可见羊齿植物叶状结晶，这种结晶在月经周期第 6～7 日开始出现，至排卵期最为典型。排卵后，受孕激素影响，黏液分泌量逐渐减少，质地变黏稠而浑浊，拉丝度差。涂片检查时结晶逐渐模糊，至月经周期第 22 日左右完全消失，而代之以排列成行的椭圆体。临床上可通过宫颈黏液性状变化了解卵巢功能状态。

（四）阴道黏膜的周期性变化

阴道上段黏膜对性激素的周期性变化最敏感。阴道上皮分为底层、中层和表层。排卵前，阴道上皮在雌激素的影响下，底层细胞增生，逐渐演变为中层与表层细胞，使阴道上皮增厚，表层细胞出现角化。细胞内富有糖原。排卵后，在孕激素的作用下，主要为表层细胞脱落。临床上常借助阴道脱落细胞的变化了解体内雌激素水平和有无排卵。

四、月经的临床表现及健康教育

（一）月经的临床表现

月经（menstruation）是伴随卵巢周期性变化而出现的子宫内膜周期性脱落及出血。规律月经的出现是生殖功能成熟的标志之一。初潮年龄多数在 13至14 岁，月经初潮早晚受遗传、营养、环境、气候等因素影响。月经血呈暗红色，黏稠不凝固，除血液外，尚含有子宫内膜碎片、宫颈黏液及脱落的阴道上皮细胞等。

正常月经具有周期性。月经出血的第 1 日为月经周期的开始，相邻两次月经第 1 日的间隔时间为一个月经周期，一般为 21～35 日，平均为 28 日；每次月经持续的时间为月经期，一般为 2～7 日，多为 3～5 日。正常经量为 30～50ml，超过 80ml 为月经过多。一般月经期无特殊症状，但经期由于盆腔充血以及前列腺素的作用，有些妇女会出现下腹及腰骶部坠胀不适或子宫收缩痛；有些出现腹泻或便秘等胃肠功能紊乱症状；少数可有头痛及轻度神经系统不稳定症状，如失眠、精神忧郁、易激动等，但一般不影响妇女的正常工作和学习。

（二）月经期健康教育

1．正确认识月经　月经是女性的正常生理现象，也是女性生殖健康的标志之一，应加强对正常月经生理知识的宣教。

2．保持情绪稳定　月经受大脑皮质中枢神经的控制，外界环境、精神紧张、情绪波动等可以直接影响月经，导致月经失调。月经期应避免精神刺激和情绪波动，减轻精神压力，保持心情舒畅。

3．避免过度劳累　注意休息，经期要保证充足的睡眠，不宜从事重体力劳动，不宜参加剧烈运动。

4. 注意保暖 应防止过冷的刺激，避免淋雨、冷水浴及进食冷冻食物。经期腹痛可做局部热敷或按摩，以促进血液循环，热饮也可缓解疼痛。

5. 保持外阴清洁 每日清洗外阴，使用清洁卫生巾，勤更换卫生护垫及内裤。

6. 预防感染 月经期由于盆腔充血、宫颈口松弛、子宫内膜剥脱留下创面及机体抵抗力减弱等原因，易引起生殖器官炎症。应禁止盆浴、游泳及性生活。学会观察经血量、性状、气味及伴随症状，发现异常应及时就诊。

考点：月经的临床表现及健康教育

7. 合理饮食，加强营养 经期宜进食高蛋白、高热量、高维生素且易消化的食物。多食含铁、钙等矿物质丰富的食物。避免生冷、辛辣及刺激性的食物。

五、月经周期的调节

月经周期也称性周期，其调节主要涉及下丘脑、垂体和卵巢。下丘脑、垂体和卵巢相互调节，相互影响，形成完善而又协调的神经内分泌系统，称下丘脑－垂体－卵巢轴（hypothalamic-pituitary-ovarian axis，H-P-O axis），此轴受中枢神经系统控制。

（一）下丘脑性生殖调节激素及其功能

1. 促性腺激素释放激素（gonadotropin releasing hormone，GnRH） 为下丘脑调节月经的主要激素。它主要使垂体合成和释放促黄体生成素，还具有调节和促使垂体合成和释放促卵泡素的作用。

2. 生乳素抑制激素（prolactin inhibitory hormone，PIH） 下丘脑通过抑制作用调节垂体的生乳激素分泌和释放。

（二）腺垂体生殖激素及其功能

垂体接受促性腺激素释放激素（GnRH）的刺激，合成并释放下列激素。

1. 促卵泡素（follicle stimulating hormone，FSH） 促卵泡素属糖蛋白激素，有刺激卵泡发育的功能，但须与少量黄体生成素协同作用，才能使卵泡成熟，并分泌雌激素。

2. 黄体生成素（luteinizing hormone，LH） 是一种糖蛋白激素。主要功能是与FSH协同作用，促使成熟卵泡排卵，从而使黄体形成并分泌孕激素和雌激素。

（三）下丘脑－垂体－卵巢轴的相互关系

下丘脑神经细胞分泌的GnRH通过垂体门脉系统输送到腺垂体，调节垂体FSH和LH的合成和分泌。垂体分泌的FSH和LH作用于卵巢，使卵巢发生周期性排卵并分泌性激素。卵巢性激素对中枢生殖调节激素的合成和分泌具有反馈调节作用，使循环中的FSH和LH呈现周期性变化。

前次月经周期的卵巢黄体萎缩后，月经雌、孕激素水平降至最低，解除了对下丘脑及垂体的抑制作用，下丘脑神经细胞开始分泌GnRH，GnRH作用于垂体，使垂体分泌FSH和少量LH，促使卵泡逐渐发育并分泌雌激素。在雌激素的作用下，子宫内膜发生增生期变化，同时雌激素对下丘脑产生负反馈作用，抑制下丘脑GnRH的分泌，使垂体FSH分泌减少。随着卵泡的逐渐发育成熟，雌激素水平达到高峰，对下丘脑产生正反馈作用，促使垂体释放大量LH。LH和FSH协同作用，使成熟卵泡排卵。

排卵后，LH和FSH迅速下降，在少量LH和FSH的作用下，黄体形成并分泌孕激素和雌激素。孕激素使子宫内膜由增生期转变为分泌期。在排卵后7日，雌、孕激素分泌达到高峰，在大量雌激素和孕激素的负反馈作用下，垂体分泌的LH和FSH减少，黄体开始萎缩，雌激素和孕激素的分泌也相应减少。体内雌、孕激素水平的下降，一方面使子宫内膜失去性激素的支持，发生坏死、脱落从而月经来潮，另一方面解除了对下丘脑和垂体的抑制作用，下丘脑又开始分泌 GnRH，使垂体 FSH 和 LH 的分泌增加，卵巢中新的卵泡开始发育。可见月经来潮是一个月经周期的结束，也是一个新的周期的开始，如此周而复始（图 2-14）。

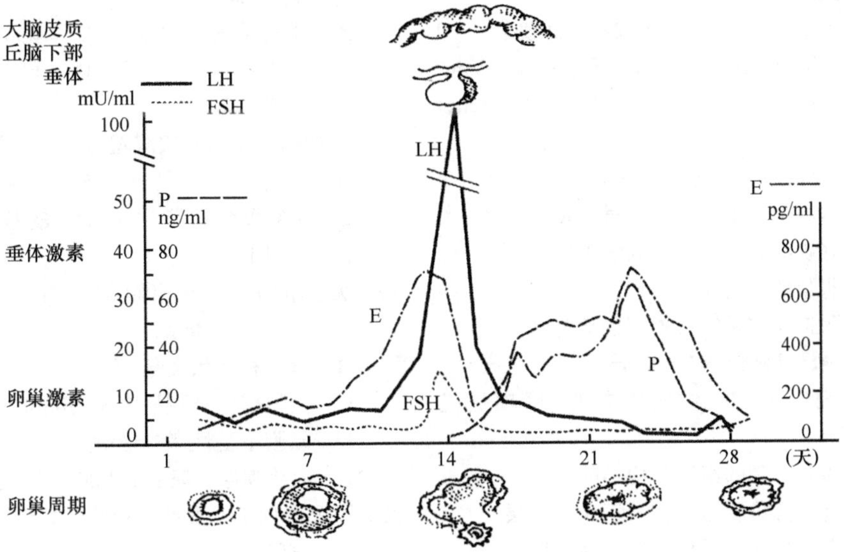

图 2-14　月经周期的内分泌调节模式图

目 标 检 测

A_1 型题

1. 关于骨盆的组成，下列哪项是正确的（　　）
   A. 骶尾骨、坐骨、耻骨
   B. 骶骨、尾骨、髋骨
   C. 骶骨、尾骨、髂骨
   D. 髂骨、耻骨、坐骨
   E. 骶骨、尾骨及左右两块髋骨
2. 下列哪种类型的骨盆有利于胎儿的娩出（　　）
   A. 男性型骨盆　　B. 扁平型骨盆
   C. 偏斜骨盆　　D. 女性型骨盆
   E. 以上均不是
3. 骨产道通常指的是下列哪项（　　）
   A. 大骨盆　　B. 中骨盆平面
   C. 真骨盆　　D. 骨盆
   E. 骨盆入口平面
4. 关于会阴的叙述，下列正确的是（　　）
   A. 会阴厚约 1cm
   B. 会阴伸展性极好，分娩时不易裂伤
   C. 会阴体是指位于阴道口与肛门之间的软组织
   D. 会阴就是外阴
   E. 会阴体无肌肉，只有皮肤和筋膜
5. 下列哪项不属于女性外生殖器（　　）
   A. 阴道前庭　　B. 大阴唇
   C. 阴蒂　　D. 阴道
   E. 阴阜
6. 关于女性外生殖器解剖，下列哪项不正确（　　）
   A. 耻骨联合处为阴阜
   B. 尿道外口及阴道口位于阴道前庭内
   C. 女性外生殖器统称为外阴
   D. 阴道前庭为双侧大阴唇之间的菱形区
   E. 前庭大腺又称巴多林腺
7. 关于女性内生殖器组成，下列哪项是正确的（　　）
   A. 阴道、子宫、卵巢
   B. 子宫、输卵管、阴道
   C. 阴道、子宫、附件
   D. 子宫、输卵管、卵巢
   E. 子宫、附件、输卵管
8. 关于阴道的解剖特点，下述哪项最具有临床意义（　　）
   A. 阴道为上宽下窄的通道
   B. 阴道上端包绕宫颈阴道部

C. 阴道后穹隆与直肠子宫陷凹相邻
D. 阴道后壁较前壁长
E. 阴道位于骨盆下部的中央

9. 关于成年女性的子宫，下列哪项不正确( )
A. 子宫长 7～8cm B. 子宫宽 4～5cm
C. 子宫重约 50g D. 子宫厚 2～3cm
E. 子宫腔容量约 50ml

10. 关于子宫峡部，下列哪项正确（ ）
A. 子宫峡部的上端为组织学内口
B. 子宫峡部的下端为解剖学内口
C. 在非孕期长约 3cm
D. 指阴道与宫颈间最狭窄的部分
E. 妊娠足月延伸达 7～10cm

11. 下列关于子宫组织结构的描述，哪项是正确的（ ）
A. 宫体和宫颈的组织结构不同
B. 靠近子宫肌层的子宫内膜为功能层
C. 子宫内膜基底层会发生周期性变化
D. 子宫浆膜层为壁腹膜
E. 子宫肌层较薄

12. 受卵巢激素影响，发生周期性变化而脱落的是（ ）
A. 功能层 B. 基底层
C. 致密层 D. 海绵层
E. 子宫肌层

13. 子宫得以维持正常位置主要依靠（ ）
A. 子宫 4 对韧带
B. 主要依靠阔韧带
C. 主要依靠子宫骶骨韧带和主韧带
D. 子宫 4 对韧带及盆底肌肉、筋膜的支托作用
E. 直肠和膀胱的支持

14. 维持子宫前倾的主要韧带是（ ）
A. 阔韧带 B. 圆韧带
C. 卵巢悬韧带 D. 子宫骶骨韧带
E. 主韧带

15. 固定宫颈位置的韧带是（ ）
A. 阔韧带 B. 圆韧带
C. 卵巢悬韧带 D. 子宫骶骨韧带
E. 主韧带

16. 子宫的功能正确的是（ ）
A. 精子与卵子相遇受精的场所
B. 经血排出的通道
C. 孕育胚胎、胎儿和产生月经
D. 内分泌作用
E. 产生卵子

17. 宫颈外口鳞状上皮与柱状上皮交界处系何种癌的好发部位（ ）
A. 子宫颈癌 B. 输卵管癌
C. 阴道癌 D. 子宫内膜癌
E. 子宫体癌

18. 下列哪项无盆腔腹膜覆盖（ ）
A. 子宫 B. 卵巢
C. 子宫骶骨韧带 D. 输卵管
E. 圆韧带

19. 关于输卵管，下列哪项不正确（ ）
A. 全长 8～14cm
B. 伞端有指状突起
C. 壶腹部为管腔最宽大的部位
D. 黏膜不受性激素影响
E. 由浆膜层、肌层和黏膜层构成

20. 下列哪项不是女性生殖器的邻近器官( )
A. 直肠 B. 膀胱
C. 乙状结肠 D. 尿道
E. 阑尾

21. 女性一生各个阶段中，历时最长的是( )
A. 绝经过渡期 B. 青春期
C. 性成熟期 D. 儿童期
E. 新生儿期

22. 卵巢排卵一般发生在（ ）
A. 月经干净的第 10 天
B. 下次月经来潮前的第 14 天
C. 月经来潮日
D. 月经来潮前的第 8 天
E. 下次月经前的第 10 天

23. 使子宫内膜发生增生期变化的激素是( )
A. 雌激素 B. 雄激素
C. 黄体生成激素 D. 卵泡雌激素
E. 孕激素

24. 关于卵巢激素下列哪项不正确（ ）
A. 雌激素促进子宫发育
B. 雌激素降低子宫肌兴奋性
C. 孕激素使基础体温在排卵后升高
D. 雌激素使宫颈黏液分泌增加
E. 雌激素促进水钠潴留

25. 雌激素的生理作用不包括（ ）
A. 使子宫内膜发生增生期变化
B. 协同 FSH 促进卵泡发育
C. 促进乳腺管增生
D. 促进钙质沉积

E. 使子宫平滑肌松弛

26. 孕激素的生理作用不包括（ ）
A. 对下丘脑和垂体产生正反馈作用
B. 使子宫内膜从增生期转化为分泌期
C. 促进乳腺腺泡发育
D. 使基础体温升高 0.3～0.5℃
E. 降低子宫平滑肌对缩宫素的敏感性

27. 关于月经的临床表现，下列哪项不正确（ ）
A. 第一次月经称初潮
B. 正常月经量约 80ml
C. 规律月经出现是生殖功能成熟的标志之一
D. 月经血暗红，不凝固
E. 经期多为 3～5 日

28. 下列哪项不提示排卵（ ）
A. 子宫内膜呈分泌期变化
B. 基础体温双相
C. 宫颈黏液呈稀薄、拉丝状
D. 黄体形成
E. 宫颈黏液黏稠，拉丝度差

29. 关于月经期健康教育叙述不正确的是（ ）
A. 保持情绪稳定，减轻精神压力
B. 经期要注意休息，避免过度劳累
C. 保持外阴清洁
D. 注意保暖
E. 经期不必忌生冷、辛辣的食物

A_2 型题

30. 一位 11 岁女孩，爬树玩耍时不慎摔下，外阴受到撞击，呈骑跨式，如出现外阴血肿，最易发生在（ ）
A. 阴阜部位 B. 阴蒂部位
C. 大阴唇 D. 小阴唇
E. 会阴

31. 女，29 岁。平时月经规律，月经周期为 32 天，末次月经为 2015 年 5 月 8 日，推算其下次排卵日为（ ）
A. 2015 年 5 月 26 日
B. 2015 年 5 月 20 日
C. 2015 年 5 月 18 日
D. 2015 年 5 月 28 日
E. 2015 年 5 月 23 日

32. 女，28 岁。3 次人工流产史。最后一次人工流产后出现长时间闭经，基础体温测定为双相型。诊断为子宫性闭经，请考虑子宫哪一层组织受到了损伤（ ）
A. 基底层 B. 功能层
C. 子宫肌层 D. 海绵层
E. 浆膜层

（左欣鹭）

第3章 妊娠生理

📖 **学习目标**

1. 掌握胎儿附属物的形成、结构与功能。
2. 掌握妊娠期母体的变化。
3. 熟悉胎儿发育及生理特点。
4. 了解受精、受精卵的发育、输送和植入。

第1节 受精及受精卵的植入和发育

考点：妊娠的概念

妊娠（pregnancy）是胚胎和胎儿在母体内发育成长的过程。卵子受精是妊娠的开始，胎儿及其附属物自母体排出是妊娠的终止。由于受精的日期不易确定，临床上是以末次月经的第一天作为妊娠的开始。全过程共10个妊娠月(一个妊娠月为4周)，即40周,280天。

（一）受精

卵子和精子结合的过程称为受精(fertilization)。卵子从卵巢排出后，被输卵管伞端“拾”入输卵管并运送到壶腹部与峡部连接处和精子相会合。大量的精子分泌透明质酸酶，有助于精子穿过透明带进入卵细胞内。通常只有一个精子与卵子结合。受精的卵子称受精卵或孕卵（图3-1）。

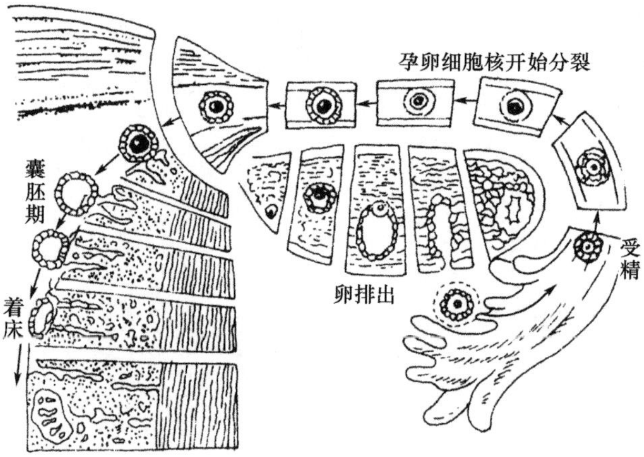

图3-1 卵子受精和孕卵植入

（二）受精卵的发育

孕卵依靠输卵管蠕动和内膜上皮纤毛的摆动向宫腔方向移动，在受精后4～5天到达子宫腔。受精卵在向子宫腔移动的同时，已经历了细胞的分裂与分化，其发育过程如下。

1. 桑椹期 孕卵约在受精后24小时开始分裂，称卵裂。由一个细胞变成二个细胞，以后约每12小时分裂一次，在受精后72小时，形成一个由16个细胞组成的实心细胞团，形如桑椹，称桑椹胚。

2. 囊胚期 桑椹胚进入宫腔后，保持游离状态3～4天，细胞继续分裂，体积增大，透明带消失。其外周细胞分裂较快，形成囊壁，称滋养层；内部细胞分裂较慢，形成内细胞团，是日后胚胎发育的始基。内细胞团与滋养层之间出现腔隙叫囊胚腔。此时孕卵称囊胚。

(三)受精卵的植入

囊胚侵入子宫内膜的过程称为植入。在受精后6～8天，囊壁滋养层细胞分泌一种能溶解子宫内膜的蛋白质溶解酶，溶解子宫内膜，在子宫内膜表层形成小缺口，整个囊胚逐渐向子宫内膜深入。在受精后第11～12天，着床完成。着床部位一般在子宫腔上部前壁或后壁。

(四)胚胎的形成

囊胚植入后，内细胞团细胞迅速增殖并分化，分为内胚层和外胚层两个胚层细胞形成盘状，故称胚盘。其后在原始外胚层与滋养层之间出现一个腔隙即羊膜腔，在原始内胚层上面出现一个较大的囊，称卵黄囊。受精后3周左右，从胚盘的外胚层分化出中胚层，此时称三胚层时期。

三胚层继续分化成胎儿的身体各器官系统：外胚层形成神经系统、皮肤等，中胚层形成肌肉、骨骼、血液循环系统及泌尿生殖系统，内胚层形成消化、呼吸系统。

考点：受精、植入的概念

第2节 胎儿附属物的形成与功能

胎儿附属物是指妊娠中胎儿以外的组织，包括胎盘、胎膜、脐带和羊水。

一、胎 盘

(一)胎盘的形成

胎盘(placenta)由底蜕膜、叶状绒毛膜及羊膜构成。

1. 蜕膜 孕卵着床后的子宫内膜称蜕膜。依其与孕卵植入部位的关系可分为三部分(图3-2)

(1)底蜕膜：孕卵与子宫肌层之间的蜕膜，将发育成胎盘的母体部分。

(2)包蜕膜：为覆盖在孕卵上面的蜕膜，随孕卵的发育逐渐凸向宫腔，约在妊娠12周时与真蜕膜吻合，将组成胎膜的一部分。

(3)真蜕膜：除包蜕膜与底蜕膜外，覆盖于子宫腔表面的蜕膜，又称壁蜕膜。

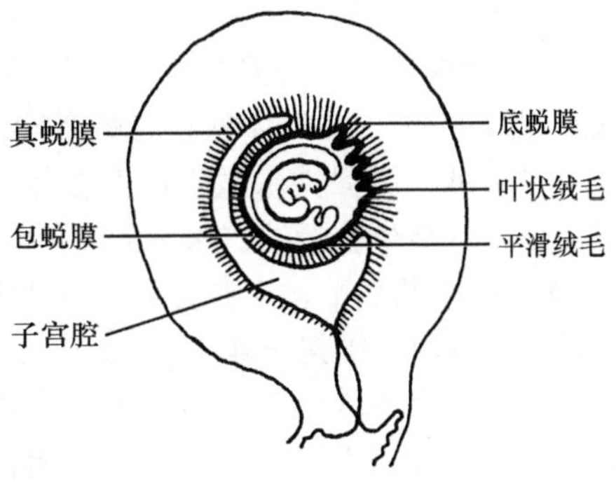

图3-2 蜕膜

2. 绒毛膜 受精后约12天，滋养层表面形成一些毛状突，继续发育为绒毛膜。与底蜕膜接触的称叶状绒毛膜，是构成胎盘的主要部分。其余的称平滑绒毛膜，将发育成胎膜。

3. 羊膜 由羊膜囊壁发育而成的半透明薄膜。覆盖在胎盘的胎儿面，与胎膜及脐带的羊膜相连接。

(二)胎盘的形态结构及其血液循环

胎盘于妊娠6～7周开始形成，至妊娠12周已基本形成。正常足月胎盘呈盘状，圆形或扁圆形，直径为16～20cm，厚1～3cm，中间厚，边缘薄。重500～600g，约为初生儿体重的1/6。胎盘分为子体面与母体面，其母体面粗糙，色暗红，有18～20个胎盘小叶。

子体面光滑，由羊膜覆盖，呈灰白色，表面有血管分布。脐带附着在中央或偏侧。胎盘是胎儿和母体间进行物质交换的重要器官。

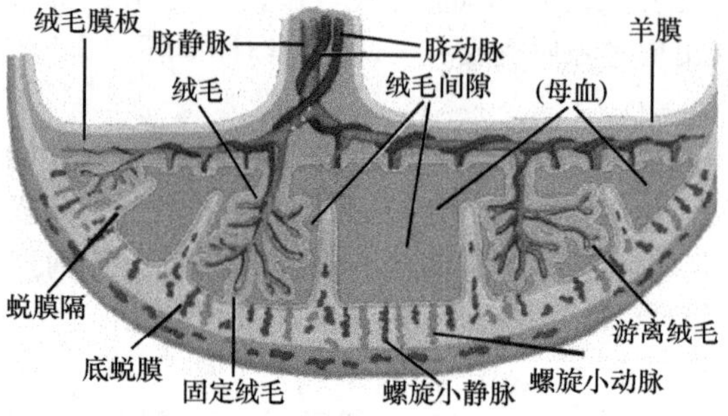

图 3-3 胎盘血循环

胎儿血自脐动脉入绒毛动脉，再经绒毛的毛细血管网又回到脐静脉入胎儿体内；母血则经底蜕膜之螺旋小动脉，开口于绒毛间隙内，再经开口的小静脉回流至母体血循环。由此可见胎儿与母体血循环并不直接相通，而是隔着绒毛中的血管壁、绒毛间质和绒毛表面细胞层，靠渗透、扩散与绒毛上皮细胞的选择性通过进行物质交换（图 3-3）。

（三）胎盘的功能

1. 物质交换

（1）氧及二氧化碳的交换：替代胎儿呼吸功能，母体血中的氧气由绒毛间隙进入绒毛的血管，胎儿的二氧化碳由绒毛的血管进入绒毛间隙。

（2）供给营养物质：小分子量物质通过简单扩散可通过胎盘，大分子物质如血浆蛋白、免疫球蛋白、脂肪须经过胎盘的多种酶将其分解为简单物质才通过胎盘。胎盘还能将简单物质合成糖原、蛋白质、脂肪等大分子物质储存起来，替代了胎儿的消化功能；为了胎儿迅速生长发育的需要，母体以主动运输的方式不断地将氨基酸、水溶性维生素（B_1、B_2、B_{12}、C 及叶酸等）转运给胎儿。

（3）排泄作用：胎儿的代谢产物如尿酸、尿素、肌酐、肌酸等，经胎盘渗入母血中而排出。

2. 防御功能 因免疫球蛋白（IgG）可通过胎盘进入胎儿体内而获得抗体，因此初生后一段时间内具有一定的免疫能力。但体积微小的病毒及某些对胎儿有害的药物能通过胎盘进入胎儿体内，引起胎儿感染或致畸，因此这种屏障作用是有限的，临床上应加强孕妇的保健。

3. 免疫功能 胎儿和胎盘对母体而言是同种半异体移植，但母体并不产生排斥现象。实验证明滋养细胞的胞浆中检测到免疫抑制因子，使胎儿、胎盘在母体内不被排斥。

4. 合成功能 主要合成激素和酶。蛋白类激素主要是绒毛膜促性腺激素（HCG）及胎盘生乳素（HPL），甾体激素有雌激素和孕激素。

（1）绒毛膜促性腺激素：由滋养层合体细胞产生，于受精后 10 天可在孕妇尿或血中测出，是进行早孕诊断的方法。HCG 分泌量于妊娠 8～10 周达到高峰，维持 1～2 周开始下降，18 周降到最低水平，直到分娩，于产后 2 周消失。其作用是维持妊娠、营养黄体，使子宫内膜变为蜕膜，维持孕卵生长发育。

（2）胎盘生乳激素：由滋养层合体细胞产生并进入母体血循环，孕 5～8 周在母血中用放射免疫法可测出，随妊娠进展及胎盘增大，分泌量持续增加，妊娠 34 周达高峰，直至分娩，产后迅速下降。主要功能是促进蛋白质合成，有利于胎儿生长，并促进孕妇乳腺腺泡发育，为产后泌乳做准备。

（3）雌激素：妊娠期雌激素是母血中的胆固醇通过胎儿肾上腺、胎儿肝及胎盘转变而成，故代表母体－胎儿－胎盘单位。母血中雌激素含量随妊娠进展而增加。临床上常以孕妇血和尿中雌三醇含量推测胎儿胎盘功能。

考点：胎盘的形成、结构及功能

（4）孕激素：由滋养层合体细胞产生，随妊娠进展母血孕酮水平逐渐增加，与雌激素共同参与妊娠期母体各系统的生理变化。

二、胎　　膜

胎膜是由平滑绒毛膜、包蜕膜及羊膜组成，有防止细菌进入宫腔，避免感染的作用。胎膜中含有较多的酶参与甾体类激素代谢，还有合成前列腺素的前身物质——花生四烯酸，对分娩发动有一定作用。

三、脐　　带

足月胎儿脐带平均长度约50cm，直径1.0～2.5cm，一端连于胎儿腹壁的脐轮，另一端附着于胎盘的胎儿面中央或偏于一侧，表面被羊膜覆盖，呈灰白色。脐带内有一条脐静脉和两条脐动脉，血管间充以胶状物，因血管较长，脐带常呈螺旋状扭曲。胎儿通过脐带和胎盘与母体连接，进行营养和代谢物质的交换。若脐带受压致使血流受阻时，缺氧可危及胎儿生命。

考点：脐带的长度

四、羊　　水

充满羊膜腔内的液体，称羊水。妊娠早期羊水主要来源于母体血浆，通过胎膜进入羊膜腔的漏出液。自妊娠中期起，胎儿的尿液成为羊水的重要来源，羊水通过胎儿的消化道、呼吸道、泌尿道及胎膜和脐带进行交换而保持动态平衡。羊水早期为澄清淡黄色液体；后期略浑浊，含有胎脂、毳毛、上皮细胞、尿酸、尿素、肌酐、葡萄糖、蛋白质、盐类、激素和酶等。比重为1.008，呈弱碱性。足月时羊水量为800～1000ml。

羊水可以防止羊膜与胎体粘连，使胎儿有一定的活动度；起缓冲作用，能保护胎儿免受伤害，减少母体因胎动引起的不适；使宫腔保持恒温、恒压；在分娩过程中传导压力，并润滑产道；通过羊水检查可监测胎儿的成熟度、性别及某些先天性疾病和遗传性疾病。

考点：羊水的来源、成分及功能

第3节　胎儿发育及生理特点

受精后8周的人胚称为胚胎，是其主要器官分化发育时期；从受精第9周起称为胎儿，是其各器官进一步发育成熟时期。

一、胎儿发育的特征

8周末：胚胎初具人形、头大占整个胎体一半。能分辨出眼、耳、鼻、口。四肢已具雏形。B超可见早期心脏形成并有搏动。

12周末：胎儿身长约9cm，体重约20g。外生殖器已发生，部分可辨出性别。肠管已有蠕动。

16周末：胎儿身长约16cm，体重约100g。从外生殖器可确定胎儿性别。头皮已长出毛发，胎儿已开始出现呼吸运动，部分经产妇已能自觉胎动。

20周末；胎儿身长约25cm，体重约300g。皮肤暗红，全身有毳毛，开始出现吞咽、排尿功能。检查可听到胎心音。

24周末：胎儿身长约30cm，体重约700g。各脏器均已发育，皮下脂肪开始沉积，因量不多皮肤仍呈皱缩状。

28周末：胎儿身长约35cm，体重约1000g。皮下脂肪沉积不多。皮肤粉红，有时可有胎脂。可以有呼吸运动，但肺泡Ⅱ型细胞产生的表面活性物质含量较少。出生后易患特发性呼吸窘迫综合征；若能加强护理，可能存活。

32周末：胎儿身长约40cm，体重约1700g。皮肤深红，面部毳毛已脱落，生活力尚可。出生后注意护理，可以存活。

36周末：胎儿身长约45cm，体重约2500g。皮下脂肪较多，毳毛明显减少，面部皱褶消失。指（趾）甲已达指（趾）端。出生后能啼哭及吸吮，生活力良好。此时出生基本可以存活。

40周末：胎儿身长约50cm，体重约3000g。发育成熟。胎头双顶径值达9.3cm。皮肤粉红色，皮下脂肪多，外观体型丰满，除肩、背部有时尚有毳毛外，其余部位的毳毛均脱落。指（趾）甲超过指（趾）端。男性胎儿睾丸已下降，女性胎儿大小阴唇发育良好，出生后哭声响亮，吸吮能力强，能很好存活。

二、胎儿的生理特点

1. 循环系统

（1）解剖学特点：①脐静脉一条，来自胎盘的血液经脐静脉进入肝及下腔静脉。生后胎盘循环停止，脐静脉闭锁成肝圆韧带，脐静脉的末支—静脉导管闭锁成静脉韧带。②脐动脉两条，生后脐动脉与相连的闭锁的腹下动脉形成腹下韧带。③动脉导管位于肺动脉及主动脉弓之间，动脉导管闭锁成动脉韧带。④卵圆孔位于左右心房之间，于生后数分钟开始关闭，多在生后6～8周完全闭锁，极少终生不闭锁，但很少有临床症状。

（2）血循环特点：来自胎盘的血液沿胎儿腹前壁进入体内分为3支；一支直接入肝，一支与门静脉汇合入肝，此两支的血液经肝静脉入下腔静脉，另一支为静脉导管直接入下腔静脉。可见进入右心房的下腔静脉血是混合血，有来自脐静脉含氧量较高的血液，也有来自胎儿身体下部含氧量较低的血液。

卵圆孔开口处正对着下腔静脉入口，下腔静脉进入右心房的血液，绝大部分经卵圆孔入左心房。而上腔静脉进入右心房的血液，很少甚或不通过卵圆孔流向右心室，随后进入肺动脉。由于肺循环阻力较大，肺动脉血液大部分经动脉导管流入主动脉，仅约1/3血液经肺静脉入左心房。左心房的血液进入左心室，继而进入升主动脉，首先供应心、头部及上肢。左心室小部分血液进入降主动脉至全身后，经腹下动脉再经脐动脉进入胎盘，与母血进行气体交换。

2. 血液

（1）红细胞生成：胎儿血循环约于受精后3周末建立，其红细胞主要来自卵黄囊。于妊娠10周，肝是红细胞生成的主要器官。以后骨髓、脾逐渐有造血功能。于妊娠足月骨髓产生90%红细胞。

（2）血红蛋白生成：血红蛋白在原红细胞、幼红细胞和网织红细胞内合成，包括原始血红蛋白、胎儿血红蛋白和成人血红蛋白。随妊娠进展，血红蛋白不仅数量增多，且其类型也从原始型向成人型过渡。

（3）白细胞生成：妊娠8周以后，胎儿血循环中出现粒细胞。于妊娠12周，胸腺、脾产生淋巴细胞，成为体内抗体的主要来源，妊娠足月时白细胞计数可高达（15～20）×10^9/L。

3. 呼吸系统

胎儿呼吸功能是由母儿血液在胎盘进行气体交换完成的。

4. 消化系统 妊娠11周时小肠已有蠕动，至妊娠16周胃肠功能基本建立，胎儿吞咽羊水，吸收水分排出尿液控制羊水量。

5. 泌尿系统 妊娠11～14周时胎儿肾已有排尿功能，于妊娠14周胎儿膀胱内已有尿液，B超可测出膀胱内尿量。

6. 内分泌系统 胎儿甲状腺于妊娠第6周开始发育，是胎儿发育的第一个内分泌腺。

约在妊娠12周已能合成甲状腺素。胎儿肾上腺发育良好，与胎儿肝、胎盘、母体共同完成雌三醇的合成与排泄。因此，测定孕妇血或尿液雌三醇值，已成为了解胎儿胎盘功能最常用的有效方法。

7. 生殖系统及性腺分化发育 男胎与女胎之比约为106∶100。男性胎儿睾丸发育较早，于妊娠第9周开始分化，逐渐发育至妊娠14～18周形成细精管。当有了睾丸时，刺激间质细胞分泌睾酮，促使中肾管发育，支持细胞产生副中肾管抑制物质，致使副中肾管的发育受到抑制而退化。外阴部5α-还原酶使睾酮衍化为二氢睾酮，外生殖器向男性分化发育。女性胎儿卵巢发育稍晚，于妊娠11～12周才开始分化，因缺乏副中肾管抑制物质，致使副中肾管系统发育，形成阴道、子宫、输卵管。外阴部缺乏5α-还原酶，外生殖器向女性分化发育。

考点：胎儿的发育特征

第4节 妊娠期母体的变化

妊娠期由于胎儿生长发育的需要，母体各系统发生一系列适应性的生理变化。

一、生理变化

（一）生殖系统的变化

妊娠后，生殖器官的变化最为明显。

1. 子宫

（1）子宫体：妊娠时子宫变化最大。肌纤维肥大、变长、增生至宫体逐渐增大。由非孕时7cm×5cm×3cm增大至妊娠足月时35cm×22cm×25cm，妊娠末期，由未孕期时的40～50g增至约1000g，容量有5ml增加到5000ml。

（2）子宫峡部：非孕时约1cm，妊娠12周后，子宫峡部逐渐伸展拉长变薄，形成子宫下段。临产时可达7～10cm，形成软产道的一部分。

（3）子宫颈：由于血管及淋巴管的增加及结缔组织的增生水肿等，致宫颈肥大变软，内膜增厚，腺体增生，黏液分泌量增多，在颈管内形成黏液栓，可防止细菌进入宫腔。

2. 阴道 肌纤维及弹力纤维增生，易于扩张。黏膜变厚，充血，呈紫蓝色，分泌物增多，呈酸性，可抑制致病菌生长。

3. 输卵管 血运增加，组织变软，黏膜有时呈类似蜕膜样变。

4. 卵巢 略增大，不排卵。在一侧卵巢中有妊娠黄体继续生长并分泌雌激素和孕激素。妊娠黄体一般在妊娠3个月后开始萎缩，由胎盘替代卵巢分泌激素。

5. 会阴 会阴皮肤色素沉着，血管增多、充血，淋巴管扩张，结缔组织变软，故伸展性增大，有利于分娩。

（二）乳房

妊娠期由于激素的增加，乳房腺管与腺体皆增生，脂肪沉积，乳头很快增大、着色、乳晕着色、出现散在的皮脂腺肥大隆起。妊娠后期可由乳头挤出少量黄色液体，称初乳。

（三）血液及循环系统

母体的血容量从孕6周起开始增加，至妊娠32～34周达高峰，增加30%～45%，维持此水平至分娩。血容量增加包括血浆及红细胞增加，其中血浆增加约40%，红细胞增加约20%，出现血液稀释，故孕妇可出现生理性贫血。若红细胞降至3.5×10^{12}/L以下，血红蛋白降至100g/L，则为真性贫血。妊娠末期，白细胞一般为（7～10）$\times10^9$/L，有时可升至15×10^9/L，主要是中性粒细胞增多。血清总蛋白较正常非孕妇低，纤维蛋白原和某些凝血因子增高，因此妊娠期血液处于高凝状态，红细胞沉降率加快。

由于新陈代谢和循环血量的增加以及为了适应胎盘循环的需要，母体心脏负担加重。每分钟心搏出量自妊娠第10周开始增加，至妊娠32周左右达最高峰，较正常增加30%。心率于妊娠晚期约增加10次/分。

妊娠后期，因子宫增大，膈肌上升，可使心脏向左前方移位，大血管轻度扭曲，心尖部可闻及柔和的吹风样收缩期杂音。

妊娠后外周血管扩张、血液稀释及胎盘形成动静脉短路，妊娠中期常有舒张压轻度偏低，一般至妊娠晚期恢复正常。妊娠晚期因流向下腔静脉的血量增多，且增大的子宫又压迫下腔静脉使血液回流受阻，出现下肢及外阴的静脉曲张、水肿或痔，且下腔静脉压升高。有些孕妇长期平卧，引起回心血量减少，心排出量降低，血压下降，出现仰卧位低血压综合征，应予重视。

（四）消化系统

早孕期间常有食欲缺乏、恶心、呕吐及唾液分泌增多等现象，数周后多逐渐减轻消失。胃肠道蠕动减弱，易引起胃肠胀气与便秘。妊娠后期子宫压迫直肠，可加重便秘。

（五）泌尿系统

妊娠期由于母子代谢产物的排泄量增多，增加了肾脏的负担，肾脏血液量及肾小球的滤过率均增加，至足月时比孕前可增加30%～50%。

早孕时增大的子宫及妊娠末期下降的胎头，可压迫膀胱而引起尿频。妊娠中期以后，在孕激素的影响下，输尿管蠕动减弱，加以输尿管常在骨盆入口处受妊娠子宫的压迫，致尿流迟缓，且右侧输尿管受右旋子宫压迫，孕妇易患急性肾盂肾炎，故右侧多见。

（六）皮肤

皮肤常有色素沉着，在面部、脐下正中线、乳头、乳晕及外阴等处较显著。皮脂腺及汗腺功能亢进，分泌增多。由于伸展过度，腹壁、乳房以及大腿外侧面和臀部的皮肤可因弹力纤维断裂出现斑纹，称“妊娠纹”。新的妊娠纹为紫红色，见于初孕妇，经产妇妊娠纹呈银白色。

（七）骨骼系统

骨质在妊娠期间一般无改变，仅在妊娠次数过多、过密又不注意补充维生素D及钙时，能引起骨质疏松症。部分孕妇自觉腰骶部及下肢疼痛不适，可能与松弛素致使骨盆韧带及椎骨间的关节、韧带松弛有关。

（八）体重

早孕期因反应及食欲缺乏，体重可下降，从妊娠中期开始，孕妇体重逐渐增加。到足月时平均增加约12.5kg。

考点：妊娠期母体的变化

（九）矿物质代谢

孕期母体储存铁供不应求，不补充外铁易发生缺铁性贫血。胎儿生长发育需要较多的钙、磷等矿物质，母体对钙、磷摄取不足可发生肌肉痉挛。

二、心理变化

妊娠期孕妇及家庭成员的心理会随妊娠月份的增加而有不同变化。护理人员可给予适当的护理照顾，使孕妇及家庭能妥当地调适，迎接新生命的来临。

1. 惊讶和震惊 在怀孕初期，不管是否计划中妊娠，几乎所有的孕妇都会产生惊讶和震惊的反应。

2. 矛盾心理 在惊讶和震惊的同时，孕妇可能会出现爱恨交加的矛盾心理，尤其是原先未计划怀孕的孕妇，此时即享受怀孕的欢愉，又觉得怀孕不是时候。当孕妇自觉胎儿在腹中活动时，多数孕妇会改变当初对怀孕的态度。

3. 接受 妊娠早期，孕妇对妊娠的感受仅仅是停经后的各种不适反应，并未真实感受到“胎儿”的存在。随着妊娠进展，尤其是胎动的出现，孕妇真正感受到“孩子”的存在，开始接受“孩子”，也有的孕妇会担心婴儿的性别能否为家人接受等。

4. 情绪波动 孕妇的情绪波动起伏较大，可能是由于体内激素的作用。往往表现为易激动，为一些极小的事情而生气、哭泣，常使配偶觉得茫然不知所措，严重者会影响夫妻之间的感情。

5. 内省 妊娠期孕妇表现以自我为中心，变得专注于自己及身体，注重穿着、体重和一日三餐，同时也较关心自己的休息，喜欢独处，这种专注使孕妇能计划、调节、适应，以迎接新生儿的来临。内省行为可能会使配偶及其他家庭成员感受冷落而影响相互之间的关系。

美国妇产科专家Rubin（1984年）提出妊娠期孕妇为接受新生命的诞生，维持个人及家庭的功能完整，必须完成的4项孕期母性心理发展任务。

（1）确保自己及胎儿能安全顺利地渡过妊娠期、分娩期：为了确保自己和胎儿的安全，孕妇的注意力集中于胎儿和自己的健康，寻求良好的产科护理方面的知识。

（2）促使家庭重要成员接受新生儿：孩子的出生对整个家庭产生影响。最初是孕妇自己不接受新生儿，随着妊娠的进展，尤其是胎动出现，孕妇逐渐接受了孩子，并开始寻求家庭重要成员对孩子的接受和认可。在此过程中，配偶的支持和接受，会使孕妇完成孕期心理发展任务和形成母亲角色。

（3）学习对孩子贡献自己：无论是生育或养育新生儿，都包含了许多给予的行为。孕妇必须发展自制能力，学习延迟自己的需要以迎合另一个人的需要。在妊娠过程中，她必须开始调整自己，以适应胎儿的成长，从而顺利担负起产后照顾孩子的重任。

（4）情绪上与胎儿融为一体：随着妊娠的进展，孕妇和胎儿建立起亲密的感情，尤其是胎动出现以后。孕妇常借着抚摸、对着腹部讲话等行为表现她对胎儿的感情。这种情绪及行为的表现将为她日后与新生儿建立良好情感奠定基础。

目标检测

A_1 型题

1. 受精卵着床开始于受精的第（　　）
   A. 1～3天　B. 4～5天
   C. 6～8天　D. 9～10天
   E. 11～12天
2. 妊娠末期白细胞增多，约为（　　）
   A. （10～15）$\times 10^9$/L
   B. （12～17）$\times 10^9$/L
   C. （14～19）$\times 10^9$/L
   D. （16～18）$\times 10^9$/L
   E. （18～20）$\times 10^9$/L
3. 下列不属于胎儿附属物的是（　　）
   A. 胎盘　B. 子宫肌壁
   C. 羊水　D. 脐带
   E. 胎膜
4. 妊娠20周末胎儿发育特征为（　　）
   A. 吸吮发育良好
   B. 四肢活动活泼
   C. 指甲已超过指端
   D. 用普通听诊器可听到胎心
   E. 身长25cm，皮下脂肪发育良好
5. 脐带中的静脉数是（　　）
   A. 5条　B. 4条
   C. 3条　D. 2条
   E. 1条
6. 正常足月妊娠时，羊水量约为（　　）
   A. 350ml　B. 500ml
   C. 800ml　D. 2000ml
   E. 2500ml
7. 妊娠期子宫的变化，正确的是（　　）
   A. 妊娠足月，子宫容量约5000ml
   B. 妊娠足月，子宫重约500g
   C. 子宫肌细胞于早期增生，数目增多
   D. 子宫下段临产时，伸展至5～10cm
   E. 子宫下段孕后期增长速度最快
8. 某孕妇现孕30周，长时间仰卧后，出现血压

下降表现，主要原因是（　　）

A. 脉率增快　B. 脉压增大

C. 脉压减少　D. 回心血量增加

E. 回心血量减少

9. 有关胎盘的描述，错误的是（　　）

A. 妊娠 12 周基本形成

B. 母面分 15～20 个小叶

C. 子面呈暗红色

D. 子面附着脐带

E. 子面光滑

10. 胎盘的构成（　　）

A. 平滑绒毛膜、包蜕膜、羊膜

B. 平滑绒毛膜、底蜕膜、羊膜

C. 叶状绒毛膜、包蜕膜、羊膜

D. 叶状绒毛膜、底蜕膜、羊膜

E. 叶状绒毛膜、真蜕膜、羊膜

11. 下列何种激素不是胎盘分泌的（　　）

A. HCG　B. HPL

C. 雌激素　D. 孕激素

E. 催产素

12. HCG 分泌的高峰是（　　）

A. 停经 15 周　B. 停经 20 周

C. 停经 6 周　D. 停经 8～10 周

E. 停经 7 周

13. 胎盘的功能哪项错误（　　）

A. 物质交换　B. 防卫

C. 保持恒温　D. 排泄废物

E. 内分泌

14. 胎盘和脐带的主要功能是（　　）

A. 营养和代谢物质的交换

B. 防御功能

C. 合成功能

D. 保持宫腔内恒温、恒压

E. 缓冲作用

15. 羊水的功能无（　　）

A. 防止羊膜与胎体粘连

B. 保持宫腔内恒温、恒压

C. 增加母体对胎动的感觉

D. 分娩时传导压力

E. 可检查羊水进行产前诊断

16. 胎儿发育何项错误（　　）

A. 8 周末胚胎初具人形

B. 8 周临床上可听到胎心

C. 16 周可辨认男女

D. 18 周末孕妇可自觉胎动

E. 20 周末临床上听到胎心

17. 足月胎儿的特点无（　　）

A. 身长约 50cm

B. 体重约 3000g 以上

C. 双顶径可达 8.5cm

D. 娩出后能高声啼哭

E. 有强烈的吸吮动作

18. 妊娠期血循环系统的变化何项错误（　　）

A. 血容量增加

B. 可出现生理性贫血

C. 血压升高

D. 白细胞升高

E. 血液处于高凝状态

（秦　雯）

第4章　妊娠诊断

📖 **学习目标**

1. 掌握妊娠的分期、妊娠各时期的临床表现、胎产式、胎先露、胎方位的概念及判断。
2. 熟悉妊娠各时期辅助检查方法。

案例 4-1

女性，30岁。停经56天，近日来晨起恶心、自觉乏力、嗜睡，食欲差，双乳房胀痛，尿频但无尿急、尿痛，妇科检查：宫颈呈紫蓝色，宫体增大，质软，无压痛。

问题和思考：

1．假如你是产科护士，请给出合理的初步判断。

2．请解释所作出判断的依据及建议进一步检查的方法。

根据妊娠各时期的特点，可将妊娠分为3个时期：早期妊娠即妊娠12周末以前；中期妊娠即妊娠13周至27周末；晚期妊娠即妊娠第28周及其以后。

考点： 正常妊娠的分期

第1节　早期妊娠诊断

（一）临床表现

1. 停经　为妊娠时最早、最明显的临床征象。月经周期正常的有性生活的育龄期妇女，一旦月经过期10天以上，应首先考虑早期妊娠的可能，哺乳期妇女的月经虽未恢复，但也可能再次妊娠。

2. 早孕反应　有半数左右的妇女，在停经6周左右出现不同程度的头晕、乏力、嗜睡、晨起恶心、呕吐、食欲减退和偏食等现象，称早孕反应，一般至妊娠12周左右自然消失。

3. 尿频　妊娠早期因增大的子宫压迫膀胱而引起，至12周左右，增大的子宫进入腹腔，尿频症状自然消失。

4. 乳房　自妊娠8周起，在雌、孕激素作用下，乳房增大，孕妇自感乳房胀痛，乳头及周围乳晕着色，乳晕有深褐蒙氏结节出现。

5. 妇科检查　阴道及子宫颈充血变软，呈紫蓝色。早期进行妇科双合诊检查子宫增大变软，子宫峡部极软，子宫体与子宫颈似不相连，称为黑加征（Hegar sign），此为早孕的典型体征。子宫随停经月份而逐渐增大，孕6周呈球形，孕8周子宫约为非妊娠子宫的2倍，妊娠12周时，子宫约为非妊娠子宫的3倍，子宫底超出盆腔，在耻骨联合上方可以触及。

（二）辅助检查

1. 妊娠试验　利用孕卵着床后滋养细胞分泌HCG，此激素经孕妇尿液、血液可以测得的原理，用免疫学方法测定受检者血或尿中的HCG含量，协助诊断早期妊娠，是临床上诊断早期妊娠最常用的方法。最早停经 35 日即可测出。

2. 超声检查 是诊断早期妊娠快速、准确的方法。B 超显像法可见增大的子宫轮廓，其中有圆形或椭圆形的妊娠囊。最早在 5 周时可见到胚芽和有节律的胎心搏动。

3. 宫颈黏液检查 随着妊娠后体内孕激素水平的增加，宫颈黏液受孕激素影响变量少、黏稠，拉丝度差，涂片干燥后光镜下仅见排列成行的椭圆体，不见羊齿植物叶状结晶，则早期妊娠的可能性较大。

4. 黄体酮试验 利用孕激素在体内突然撤退能引起子宫出血的原理，对疑有早孕的妇女，每日肌内注射黄体酮 20mg，连用 3～5 日。如停药后超过 7 天仍未出现阴道流血，则早孕可能性大；如停药后 3～7 日出现阴道流血，则排除早孕的可能。

考点：早期妊娠的诊断

5. 基础体温测定 具有双相型体温的妇女，停经后高温相持续 18 日不见下降者，早孕可能性大；如高温相持续 3 周不降，结合其他妊娠早期的征象和妊娠试验，基本可以肯定。

第 2 节 中晚期妊娠诊断

妊娠中期以后，临床表现逐渐明显，特别是宫底升高、感觉到胎动、扪到胎体、听到胎心音，容易确诊。

（一）临床表现

1. 宫底升高 随着妊娠进展，子宫逐渐增大。手测子宫底高度或尺测耻骨联合上子宫高度，可以判断子宫大小与妊娠周数是否相符。增大过速或过缓均可能为妊娠异常（表 4-1，图 4-1）。

表 4-1 不同妊娠周数的子宫底高度及子宫长度

妊娠周数	妊娠月	手测子宫底高度	尺测耻上子宫底高度（cm）
满 12 周	3 个月	耻骨联合上 2～3 横指	5
满 16 周	4 个月	脐耻之间	10
满 20 周	5 个月	脐下 1 横指	18（15.3～21.4）
满 24 周	6 个月	脐上 1 横指	24（22.0～25.1）
满 28 周	7 个月	脐上 3 横指	26（22.4～29.0）
满 32 周	8 个月	脐与剑突之间	29（25.3～32.0）
满 36 周	9 个月	剑突下 2 横指	32（29.8～34.5）
满 40 周	10 个月	脐与剑突之间或略高	33（30.0～35.3）

2. 胎动 胎儿在子宫内的活动称胎动。孕妇于妊娠 18～20 周时开始自觉有胎动，胎动每小时 3～5 次。妊娠周数越大，胎动越活跃，但至妊娠末期胎动逐渐减少。

3. 胎心音 妊娠 18～20 周，用一般听诊器在孕妇腹壁上可以听到胎心音，呈双音，第一音与第二音相接近，似钟表的“滴答”声，速度较快，每分钟 120～160 次。妊娠 24 周以前，胎心音多在脐下正中或稍偏左或右听到。妊娠 24 周以后，胎心音多在胎儿背侧听得最清楚。临床听诊胎心音时，注意与腹主动脉音、子宫杂音、脐带杂音相鉴别。

4. 胎体 妊娠 20 周以后，经腹壁可以触及子宫内的胎体；妊娠 24 周以后则可区分胎头、胎臀、胎背及胎儿四肢，从而判断胎产式、胎先露和胎方位。

（二）辅助检查

1. 超声检查 B 超显像法不仅能显示胎儿数目、胎方位、胎心搏动和胎盘位置，且能测定胎头双顶径，观察胎儿有无体表畸形。超声多普勒法可探测胎心音、胎动音、脐带血流音及胎盘血流音。

2. 胎儿心电图 目前国内常用间接法检测胎儿心电图，通常于妊娠 12 周后显示较规律的图形，于妊娠 20～24 周后的成功率更高。

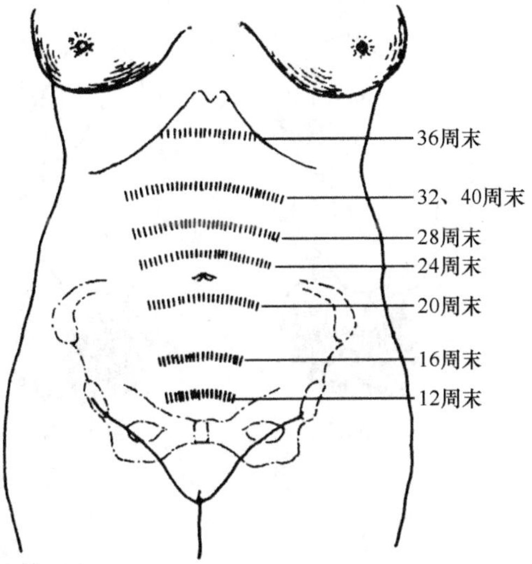

图 4-1 妊娠周数与子宫底高度

考点： 中晚期妊娠的诊断要点；胎心、胎动的出现时间及频率

第 3 节 胎产式、胎先露、胎方位

胎儿在子宫内的姿势，简称胎势。正常为胎头俯屈，颏部贴近胸壁，脊柱略向前弯，四肢屈曲交叉于胸前。由于胎儿在子宫内的姿势和位置的不同，因此，有不同的胎产式、胎先露和胎方位。

（一）胎产式

胎儿身体纵轴与母体纵轴的关系称为胎产式（fetal lie）。两纵轴平行者称纵产式，约占 99.75%；两纵轴垂直时称横产式，约占 0.25%（图 4-2）；两者交叉呈一定角度，称斜产式，属暂时性，在分娩过程中多数转为纵产式，偶尔转为横产式。

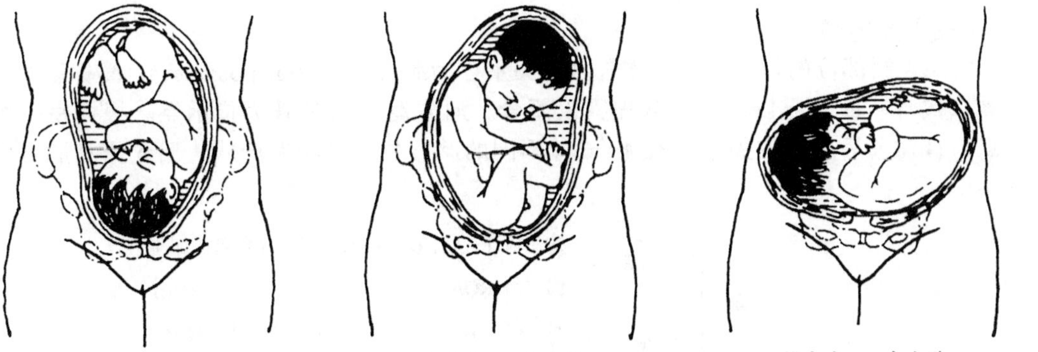
纵产式——头先露　　纵产式——臀先露　　横产式——肩先露

图 4-2 胎产式

（二）胎先露

最先进入骨盆入口的胎儿部分称胎先露（fetal presentation）。纵产式有头先露和臀先露，横产式为肩先露。头先露因胎头屈伸程度不同可分为枕先露、前囟先露、额先露和面先露（图 4-3）。臀先露时由于入盆的先露部分不同，可分为完全臀先露（混合臀先露）、单臀先露及足先露（图 4-4）。偶尔见头先露或臀先露与胎手或胎足同时入盆，称为复合先露（图 4-5）。

考点： 胎先露的分类

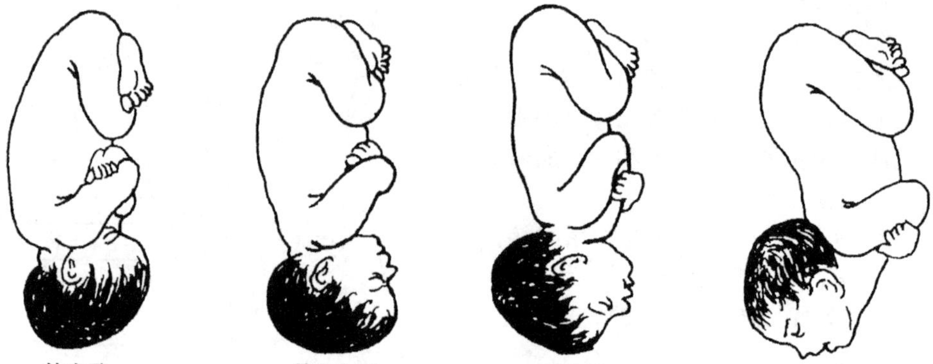

枕先露　前囟先露　额先露　面先露

图 4-3　头先露的种类

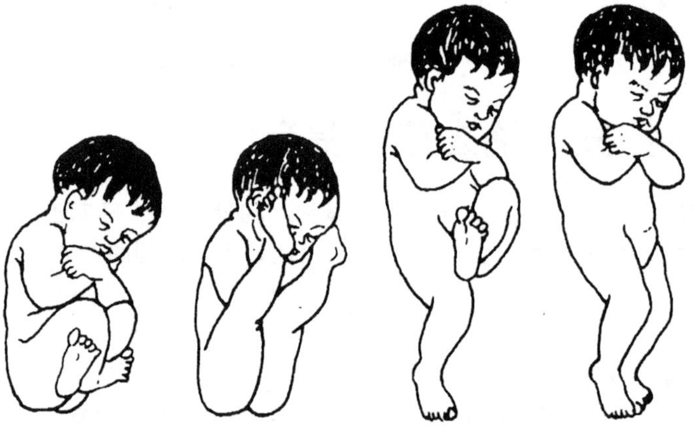

混合臀先露　单臀先露　单足先露　双足先露

图 4-4　臀先露的种类

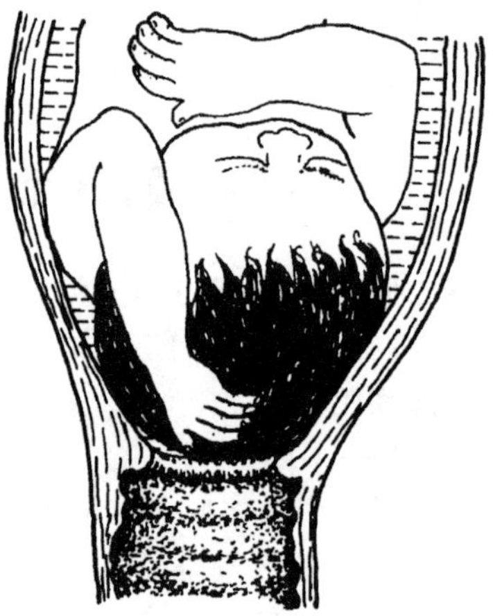

图 4-5　复合先露

（三）胎方位

胎儿先露部位的指示点与母体骨盆的关系称为胎方位（fetal position），简称胎位。枕先露以枕骨、面先露以颏骨、臀先露以骶骨、肩先露以肩胛骨为指示点。根据每一个指示点与骨盆前后左右的关系，有4～6种不同的胎方位。各种胎产式、胎先露和胎方位如图4-6。

- 纵产式
  - 头先露
    - 枕先露
      - 枕左前(LOA)、枕左横(LOT)、枕左后(LOP)
      - 枕右前(ROA)、枕右横(ROT)、枕右后(ROP)
    - 面先露
      - 颏左前(LMA)、颏左横(LMT)、颏左后(LMP)
      - 颏右前(RMA)、颏右横(RMT)、颏右后(RMP)
  - 臀先露
    - 骶左前(LSA)、骶左横(LST)、骶左后(LSP)
    - 骶右前(RSA)、骶右横(RST)、骶右后(RSP)
- 横产式—肩先露
  - 肩左前(LScA)、肩左后(LScP)
  - 肩右前(RScA)、肩右后(RScP)

考点：胎产式、胎先露及胎方位的概念及分类

图 4-6　胎产式、胎先露和胎方位的关系及种类

案例 4-1 分析

1. 初步判断该患者是早孕表现。

2. 判断依据：①停经 56 天；②近日来晨起恶心、自觉乏力、嗜睡，食欲差；③尿频但无尿急、尿痛；④双乳房胀痛；⑤妇科检查：宫颈呈紫蓝色，宫体增大，质软，无压痛。

为明确诊断，进一步检查方法：①妊娠试验；② B 超。

目标检测

A_1 型题

1. 早孕时最早及最重要的症状是（　　）
   A. 尿频　B. 恶心、呕吐
   C. 停经　D. 腹痛
   E. 乳房胀痛
2. “黑加征”指（　　）
   A. 子宫增大变软
   B. 子宫前后径变宽，略饱满，呈球形
   C. 双合诊时子宫呈前屈或后屈位
   D. 双合诊时感到子宫半侧较另半侧隆起
   E. 子宫峡部极软，宫颈和宫体似不相连
3. 胎儿姿势指（　　）
   A. 最先进入骨盆入口的胎儿部分
   B. 胎儿身体各部的相互关系
   C. 胎儿身体长轴与母体长轴的相互关系
   D. 胎儿位置与母体骨盆的关系
   E. 胎儿先露的指示点与母体骨盆的关系
4. 确诊早孕最可靠的辅助方法是（　　）
   A. 妇科内诊
   B. 尿妊娠试验
   C. B 超检查
   D. 阴道脱落细胞检查
   E. 测定尿中雌三醇值
5. 某女停经 8 周，不应该出现的表现（　　）
   A. 尿妊娠试验阳性
   B. 尿频
   C. 乳房增大
   D. 阴道、宫颈呈紫蓝色
   E. 妇科检查子宫大小正常
6. 诊断中期妊娠，下述哪项最不可靠（　　）
   A. 胎心清晰
   B. 扪诊有胎头浮球感
   C. 自觉胎动
   D. 子宫增大如停经月份
   E. B 超有胎动反射
7. 正常妊娠满 12 周时，子宫底于（　　）
   A. 腹部不能触及
   B. 脐下 2 横指
   C. 耻骨联合上 2～3 横指
   D. 脐耻之间
   E. 耻骨联合上刚能触及
8. 有关下列说法，错误的是（　　）
   A. 最先进入骨盆入口平面的胎儿部分为胎先露
   B. 胎儿先露部的指示点与母体骨盆的关系为胎位
   C. 胎儿身体纵轴与母体纵轴的关系称胎产式
   D. 胎儿在子宫内所取的姿势为胎势
   E. 顶先露是正常胎方位
9. 停经 18 周，确诊妊娠最好的方法是（　　）
   A. 妊娠试验
   B. 有自觉胎动感
   C. X 线摄片
   D. 耻骨联合上方触及包块
   E. 超声多普勒检查
10. 下列哪种音响与胎心率一致（　　）
    A. 子宫杂音　B. 胎动杂音
    C. 腹主动脉杂音　D. 脐带杂音
    E. 以上均不一致
11. 妊娠中期不应有（　　）
    A. 停经
    B. 尿频
    C. 乳房增大
    D. 阴道、宫颈呈紫蓝色
    E. 在下腹部扪及宫底
12. 女，26 岁。妊娠 24 周末，宫底高度应在（　　）
    A. 耻骨联合上 2～3 横指
    B. 脐耻之间
    C. 脐上一横指

D. 脐下一横指
E. 脐与剑突之间

13. 头先露中最常见的是（　　）
A. 枕先露　B. 前囟先露
C. 额先露　D. 面先露
E. 顶先露

14. 下列属于正常胎位的是（　　）
A. 肩左前　B. 骶右前
C. 骶左后　D. 枕左前
E. 枕右后

15. 下列属于横产式的是（　　）
A. 枕右横　B. 肩右前
C. 骶左前　D. 骶左横
E. 颏左前

16. 关于胎儿在子宫内的姿势，下列哪项是错误的（　　）
A. 胎头俯屈　B. 下颏贴近胸壁
C. 脊柱伸直　D. 四肢屈曲
E. 双臂交叉于胸前

17. 关于胎先露的指示点，下述哪项是错误的（　　）
A. 枕先露—枕骨　B. 臀先露—骶骨
C. 额先露—额骨　D. 面先露—颜面部
E. 肩先露—肩胛骨

18. 足月活胎，下列哪种胎位不能从阴道娩出（　　）
A. 枕左后　B. 骶右前
C. 肩左前　D. 颏左后
E. 枕右前

19. 有关胎心音，下列哪种说法错误（　　）
A. 孕早期用超声多普勒听到胎心音可作为确诊依据
B. 用听诊器在孕妇腹部听到胎心音至少已达妊娠18周
C. 正常胎心音为120～160次/分
D. 胎心音似钟表“滴答”声
E. 胎心音与子宫杂音速率一致

20. 有关胎产式，下列哪种说法不正确（　　）
A. 是胎儿纵轴与母体纵轴的关系
B. 以纵产式、横产式为主
C. 两长轴相互垂直称为纵产式
D. 纵产式最多见
E. 枕先露属纵产式

A_2 型题

21. 孕妇，25岁。妊娠8周，主诉头晕、恶心、晨起呕吐。经检查下述哪项与病史不符合（　　）
A. 子宫颈变软，紫蓝色
B. 早孕反应
C. 尿妊娠试验（+）
D. 子宫体增大，于耻骨联合上方刚可扪到
E. 两乳稍胀，乳晕着色

22. 女，29岁。已婚，停经20周。下列哪项对确诊妊娠最不可靠（　　）
A. 子宫增大符合停经月份
B. 自觉胎动
C. 扪诊有胎头浮球感
D. 听诊有清晰的胎心音
E. B超检查见有胎心搏动，有胎动

23. 女，25岁。停经12周，内诊检查：子宫13^+周大小，此孕妇用下述哪项检查方法可鉴别是正常妊娠、双胎还是葡萄胎（　　）
A. B超检查　B. 阴道镜检查
C. 黄体酮试验　D. 测尿雌二醇
E. 甲胎蛋白测定

24. 女，25岁，已婚。平素月经规律，此次月经过期15天，近感食欲缺乏、恶心，首先考虑的是（　　）
A. 宫外孕　B. 妊娠
C. 子宫肌瘤　D. 葡萄胎
E. 绝经

A_3/A_4 型题

（25～26题共用题干）

女，30岁。已婚。平素月经正常，现停经14周。

25. 下列与病史不符合的是（　　）
A. 子宫颈变硬，紫蓝色
B. 早孕反应重
C. 尿妊娠试验（-）
D. 于耻骨联合上方可扪到增大的子宫
E. 两乳肿胀，乳晕着色

26. 该妇女属于妊娠的（　　）
A. 早期　B. 中期
C. 晚期　D. 葡萄胎
E. 绝经

（左欣鹭）

第 5 章　妊娠期管理

学习目标

1. 掌握预产期的推算、四步触诊和骨盆外测量的操作方法及临床意义。
2. 了解骨盆内测量的操作方法及临床意义，了解胎儿监护及胎儿成熟度检查。
3. 熟悉妊娠期常见症状的护理。

案例 5-1

女性，25 岁。已婚。孕 2 产 0，因停经 49 天就诊。停经 10 天左右，开始出现恶心，未呕吐，进食可。停经以来，无腹痛及阴道流血，1 年前曾于停经 45 天时行人工流产术。本次妊娠孕妇和家属希望顺利生产，宝宝健康聪明。

体格检查：未发现异常。妇科检查：外阴已婚未产型；阴道通畅，分泌物少，无异味；宫颈光滑，正常大小；宫体如 50 天孕大小，活动，无压痛；双侧附件未触及明确异常。

辅助检查：尿妊娠试验阳性；B 超检查示宫内妊娠，并见胎心搏动。

问题和思考：

1. 该女性的医疗诊断是什么？有何依据？
2. 如何对该女性进行护理评估？
3. 目前该女性存在哪些护理问题？

第 1 节　产 前 检 查

妊娠期管理主要通过孕妇定期产前检查来实现，产前检查的目的是评估孕妇和胎儿的健康状况，及时诊治妊娠合并症和并发症，及时纠正胎位，及时发现胎儿发育异常，促进孕产妇、围生儿健康。

产前检查时间：从确诊早孕开始进行首次产前检查，以后定期复查。一般首次产前检查孕周是妊娠 6～8 周，14～19^{+6} 周检查一次，从妊娠 20 周起进行产前系统检查，妊娠 20～36 周期间，每 4 周检查一次，妊娠 37 周后，每周检查一次。属高危妊娠或孕期出现异常者，应酌情增加产前检查次数及检查项目。

围生儿是指处于围生期的胎儿和新生儿。围生期是指产前、产时、产后的一段时间。国际上对围生期的规定有 4 种：①围生期Ⅰ：从妊娠满 28 周（即胎儿体重≥1000g 或身长≥35cm）至产后 1 周。②围生期Ⅱ：从妊娠满 20 周（即胎儿体重≥500g 或身长≥25cm）至产后 4 周。③围生期Ⅲ：从妊娠满 28 周至产后 4 周。④围生期Ⅳ：从胚胎形成至产后 1 周。目前，我国采用围生期Ⅰ标准统计围生期死亡率，以此评估产科质量。

考点：我国围生期标准、产前检查时间

围生医学（perinatology）也称为围产医学，是研究围生期的医学，研究胚胎发育、胎儿生理病理、新生儿和孕产妇疾病诊治与卫生保健，对降低围生期母儿死亡率、缺陷儿出生率和保障母儿健康有重要意义。

一、首次产前检查

（一）健康史

1. 一般资料

（1）年龄：年龄小于18周岁或大于35周岁的孕妇容易发生难产。尤其是35周岁以上的初产妇，应重视有无妊娠期高血压疾病、产力和产道异常发生。

（2）职业：接触铅、汞、苯及有机磷农药，一氧化碳中毒等，在妊娠早期均可造成流产或胎儿畸形，放射线能诱发基因突变，造成染色体的异常。处于高温及高噪声工作环境的孕妇应调换工种。

（3）其他：孕妇所受教育程度，饮食习惯及现状，营养摄入是否均衡。还需了解活动与休息、生活自理能力、经济状况如何，现住址及联系方式等。

2. 既往史 有无高血压、糖尿病、心脏病、肾脏疾病以及有无肝炎、结核病史及接触史，注意其发病时间及药物治疗情况，停药时间。有无手术、外伤史等。有无药物过敏史。

3. 家族史 询问家族有无心脏病、高血压、糖尿病、双胎等病史。

4. 月经史 询问月经初潮年龄、月经周期、经期和经量，有无痛经等。询问末次月经时间，以便推算预产期。

5. 婚育史 了解婚姻状况，夫妻关系是否和睦，了解丈夫身体状况，有无不良嗜好，有无传染性疾病及家族遗传性疾病，既往妊娠情况及妊娠终止方式、分娩方式。

6. 本次妊娠经过 了解早孕反应出现的时间、程度，何时感觉到胎动，有无用药史，是否接触有害物质和宠物饲养史，有无阴道流血、腹痛、心悸、气短、头晕、眼花、头痛及下肢水肿等症状。

7. 推算预产期（expected date of confinement，EDC） 月经规律，且末次月经（last mestrual period，LMP）记忆清楚，计算方法：公历从末次月经第一天算起，月份加9或减3，日期加7（农历者加15，也可换算为公历后再推算预产期）。实际的分娩日期与推算的预产期可以相差1～2周。若末次月经不详，可根据早孕反应出现和消失的时间、孕妇初觉胎动时间、宫底高度及胎头双顶径值等推断预产期。

考点：预产期推算

（二）身体状况

1. 全身检查 注意观察孕妇营养、步态、精神状态及身高发育情况，测量血压，孕妇正常血压不超过140/90mmHg，或与基础血压相比不超过30/15mmHg；测量体重，妊娠晚期每周体重增加不超过0.5kg，超过者常伴水肿或隐性水肿；检查孕妇乳房发育状况及重要器官功能有无异常；注意检查脊柱、下肢有无畸形，腹壁、下肢有无水肿。

2. 产科检查 包括腹部检查（宫底高度、腹围、胎位、听胎心音）、骨盆测量、阴道检查、肛诊。

（1）腹部检查：目的为了解胎儿大小、胎产式、胎先露及胎方位。孕妇排空膀胱后仰卧于检查床上，头部稍抬高，暴露腹部，双腿略屈曲分开，放松腹肌。检查者站在孕妇右侧。

1）视诊：观察腹部皮肤，有无妊娠纹、手术瘢痕及水肿等。观察腹部大小形态。

2）触诊：检查腹壁肌肉紧张度，有无腹直肌分离。测量宫高及腹围。运用四步触诊法检查子宫大小、胎先露、胎方位，了解先露部是否衔接及羊水情况，粗略估计胎儿体重（图5-1）。四步触诊时，感胎头为圆、硬、有浮球感，感胎臀为宽、软、形状不规则，平坦饱满者为胎背，高低不平、活动者为胎儿四肢。

第一步：检查者面对孕妇头端，双手置于子宫底部，检查子宫底高度，估计胎儿大小与妊娠月份是否相符，双手指腹相对交替轻推，辨别在子宫底部的胎儿部分。

第二步：检查者仍面对孕妇头端，双手分别置于腹部两侧，一手固定，另一手轻轻深

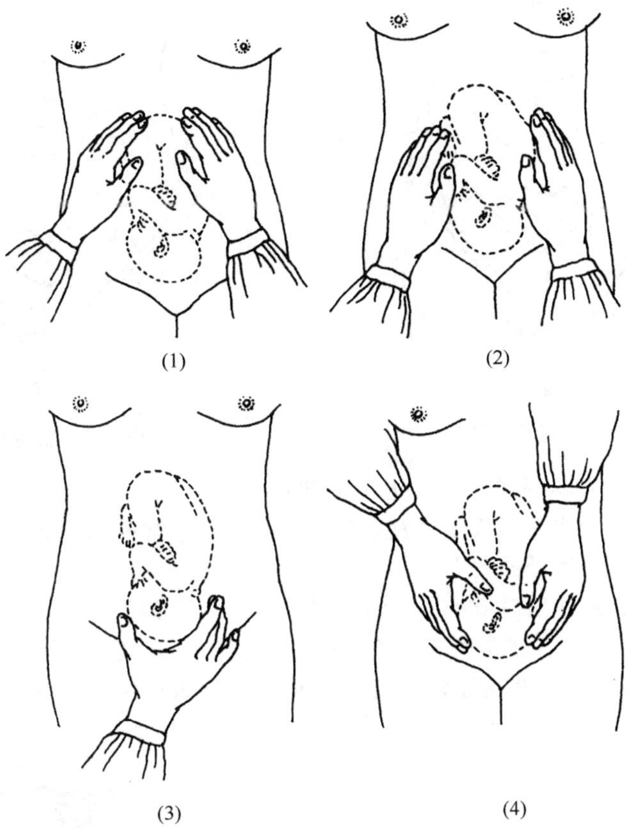

图 5-1　四步触诊法

按，双手交替进行检查，辨别在子宫两侧的胎儿部分。

第三步：检查者面对孕妇腹部，将右手大拇指和其他四指分开，置于耻骨联合上方握住胎先露，向左右推动，了解先露部是否衔接，若先露部仍可左右移动，表示为未衔接，若先露部不能被推动，则胎头已衔接。

第四步：检查者面对孕妇足端，双手置于先露部两侧，向骨盆入口处深按，进一步确定先露部及其入盆程度。

3）听诊：妊娠 18～20 周在脐下正中线附近听到胎心音，以后随胎儿的增长及胎位的不同，胎心音的部位也有所改变。胎心音在胎背上方的腹壁听得最清楚，故头先露可在脐下两侧听取，臀先露可在脐上两侧听取，横位可在脐偏下方听取（图 5-2），因此，可根据听诊胎心音的位置判断胎位。

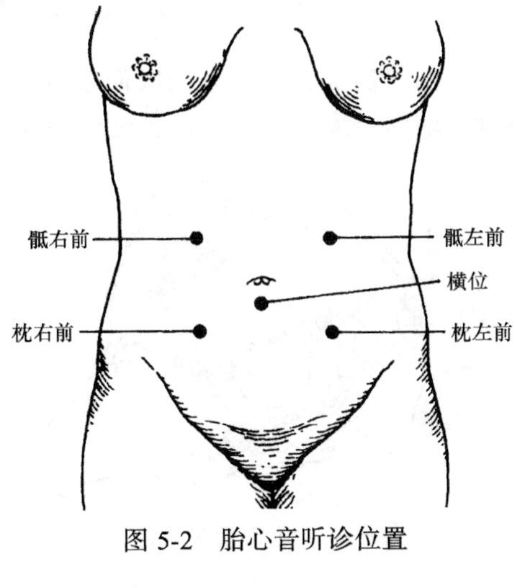

图 5-2　胎心音听诊位置

（2）骨盆测量：骨盆测量分为外测量和内测量。

1）骨盆外测量：间接反映骨盆腔大小，需测量下列各径线。

髂棘间径：孕妇取伸腿仰卧位，测量两髂前上棘外缘间的距离，正常值为 23～26cm（图 5-3）。

髂嵴间径：孕妇取伸腿仰卧位，测量两髂嵴外缘间最宽距离，正常值为 25～28cm（图 5-4）。

以上两径线可间接推断骨盆入口横径的长度。

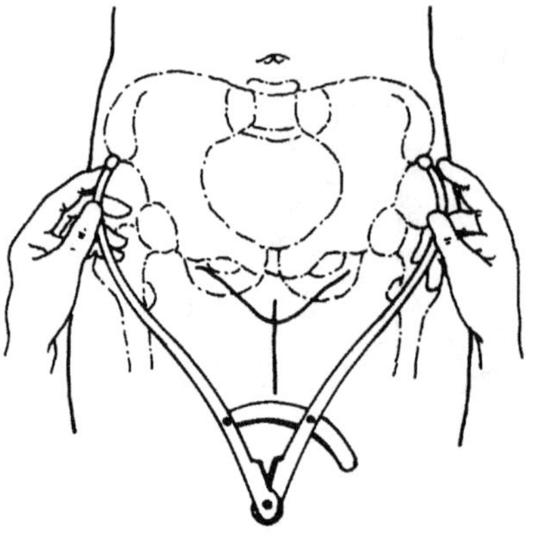

图 5-3　髂棘间径

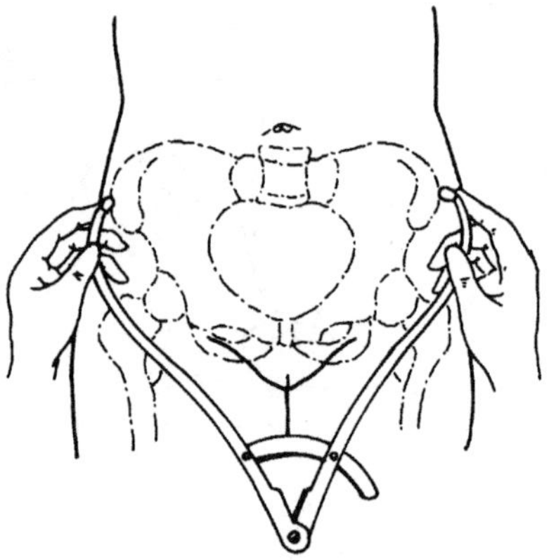

图 5-4　髂嵴间径

骶耻外径：孕妇左侧卧位，右（上）腿伸直，左（下）腿弯曲，测耻骨联合上缘中点到第五腰椎棘突下（相当于米氏菱形窝上角）的距离，正常值 18～20cm（图 5-5）。此径线可间接推测骨盆入口前后径的大小。

坐骨结节间径：又称出口横径，孕妇取仰卧位，双下肢屈曲，双手抱膝，测量两坐骨结节内侧缘的距离（图 5-6），正常值 8.5～9.5cm，平均值 9cm。也可用检查者的拳头初略测量，若能容纳成人一横置拳头，即为正常。如出口横径小于 8cm，则需测量出口后矢状径。

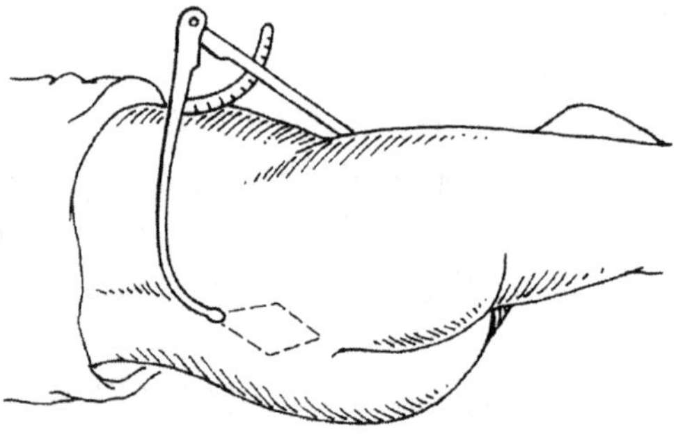

图 5-5　骶耻外径与米氏菱形窝

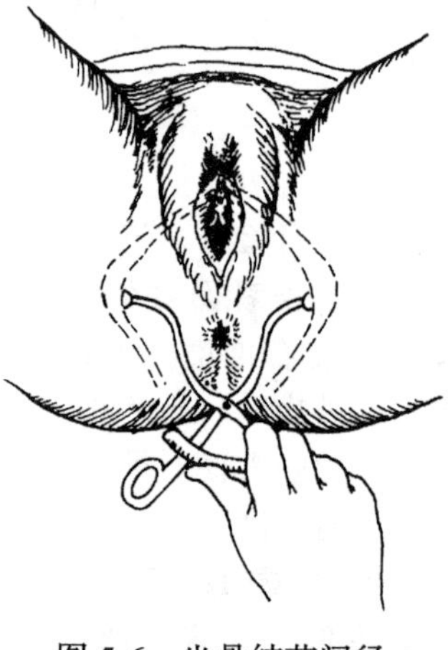

图 5-6　坐骨结节间径

出口后矢状径：孕妇取仰卧位，双下肢屈曲，双手抱膝，测量坐骨结节间径中点至骶骨尖端的长度（图 5-7），正常值为 8～9cm。如果出口后矢状径小于 8cm，而出口横径与出口后矢状径之和大于 15cm，足月胎儿可利用后三角从产道娩出。

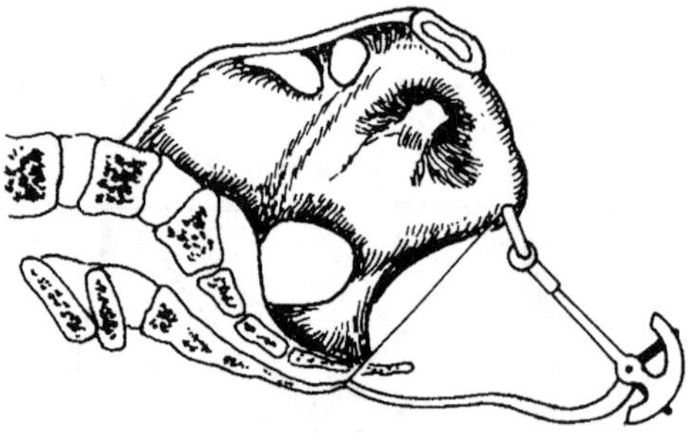

图 5-7　出口后矢状径

耻骨弓角度：用左右两拇指平放在耻骨降支的表面，两拇指指尖斜着对拢，放于耻骨联合下缘，测两拇指之间的角度，即为耻骨弓角度（图 5-8），正常值为 90°及以上，小于 80°为异常。

2）骨盆内测量：适用于骨盆外测量狭窄者，一般于妊娠 24～36 周进行。测量时孕妇取膀胱截石位，严格消毒外阴，检查者戴无菌手套，涂

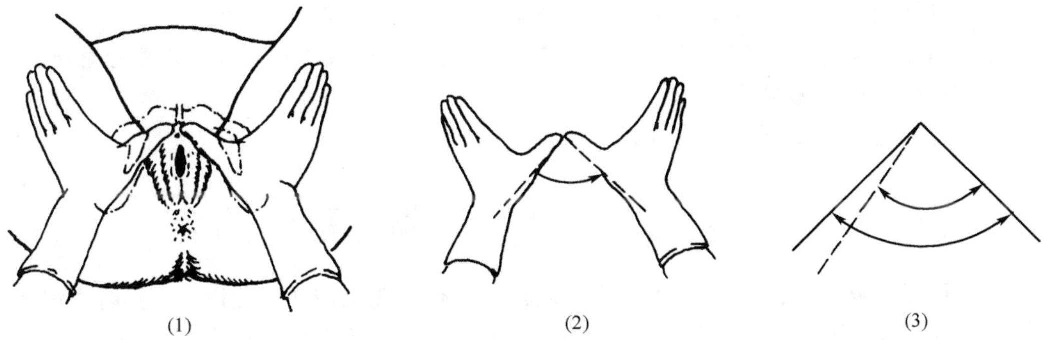

图 5-8　耻骨弓角度

以润滑油，示指、中指放入阴道。主要测量以下径线。

对角径：为耻骨联合下缘至骶岬上缘中点的距离，正常值为 12.5～13cm，此值减去 1.5～2cm，即为骨盆入口前后径的长度，又称真结合径。测量时，检查者将一手的示指和中指并拢伸入阴道，中指尖触到骶岬上缘中点，示指上缘紧贴耻骨联合下缘，以另一手示指标志与耻骨联合下缘的接触点，取出阴道内的手指，测量中指尖至此接触点间的距离，即为对角径，正常值约为 11cm。如测量时中指尖触不到骶岬，表示对角径大于 12.5cm。

坐骨棘间径：测量两侧坐骨棘间的距离，正常值为 10cm。测量方法是将一手示指、中指放入阴道内，分别触及两侧坐骨棘，估计其间距离。

坐骨切迹宽度：即骶棘韧带的宽度。将阴道内的示指置于韧带上滑动，若能容纳 3 横指（5.5～6cm）为正常。

考点：胎心听诊位置、四步触诊、骨盆外测量

（3）阴道检查：确诊早孕时，应做阴道检查，了解生殖器官发育是否正常，妊娠 24～36 周行阴道检查，可行骨盆内测量。妊娠最后一个月及临产后，应避免不必要的阴道检查，以防感染。

（4）肛门检查：可了解胎先露部、骶骨弧度、坐骨棘及坐骨切迹宽度，还有骶尾关节的活动度。

3. 辅助检查　除常规检查血常规、血型、尿常规和肝脏功能、肾功能、空腹血糖、苍白密螺旋体、HIV、乙型肝炎病毒标志物外，还应根据情况选择性地做一些检查，如心电图、电解质、超声、血尿 E_3、胎盘生乳素等。

（三）心理社会状态

孕妇身体各系统的生理变化，其心理也会随着妊娠进展而变化。医务人员在进行产前检查时，应对孕妇进行心理社会评估。

1. 孕妇及家人对妊娠知识的了解程度。

2. 孕妇心理反应　孕妇对妊娠的态度及感受，如有无过度焦虑、恐惧、淡漠、表现行为不当等。随着预产期的到来，面对角色的改变和分娩，孕妇常有焦虑、恐惧心理。

3. 评估家庭和社会支持系统　尤其是丈夫对此次妊娠的态度。评估他对孩子的接受度与期望，针对性地协助他承担父亲角色，继而成为孕妇强有力的支持者。

二、复诊产前检查

复诊产前检查目的是动态观察母儿情况，了解前次产前检查后有无不适，及早发现异常，及时干预，促进妊娠顺利发展。

1. 询问前次产前检查后有无异常症状，如腹痛、阴道流血、头痛、眼花、下肢水肿及胎动异常等。

2．测量体重及血压，检查有无水肿及程度，必要时检查尿蛋白定量等。

考点：复诊产前检查内容

3．孕妇产科检查，了解胎儿生长发育情况，与孕周是否相符；有无羊水量异常等。

4．进行妊娠期健康指导。

5．记录检查结果，预约下次复查时间。

第2节 孕妇管理

孕妇管理从确诊妊娠开始到产后42日之内，进行系统监护和保健指导，及时发现高危妊娠，及时转诊治疗和住院分娩及产后随访，以确保母婴安全与健康的系统管理。

【管理机构】

我国已普遍实行孕产期系统保健的三级管理，我国城市开展医院三级管理（市、区、街道）和妇幼保健机构三级管理（市、区、基层卫生院），在农村也开展了三级管理（县医院和县妇幼保健站、乡卫生院、村妇幼保健人员），实行孕产妇划片分级管理，并健全相互之间会诊、转诊等制度，及早发现高危孕妇并转至上级医院进行处理。

【管理制度】

建立孕妇系统保健手册制度，加强对孕妇系统管理，提高产科疾病防治与管理质量，对降低孕产妇死亡率、围生儿死亡率和病残儿出生率有重要意义。保健手册从确诊早孕时开始建册，系统管理直至产褥期结束。手册应记录每次产前检查时的孕妇与胎儿情况及处理意见，在医院住院分娩时应提交孕产妇保健手册，出院时需将住院分娩及产后母婴情况填写完整后将手册交还给产妇，由产妇交至居住的基层医疗保健组织，以便进行产后访视，产后访视结束后将保健手册汇总至县、区妇幼保健所进行统计分析。

【护理评估】

通过定期产前检查完成对孕妇的护理评估。

【护理诊断 / 问题】

1．孕妇

（1）疼痛：与妊娠可引起腰背部疼痛有关。

（2）知识缺乏：缺乏妊娠期常见症状的知识。

2．胎儿

有受伤的危险　与感染、胎盘功能减退、母体疾病等有关。

【护理目标】

1．孕妇获得妊娠期相关知识，改善不适。

2．胎儿生长发育正常。

【护理措施】

1．高危妊娠管理　通过系统的产前检查，尽早筛查出具有中、高危因素的孕妇，及早给予评估与诊治。常见的高危因素有基本情况（如年龄、身高、体质、不孕史等）、不良孕产史、妊娠合并症和妊娠并发症等4个方面，不宜继续妊娠者应告知并及时终止妊娠，高危孕妇继续妊娠者，应评估是否转诊，以确保母儿安全。

2. 孕期营养管理

（1）体重监测：凡每周增重小于 0.3kg 或大于 0.55kg 者，应适当调整其能量摄入，使每周体重增加维持在 0.3～0.5kg。

（2）供能均衡：妊娠期间每天至少应增加 100～300kcal 热量。蛋白质、脂肪、糖类在人体内氧化均可产生热量，应按适当比例进食，蛋白质占 15%，脂肪占 20%，糖类占 65%。

（3）微量元素：铁需要另外补充，其他基本可食物供给。我国营养学会建议：铁，补充主张从妊娠 4 个月开始，硫酸亚铁 0.3g，口服，每天 1 次；钙，自妊娠 16 周起每天摄入 1000mg，妊娠晚期每天摄入 1500mg；锌，妊娠 3 个月后，每天从饮食中补充 20mg；碘，在妊娠期服用含碘食盐，使每天膳食中碘的供给量达到 175μg。

（4）维生素：①维生素 A：主要存在于动物性食物中，如牛奶、肝等。若孕妇体内缺乏维生素 A，孕妇发生夜盲、早产，胎儿可能致畸；过量可中毒。②维生素 B 族：存在于谷类、干果、肉、鱼中。妊娠早期叶酸缺乏，容易发生胎儿神经管缺陷畸形，在妊娠前 3 个月最好口服叶酸 5mg，每日 1 次。③维生素 C：存在于新鲜水果和蔬菜中。④维生素 D：存在于肝、蛋黄、鱼中。维生素 D 能促进钙和磷的吸收，如缺乏，可影响胎儿骨骼发育；如过量，可中毒。

3. 孕期用药管理　药物可对胎儿和母体产生不同程度的影响。妊娠十二周前称为致畸期。这就要求用药时严格掌握指征，有医护人员指导。

4. 孕期常见症状护理

（1）恶心呕吐：建议饮食应少食、多餐，忌油腻。给予维生素 B_6、维生素 B_1、干酵母片或胃蛋白酶 0.3g，饭时与稀盐酸 1ml 同服，每日 3 次。如病情严重，按妊娠剧吐治疗。

（2）便秘：养成按时排便的良好习惯，多吃易消化、含有纤维素多的新鲜蔬菜和水果，适当运动。必要时使用缓泻剂，如开塞露，使粪便容易排出。

（3）痔疮：建议饮食富含纤维素和少吃辛辣食物，必要时使用缓泻药缓解痔疮引起的不适。

（4）贫血：饮食补充不足支持需求量，应给予铁剂，如硫酸亚铁以预防贫血，同时加服维生素 C，促进对铁的吸收。

（5）尿频：多因膀胱受压所致，常无感染，孕妇不需特殊护理，有尿意即排空膀胱。

（6）阴道分泌物增多：于孕早期和孕晚期明显，多属于生理现象，因此保持外阴的清洁，增加舒适感。若伴瘙痒、分泌物异常应及时就诊。

（7）腰背痛：妊娠期间关节韧带松弛和孕妇腰椎向前突，使背肌持续紧张状态，导致孕妇出现轻微腰背痛。休息时，垫物品支撑腰背部可缓解疼痛，必要时卧床休息、热敷及使用镇痛药物。

（8）下肢及外阴静脉曲张：在妊娠晚期，应避免长时间站立，或下肢绑以弹性绑带，休息时适当垫高下肢以利于静脉回流。分娩时应防止外阴曲张的静脉破裂。

（9）下肢肌肉痉挛：出现下肢肌肉痉挛时，局部按摩可缓解，应及时补充钙剂。

（10）下肢水肿：孕妇于妊娠晚期常有踝部、小腿下半部轻度水肿，休息后消退，属生理现象。睡眠取左侧卧位，下肢垫高使下肢血液回流改善，水肿可减轻。若下肢水肿明显，休息后不消退，应考虑到妊娠期高血压疾病、妊娠合并肾脏疾病、低蛋白血症等异常妊娠。

考点：孕妇常见症状及护理

（11）仰卧位低血压综合征：妊娠晚期，孕妇若较长时间仰卧位，增大妊娠子宫压迫下腔静脉，使回心血量及心排出量突然减少，血压降低，此时孕妇改为左侧卧位，血压即恢复正常。

5. 孕期自我监护

（1）胎动计数：监测胎动是孕妇自身判断胎儿安危的重要方法。正常胎动为每小时3～5次。孕妇每天应早中晚各计数胎动1小时，3次相加后乘以4为12小时胎动次数，正常应12小时大于30次，若低于10次，可能为宫内缺氧，应查找原因，及时处理。

考点：胎动计数

（2）初步识别异常症状：介绍妊娠期常见的疾病，如流产、妊娠期高血压疾病、妊娠期肝内胆汁淤积症，妊娠合并心脏病、肝炎、糖尿病等。如出现腹痛、阴道流血、阴道流液、心悸、头晕、恶心呕吐等应及时到医院就诊。

（3）初步认识先兆临产：如出现不规律宫缩、见红、尿频以及阴道流液等症状，应及时到医院就诊。

6. 乳房健康指导 妊娠后乳房增大，应佩戴合适胸罩，防止下垂。预防哺乳时乳头皲裂，正常孕妇每天用温热水擦洗乳头，然后涂上一层油脂。纠正乳头内陷，可做乳头伸展练习或乳头牵拉练习，也可佩戴乳头罩，使乳头突出，以利日后哺乳。

7. 胎教 通过胎教促进胎儿智力发育，身心健康。常用听觉、触觉两种途径，因此，应该经常听轻柔舒缓的音乐，抚摸腹部的方式与胎儿进行交流。

8. 生活护理

（1）卫生与舒适：勤淋浴，勤刷牙，若有口腔疾病，应及时就诊。孕妇着装以松软、透气、宽大为宜。生活环境应注意清洁、安全、安静、通风良好，光线充足。避免到人群多的地方，避免和传染性疾病的病人接触。

（2）活动与休息：孕妇需要充足睡眠，每天至少有8小时睡眠，午休1～2小时，睡眠时采取左侧卧位为宜。健康孕妇可正常工作学习到28周，之后减轻工作量，不上夜班。

（3）性生活指导：正常孕妇在妊娠12周以前和32周以后应避免性生活，防止发生流产、早产、胎盘早期剥离和感染等。

【护理评价】

1. 孕妇不适症状是否减轻或消失。
2. 孕妇是否获得相关知识。

第3节 胎儿监护及胎儿成熟度检查

高危孕妇应于妊娠26～28周甚至更早开始监护胎儿。

【护理评估】

1. 健康史 询问孕妇既往孕产史，结合产前检查结果综合分析，确定本次妊娠是否为高危妊娠，胎儿是否为高危儿。

高危儿包括以下几种即将出生或刚出生的围生儿：①孕龄＜37周或≥42周；②出生体重＜2500g；③巨大儿（≥4000g）；④出生后1分钟Apgar评分≤4分；⑤产时感染；⑥高危孕产妇的胎儿；⑦手术产儿；⑧新生儿的兄姐有新生儿期死亡；⑨双胎或多胎妊娠的胎儿。

2. 胎儿监护

（1）妊娠早期：行妇科检查判断增大子宫是否与孕周相符；B超检查判断胚胎发育是否与孕周相符，妊娠9～13周B超检查，了解胎儿发育情况。

（2）妊娠中期：测量宫底高度和腹围，判断胎儿大小及是否与孕周相符；监测胎儿心率；应用 B 超系统监测胎儿脏器发育、结构异常的筛查与诊断；胎儿染色体异常的筛查与诊断。

（3）妊娠晚期

1）定期产前检查：测量宫高和腹围，了解胎儿大小、胎位和胎心率，了解孕妇自觉症状的变化及双下肢水肿程度。

2）胎动监测：是孕妇自我监测胎儿安危的简便有效方法。正常胎动为每小时 3～5 次，12 小时大于 30 次，若 12 小时少于 10 次或骤然减少 50%，提示胎儿缺氧。

3）B 超检查：是目前使用最广泛的胎儿影像学监护仪器，可以观察胎儿大小、胎动及羊水情况；还可以进行胎儿畸形筛查，且能判定胎位及胎盘位置、胎盘成熟度。

4）电子胎儿监护：能够连续观察和记录胎心率（fetal heart rate, FHR）的动态变化，也可了解胎心与胎动及宫缩之间的关系，评估胎儿宫内安危情况。监护可在妊娠 34 周开始，高危妊娠孕妇酌情提前。

A. 监测胎心率

胎心率基线：指在无胎动和无子宫收缩影响时，10 分钟以上的胎心率平均值。正常胎心率为 120～160 次 / 分，胎心率＞160 次 / 分或＜120 次 / 分，历时 10 分钟，称为心动过速或心动过缓。

胎心率一过性变化：受胎动、宫缩、触诊及声响等刺激，胎心率出现加快或减慢，随后又恢复到基线水平，称为胎心率一过性变化，是判断胎儿安危的重要指标。

加速：指宫缩时胎心率基线暂时增加 15 次 / 分以上，持续时间＞15 秒，是胎儿健康良好的表现。

减速：分 3 类。早期减速：表现为 FHR 曲线下降几乎与宫缩曲线上升同时开始，FHR 最低点与宫缩曲线高峰相一致，下降幅度＜50 次 / 分，持续时间短，恢复快，宫缩退行期后迅速恢复正常，一般为宫缩时胎头受压引起，不受孕妇体位或吸氧而改变。变异减速：表现为胎心率减速与宫缩无固定关系，下降迅速且下降幅度＞70 次 / 分，持续时间长短不一，恢复迅速，一般认为是宫缩时脐带受压所致。晚期减速：表现为 FHR 减速多在宫缩高峰后开始出现，下降幅度＜50 次 / 分，持续时间长，恢复慢，一般认为晚期减速是胎盘功能不良、胎儿缺氧的表现。

考点：3 类减速的表现及临床意义

B. 评估胎儿宫内储备能力

无应激试验（NST）：指在无宫缩时，观察胎动后胎心率的变化。一般监护 20 分钟，根据胎心率基线、胎动时胎心率变化（变异、减速和加速）等分为有反应型 NST、可疑型 NST 和无反应型 NST，可疑型需加做 20 分钟，无反应型需做缩宫素激惹试验。

宫缩应激试验（CST）：又称为缩宫素激惹试验（OCT），观察宫缩时胎心率变化，测定胎儿的储备能力。如无宫缩，可诱导宫缩产生，方法为静脉滴注缩宫素，待有效宫缩出现后，连续记录 10 分钟。CST 阴性提示胎儿一周内尚安全。

C. 胎儿生物物理评分：将电子胎儿监护和 B 超联合监测胎儿宫内缺氧情况，并进行评分（Manning 评分），判断有无急性和（或）慢性缺氧。

5）羊膜镜检查：观察羊水粪染程度，判断胎儿有无缺氧。

3. 胎盘功能检查

（1）胎动：胎盘功能低下时，胎儿宫内缺氧，胎动减少甚至消失。

（2）孕妇血、尿雌三醇值：尿雌三醇值用于评估胎儿胎盘功能。24 小时尿雌三醇值＞15mg 为正常，10～15mg 为警戒值，＜10mg 为危险值。测血清游离雌三醇值，不受孕妇肾功能影响，连续监测3次，如骤然下降，则胎盘功能低下。

（3）孕妇随意尿雌激素/肌酐（E/C）测定：收集孕妇晨间随意尿可以了解胎盘的功能。E/C＞15为正常值，10～15为警戒值，＜10为危险值。

（4）孕妇血清胎盘生乳素（HPL）测定：足月妊娠HPL值为4～11mg/L，若该值于足月妊娠时＜4mg/L，或突然降低50%，提示胎盘功能低下。

（5）缩宫素激惹试验（OCT）：晚期减速在10分钟内连续出现3次以上，胎心率基线变异在5次以下，为OCT阳性，提示胎盘功能减退。

4. 胎儿成熟度检查

（1）胎龄：正确推算孕周，根据准确的末次月经时间、早孕反应、胎动时间等判断。

（2）产前检查：正确测量宫高、腹围，推算胎儿体重，胎儿体重（g）＝宫高（cm）×腹围(cm)＋200。

（3）B超检查：胎头双顶径值＞8.5cm，提示胎儿成熟；观察胎盘，如见三级胎盘，提示胎儿成熟。

（4）检测羊水：行羊膜腔穿刺，抽取羊水做下列检查。

考点：羊水检查各项指标及临床意义

1）卵磷脂/鞘磷脂(L/S)比值：该值＞2，提示胎儿肺成熟。

2）肌酐：如≥176.8μmol/L（2mg%），提示胎儿肾成熟。

3）淀粉酶：如≥450U/L，提示胎儿唾液腺成熟。

4）脂肪细胞出现率：如达20%，提示胎儿皮肤成熟。

【护理诊断/问题】

潜在并发症 胎儿发育异常的危险。

【护理目标】

1. 胎儿生长发育正常。
2. 无严重缺陷儿出生。

【护理措施】

1. 一般护理 居住环境安静清洁。左侧卧位。饮食合理，对胎盘功能减退、胎儿生长受限的孕妇给予高蛋白、高能量饮食，补充微量元素及维生素；对大于胎龄儿，在反复评估无胎龄计算错误后，适当控制饮食。

2. 病情观察 观察胎心率变化，有无腹痛、子宫收缩，有无生殖道流液流血及量、颜色、性状、气味。

3. 心理护理 各种检查和操作之前向孕妇解释和指导，减轻和转移焦虑、恐惧，避免对母体和胎儿的不良刺激。

4. 治疗检查配合 执行医嘱及配合各种检查，掌握电子胎儿监护仪的操作，掌握各种检查的时机。

5. 健康教育 指导孕妇自我监护及定期产前检查，正确对待检查结果。

【护理评价】

1. 胎儿生长发育是否正常。
2. 严重缺陷儿出生是否得到控制。

案例 5-1 分析

1．初步考虑该病人的诊断是早期妊娠，依据：①已婚育龄妇女，平时月经规律；②停经49天，有早孕反应；③妇科检查：宫体如50天孕大小；④辅助检查：尿妊娠试验阳性；B超检查示宫内妊娠，并见胎心搏动。

2．对该女性进行护理评估：①健康史：已婚育龄妇女，平时月经规律，有停经及早孕反应，活动及饮食正常，有人工流产史。②身体评估：生命体征正常，心肺无明显异常发现，妇科检查发现子宫增大与停经时间相符；辅助检查提示宫内妊娠正常。③心理社会评估：孕妇及其丈夫意见一致，都有生育要求，并且希望胎儿发育良好，能够正常分娩。

3．目前该女性存在的护理问题：知识缺乏，胎儿有受伤的危险。

目标检测

A_1 型题

1. 临床常用推算预产期的依据是（　　）
   A. 末次月经干净第一天
   B. 末次月经开始第一天
   C. 初觉胎动时间
   D. 早孕反应开始的时间
   E. 腹围和宫底高度
2. 四步触诊中，胎背的感觉是（　　）
   A. 圆、硬，有浮球感
   B. 细小，凹凸不平
   C. 活动明显
   D. 软、宽，不规则
   E. 宽、平坦
3. 妊娠晚期，羊水中卵磷脂／鞘磷脂比值＞2，提示（　　）
   A. 胎儿肝已成熟
   B. 胎儿肾已成熟
   C. 胎儿肺已成熟
   D. 胎儿胰腺已成熟
   E. 胎儿皮肤成熟
4. 妊娠晚期每周体重增加不应超过（　　）
   A. 0.5kg　　B. 1kg
   C. 1.5kg　　D. 2kg
   E. 2.5kg

A_2 型题

5. 女，32岁，妊娠28周，产前检查均正常。护士指导孕妇自我监护胎儿情况最简单的方法是（　　）
   A. B超检查　　B. 胎心听诊
   C. 测宫高、腹围　　D. 自我胎动计数
   E. 电子胎儿监护
6. 某孕妇妊娠37周，枕右前位，胎头高浮，下述哪项是错误的（　　）
   A. 胎背在腹部右侧
   B. 肛查胎头＋3
   C. 胎心在脐右下方听到
   D. 耻骨联合上可触及活动胎头
   E. 胎肢在腹部左侧
7. 初孕妇，孕35周，四步触诊结果，于子宫底部触到坚而硬的胎头，在耻骨联合上方触到较软面宽不规则的胎臀，胎背位于母体腹部右前方。胎心音于脐上右侧听到。该孕妇胎方位为（　　）
   A. 骶左前　　B. 骶右前
   C. 骶左后　　D. 骶右后
   E. 骶左横

（蒋　莉）

第 6 章　分娩期妇女的护理

📖 **学习目标**

1. 掌握影响分娩的因素及子宫收缩的特点；骨盆三个平面的各径线正常值；先兆临产的征象、临产标志及产程分期。

2. 了解枕左前位的分娩机制。

3. 熟悉第一、二、三产程妇女的护理措施。

考点：足月产、早产、过期产的概念

妊娠 28 周以后，胎儿及其附属物由母体经产道娩出的过程，称为分娩。孕期满 37 周至不满 42 周间分娩者，称为足月产（term delivery）；孕期满 28 周至不满 37 周间分娩者，称为早产（premature delivery）；孕 42 周或超过 42 周分娩者，称为过期产（postterm delivery）。

第 1 节　影响分娩的因素

分娩能否顺利取决于四个因素，即产力、产道、胎儿及精神心理因素。若这四个因素均正常并能相互适应，则胎儿可顺利经阴道自然娩出，称为正常分娩。

一、产　　力

产力是指将胎儿及其附属物从子宫内逼出的力量，包括子宫收缩力（简称宫缩）、腹肌及膈肌收缩力（统称腹压）和肛提肌收缩力。

（一）子宫收缩力

子宫收缩力是临产后迫使子宫颈口扩张，胎先露下降，胎儿及其附属物娩出的主要力量。其贯穿于整个分娩过程，临产后正常宫缩具有以下特点。

1. 节律性　节律性是指临产后子宫平滑肌产生有规律的阵发性收缩。每次宫缩由弱到强（进行期）逐渐达到高峰，并维持一定时间（极期），随后再由强渐弱（退行期），直到消失并维持一段时间（间歇期），随后再开始收缩，如此反复出现，直到分娩全过程结束（图 6-1）。

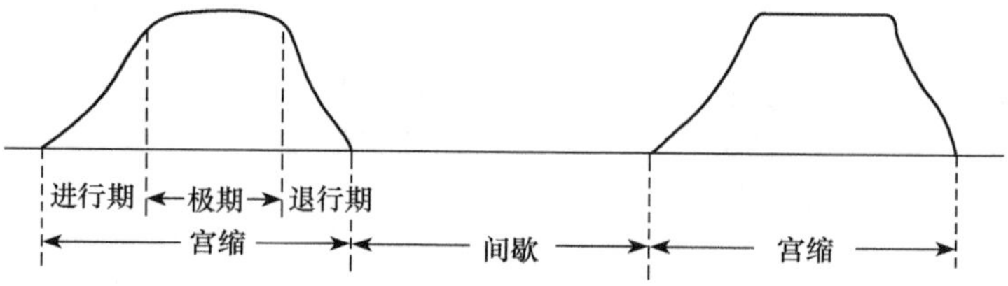

图 6-1　正常宫缩节律性

2. 对称性和极性　正常宫缩起自两侧子宫角，迅速向子宫底中线集中，左右对称，然后以每秒约 2cm 的速度向子宫下段扩散，约 15 秒均匀协调地遍及整个子宫，此为宫缩的对称性。宫缩以宫底部最强、最持久，向下则逐渐减弱，宫底部收缩力几乎是子宫下段的两倍，此为宫缩的极性（图 6-2）。

3. 缩复作用　子宫体部平滑肌为收缩段。宫缩时，其肌纤维短缩变宽，间歇期肌纤维放松，但不能完全恢复到原来的长度，经过反复收缩，肌纤维越来越短，这种现象称为缩复作用。

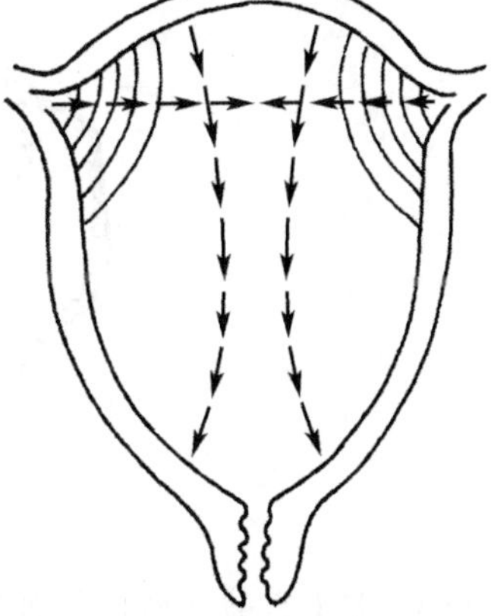

图 6-2　正常宫缩对称性和极性

（二）腹肌及膈肌收缩力

每当宫缩时，胎先露部或前羊水囊压迫骨盆底组织及直肠，反射性地引起排便动作，产妇主动屏气，此时产妇喉头紧闭向下用力，腹肌及膈肌强力收缩使腹内压增高，促使胎儿娩出。腹压在第二产程，特别是第二产程末期配以宫缩时运用最有效，否则不但无益，反易使产妇疲劳、宫颈水肿，致使产程延长。腹压在第三产程还可促使胎盘娩出。

（三）肛提肌收缩力

肛提肌收缩力有协助胎先露在骨盆腔内旋转作用，当胎头枕骨露于耻骨弓下缘时，还能协助胎头仰伸及娩出，当胎儿娩出后，胎盘降至阴道时，肛提肌收缩力也有助于胎盘娩出。

二、产　　道

产道是胎儿娩出的通道，分为骨产道与软产道两部分。

（一）骨产道

指真骨盆，骨产道的大小、形状与分娩的关系十分密切。为了便于了解分娩时胎先露通过产道的过程，将骨盆腔分为三个假想的平面。

1. 骨盆入口平面　为骨盆腔上口，呈横椭圆形。其前方为耻骨联合上缘，两侧为髂耻缘，后方为骶岬上缘，有 4 条径线（图 6-3）。

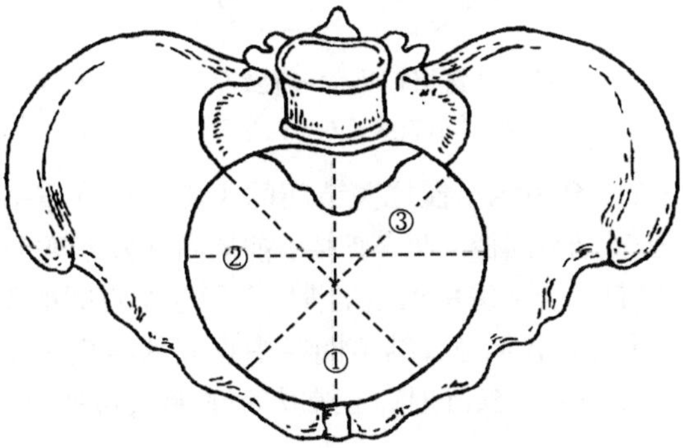

图 6-3　骨盆入口平面各径线

①前后径 11cm；②横径 13cm；③斜径 12.75cm

（1）入口前后径：称真结合径。耻骨联合上缘中点至骶岬上缘正中间的距离，正常值平均 11cm，其长短与分娩机制关系密切。

（2）入口横径：左右髂耻缘间的最大距离，正常值平均 13cm。

（3）入口斜径：左右各一。左侧骶髂关节至右侧髂耻隆突间的距离为左斜径；右骶髂关节至左髂耻隆突间的距离为右斜径，正常平均 12.75cm。

2. 中骨盆平面　为骨盆最小平面，呈前后径长的纵椭圆形。其前方为耻骨联合下缘，两侧为坐骨棘，后方为骶骨下端，有 2 条径线。（图 6-4）。

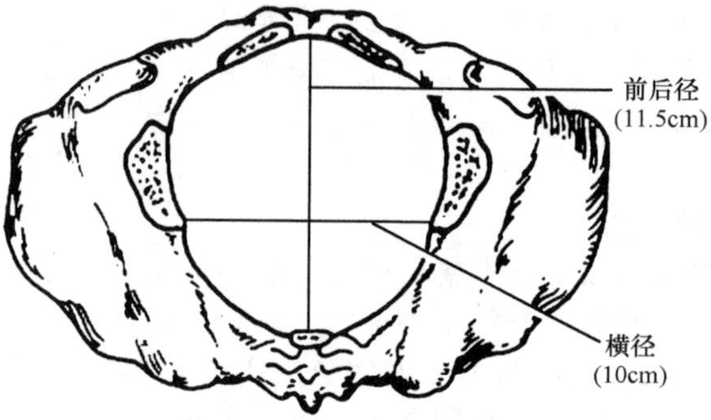

图 6-4　中骨盆平面各径线

（1）中骨盆前后径：耻骨联合下缘中点通过两侧坐骨棘连线中点至骶骨下端间的距离，正常值平均 11.5cm。

（2）中骨盆横径：也称坐骨棘间径。两坐骨棘间的距离，正常值平均 10cm。

3. 骨盆出口平面　为骨盆腔下口，由两个不同平面的三角形所组成。坐骨结节间径为两个三角共同的底。前三角平面顶端为耻骨联合下缘，两侧为耻骨降支；后三角平面顶端为骶尾关节，两侧为骶结节韧带，有 4 条径线（图 6-5）。

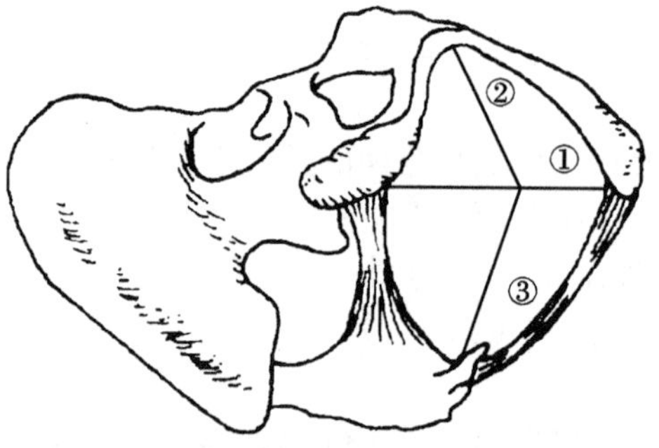

图 6-5　骨盆出口平面各径线（斜面观）

①横径 9cm；②前矢状径 6cm；③后矢状径 8.5cm

（1）出口前后径：耻骨联合下缘至骶尾关节间的距离，正常值平均 11.5cm。

（2）出口横径：也称坐骨结节间径。两坐骨结节前端内侧缘之间的距离，正常值平均 9cm。

（3）出口前矢状径：耻骨联合下缘中点至坐骨结节间径中点间的距离，正常值平均 6cm。

（4）出口后矢状径：骶尾关节至坐骨结节间径中点间的距离，正常值平均 8.5cm。若出口横径稍短与出口后矢状径之和＞15cm 时，正常大小的胎头可通过后三角区经阴道娩出。

（二）软产道

是由子宫下段、子宫颈、阴道及骨盆底软组织构成的弯曲通道。

1. 子宫下段形成　非孕期时子宫峡部长约 1cm，孕 12 周后至妊娠末期逐渐扩展拉长形成子宫下段。临产后宫缩使其进一步伸展拉长，达 7～10cm，成为软产道的一部分（图 6-6）。

2. 宫颈的变化

（1）宫颈管消失：临产前宫颈管长 2～3cm，初产妇较经产妇稍长。临产后子宫收缩牵拉宫颈内口的肌纤维及周围韧带，子宫腔内压力升高，胎先露下降使前羊膜囊成楔形，使宫颈内口向上向外扩张，宫颈管逐渐缩短至消失。

（2）宫口扩张：临产后，子宫颈口扩张主要是子宫收缩及缩复作用向上牵引的结果。随着产程进展，子宫颈口开全时，足月妊娠胎头方能通过。

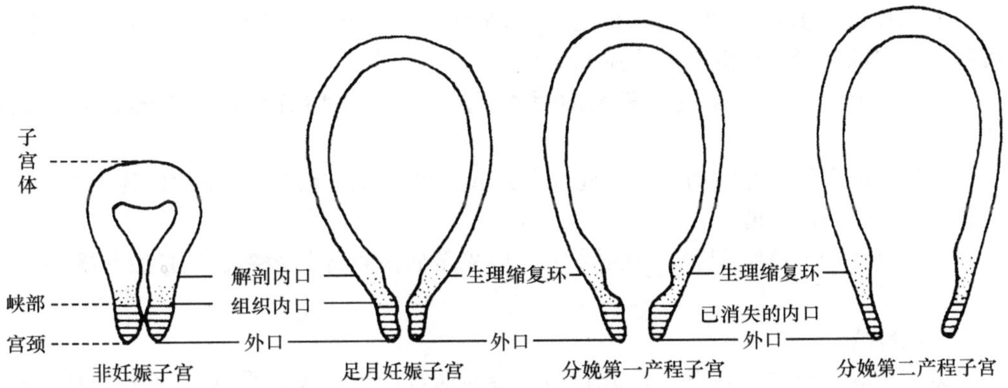

图 6-6　子宫口扩张及子宫下段形成

初产妇多是宫颈管先缩短消失，宫颈口后扩张；经产妇则多是宫颈管缩短消失与子宫颈口扩张同时进行。

3．骨盆底、阴道及会阴的变化　宫颈口开全后，子宫腔、子宫下段及阴道形成一前壁短、后壁长的弯曲状通道。宫缩使胎先露下降至阴道，与前羊膜囊一起将阴道撑开，破膜后胎先露部直接压迫软产道，阴道黏膜皱襞展平使腔道加宽，盆底肌肉向下及向两侧扩展，肌纤维拉长，会阴体变薄。胎先露即将到达阴道口时，会阴体由原来的 4～5mm 伸展变薄至 2～4mm，分娩时若保护不当，易造成会阴裂伤。

三、胎　　儿

胎儿能否顺利通过产道，除产力和产道因素外，还取决于胎儿大小、胎位及有无畸形。

（一）胎儿大小

在分娩过程中，胎儿的大小是决定分娩难易的重要因素之一。胎儿过大导致胎头径线大时，尽管骨盆为正常大小，也可引起相对性骨盆狭窄造成难产。

1．胎头颅骨　胎头颅骨由 2 块顶骨、2 块额骨、2 块颞骨及 1 块枕骨构成。颅骨间缝隙称为颅缝，两顶骨之间为矢状缝，顶骨与额骨之间为冠状缝，顶骨与枕骨之间为人字缝，颞骨与顶骨之间为颞缝，两额骨之间为额缝。两颅缝交界处较大空隙称囟门。两额骨与两顶骨之间的空隙，呈菱形的称前囟，两顶骨与枕骨之间的三角形空隙称后囟；颅缝与囟门均有软组织遮盖，使骨板有一定活动余地，胎头具有一定的可塑性。在分娩过程中，通过颅缝的轻微重叠，使头颅变形缩小，有利于胎头的娩出。

2．胎头径线　主要有 4 条（图 6-7）。

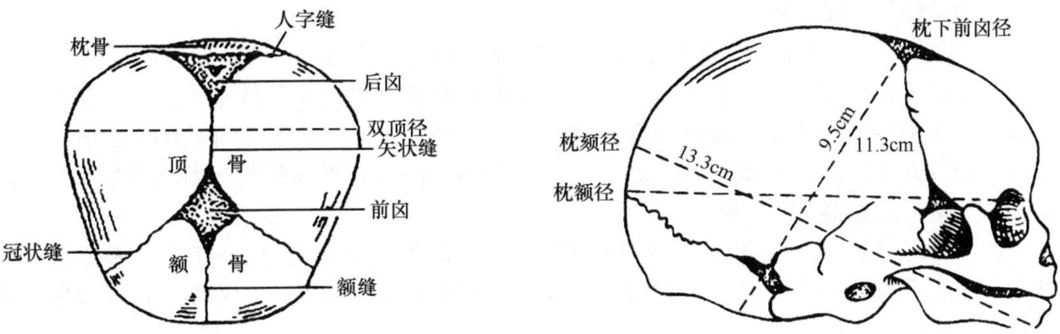

图 6-7　胎儿颅骨、颅缝、囟门及径线

（1）双顶径（BPD）：为两顶骨隆突间的距离，足月胎儿平均值约为9.3cm，是胎头最大横径，可通过B超检测此值判断胎儿大小。

（2）枕额径：为鼻根至枕骨隆突的距离，足月胎儿平均值约为11.3cm，胎头以此径衔接。

（3）枕下前囟径：为前囟中央至枕骨隆突下方的距离，足月胎儿平均值约为9.5cm，胎头俯屈后以此径通过产道。

（4）枕颏径：又称大斜径，为颏骨下方中央至后囟顶部的距离，足月胎儿平均值约为13.3cm。

（二）胎位

产道为一纵行管道，若为纵产式，胎儿容易通过产道。头先露时，在分娩过程中颅骨重叠，使胎头变形，周径变小，有利于胎头娩出，臀先露时，胎臀先娩出，因比胎头周径小，阴道不能充分扩张，当胎头娩出时因无变形机会，使胎头娩出困难。横位时，胎体纵轴与骨盆轴垂直，足月活胎不能通过产道，对母儿威胁极大。

（三）胎儿畸形

胎儿某一部分发育异常，如脑积水、联体儿等，由于胎头或胎体过大，通过产道常发生困难。

四、精神心理因素

分娩是一个正常的生理过程，但分娩对于产妇是一种持久而强烈的应激源。分娩应激既产生生理上的应激，也可以产生心理上的应激。产妇精神心理因素能够影响机体内部的平衡、适应力和健康，相当数量的初产妇听到有关分娩的负面诉说，害怕和恐惧分娩，担心疼痛、出血、难产或胎儿不理想等，以致产生焦虑不安和恐惧的精神心理状态。

现已证实，产妇的这种情绪改变使机体产生一系列变化，如心率加快、呼吸急促、肺换气不足等，结果会使子宫缺氧收缩乏力、宫口扩张缓慢、胎先露下降受阻、产程延长。同时也促使产妇神经内分泌发生变化，交感神经兴奋，释放儿茶酚胺，引起血压升高，导致胎儿缺血缺氧，出现胎儿窘迫。故在分娩过程中，医护人员应耐心安慰产妇，尽可能消除产妇的不良心理状态，顺利度过分娩期。

考点：影响分娩的因素

第2节 枕先露的分娩机制

分娩机制是指胎儿先露部随着骨盆各平面的不同形态，被动地进行一系列适应性转动，以其最小径线通过产道的全过程。临床上枕先露占95.55%～97.55%，以枕左前位最常见，故以其为例说明分娩机制。

1. 衔接 胎头双顶经进入骨盆入口平面，胎头颅骨最低点接近或达到坐骨棘水平，称为衔接（图6-8）。胎头进入骨盆入口时，呈半俯屈状态，以枕额径衔接，由于枕额径大于骨盆入口前后径，胎头矢状缝坐落在骨盆入口右斜径上，胎头枕骨在骨盆的左前方。经产妇多在分娩开始后胎头衔接，部分初产妇在预产期前1～2周胎头衔接。若初产妇临产后胎头仍未衔接，应警惕头盆不称。

2. 下降 胎头沿骨盆轴前进的动作称下降。下降贯穿于分娩的全过程。下降动作是间歇的，子宫收缩时胎头下降，间歇时稍回缩。临床上观察胎头下降的程度，作为判断产程进展的重要标志之一。

3. 俯屈 当胎头下降至骨盆底，即骨盆轴弯曲处时，处于半俯屈状态的胎头枕部遇到肛提肌的阻力，借杠杆作用进一步俯屈，使下颏接近前胸部，变胎头衔接时的枕额径（11.3cm）为枕下前囟径（9.5cm）（图6-9），以适应产道的最小径线，有利于胎头进一步下降。

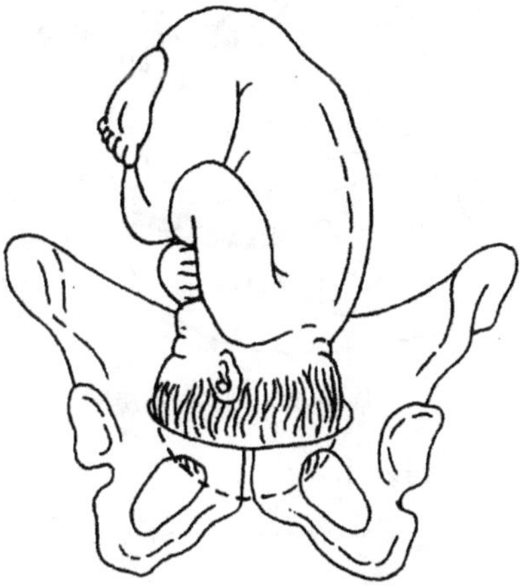

图6-8　胎头衔接

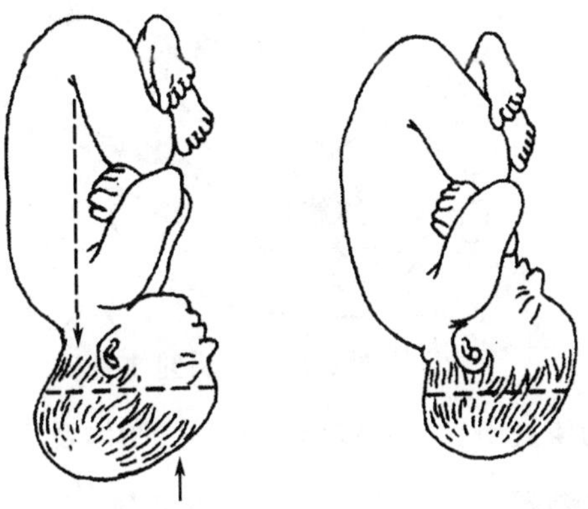

(1)　(2)

图6-9　胎头俯屈

4. 内旋转　胎头围绕骨盆轴旋转，使其矢状缝与中骨盆及骨盆出口前后径相一致的动作，称内旋转。胎头于第一产程末完成内旋转动作。内旋转使胎头适应中骨盆及骨盆出口前后径大于横径的特点，有利于胎头进一步下降。胎头枕部到达骨盆底最低位置，遇到骨盆肛提肌阻力，肛提肌收缩力将胎头枕部推向阻力小、部位宽的前方，枕左前位的胎头向右旋转45°，后囟转至耻骨弓下方（图6-10）。

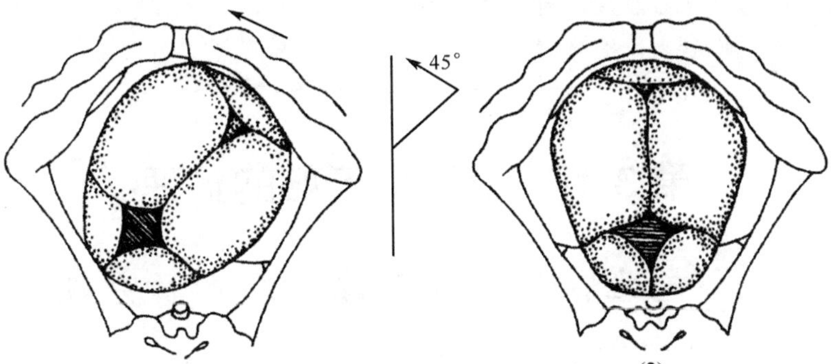

(1)　(2)

图6-10　胎头内旋转

5. 仰伸　胎头完成内旋转后继续下降，到达阴道外口时，子宫收缩力、腹肌及膈肌收缩力继续迫使胎头下降，而骨盆肛提肌收缩力又将胎头向前推进，两者共同作用（合力）使胎头沿骨盆轴下段向下前方向转向上，当胎头的枕骨达到耻骨联合下缘时，以耻骨弓为支点，使胎头逐渐仰伸，胎头顶、额、鼻、口、颏相继娩出（图6-11）。当胎头仰伸时，胎儿双肩径进入骨盆入口。

6. 复位及外旋转　胎头娩出后，为使胎头与胎肩恢复正常关系，胎头枕部向左旋转45°，称为复位。胎肩在盆腔内继续下降，前（右）肩向前向中线转动45°时，胎儿双肩径转成与骨盆出口前后径相一致的方向，枕部需在外继续向左转45°，以保持胎头与胎肩的垂直关系，称外旋转（图6-12）。

7. 胎儿娩出　胎头完成外旋转后，胎儿前肩（右）在耻骨弓下娩出。继之，后肩（左）

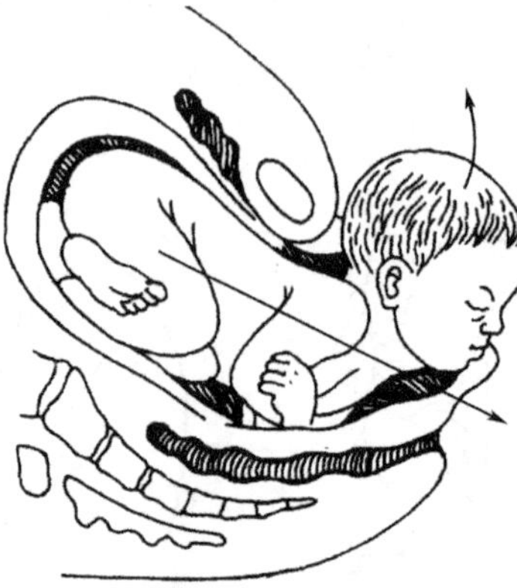

图 6-11　胎头仰伸

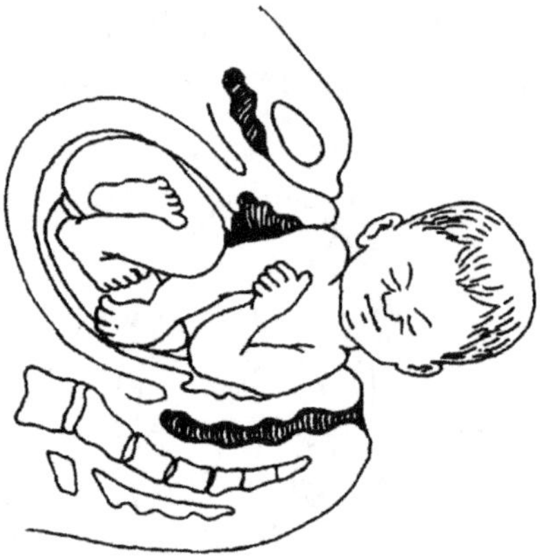

图 6-12　胎头外旋转

考点：枕先露的分娩机制

从会阴前缘娩出。胎儿双肩娩出后，胎体及下肢随之顺利娩出。

案例 6-1

女性，27 岁。初孕 39 周，腹部阵发性疼痛并逐渐增强 5 小时入院就诊。产前检查各项记录均无异常，听诊心肺无异常，精神较紧张。产科检查：枕左前位，宫缩持续 50 秒、间歇 3～4 分钟，宫缩强度中等，胎心 140 次 / 分，宫口开大 3cm，触及前羊水囊，先露为头，S^{-1}。

问题和思考：

1．该产妇临产了吗？有哪些依据？

2．目前产妇主要的护理问题有哪些？

3．对此产妇的护理要点有哪些？

第 3 节　分娩期产妇的护理

一、先兆临产、临产诊断及产程分期

（一）先兆临产

分娩发动前，往往出现一些预示孕妇不久将临产的症状，称为分娩先兆。

1．不规律宫缩　分娩发动之前，孕妇常出现不规律宫缩。其特点是收缩力弱，持续时间短（常少于 30 秒）且不恒定，间歇时间长且不规律，宫缩强度也不逐渐增加。常在夜间出现，而于清晨消失，给予镇静药能抑制其发生。

2．胎儿下降感　多数初产妇感到上腹部较前舒适，进食量增多，呼吸较前轻快，系因胎先露进入骨盆入口，使子宫底下降的缘故。

3．见红　在分娩发动前 24～28 小时，因子宫颈内口附近的胎膜与该处的子宫壁分离，毛细血管破裂经阴道排出少量血液，与宫颈管内原有的黏液栓相混排出，称为见红。是分娩即将开始比较可靠的征象。

（二）临产诊断

临产开始的标志为有规律且逐渐增强的子宫收缩，持续时间为 30 秒或以上，间歇 5～6 分钟，同时伴随进行性宫颈管消失、宫口扩张和胎先露部下降。

（三）产程分期

分娩全过程是指从规律宫缩开始至胎儿胎盘娩出为止，简称总产程。临床上分为 3 个产程。

1. 第一产程（宫颈扩张期） 指从规律宫缩开始至宫口开全。初产妇的子宫颈较紧，扩张较慢，需 11～12 小时；经产妇的子宫颈松，扩张较快，需 6～8 小时。

2. 第二产程（胎儿娩出期） 指从宫口开全到胎儿娩出。初产妇需 1～2 小时，经产妇约需数分钟即可完成，但也有长达 1 小时者。

3. 第三产程（胎盘娩出期） 指从胎儿娩出后到胎盘娩出。需 5～15 分钟，通常不超过 30 分钟。

考点：即将开始分娩可靠的征象；临产的标志；产程的分期

二、第一产程产妇的护理

【护理评估】

1. 健康史 根据产前检查记录了解待产妇的一般情况，重点了解本次妊娠情况，孕期有无阴道流血、流液及有无内外科合并症等。了解宫缩的开始时间、强度、频率。了解骨盆大小、胎先露、胎方位及胎心情况等。

2. 身体状况

（1）规律宫缩：产程开始时，子宫收缩力弱，持续时间较短，约 30 秒，间歇期较长，5～6 分钟。随着产程进展，宫缩持续时间逐渐延长，50～60 秒，间歇时间逐渐缩短，2～3 分钟。当宫口近开全时，宫缩持续时间可达 1 分钟级以上，宫缩间歇时间仅 1～2 分钟，且强度不断增加。

（2）宫颈扩张：子宫颈口扩张规律是先慢后快，分为潜伏期和活跃期。①潜伏期是指从规律宫缩开始至宫颈扩张 3cm。此期平均每 2～3 小时开大 1cm，约需 8 小时，最大时限为 16 小时，超过 16 小时称为潜伏期延长。②活跃期是指宫口开大 3cm 至宫口开全，此期扩张速度明显加快，约需 4 小时，最大时限 8 小时，超过 8 小时称活跃期延长。

（3）胎先露下降：胎先露下降的程度作为判断分娩难易的指标之一。临床上判断胎先露下降的程度是以坐骨棘平面为标志，胎头颅骨最低点达坐骨棘时，记为“0”，在坐骨棘平面上 1cm 时，记为“－1”，在坐骨棘平面下 1cm 时，记为“＋1”，以此类推（图 6-13）。目前多采用产程图（图 6-14），产程图以临产时间（小时）为横坐标，以宫颈扩张程度（cm）为纵坐标在左侧，胎头下降程度在右侧，画出宫颈扩张曲线和胎头下降曲线制作图表。描记宫颈扩张曲线和胎头下降曲线，是产程图中最重要的两项。

（4）破膜：宫缩时，子宫腔内的压力增高，胎先露部下降，将羊水阻断为前、后两部分，在先露部前面的羊水量不多，约 100ml，称前羊水，形成前羊水的囊称胎胞。当宫缩继续增强时，前羊水囊的压力增加到一定程度，胎膜破裂称破膜。破膜多发生在子宫颈口近开全时。

（5）疼痛：分娩期疼痛是每个产妇都要经历的不适体验之一。产妇因对疼痛的敏感性和耐受性不同，可有呻吟、哭泣、尖叫等不同表现。

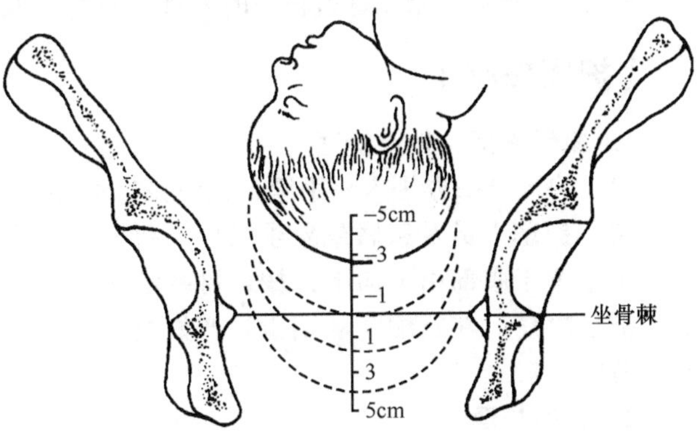

图 6-13　胎头高低判断

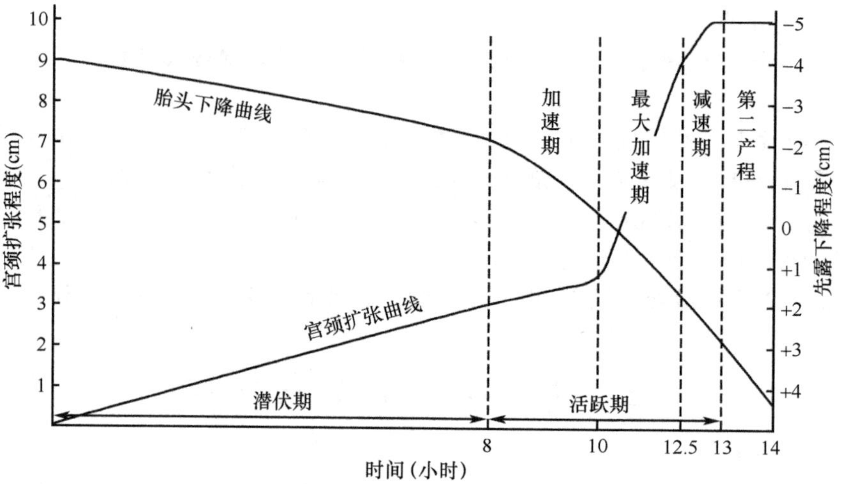

图 6-14　产程图

3. 心理 - 社会状况　由于第一产程时间较长，对分娩的认知及对疼痛的耐受性因人而异，且担心胎儿及自身情况，产妇及家属容易产生紧张、焦虑和急躁情绪。注意评估产妇面临问题时的态度及应对方式，产妇紧张和焦虑的程度。

4. 辅助检查　血、尿常规及心电图检查可了解产妇的全身状况；胎心监护仪可记录宫缩与胎儿情况，判断胎儿在宫内的安危状态；肛门、阴道检查可了解宫口开大和胎儿下降情况，以判断产程进展。

【护理诊断 / 问题】

1. 急性疼痛　与子宫收缩及宫颈扩张有关。

2. 知识缺乏　缺乏分娩的相关知识。

3. 焦虑　与疼痛及担心分娩结局有关。

4. 潜在并发症　产力异常、胎儿窘迫等。

【护理目标】

1. 产妇疼痛减轻，舒适感增加，情绪稳定。
2. 产妇能描述正常分娩过程，并能主动参与和配合分娩过程。
3. 产妇情绪平稳，积极对待分娩过程。
4. 产力异常、胎儿窘迫被及时发现并及时采取有效处理。

【护理措施】

1. 减轻疼痛，促进舒适

（1）协助产妇办理入院手续，提供良好的环境，提供陪伴分娩。

（2）护理人员及家属或导乐陪伴者要守候在产妇身边，指导产妇在宫缩时深呼吸，并将双手掌置于腹部由上向下推按，可缓解疼痛。若产妇腰骶部疼痛时，可用拳头按压腰骶部以减轻疼痛。在宫缩间歇期指导产妇放松休息，聆听音乐或谈话，以转移注意力，减轻其疼痛感。

2. 生活护理

（1）提供休息与放松的环境：护理人员应尽量保持镇静、态度温和、声音平和，并且刻意安排一个轻松的环境。待产室的光线尽量采用自然光。

（2）补充液体和热量：鼓励产妇在两次宫缩间歇期少量多次进食，以保证精力和体力充沛。

（3）活动和休息：宫缩不强且未破膜者，产妇可在室内走动，有助于加速产程进展。初产妇宫口近开全或经产妇宫口扩张 4cm 时，应卧位休息。

（4）排尿与排便：鼓励产妇每 2～4 小时排尿 1 次，以免膀胱充盈影响宫缩及胎头下降。因胎头压迫引起排尿困难者，必要时导尿。若初产妇宫口扩张＜4cm，经产妇＜2cm 时可以温肥皂水灌肠，既能清除粪便避免分娩时排便造成污染，又能通过反射作用刺激宫缩，加速产程进展。但胎膜早破、阴道流血、胎头未衔接、胎位异常、有剖宫产史、宫缩强度估计很快分娩及患严重心脏病等不宜灌肠。灌肠溶液为 0.2% 肥皂水 500～1000ml，温度为 39～42℃。灌肠后，产妇有便意时如厕，需有人陪伴。

（5）更换床单，维持身体舒适：临产过程中，出汗、见红、羊水等污染产妇的衣服和床单、产垫，护理人员应帮助产妇擦汗，经常更换产垫和床单，大小便后行会阴冲洗，以促进舒适并预防感染。

分娩镇痛常用方法

1. 导乐陪伴分娩　是指由有生育经验的妇女“导乐”，亦可由助产士或护士充当导乐。在产前、产时及产后给孕产妇持续的生理上的支持帮助及精神上的安慰鼓励，来陪伴支持孕产妇，使其顺利完成分娩过程。丈夫陪伴分娩，是一项值得推广的产时服务适宜技术。

2. 非药物性镇痛

（1）家庭化的分娩环境：营造家庭化分娩环境，减少产妇的紧张心理和维持良好的情绪。

（2）转移注意力：播放产妇喜爱的音乐，转移其注意力，从而降低对宫缩的感受力，增加对疼痛的耐受力。因为大脑高度注意某一刺激时可以抑制对其他刺激的反应。

3. 控制呼吸　是指在分娩过程中，根据宫缩的强度、频率和持续时间主动地调整呼吸频率和节律的方法。第二产程中，当胎先露达到盆底压迫肛提肌时产妇会不自主地屏气向下用力，并主动增加腹压。如宫口已开全产妇应尽量屏气 6~8 秒，深吸一口气再屏气，如此重复，每阵宫缩 4~5 次。如胎头已娩出，为保护会阴避免撕裂，则可使用喘-吹式呼吸方式。

4. 放松术　是消除肌肉和精神紧张、缓解疲劳，使身心恢复平静的一种方法。

（1）有意识地放松：包括渐进式和选择式放松训练。

（2）触摸放松：护士或其他工作人员触模产妇的紧张部位，并指导其放松，可帮助产妇达到放松肌肉的目的。

（3）意念放松：产妇通过想象某一美好的事物，驱除头脑中的一切杂念以达到一种身心平静的状态。

知识链接

3. 观察产程进展，预防并发症

（1）观察子宫收缩：最简单的方法是助产人员将一手掌放于产妇腹壁子宫体近子宫底处，宫缩时宫体部隆起变硬，间歇期松弛变软。一般需连续观察 3 次，每隔 1～2 小时观察一次。并记录宫缩持续时间、强度、规律性及间歇时间。

（2）监测胎心：用胎心听诊器在宫缩间歇期时听胎心。潜伏期每隔 1～2 小时听胎心一次，进入活跃期后，应每 15～30 分钟听胎心一次，每次听诊 1 分钟。用胎儿监护仪描记的胎心曲线，可观察胎心率的变异及其与宫缩、胎动的关系。

（3）检测宫口扩张及先露部下降：临产后适时在宫缩时进行肛门检查或阴道检查，检查次数不宜过多，一般初产妇潜伏期时，每2～4小时肛查一次；活跃期时，每1～2小时肛查一次。了解宫口扩张及胎头下降程度。

（4）观察破膜及羊水情况：一旦胎膜破裂，应立即听胎心，观察羊水性状、颜色和流出量，并记录破膜时间。

（5）观察生命体征：每隔4～6小时测量一次血压，若有异常，酌情增加测量次数并予相应处理。

【护理评价】

考点：第一产程产妇的临床表现；第一产程产妇的护理要点

1. 产妇表示分娩疼痛是否减轻。
2. 产妇能否口述正常分娩过程，能否主动参与和配合分娩。
3. 产妇情绪是否平稳，是否能积极对待分娩过程。
4. 胎儿窘迫是否发生，若发生则评价处理及护理效果。产力异常是否出现，是否导致产程延长。

三、第二产程产妇的护理

【护理评估】

1. 健康史 详细了解第一产程经过及处理情况，并注意了解产妇及胎儿情况。

2. 身体状况

（1）宫缩增强：宫口开全后，宫缩强度进一步增强，频率进一步加快，持续时间可达1分钟甚至更长，间歇时间仅1～2分钟。

（2）胎儿下降与娩出：宫口开全后，胎头下降至骨盆出口压迫盆底组织时，产妇出现排便感，不自主向下屏气用力。会阴部逐渐膨隆变薄，阴唇张开，肛门松弛。宫缩时胎头显露于阴道口，宫缩间歇时又缩回于阴道内，称为胎头拨露（head visible on vulval gapping）。经过几次拨露，胎头外露部分不断增大，直至胎头双顶径越过骨盆出口横径，在宫缩间歇时也不再缩回，称为胎头着冠（crowning of head）。此时，会阴极度扩张，胎头继续下降，当胎头枕骨抵达耻骨弓下方后，以此为支点进行仰伸、复位和外旋转，胎儿前肩、后肩、胎体相继娩出，羊水随即涌出。

3. 心理-社会状况 评估产妇及家属有无紧张和焦虑的情绪。

4. 辅助检查 用胎儿监护仪监测胎心率基线与宫缩变化。

【护理诊断/问题】

1. 焦虑 与缺乏顺利分娩的信心及担忧胎儿健康有关。

2. 知识缺乏 缺乏正确使用腹压的知识。

3. 有受伤的危险 与软产道损伤、胎儿窘迫、新生儿窒息或产伤等有关。

【护理目标】

1. 产妇情绪稳定，有信心完成分娩。
2. 产妇能正确运用腹压，积极配合。
3. 胎儿无窘迫，新生儿及产妇无危险。

【护理措施】

1. 心理护理　助产士、护士应陪伴在待产妇身旁，给予安慰和支持，缓解、消除其紧张和恐惧情绪，做好生活护理。

2. 观察产程　此期宫缩频而强，胎儿易缺氧，应勤听胎心，每隔 5～10 分钟听一次胎心音并记录，有条件者进行胎儿监护，若发现胎心音有异常，立即处理，尽快结束分娩。

3. 指导产妇使用腹压　胎头下降压迫直肠与盆底组织，产妇有排便感，并有自主向下屏气的动作，这时应指导产妇正确运用腹压以加速产程。产妇仰卧，两腿屈曲，足蹬于产床上，双手拉住产床两边的把手，每当宫缩时，让产妇先深吸一口气，然后随着宫缩的加强向下用力屏气，宫缩间歇时让产妇全身放松休息，宫缩时重复上述动作。至胎头着冠时，指导产妇宫缩时张口哈气，宫缩间歇时稍向下用力使胎儿缓慢娩出。

4. 接生准备

（1）外阴清洁及消毒：初产妇宫口开全，经产妇宫口开大 4cm 且宫缩有力时，应将产妇送至产房做好接产准备工作。让产妇取膀胱截石位，双腿屈曲分开，臀下置便盆，分三步进行外阴擦洗及消毒。用消毒肥皂水纱球擦洗外阴部，顺序为由上向下、由外向内，即阴阜、大腿内上 1/3、大阴唇、小阴唇、会阴及肛门周围。然后将消毒干棉球盖于阴道外口，再用温开水冲去肥皂水。最后用 0.5% 碘伏棉球消毒（图 6-15），顺序为由上向下、由内向外，即小阴唇、大阴唇、阴阜、大腿内上 1/3、会阴及肛门周围。消毒后移去臀下便盆。

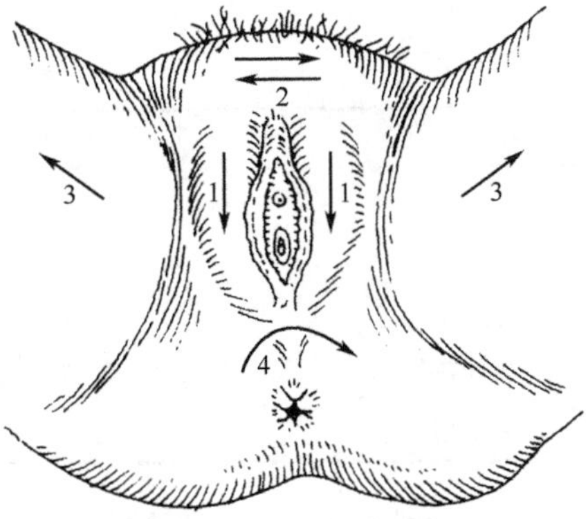

图 6-15　外阴消毒顺序

（2）物品准备：准备产包、新生儿用物。

（3）接生者准备：按手术要求刷手消毒，戴手套穿手术衣后打开产包铺巾准备接产。

5. 严格无菌操作接产

（1）接产要领：接生者站在产妇右侧。当胎头着冠时，阴唇后联合张力较大时，开始保护会阴，并协助胎头俯屈，让胎头的最小径线在宫缩间歇时缓慢通过阴道口，正确娩出胎肩，待双肩娩出后，才可松开保护会阴的手。

（2）会阴切开术：会阴过紧或胎儿过大，估计分娩时会阴撕裂不可避免时，或母儿有病理情况急需结束分娩者，及时会阴切开避免会阴撕裂。

【护理评价】

考点：第二程产妇的临床表现；第二程产妇的护理要点

1. 产妇情绪是否稳定、分娩过程是否积极配合。
2. 产妇是否正确运用腹压。
3. 胎儿窘迫、新生儿窒息是否发生或是否被及时发现并有效处理。产妇软产道切口是否延长裂深，新生儿是否有产伤。

四、第三产程产妇的护理

【护理评估】

1. 健康史　详细了解第一、二产程的临床经过及护理。

2. 身体状况　胎儿娩出后，子宫底降至脐平，产妇感到轻松，宫缩暂停数分钟后重又出现。由于宫腔容积突然明显缩小，胎盘不能相应缩小与子宫壁发生错位而剥离。剥离后有出血，形成胎盘后血肿。由于子宫继续收缩，增加剥离面积，致使胎盘完全剥离而排出。

胎盘剥离征象：①子宫体变硬呈球形，胎盘剥离后将至子宫下段，下段被扩张，宫体呈狭长形被推向上，宫底升高达脐上；②剥离的胎盘降至子宫下段，阴道口外露的一段脐带自行延长；③阴道少量流血；④接产者用手掌尺侧在产妇耻骨联合上方向下深压子宫下段时，宫体上升而外露的脐带不再回缩。

胎盘剥离及排出方式有两种：①胎儿面娩出式：临床多见，即由胎盘中央先剥离，而后向周围剥离，其特点是胎盘娩出后才有少量血液流出。②母体面娩出式：临床少见，即胎盘边缘先剥离血液沿剥离面流出，其特点是先有较多量阴道流血后胎盘娩出。

（1）新生儿的评估

① Apgar 评分：用于判断新生儿有无窒息及窒息的严重程度。以出生后 1 分钟的心率、呼吸、肌张力、喉反射及皮肤颜色五项体征为依据进行评分，每项 0～2 分（表 6-1）。

表 6-1　新生儿 Apgar 评分法

	0 分	1 分	2 分
每分钟心率	0	＜100	≥100
呼吸	0	呼吸浅表，哭声弱	呼吸佳，哭声响
肌张力	松弛	四肢屈曲	四肢活动好
喉反射	无反应	有少量动作	咳嗽、恶心
皮肤颜色	全身苍白	躯干红，四肢发绀	全身红润

② 一般情况评估：测量身长、体重及头径，判断是否与孕周相符，有无胎头水肿及头颅血肿，体表有无畸形如唇裂、多指（趾）、脊柱裂等。

（2）母亲状况评估：评估母体宫缩、胎盘剥离、阴道流血、软产道有无裂伤等情况。

3. 心理 - 社会状况　评估产妇对新生儿是否接受、有无进入母亲角色。

4. 辅助检查　根据病情需要选择检查项目，如血、尿常规，出、凝血时间，肝肾功能及心电图检查，以协助判断母儿情况。

【护理诊断 / 问题】

1. 潜在并发症　产后出血。

2. 父母有不称职的危险　与部分父母认为新生儿性别不理想有关。

【护理目标】

1. 产后出血没有发生或被及时处理，外周组织灌注正常。
2. 产妇及家属接受新生儿有亲子间互动。

【护理措施】

1. 新生儿处理

（1）清理呼吸道：断脐后立即清理呼吸道的黏液和羊水，用新生儿吸痰管或导管轻轻吸除咽部及鼻腔的黏液和羊水，以免发生吸入性肺炎。若新生儿大声啼哭，表示呼吸道已通畅。

（2）新生儿阿普加（Apgar）评分：出生后 1 分钟内进行评分，8～10 分为正常新生儿。4～7 分为轻度（青紫）窒息，需清理呼吸道、人工呼吸、吸氧、用药等措施才能恢复。0～

3 分为重度（苍白）窒息，缺氧严重需紧急抢救，行喉镜在直视下气管内插管并给氧。对缺氧较严重的新生儿，应在出生后 5 分钟、10 分钟时再次评分，直至连续两次评分均≥8 分。

（3）处理脐带：用 75% 乙醇或 0.5% 碘伏消毒脐带根部及其周围直径约 5cm 的皮肤，在距脐根 0.5cm 处用无菌粗线结扎第一道，再在第一道扎线外 0.5cm 处结扎第二道，在第二道结扎线外 0.5cm 处剪断脐带，挤出残余血液，20% 高锰酸钾液消毒脐带断面，待脐带断面干后，以无菌纱布覆盖，再用脐带布包扎。目前还有用气门芯、脐带夹、血管钳等方法取代双重结扎脐带法。

（4）一般护理：评估新生儿一般情况后，擦干新生儿身上的羊水和血迹，检查新生儿体表有无畸形，在新生儿左手腕系上标有母亲姓名、新生儿性别、体重、出生时间的腕带。在新生儿记录单上摁上新生儿足印和母亲拇指印，并给新生儿穿好衣服包裹于襁褓之中，其外系上标有母亲姓名、床号、住院号、新生儿性别、体重、出生时间的小标牌。然后用抗生素眼药水滴眼以防结膜炎，并注意新生儿保暖。

2. 产妇护理

（1）协助胎盘娩出：当确认胎盘已完全剥离时，接生者以左手轻压子宫底，同时右手轻拉脐带使其向外牵引，当胎盘下降至阴道口时，双手捧住胎盘向一个方向旋转并缓慢向外牵拉，协助胎盘、胎膜完整娩出。

（2）检查胎盘胎膜：将胎盘铺平，检查胎盘小叶有无缺损。检查胎膜是否完整，若疑有副胎盘、胎盘小叶或大部分胎膜残留，应及时行子宫腔探查并取出。

（3）检查软产道：胎盘娩出后，应仔细检查会阴、小阴唇内侧、尿道口周围、阴道、阴道穹隆及宫颈有无裂伤。若有裂伤应立即缝合。

考点：胎盘剥离征象、第三产程产妇及新生儿护理要点

（4）预防产后出血：正常分娩出血量多不超过 300ml。常规在胎儿前肩娩出后给予静脉滴注或肌内注射缩宫素 10～20U，促使胎盘迅速剥离减少出血。若第三产程超过 30 分钟，胎盘仍未排出且出血不多时，应排空膀胱后，再轻轻按压子宫及静脉注射子宫收缩药，仍不能使胎盘排出行手取胎盘术。

（5）产后观察：产后 2 小时产妇留在产房内观察，注意血压、子宫收缩情况、宫底高度、阴道流血量及膀胱充盈程度，发现异常及时处理。观察 2 小时无异常者，将产妇及新生儿送至休养室。

【护理评价】

1. 有无新生儿窒息发生，产后出血量是否超过 500ml，外周组织灌注是否正常。
2. 产妇及家属是否接受新生儿，母子间是否有目光交流、皮肤接触以及早吸吮。

案例 6-1 分析

1．该产妇已临产，依据：①阵发性疼痛并逐渐增强；②宫缩持续 50 秒、间歇 3～4 分钟；③检查：宫口开大 3cm，触及前羊水囊，先露为头，S=-1。

2．目前病人主要存在的护理问题有急性疼痛、焦虑、潜在并发症（产力异常，胎儿窘迫）。

3．护理要点：①陪伴产妇，向产妇解释疼痛的原因，给予精神鼓励，帮助产妇取舒适自由的体位，指导产妇宫缩时深呼吸，按摩腹部。②介绍分娩过程，鼓励产妇说出心理感受，并给予耐心解释，缓解紧张情绪。③鼓励产妇多进食易消化、高热量的流质或半流质饮食，说明进食不足会影响宫缩，致使产程进展缓慢。④鼓励适当活动，保证睡眠；指

导产妇及时排尿。⑤预防感染：外阴部清洁、备皮；肥皂水灌肠；观察体温、脉搏、呼吸及血压变化。⑥观察产程：注意宫缩强度、频率、产程进展及胎儿情况。

目标检测

A_1 型题

1. 下列哪项不是新生儿评分的指标（　　）
   A. 心率　　B. 呼吸
   C. 肌紧张　　D. 体温
   E. 喉反射
2. 枕先露时，胎头以哪条径线通过骨盆（　　）
   A. 枕额径　　B. 枕颏径
   C. 矢状缝　　D. 双顶径
   E. 枕下前囟径
3. 新生儿护理首选的措施是（　　）
   A. 保暖　　B. 清理呼吸道
   C. 结扎脐带　　D. 记录出生时间
   E. 新生儿评分
4. 临产的主要标志是（　　）
   A. 不规则宫缩
   B. 规律性宫缩，阴道流血
   C. 规律性宫缩，宫颈口不扩张
   D. 见红
   E. 规律性宫缩并逐渐加强，伴宫颈口扩张和胎先露下降
5. 下述哪种情况可以灌肠（　　）
   A. 经产妇宫口开至 1cm
   B. 子宫收缩过强
   C. 胎儿宫内窘迫
   D. 重度妊高征
   E. 妊娠合并心脏病
6. 第三产程处理错误的是（　　）
   A. 胎儿娩出后应立即挤压子宫，促使胎盘娩出
   B. 胎盘娩出后详细检查胎盘胎膜
   C. 检查阴道，会阴有无裂伤
   D. 产妇在产房观察 2 小时
   E. 产后 2 小时情况良好，护送到休养室
7. 第三产程对胎盘、胎膜的检查，下列错误的是（　　）
   A. 平铺胎盘，看胎盘是否完整
   B. 提起胎盘，看胎膜是否完整
   C. 胎儿面边缘有无断裂的血管
   D. 疑有少许小块胎膜残留，应手入宫腔取出
   E. 疑有副胎盘或部分胎盘残留，应手入宫腔取出
8. 关于正常枕先露分娩机制，正确的是（　　）
   A. 下降、衔接、内旋转、俯屈、仰伸、复位外旋转
   B. 衔接、俯屈、内旋转、下降、仰伸、复位外旋转
   C. 衔接、下降、俯屈、内旋转、仰伸、复位外旋转
   D. 下降、俯屈、衔接、内旋转、仰伸、复位外旋转
   E. 衔接、下降、内旋转、俯屈、仰伸、复位外旋转
9. 进入第二产程的主要标志是（　　）
   A. 产妇屏气向下用力
   B. 胎足露出阴道口
   C. 产妇排便感强烈
   D. 子宫口开全
   E. 脐带脱出于阴道口外
10. 观察先露下降程度的标志是（　　）
    A. 骶岬　　B. 骶骨
    C. 坐骨结节　　D. 坐骨棘
    E. 坐骨切迹
11. 何时开始保护会阴（　　）
    A. 宫口开全时
    B. 胎头拨露使会阴后联合紧张时
    C. 胎头着冠时
    D. 胎头仰伸时
    E. 胎头俯屈时
12. 下列哪项不是胎盘剥离的征象（　　）
    A. 宫底上升
    B. 阴道少量流血
    C. 阴道口外露的脐带自行缩回
    D. 阴道口外露脐带自行延伸
    E. 用手按压子宫下段时，阴道口外露脐带不回缩
13. 出生 1 分钟的新生儿，心率 94 次 / 分，无

呼吸，四肢稍屈，无喉反射，口唇发绀全身苍白。Apgar 评分为（　　）

A. 4 分　　B. 3 分
C. 2 分　　D. 1 分
E. 0 分

14. 有关分娩临床过程，错误的是（　　）
A. 规律性宫缩由弱到强
B. 宫颈口扩张分潜伏期与活跃期
C. 潜伏期约需 18 小时
D. 活跃期约需 4 小时
E. 破膜多在第一产程末

15. 分娩期产妇灌肠，应使用（　　）
A. 温肥皂水　　B. 生理盐水
C. 白开水　　D. 1，2，3 溶液
E. 各种植物油

16. 肛门检查不能了解（　　）
A. 胎儿成熟度　　B. 宫口扩张情况
C. 先露高低　　D. 骨盆腔情况
E. 有无破膜

17. 于第一产程期间，下列哪项适宜灌肠（　　）
A. 经产妇宫口扩张 4cm
B. 胎膜破裂
C. 有剖宫产史
D. 初产妇宫口扩张 2cm
E. 以上都不是

18. 下列哪项不是决定分娩难易的重要因素（　　）
A. 胎儿大小　　B. 胎方位
C. 胎心率　　D. 骨盆大小
E. 产力强弱

19. 关于分娩先兆，下述哪项是错误的（　　）
A. 见红多在分娩开始前 24～48 小时
B. 见红是分娩开始较可靠的征象
C. 初产妇见红血量比经产妇多
D. 哌替啶能抑制假阵缩
E. 出现下降感时多数初产妇会感到上腹部较前舒适

A_2 型题

20. 王女士，第二胎，孕 40 周，5 年前第一胎因前置胎盘行剖宫产术，检查宫口开大 2cm，胎位为枕左前，胎心音 132 次 / 分。下列护理措施中哪项是错误的（　　）
A. 备皮
B. 鼓励少量多次进食
C. 灌肠
D. 严密观察产程
E. 勤听胎心音

21. 王女士，妊娠 39 周住院待产。检查：规律宫缩，枕左前位，胎心 146 次 / 分，宫口开大 3cm，护理措施中错误的是（　　）
A. 指导合理进食
B. 休息时取左侧卧位
C. 宫缩时嘱正确用腹压
D. 每隔 1～2 小时听一次胎心
E. 鼓励 2～4 小时排尿一次

22. 产妇孙女士自然分娩，产后 2 小时观察内容不包括（　　）
A. 血压及脉搏　　B. 子宫收缩情况
C. 阴道流血量　　D. 乳汁分泌情况
E. 膀胱充盈情况

（张艳民）

第 7 章　产褥期妇女的护理

📖 **学习目标**

1. 掌握产褥期母体的主要生理、心理变化。
2. 能够针对产褥期产妇进行营养、休息及计划生育的指导。
3. 能运用护理程序对产妇实施产褥期整体护理。

产妇的全身各器官除乳腺外从胎盘娩出至恢复或接近正常非孕状态的一段时期称为产褥期（puerperium），一般为 6 周。

第 1 节　产褥期妇女的身心健康

【生理变化】

1. 生殖系统

（1）子宫：产褥期变化最大的器官是子宫，子宫自胎盘娩出后逐渐恢复至非孕状态的过程称子宫复旧。子宫复旧主要包括子宫体肌纤维缩复、子宫内膜的再生、子宫下段和子宫颈的复原。

1）子宫体肌纤维缩复：子宫体肌纤维的缩复是肌细胞体积的缩小，由于肌细胞胞质蛋白被分解排出使胞质减少，而肌细胞的数目并未减少。随着肌纤维不断缩复，子宫体逐渐缩小，产后 1 周缩小至约妊娠 12 周；产后 10 日，子宫降至骨盆腔内，腹部检查扪不到宫底；产后 6 周，子宫恢复至正常非孕期大小。随着子宫体积的缩小，其重量也逐渐减少，分娩后约重 1000g，产后 1 周时约 500g，产后 6～8 周逐渐恢复到 50～60g。

2）子宫内膜再生：胎盘、胎膜从蜕膜海绵层分离排出后，遗留的蜕膜分为 2 层，表层发生变性、坏死、脱落，形成恶露自阴道排出；接近子宫肌层的逐渐再生新的功能层，大约在产后 3 周，除胎盘剥离面外，宫腔表面由新生的内膜修复，胎盘附着处完全修复需要约 6 周的时间。

3）子宫下段及子宫颈变化：由于产后子宫肌纤维的缩复，子宫下段逐渐恢复至非孕时的子宫峡部。胎盘娩出后，子宫颈松软，外口呈袖状。产后 2～3 日，宫口仍可容纳 2 指；产后 10 天，宫颈内口关闭，宫颈管复原；产后 4 周，子宫颈完全恢复至非孕形态。分娩时子宫颈外口多在宫颈 3 点及 9 点处发生轻度裂伤，使初产妇的子宫颈外口由产前的圆形（未产型）变为产后的“一”字型（已产型）。

（2）阴道：分娩后阴道腔扩大，阴道黏膜皱襞因过度伸展而减少甚至消失，阴道壁松弛、肌张力低下。产褥期阴道腔逐渐缩小，阴道壁肌张力逐渐恢复，黏膜皱襞约在产后 3 周重新显现，但产褥期结束时，阴道仍不能完全恢复至非孕时状态。

（3）外阴：分娩后的外阴轻度水肿，于 2～3 日逐渐消退。会阴部若有轻度撕裂或会阴切口缝合后，均能在 3～5 日愈合。处女膜在分娩时撕裂形成残缺，仅留不全的痕迹，称处女膜痕。

（4）盆底组织：分娩过程中由于胎先露长时间压迫，盆底肌及其筋膜过度伸展，弹性减弱，常伴有肌纤维部分断裂。若在产褥期坚持做产后康复健身操，盆底肌可逐渐恢复或接近正常非孕状态。若盆底肌及其筋膜发生严重的断裂造成骨盆组织松弛，产褥期再过早参加重体力劳动或剧烈运动，则可导致阴道壁膨出，甚至子宫脱垂等。

2. 乳房　产后乳房的主要变化是泌乳。随着胎盘的娩出，产妇血中的胎盘生乳素、雌激素、孕激素急剧下降，抑制了催乳激素抑制因子的释放，在催乳激素的作用下，产妇开始泌乳，当婴儿吸吮乳头时，来自乳头的感觉信号经传入神经纤维到达下丘脑，使垂体催乳激素呈脉冲式释放，促进乳汁分泌。乳汁的分泌亦和产妇的营养、睡眠、情绪及健康状况密切相关。

3. 血液及循环系统　妊娠期增加的血容量，于产后 2～3 周恢复到非孕状态。在产后 72 小时，尤其是 24 小时内，由于子宫缩复及胎盘循环的停止，大量血液从子宫进入体循环，加之妊娠期潴留的组织间液回吸收，使体循环血容量增加 15%～25%，心脏负担加重，应注意预防心力衰竭的发生。

产褥早期血液仍处于高凝状态，有利于形成血栓减少产后出血；纤维蛋白原、凝血酶、凝血酶原于产后 2～4 周恢复正常。产后红细胞计数及血红蛋白值于产后 1 周逐渐回升。白细胞总数于产褥早期仍较高，可达（15～30）$\times 10^9$/L，中性粒细胞增多，淋巴细胞稍减少，于产后 1～2 周恢复至正常。红细胞沉降率于产后 3～4 周降到正常。

4. 消化系统　产后胃肠肌张力及蠕动减弱，胃酸分泌量减少，需 1～2 周恢复。产妇因长时间卧床，活动少，容易发生肠胀气和便秘。

5. 泌尿系统　妊娠期体内潴留的大量水分主要通过肾脏排出，故产后最初 1 周内尿量增多。妊娠期发生的肾盂及输尿管扩张，产后需 2～8 周恢复正常。由于分娩过程中膀胱受压导致黏膜水肿、充血、肌张力降低，会阴伤口疼痛、产妇不习惯床上排尿等原因，容易发生产后尿潴留，尤其在产后 24 小时内。

6. 内分泌系统　分娩后，雌激素和孕激素水平急剧下降，于产后 1 周降至未孕水平。胎盘生乳素于产后 6 小时已不能测出。垂体催乳素水平与是否哺乳有关，不哺乳者于产后 2 周降至非孕水平；哺乳者于产后数日下降，但仍高于未孕时水平。

不哺乳产妇一般在产后 6～10 周月经复潮，卵巢恢复排卵。哺乳产妇月经复潮延迟，平均在产后 4～6 个月恢复排卵。哺乳期产妇月经未来潮前多有排卵，故有受孕可能。

7. 腹壁　妊娠期出现的下腹正中线色素沉着，在产褥期会逐渐消退。初产妇腹部紫红色妊娠纹变为不能消退的银白色妊娠纹。腹部皮肤受妊娠子宫增大影响，部分弹力纤维断裂，腹直肌呈现不同程度分离，产后腹壁明显松弛，腹壁的紧张度需产后 6～8 周恢复。

【心理变化】

考点：产褥期产妇生理变化

随着新生命的降临，产后家庭关系的改变、家庭经济的需求、母亲角色的转换和新生儿外貌及性别等问题而产生心理脆弱和不稳定状态。

1. 产褥期妇女的心理变化　产妇的心理变化主要与妊娠及分娩经历有关，如分娩是否顺利、身体恢复状况、婴儿性别及是否健康等。有的产妇表现为羞怯与依赖，更多关注自己的饮食和休息，孩子的生活护理较少关注，多依赖别人完成；有的产妇表现为喜悦和幸福感，新生儿顺利出生，新生儿健康都会使产妇兴奋、激动、充满希望和幸福，虽身体疲劳却很难入眠；有的产妇也可能因为理想中的母亲角色与现实的差距而产生心理冲突，或因新生儿的性别、外貌等与期望不符而感到失望等，使产妇表现为焦虑和抑郁等心理。产褥期妇女心理状态与其年龄、社会支持系统、产妇对分娩经历的感受和性格、生活经历等多因素有关。

2. 心理调适 产褥期心理调适主要表现在两方面：确立家长与孩子的关系和承担母亲角色的责任。美国心理学家鲁宾（Rubin）将这一过程分为3个时期。

（1）依赖期：产后第1～3天。在这一时期，产妇的很多需要是通过别人来满足，如对孩子的关心、喂奶、沐浴等，产妇喜欢用语言表达对孩子的关心，较多地谈论自己妊娠和分娩的感受。家属及医护人员要认真倾听产妇诉说，对产妇在妊娠和分娩过程中的配合要加以赞赏，强化产妇的愉悦心情，减轻焦虑情绪。

（2）依赖—独立期：产后第3～14天。产妇表现出较为独立的行为，开始学习和练习照护自己的孩子。这一时期也可能因为产妇情感脆弱、妊娠和分娩的苦痛经历、产后承担太多的母亲责任、丈夫注意力转移到新生儿、糖皮质激素和甲状腺素水平下降等因素造成压抑情绪。如果产妇把这种压抑情感带到新生儿的照护中去，则使产妇容易产生疲劳，反而加重压抑。产妇可表现出哭泣、对周围事物漠不关心、停止亲子行为等。

考点：产妇心理调适过程

（3）独立期：产后第2周至1个月。此期，婴儿、产妇和家人已成为一个完整的系统，新家庭形成并正常运作。夫妻二人开始分享孩子带来的欢乐及责任，开始逐渐恢复分娩前的家庭日常活动。

第2节 产褥期妇女的护理

【护理评估】

1. 健康史 认真阅读产前记录、分娩记录、用药史，特别注意了解妊娠和分娩的异常情况及其处理经过。

2. 身体状况

（1）生命体征：产后，产妇的体温多数在正常范围内，有些产妇24小时内体温稍有升高，一般不超过38℃。产后3～4日因乳房血管、淋巴管极度充盈，乳房胀大，可伴有37.8～39℃发热，一般持续4～16小时后体温即下降，称泌乳热。产后脉搏略缓慢，60～70次/分，呼吸深慢，14～16次/分。产褥期血压平稳，无明显变化。

（2）子宫复旧：产后第1日，子宫底平脐或脐下一横指，以后每天下降1～2cm，产后10日降入骨盆腔内，在耻骨联合上方扪不到子宫底。每日应在同一时间评估产妇的子宫底高度。

评估前，嘱产妇排空膀胱后平卧，双膝稍屈曲，腹部放松，先按摩子宫使其收缩后，再测耻骨联合上缘至子宫底的距离。正常子宫圆而硬，位于腹部中央。

（3）产后宫缩痛：在产褥早期因宫缩引起下腹部阵发性剧烈疼痛称产后宫缩痛。产后1～2日出现，持续2～3日自然消失。经产妇比初产妇多见，哺乳时反射性缩宫素分泌增多可加重疼痛。

（4）恶露：产后随子宫蜕膜的脱落，血液、坏死的蜕膜组织经阴道排出称恶露。根据恶露的颜色、内容物及时间不同，分为3种。

1）血性恶露：鲜红色，量多，含大量的血液、少量胎膜及坏死蜕膜组织。出现在产后最初3～4日，后出血逐渐减少，转为浆液恶露。

2）浆液恶露：淡红色似浆液，含有少量血液、较多的坏死蜕膜组织、宫颈黏液、阴道排液及细菌等。出现于产后4日，持续约10日逐渐减少，变为白色恶露。

3）白色恶露：色泽较白，质黏稠，含大量白细胞、坏死蜕膜组织、表皮细胞及细菌等。出现于产后 10 日，持续约 3 周干净。

正常恶露有血腥味，无臭味，持续 4～6 周干净，总量为 250～500ml，个体差异较大。若恶露有臭味，子宫复旧不良提示有宫腔感染的可能。

（5）会阴伤口：经阴道分娩产后者因会阴部撕裂或侧切缝合而有轻度水肿，一般在产后 2～3 日或拆线后自行消退。会阴部伤口出现疼痛加重、局部红肿、硬结及分泌物应考虑会阴伤口感染。

（6）褥汗：产褥早期，皮肤排泄功能旺盛，排出大量的汗液，以夜间睡眠和初醒时明显，产后 1 周内自行好转。

（7）排便：产后 2～3 日产妇往往多尿，但由于分娩过程中膀胱受压导致黏膜水肿、肌张力下降、伤口疼痛等原因，容易发生尿潴留。产妇因卧床少动、加之进食较少，食物中缺乏维生素以及肠蠕动减弱，容易发生便秘。

（8）乳房

1）评估有无乳头平坦、内陷。

2）评估乳汁的质和量：产后 7 日内分泌的乳汁称初乳，呈淡黄色、质稠，初乳中含有丰富的蛋白质，尤其是免疫球蛋白 G（IgG）和分泌型免疫球蛋白 A（SIgA），是新生儿早期最理想的天然食物。产后 7～14 日分泌的乳汁为过渡乳，蛋白质含量逐渐减少，脂肪和乳糖含量逐渐增多。产后 14 日以后分泌的乳汁为成熟乳，呈白色。

评估乳量是否能满足新生儿需要，主要观察两次喂奶之间，婴儿是否满足、安静，体重增长理想，婴儿尿布 24 小时湿 6 次以上，2～4 次软大便等。

3）乳房胀痛及乳头皲裂：产后 1～3 日若没有及时哺乳或排空乳房，产妇可出现乳房胀痛，尤其是初产妇，在最初几天因孕期乳房护理不良或哺乳方法不当，或过度在乳头上使用肥皂及干燥剂等，容易发生乳头皲裂。

评估时观察触摸乳房是否有坚硬感，是否有明显触痛，乳头是否有红肿、裂伤、出血、哺乳时疼痛等。

考点：产妇生殖系统表现

3. 母乳喂养产妇的评估

（1）评估有无影响母乳喂养的生理因素、心理因素和社会因素。

（2）评估乳房的类型：有无乳头平坦内陷。

（3）评估乳汁的质量。

（4）评估有无乳房胀痛及乳头皲裂。

4. 辅助检查　产后常规体检，必要时进行血、尿常规检查，药物敏感试验等。如产后留置导尿管者需定期做尿常规检查，了解有无泌尿道感染。

【护理诊断 / 问题】

1. 知识缺乏　缺乏产后自我保健知识。

2. 尿潴留或便秘　与卧床少动、分娩损伤等有关。

3. 舒适改变　与切口疼痛、产后宫缩痛、分娩疲劳有关。

4. 潜在并发症　产后出血、产褥感染。

【护理目标】

1. 产妇获得正确的产褥期健康生活指导，表现出自信和满足。
2. 产妇大小便排出正常。

3. 产妇舒适感增加。

4. 产妇生命体征正常。

【护理措施】

1. 一般护理

（1）环境卫生：给产妇提供一个安静、舒适的休养环境。室内有良好的通风，空气清新；床单位清洁、整齐、干净；指导产妇及时更换会阴垫、衣服等。

（2）营养与饮食：产后1小时让产妇进流食或清淡半流食，以后逐渐进普通饮食。食物应富有营养、蛋白质、热量和水分。哺乳产妇应多进汤汁食物，同时适当补充维生素和铁剂。

（3）排便：产后4小时要鼓励产妇及时排尿，对产后6小时仍未排尿者，可采取以下措施：鼓励产妇下床排尿，解除产妇怕排尿引起疼痛的顾虑；用热水熏洗外阴，用温开水冲洗尿道外口周围诱导排尿；下腹无伤口者可于腹正中放置热水袋，刺激膀胱肌收缩排尿；针刺关元、气海、三阴交、阴陵泉等穴位；遵医嘱肌内注射甲硫酸新斯的明1mg。若上述方法仍然无效给予导尿，必要时可留置尿管。

鼓励产妇早日下床活动及多饮水、多吃蔬菜和含纤维素食物，以保持大便通畅。若发生便秘，可在医生指导下口服缓泻剂或开塞露塞肛。

（4）活动：一般正常分娩者，产后24小时可下床活动。鼓励产妇尽早下床活动，以利于恶露排出、大小便通畅，预防下肢静脉血栓形成，促进盆底肌肉张力恢复。由于产妇产后盆底肌肉松弛，应避免负重劳动或蹲位活动，防止子宫脱垂。

（5）生命体征：每天测体温、脉搏、呼吸及血压2次，如体温超过38℃，尿少，或脉搏、血压异常，应加强观察，查找原因，及时报告医生处理。

2. 子宫复旧护理 产妇分娩后进入休养室即刻、30分钟、1小时、2小时各观察1次子宫收缩、宫底高度并按压宫底，以免血块积压影响子宫收缩。以后每天在同一时间评估子宫复旧情况及恶露性状。若发现异常及时排空膀胱、按摩子宫，按医嘱给予宫缩剂。

3. 会阴护理 产后应保持外阴清洁、干燥，每日评估会阴切口，有无渗血、水肿及血肿等。每日可用1∶2000苯扎溴铵（新洁而灭）溶液、0.05%聚维酮碘液或1∶5000高锰酸钾溶液冲洗或擦洗外阴2次，会阴部有水肿者，可用95%乙醇或50%硫酸镁湿热敷，产后24小时后可用红外线照射外阴；有血肿者，小的可用湿热敷或远红外线照射，大的应配合医生切开处理；会阴局部有硬结者，用大黄、芒硝外敷或用95%乙醇湿热敷；会阴部有切口者，应每天观察切口有无渗血、血肿、红肿、硬结及分泌物，并嘱产妇健侧卧位休息。会阴切口一般3～5日拆线，若切口感染，应提前拆线引流并定时换药。若伤口愈合不佳者，产后7～10日用1∶5000高锰酸钾溶液坐浴。

考点：产褥期会阴护理

4. 乳房护理

（1）一般护理：每次哺乳前均用温水擦洗乳房及乳头。每次哺乳前可按摩乳房，刺激泌乳反射。哺乳期使用棉质乳罩，大小适中，避免过松或过紧。

（2）平坦及凹陷乳头护理：产妇的乳头凹陷，婴儿很难吸吮到奶头，可指导产妇改变哺乳姿势，利用负压吸引的作用使乳头突出，或在婴儿饥饿时先吸吮平坦一侧等。也可指导产妇做以下练习。

1）乳头伸展练习：将两拇指平行放在乳头两侧，慢慢地由乳头向两侧外方拉开，牵拉乳晕皮肤及皮下组织，使乳头向外突出。然后将两拇指分别放在乳头上、下两侧，将乳头向上、下纵形拉开（图7-1）。如此重复练习，做满15分钟，每天2次。

2）乳头牵拉练习：用一只手托住乳房。另一只手的拇指和中、示指抓住乳头向外牵拉（图 7-2），此练习重复 10～20 次，每天 2 次。

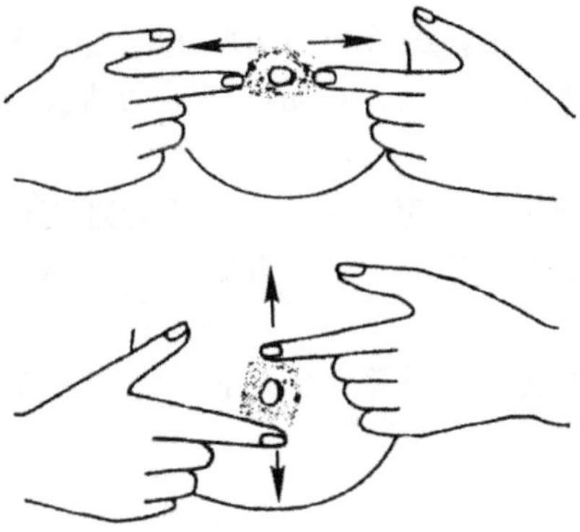

图 7-1　乳头伸展练习

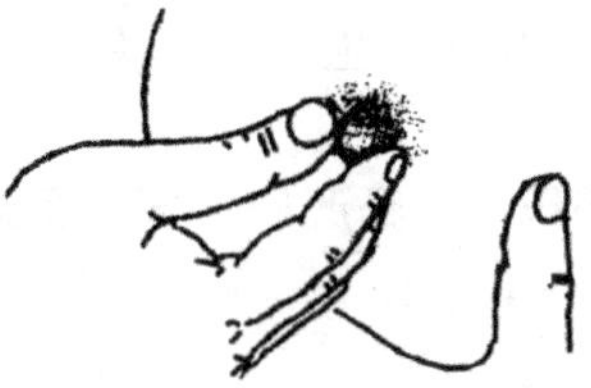

图 7-2　乳头牵拉练习

（3）乳房胀痛护理：产后应指导产妇尽早哺乳（半小时内开始哺乳）、按需哺乳、增加哺乳的次数，每次哺乳后挤出多余乳汁，以免乳汁淤积预防乳房胀痛。若已出现乳房胀痛，可采取下列措施。

1）外敷、按摩乳房：哺乳前热敷乳房，乳房边缘向乳头中心按摩。在两次哺乳间冷敷乳房，可减少局部充血、肿胀。用生面饼芒硝或金黄散外敷乳房，可促使乳腺管畅通，减少疼痛。

2）佩戴乳罩：乳房肿胀时，产妇穿戴合适的具有支托性的乳罩，可减轻乳房充盈时的沉重感。

3）服用药物：可口服维生素 B_6 或散结通乳的中药，常用柴胡（炒）、当归、王不留行、穿山甲、木通、漏芦各 15g，水煎服，缓解疼痛。

（4）乳头皲裂护理：指导产妇掌握正确的哺乳姿势，让婴儿含住乳头和大部分的乳晕，减少对乳头的吸吮压力。如出现乳头皲裂，轻者可继续哺乳，哺乳前先湿热敷乳房和乳头 3～5 分钟，同时按摩乳房，挤出少量乳汁，使乳晕变软容易被婴儿含吮；增加哺乳的次数，缩短每次哺乳的时间。哺乳后，挤出少许乳汁涂在乳头和乳晕上，短暂暴露使乳头干燥。疼痛严重者，可用吸乳器吸出喂给新生儿或用乳头罩间接哺乳，亦可在皲裂处涂抗生素软膏或 10% 复方苯甲酸酊。

5. 母乳喂养指导

（1）哺乳时间：一般产后半小时开始哺乳，原则是按需哺乳。通过新生儿吸吮动作可刺激乳汁分泌。实施母婴同室，鼓励早开奶。

（2）哺乳姿势：产妇哺乳可采用坐位或卧位姿势，如会阴伤口疼痛无法坐起哺乳，可取侧卧位，使母婴紧密相贴，确保婴儿头和身体成一条直线。

（3）哺乳方法：产妇每次哺乳前需清洁双手，用干净毛巾擦拭乳头。哺乳时，先挤压乳晕周围组织，挤出少量乳汁，用乳头刺激婴儿的口唇，当产生觅食反应张开嘴时，立即将乳头放入口中，让其吸住全部乳头和大部分乳晕。另一只手托扶乳房，防止堵住婴儿鼻孔。哺乳结束时，用示指轻轻向下按压婴儿下颏，避免在口腔负压情况下拉出乳头而引起局部疼痛或皮肤损伤。哺乳后，挤出稍许乳汁涂在乳头和乳晕上。

（4）乳汁不足：乳汁分泌不足与哺乳延迟、食欲睡眠不佳、过早添加辅食等有关。应指导产妇增加哺乳次数，掌握正确的哺乳方法，除母乳外不给新生儿添加任何食物和饮料。

产妇保持充足的睡眠，多进汤类食物。此外，也可选用中药或针灸催乳。

（5）退乳：可指导产妇限进汤类饮食，停止哺乳、挤乳不排空乳房；遵医嘱口服已烯雌酚、生麦芽、芒硝退乳，直至乳房不胀为止。

（6）注意事项：①每次哺乳时都应该吸空一侧乳房后，再吸吮另一侧乳房；②每次哺乳后，应将婴儿抱起轻拍背部 1～2 分钟，排出胃内空气，以防吐奶；③哺乳后产妇佩戴合适棉制乳罩；④哺乳期以 10 个月至 1 年为宜。

6. 用药护理 产褥期必须用药才能控制病情时，应在医师指导下合理用药，避免产妇使用通过乳汁作用于新生儿的药物，以免造成药物对新生儿的毒副作用，必要时可考虑停止哺乳。

7. 心理护理 了解产妇对孩子及新家庭的想法。尊重风俗习惯，指导正确的产褥期生活方式。

【健康指导】

1. 一般指导 告知产妇居室应清洁通风，防止受凉或中暑；合理饮食保证充足的营养；注意休息，注意个人卫生和会阴部清洁；保持良好的心境，适应新的家庭生活方式。

2. 活动指导 经阴道分娩的产妇，产后 6～12 小时即可起床轻微活动，产后第 2 天可在室内随意走动。行剖宫产的产妇，适当推迟至 48 小时后下床活动，避免或减少静脉栓塞的发生率。

3. 产褥期保健 产褥期保健操可促进腹壁、盆底肌肉张力的恢复，避免腹壁皮肤过度松弛，预防尿失禁、膀胱直肠膨出及子宫脱垂（图 7-3）。

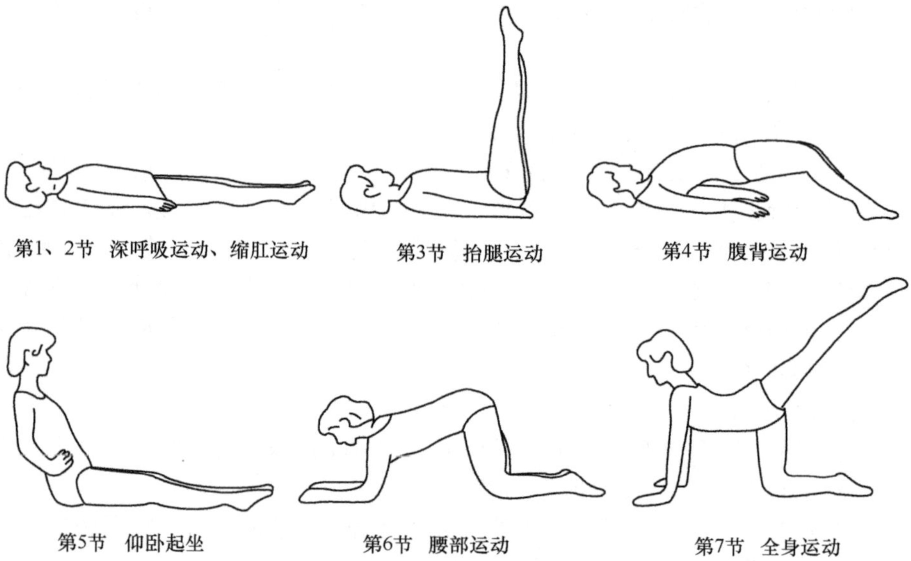

图 7-3 产褥保健操

一般在产后第 2 日开始，出院后继续做至产后 6 周。每 1～2 日增加 1 节，每节重复 8～16 次。

第 1 节：仰卧，深吸气，收腹部，然后呼气。

第 2 节：仰卧，两臂直放于身旁，进行缩肛与放松动作。

第 3 节：仰卧，两臂直放于身旁，双腿轮流上举和并举，与身体呈直角。

第 4 节：仰卧，髋与腿放松，分开稍屈曲，脚底放在床上，尽力抬高臀部及背部。

第 5 节：仰卧坐起。

第 6 节：跪姿，双膝分开，肩肘垂直，双手平放床上，腰部进行左右旋转动作。

第 7 节：全身运动，跪姿，双臂支撑在床上，左右腿交替向背后高举。

4. 计划生育指导　产褥期内禁止性生活，一般产后 42 日开始落实避孕措施。让产妇了解各种避孕方法，指导其选用适当的避孕方法。一般哺乳者宜选用工具避孕，不哺乳者可选用药物避孕。

5. 产后访视与健康检查

（1）产后访视：社区医疗保健人员在产妇出院后 3 日内、产后 14 日、产后 28 日分别做 3 次产后访视，了解产妇及新生儿健康状况，内容包括了解产妇饮食、睡眠及大小便情况；观察子宫复旧及恶露情况；检查乳房，了解哺乳情况；观察会阴伤口或剖宫产腹部伤口情况，发现异常给予及时指导。

（2）产后健康检查：产妇于产后 42 天带婴儿一起来医院进行一次全面检查，以了解产妇全身情况，特别是生殖器官的恢复情况及新生儿的生长发育情况。检查内容包括测血压、脉搏，查血、尿常规等全身检查，并做妇科检查了解盆腔内生殖器是否已恢复至非孕状态。婴儿健康检查主要包括婴儿全身检查、生长发育情况、喂养情况等。

【护理评价】

1. 产妇能否积极参与新生儿护理及自我护理，并表现出自信和满足感。
2. 产妇排便、排尿是否正常。
3. 产妇是否感觉舒适，新生儿体重增加是否理想。
4. 产妇生命体征是否平稳。

国际母乳会（La Leche League International）

国际母乳会由七位女士于 1956 年建立，她们致力于使母乳喂养更容易，并让母亲和孩子都从中获益。国际母乳会是非政府组织，为联合国儿童基金会提供咨询，与世界卫生组织保持官方联系，已于美国国际开发署注册为私营志愿组织，是通过官方认可的“美国健康妈妈健康宝宝联盟”的成员、“儿童生存协作与资源团体”的成员以及“国际母乳喂养行动联盟”的创始成员。

知识链接

目标检测

A_1 型题

1. 产后腹部检查时，如果在耻骨联合上方扪不到子宫底，此产妇大约在产后（　　）
   A. 第 1 天　　B. 第 2～3 天
   C. 第 4～6 天　　D. 第 8～9 天
   E. 第 10～14 天
2. 下列对于正常产褥期妇女的描述，正确的是（　　）
   A. 宫体恢复到未孕大小需要 4 周
   B. 宫颈外形于产后 3 日恢复到未孕状态
   C. 于产后 2 周宫颈完全恢复至正常状态
   D. 于产后 10 日，腹部检查扪不到宫底
   E. 于产后 4 周，除胎盘附着处外，宫腔表面均由新生的内膜修复
3. 产褥期禁止性生活的时间是产后（　　）
   A. 2 周　　B. 4 周
   C. 6 周　　D. 8 周
   E. 10 周

4. 产褥期是指（　　）
   A. 从胎儿娩出到生殖器官恢复正常
   B. 从胎盘娩出到生殖器官恢复正常的一段时间
   C. 从第二产程到生殖器官恢复正常的一段时间
   D. 从胎儿娩出到全身（除乳腺）恢复正常的一段时间
   E. 从胎盘娩出到全身（除乳腺）恢复正常的一段时间
5. 初产妇，从分娩后第 2 天起，持续 3 天体温在 37.5℃左右，子宫收缩好，无压痛，会阴伤口红肿、疼痛，恶露淡红色，无臭味，双乳软，无硬结。发热的原因最可能是（　　）
   A. 会阴伤口感染　　B. 乳腺炎
   C. 产褥感染　　D. 上呼吸道感染
   E. 乳头皲裂
6. 促进母乳喂养成功的措施，错误的是（　　）
   A. 对所有保健人员进行技术培训
   B. 向孕产妇宣传母乳喂养的好处
   C. 帮助母亲早开奶
   D. 实行母婴同室
   E. 实行按时哺乳

（王　侠）

第 8 章　妊娠期并发症妇女的护理

学习目标

1. 掌握流产、异位妊娠、前置胎盘、胎盘早剥、早产、过期妊娠、羊水过多、羊水过少、双胎妊娠和巨大儿等概念。

2. 掌握流产的分类及表现；输卵管妊娠的最常见病因与病理结局；妊娠期高血压疾病的病理生理变化、治疗原则；前置胎盘、胎盘早剥的病理、分类。妊娠期各并发症护理评估、护理诊断及护理措施。

3. 熟悉妊娠期并发症的病因、病理、分类、处理原则和健康教育内容。

4. 了解妊娠期各种并发症的护理目标、护理评价。

第 1 节　流　　产

案例 8-1

女性，28 岁。已婚 2 年，因停经 50 天，阴道有少许出血，下腹部轻微疼痛 1 天而来院就诊。查体：体温 36.8℃，脉搏 86 次 / 分，呼吸 19 次 / 分，血压 120/80mmHg；妇科检查：子宫如孕 50 天大小，质软，宫口闭；尿 HCG（＋）。

问题和思考：

1. 患者最可能的临床诊断是什么？有何依据？

2. 该患者治疗原则是什么？

3. 如在治疗过程中出现下腹痛加剧，出血量增多，宫口开一指，此时诊断是什么？此时的治疗原则是什么？

凡妊娠不足 28 周、胎儿体重不足 1000g 而终止者，称为流产（abortion）。妊娠 12 周以前终止者称为早期流产，妊娠 12 周至不足 28 周终止者称为晚期流产。流产分为自然流产（spontaneous ahortion）和人工流产（artificial abortion），本节内容仅介绍自然流产。自然流产的发生率占胚胎着床后的 31%，占全部妊娠的 10%～15%，其中 80% 以上为早期流产。约 2/3 的早期流产为隐性流产，即发生在月经期前的流产，也称生化妊娠。

考点：流产的概念与分类

生 化 妊 娠

生化妊娠指发生在妊娠 5 周内的早期流产，血中可以检测到 HCG 升高，大于 25mU/L 或者尿妊娠试验阳性，但超声检查看不到孕囊，提示受精卵着床失败，又被称为“亚临床流产”。一般为自然的优胜劣汰的结果。妇女在做试管婴儿时这种情况比较常见。大部分妇女因自己没在意，会当作月经推迟忽略过去，一般不会影响下一次的怀孕。如果多次发生这样的情况，就要到医院做进一步检查。

知识链接

【病因】

1. 胚胎因素 胚胎或胎儿染色体异常是导致早期流产最常见的原因，占早期流产的50%～60%，多由染色体数目异常引起，其中常染色体三体多见。除遗传因素外，感染、药物等也可引起胚胎染色体异常。

2. 母体因素

（1）全身性疾病：妊娠期任何疾病引起的高热可刺激子宫收缩而发生流产；细菌毒素或病毒（如单纯疱疹病毒、巨细胞病毒等）通过胎盘进入胎儿血液循环，导致胎儿死亡可发生流产；此外，孕妇患严重贫血或慢性肾炎或心力衰竭可致胎儿缺氧或胎盘发生梗死，也可能引起流产。

（2）生殖器官异常：子宫发育不良、子宫肌瘤和宫腔粘连等可影响胎儿的生长发育而导致流产。宫颈重度裂伤，宫颈内口松弛易因胎膜早破而引起晚期流产。

（3）内分泌异常：女性内分泌功能异常如黄体功能异常、高催乳素血症、多囊卵巢综合征、甲状腺功能减退、严重糖尿病等，均可导致流产。

（4）强烈应激与不良习惯：妊娠期严重的躯体刺激（如手术等）或心理刺激（如过度紧张），均可导致流产。孕妇吸烟、酗酒、吸毒等不良习惯，可刺激子宫收缩而引起流产。

考点：流产的病因及导致早期流产最常见的病因

3. 免疫功能异常 母儿血型不合、母儿双方免疫不适应，母体内有抗精子抗体也常易导致早期流产。

4. 环境因素 过多接触放射线和砷、铅、甲醛、苯、氧化乙烯等化学物质，可引起流产。

5. 胎盘因素 滋养细胞发育或功能不全是胚胎早期死亡的重要原因。

【病理】

自然流产是妊娠物逐渐从子宫壁剥离，然后排出子宫的过程。早期流产时胚胎多数先死亡，随后发生底蜕膜出血，造成胚胎的绒毛与蜕膜层分离，已分离的胚胎组织如同异物，引起子宫收缩而被排出。发生在妊娠8周以内的流产，因胎盘绒毛发育尚不成熟，与子宫蜕膜联系尚不牢固，妊娠物多数可以完整地从子宫壁分离而排出，出血不多。发生在妊娠8～12周的流产，胎盘绒毛发育茂盛，与底蜕膜联系较牢固，妊娠产物往往不易完整分离排出，常有部分组织残留宫腔内影响子宫收缩，致使出血较多。妊娠12周后，胎盘已完全形成，发生流产时往往先有腹痛，排出胎儿，然后胎盘再剥离排出。有时可见到石胎、纸样胎儿、压缩胎儿、浸软胎儿等病理表现。

考点：早期流产和晚期流产病理变化的区别

【护理评估】

1. 健康史 应详细询问孕妇的停经史、早孕反应情况；阴道流血的持续时间与阴道流血量；有无腹痛，腹痛的部位、性质及程度。应全面了解流产的病因。应了解既往有无流产史及发生流产的孕周。

2. 身体评估 停经后阴道出血和腹痛是流产的主要症状。流产包括4种常见类型和3种特殊类型。在不同临床发展阶段，流产症状发生的时间、程度不同，相应的处理原则亦不同。自然流产的临床过程如下：

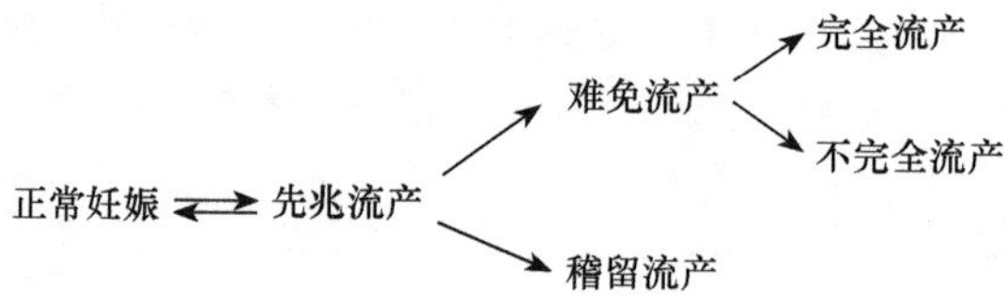

流产的 4 种常见类型及其临床特点：

（1）先兆流产：指停经后出现少量阴道流血，常为暗红色或血性白带，量比月经量少，有时伴有轻微下腹痛，腰痛、腰坠。妇科检查：子宫大小与停经周数相符，宫颈口未开，胎膜未破，妊娠产物未排出。经休息及治疗后，若流血停止或腹痛消失，妊娠可继续进行；若流血增多或腹痛加剧，则可能发展为难免流产。

（2）难免流产：一般由先兆流产发展而来，流产已不可避免。表现为阴道流血量增多，阵发性腹痛加重。妇科检查：子宫大小与停经周数相符或略小，宫颈口已扩张，但组织尚未排出，有时可见胚胎组织或胎囊堵于宫口。

（3）不全流产：由难免流产发展而来，妊娠产物已部分排出体外，尚有部分残留于子宫内，从而影响子宫收缩，致使阴道出血持续不止，严重时可引起出血性休克。妇科检查：一般子宫小于停经周数，宫颈口已扩张，不断有血液自宫颈口流出及妊娠物堵塞于宫颈口。

（4）完全流产：妊娠产物已完全排出，阴道出血逐渐停止，腹痛随之消失。妇科检查：子宫接近正常大小或略大，宫颈口已关闭。

以上 4 种类型的流产其鉴别要点见下表（表 8-1）。

表 8-1　流产的常见类型鉴别要点

类型	症状			体征	
	阴道出血量	下腹痛	组织排出	宫颈口	子宫大小
先兆流产	少	无或轻	无	闭	与妊娠周数相符
难免流产	增多	加剧	无	扩张	相符或略小
不全流产	少→多	减轻	部分排出	扩张	小于妊娠周数
完全流产	少→无	无	全部排出	闭	接近正常或略大

流产的 3 种特殊类型及其临床特点：

（1）稽留流产：又称过期流产。是指胚胎或胎儿已死亡滞留在宫腔内尚未自然排出者。胚胎或胎儿死亡后，子宫不再增大反而缩小，早孕反应消失，若已至妊娠中期，孕妇不感腹部增大，胎动消失。妇科检查子宫小于妊娠周数，宫颈口关闭。听诊不能闻及胎心。

考点：流产的类型及各型的临床特点；自然流产的临床过程

（2）复发性流产：也称习惯性流产，指同一性伴侣连续发生 3 次或 3 次以上的自然流产。近年多数学者认为连续发生 2 次自然流产即应高度重视。病人每次流产多发生于同一妊娠月份，其临床经过与一般流产相同。

（3）流产合并感染：流产过程中，若阴道流血时间过长、有组织残留于宫腔内或非法堕胎等，有可能引起宫腔内感染。严重时感染可扩展到盆腔、腹腔乃至全身，并发盆腔炎、腹膜炎、败血症及感染性休克等，也称感染性流产。

3. 辅助检查

（1）实验室检查：连续测定血 β-HCG、孕激素等动态变化，有助于妊娠诊断和判断预后。

（2）B 超：超声显像可显示有无胎囊、胎动、胎心等，从而可诊断并鉴别流产类型，指导正确处理。

4. 心理 - 社会状况　流产孕妇的心理状况常以焦虑和恐惧为特征。孕妇面对阴道流血往往会不知所措，甚至将其过度严重化，同时胎儿的健康也直接影响孕妇的情绪反应，孕妇可能表现为伤心、郁闷、烦躁不安等。

【处理原则】

应根据流产的不同类型进行相应的处理。完全流产一般不需特殊处理。

1. 保胎治疗 适用于先兆流产、复发性流产。要卧床休息，禁止性生活；减少刺激；必要时给予对胎儿危害小的镇静剂如苯巴比妥；对黄体功能不足者，可每日给予黄体酮10～20mg，肌内注射，维生素E口服保胎治疗；并注意及时进行超声检查，了解胚胎发育情况，避免盲目保胎。

2. 清宫术 适用于难免流产、不全流产、稽留流产，一旦确诊，应尽早清除宫腔内容物。不全流产出血多者应在抗休克同时行清宫术；稽留流产清宫术前应做凝血功能检查，口服雌激素提高子宫平滑肌对缩宫素的敏感性、备血。一次刮不净者可于5～7天后再次刮宫。

3. 抗感染 流产合并感染者，出血少先控制感染再清宫；出血多，抗感染的同时夹出大块的感染组织，继续抗感染，等感染控制后彻底清宫。

考点：不同类型流产的处理原则

4. 对因治疗 复发性流产者，如为宫颈内口松弛，应在妊娠14～18周行宫颈内口环扎术。黄体功能不全者应肌内注射黄体酮，甲状腺功能低下者应在孕前及整个孕期补充甲状腺素。

【护理诊断/问题】

1. 组织灌注量改变 与流产出血有关。
2. 有感染的危险 与阴道流血时间过长、宫腔内有残留组织等因素有关。
3. 焦虑 与担心胎儿健康等因素有关。
4. 预感性悲哀 与胎儿可能死亡有关。

【护理目标】

1. 孕妇阴道流血得到控制，生命体征平稳。
2. 出院时，护理对象无感染征象。
3. 先兆流产孕妇能积极配合保胎措施，继续妊娠。
4. 病人能以正常心态接受此次妊娠失败的现实。

【护理措施】

1. 一般护理 先兆流产孕妇应绝对卧床休息，禁止性生活，减少刺激，并协助完成日常生活护理。建议合理饮食，加强营养。保持外阴清洁，每日2次会阴擦洗，每次大便后及时清洗，以防感染。

2. 症状护理 大量出血者遵医嘱给予肌内注射缩宫素，促进子宫收缩，减少出血。同时尽快建立静脉通路，交叉配血，做好输血准备。

3. 病情观察 观察阴道流血及腹痛情况。大量阴道流血时，应立即测量血压和脉搏，正确估计出血量，发现异常，及时通知医生。同时，要监测体温，定期检查血常规。

4. 心理护理 主动关心孕妇，与其建立良好的护患关系，鼓励孕妇进行开放性沟通，表达其内心感受，宣泄不良情绪。帮助病人及家属接受现实，顺利度过悲伤期。

考点：流产的护理措施

5. 治疗配合 先兆流产需保胎治疗者遵医嘱合理应用镇静药、保胎药，协助医生做好B超和血β-HCG等检查，以监测胚胎发育情况。不能继续妊娠需手术治疗时，应及时做好术前准备，协助医师完成手术，注意术中、术后护理，有凝血功能障碍者应予纠正后再行手术。

【健康教育】

1. 手术后的患者　应保持外阴清洁、禁止盆浴 2 周、禁止性生活 1 个月，以防逆行感染；增加营养；注意阴道流血情况。采取避孕措施，无子女者至少避孕半年以上才能再次妊娠。

2. 复发性流产者　需在下一次孕前对男女双方进行详细检查，对因处理。一旦妊娠应卧床休息，加强营养，禁止性生活，补充维生素 C、维生素 B、维生素 E 等，如黄体功能不足者，按医嘱正确使用黄体酮治疗以预防流产，保胎措施必须超过以往发生流产的妊娠月份。

【护理评价】

1. 孕妇生命体征是否平稳正常，血红蛋白是否正常，出血是否停止。
2. 护理对象体温是否正常，白细胞数是否正常，有无出血、感染征象。
3. 先兆流产孕妇是否配合保胎治疗，继续妊娠。
4. 病人能否以平静的心情接受此次妊娠失败的现实。

第2节　异位妊娠

正常妊娠时，受精卵着床于子宫体腔内膜。若受精卵在子宫体腔以外着床发育称异位妊娠（ectopicpregnancy），习称宫外孕（extrauterine pregnancy）。异位妊娠包括输卵管妊娠、卵巢妊娠、腹腔妊娠、宫颈妊娠及阔韧带妊娠等。在异位妊娠中，输卵管妊娠最为常见，占异位妊娠的 95% 左右。本节主要阐述输卵管妊娠。

考点：异位妊娠和宫外孕的区别；异位妊娠的发生部位

输卵管妊娠是妇产科常见的急腹症，发病率约 2%。当输卵管妊娠流产或破裂时，可引起腹腔内严重出血，如不及时诊断、处理，可危及生命。输卵管妊娠因其发生部位不同又可分为间质部、峡部、壶腹部和伞部妊娠（图 8-1）。以壶腹部妊娠多见，约占 78%。

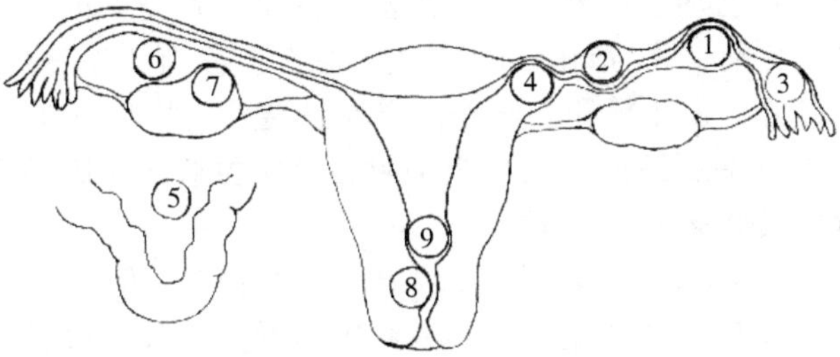

图 8-1　异位妊娠的发生部位

①输卵管壶腹部妊娠；②输卵管峡部妊娠；③输卵管伞部妊娠；④输卵管间质部妊娠；⑤腹腔妊娠；⑥阔韧带妊娠；⑦卵巢妊娠；⑧宫颈妊娠；⑨剖宫产切口处妊娠

【病因】

1. 输卵管炎症　包括输卵管黏膜炎和输卵管周围炎，是引起输卵管妊娠最主要的病因。慢性炎症可以使输卵管管腔黏膜粘连，管腔变窄；或纤毛缺损；或输卵管与周围粘连，均妨碍了受精卵的顺利通过和运行。

2. 输卵管发育不良或功能异常　输卵管过长、肌层发育差、黏膜纤毛缺乏等发育不良，均可造成输卵管妊娠。输卵管蠕动、纤毛活动以及上皮细胞的分泌功能异常，也可影响受

考点：引起输卵管妊娠的主要病因

精卵的正常运行。

3. 辅助生殖技术 近年由于辅助生育技术的应用，使输卵管妊娠发生率增加，既往少见的异位妊娠，如卵巢妊娠、宫颈妊娠、腹腔妊娠的发生率增加。

【病理】

1. 输卵管的变化 输卵管妊娠时，由于输卵管管腔狭窄，管壁薄，蜕膜形成差，不能适应胚胎的生长发育，因此当输卵管妊娠发展到一定程度，可出现以下4种结局：

（1）输卵管妊娠流产：多见于输卵管壶腹部妊娠，多发生在妊娠8～12周。由于输卵管妊娠时管壁形成的蜕膜不完整，囊胚在发育中常向管腔内突出生长，最终突破包膜而出血，导致囊胚与管壁分离（图8-2），若整个囊胚剥离落入管腔并经输卵管逆蠕动排入腹腔，即形成输卵管完全流产，出血一般不多。若囊胚剥离不完整，有一部分组织仍残留于管腔，则为输卵管不完全流产，此时，管壁肌层收缩力差，血管开放，持续反复出血。

（2）输卵管妊娠破裂：多见于输卵管峡部妊娠，多发生在妊娠6周左右。当囊胚生长时绒毛侵蚀管壁的肌层及浆膜，以致穿破浆膜，形成输卵管妊娠破裂（图8-3）。由于输卵管肌层血管丰富，输卵管妊娠破裂所致的出血远较输卵管妊娠流产严重，短期内即可发生大量腹腔内出血致使孕妇休克，亦可反复出血，形成盆腔及腹腔血肿。

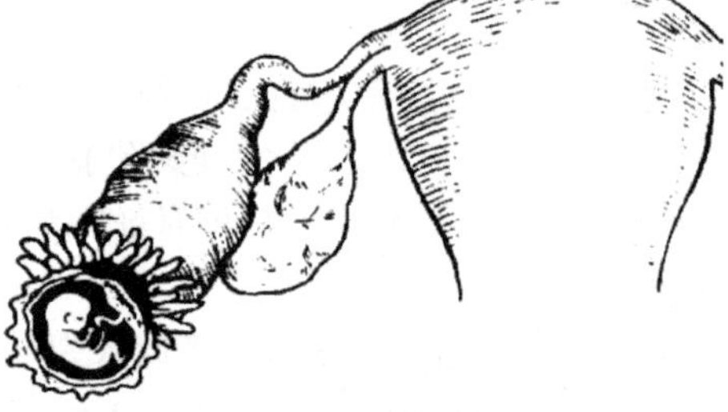

图8-2 输卵管妊娠流产

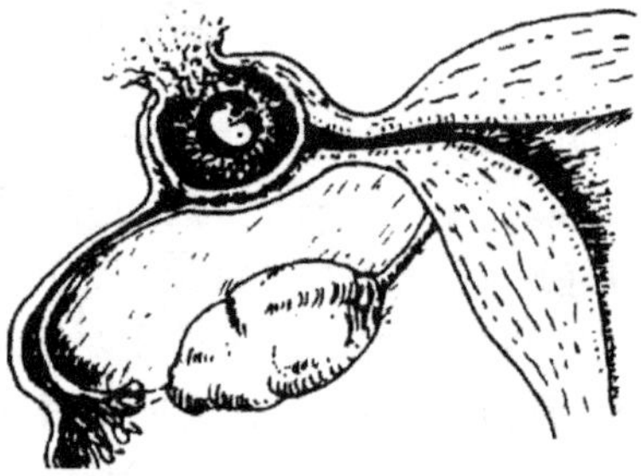

图8-3 输卵管妊娠破裂

（3）陈旧性宫外孕：有时发生输卵管妊娠流产或破裂后未及时治疗，长期反复内出血形成的盆腔血肿可机化变硬，并与周围组织粘连，临床上称为“陈旧性宫外孕”。

考点：输卵管妊娠发展的4种病理结局；发生输卵管妊娠时子宫的变化

（4）继发性腹腔妊娠：发生输卵管妊娠流产或破裂后，胚胎被排入腹腔，大部分死亡。但偶尔也有存活者，若存活胚胎的绒毛组织仍附着于原位或排至腹腔后重新种植而获得营养，可继续生长发育形成继发性腹腔妊娠。

2. 子宫的变化 子宫肌纤维增生肥大，子宫增大变软，但子宫增大与停经月份不相符。子宫内膜出现蜕膜反应。若胚胎死亡，滋养细胞活力消失，蜕膜自宫壁剥离而发生阴道流血，一般出血量不多。有时蜕膜可完整剥离，随阴道流血排出三角形的蜕膜管型，有时则呈碎片排出。排出的组织见不到绒毛，组织学检查无滋养细胞。

【护理评估】

1. 健康史 仔细询问月经史，以准确推断停经时间。对不孕、放置宫内节育器、绝育术、输卵管复通术、盆腔炎等与发病相关的高危因素予以高度重视。

2. 身体评估 输卵管妊娠的临床表现与受精卵着床部位、有无流产或破裂及出血量多少与出血时间长短等有关。

（1）症状

1）停经：多数病人停经6～8周以后出现不规则阴道流血，但有20%～30%的病人因月经仅过期几天而不认为是停经，或误将异位妊娠时出现的不规则阴道流血误认为月经，可能无停经史。

2）腹痛：是输卵管妊娠病人就诊的主要症状。输卵管妊娠未发生流产或破裂前，常表现为一侧下腹部隐痛或酸胀感。输卵管妊娠流产或破裂时，病人突感一侧下腹部撕裂样疼痛，常伴有恶心、呕吐。若血液局限于病变区，主要表现为下腹部疼痛，当血液积聚于直肠子宫陷凹处则出现肛门坠胀感。随着血液由下腹部流向全腹，疼痛亦遍及全腹，当血液刺激膈肌时，可引起肩胛部放射性疼痛及胸部疼痛。

3）阴道流血：胚胎死亡后导致血 HCG 下降，卵巢黄体分泌的激素不能维持蜕膜生长而发生剥离，常有不规则阴道流血，色暗红或深褐，量少呈点滴状，一般不超过月经量。

4）晕厥与休克：由于腹腔内急性出血及剧烈腹痛，轻者出现晕厥，严重者出现失血性休克。休克程度取决于内出血速度及出血量，出血量愈多，速度愈快，症状出现也愈严重，但与阴道流血量不成正比。

5）腹部包块：当输卵管妊娠流产或破裂后所形成的血肿时间过久，可因血液凝固，逐渐机化变硬并与周围器官发生粘连而形成包块，若包块较大或位置较高，可于腹部触及。

（2）体征

1）一般情况：腹腔内出血较多时，有休克表现。

2）腹部检查：腹膜刺激征阳性，叩诊有移动性浊音，触诊有包块。

3）妇科检查：阴道少量出血。输卵管妊娠流产或破裂者，阴道后穹隆饱满，有触痛。宫颈有举痛或摇摆痛，是输卵管妊娠的主要体征之一。子宫稍大而软，内出血多时检查子宫有漂浮感。一侧附件可触及边界不清、压痛明显的包块。

考点：输卵管妊娠时的症状与体征

3．辅助检查

（1）阴道后穹隆穿刺：是一种简单可靠的诊断方法，适用于疑有腹腔内出血的病人。用长针头自阴道后穹隆穿刺子宫直肠陷凹，抽出暗红色不凝血液，说明腹腔有内出血（图 8-4）。抽不出血液也不能排除输卵管妊娠的存在。

（2）HCG 测定：β-HCG 测定是早期诊断异位妊娠的重要方法。异位妊娠患者阳性率一般可达 80%～90%，但 β-HCG 阴性者也不能完全排除异位妊娠。连续测定 HCG，若倍增时间大于 7 日，异位妊娠的可能性极大。

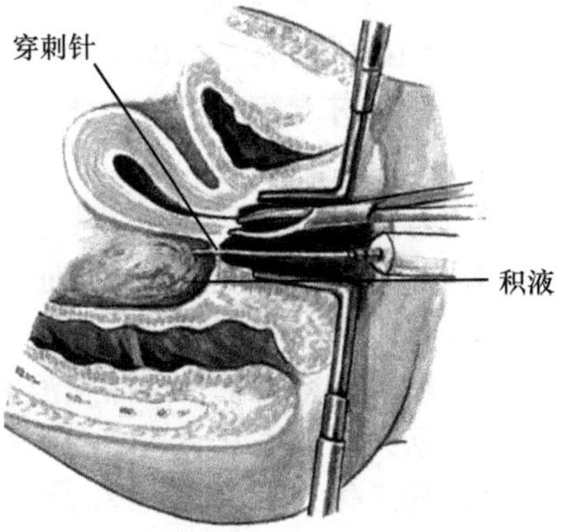

图 8-4　阴道后穹隆穿刺术

（3）超声检查：B 超有助于判断异位妊娠的部位和大小。阴道 B 超检查较腹部 B 超检查准确性高。

（4）腹腔镜检查：是诊断异位妊娠的金标准，而且可以在确诊的同时行镜下手术治疗。早期异位妊娠病人，腹腔镜可见一侧输卵管肿大，表面紫蓝色，腹腔内无出血或有少量出血。

（5）子宫内膜病理检查：主要适用于阴道流血量较多的病人，目的在于排除同时合并宫内妊娠流产。将宫腔排出物或刮出物做病理检查，切片中见到绒毛，可诊断为宫内妊娠，仅见蜕膜未见绒毛者有助于诊断异位妊娠。

考点：输卵管妊娠时简单可靠的诊断方法

4．心理 - 社会状况　由于输卵管妊娠流产或破裂后，腹腔内急性大量出血及剧烈腹痛以及妊娠终止的现实都将使孕妇出现较为激烈的情绪反应，可表现出哭泣、自责、无助、抑郁和恐惧等行为。

【处理原则】

处理原则以手术治疗为主，其次是药物治疗及期待疗法。

1. 手术治疗 手术方法有保守手术、根治手术、腹腔镜手术。

2. 药物治疗 ①化学药物治疗：主要适用于早期输卵管妊娠，要求保存生育能力的年轻患者。常用的化学药物是甲氨蝶呤、5-FU、米非司酮；治疗机制是抑制滋养细胞增生、破坏绒毛，使胚胎组织坏死、脱落、吸收。②中药治疗：祖国医学认为本病属“少腹血淤”之实证。以活血化淤、消症为主。

3. 期待疗法 少数输卵管妊娠可能发生自然流产，或被吸收，症状较轻而无须手术或药物治疗。在期待过程中应注意生命体征、腹痛变化，并进行B超和血β-HCG监测。

腹腔镜在输卵管妊娠中的应用

近年治疗异位妊娠的主要方法是腹腔镜。输卵管妊娠未破裂前可在腹腔镜直视下切开输卵管吸出胚胎或穿刺输卵管的妊娠囊吸出部分囊液，并注入药物（MTX），也可以行输卵管切除术。输卵管妊娠破裂大出血时，由于生命体征不稳定，需快速开腹止血并完成手术，其余情况下均可经腹腔镜手术。腹腔镜手术与经腹手术相比，手术时间、住院日期更短，术后康复更快。

知识链接

【护理诊断/问题】

1. 组织灌注量不足 与腹腔内出血过多有关。

2. 疼痛 输卵管妊娠流产或破裂有关。

3. 恐惧 与担心生命安危有关。

4. 预感性悲哀 与即将失去胎儿及担心手术有关。

5. 潜在并发症 出血性休克。

【护理目标】

1. 病人内出血停止，血压正常，面色正常。
2. 病人腹部疼痛减轻或消失。
3. 病人情绪正常，恐惧感消失。
4. 病人能以正常心态接受此次妊娠失败的现实。
5. 病人休克症状得以及时发现并缓解。

【护理措施】

1. 一般护理 非手术孕妇嘱其绝对卧床休息，保持大便通畅，避免运用腹压，减少活动。给予高营养、富含维生素和铁剂的饮食，以提高患者的抵抗能力。

2. 症状护理 对于严重内出血并发休克的病人，护士应立即开放静脉，交叉配血，做好输血输液的准备，以便配合医师积极纠正休克、补充血容量，并按急诊手术要求迅速做好术前准备。

3. 病情观察 严密监测患者的生命体征及腹痛和阴道出血情况。护士应告诉病人病情发展的一些指征，如出血增多、腹痛加剧、肛门坠胀感明显等。

4. 心理护理　护士于术前简明地向病人及家属讲明手术的必要性，介绍异位妊娠的有关知识，协助病人接受手术治疗方案。术后帮助患者以正常心态接受此次妊娠失败的现实，消除悲伤心理。

考点：输卵管妊娠的护理措施

5. 治疗配合

（1）非手术患者护理：①密切观察生命体征和病情变化，如腹痛突然加重，或脸色苍白、血压下降、脉搏加快等，应立即通知医生，做好抢救准备。②遵医嘱给药治疗，加强化学药物治疗的护理。常用药物为甲氨蝶呤。③保持外阴清洁，预防感染。④如有阴道排出物，必须送病理检查。⑤经常巡视，了解孕妇需要，使孕妇有安全感。⑥护士应协助正确留取血标本，以监测治疗效果。

（2）手术患者护理：①护士严密监测患者生命体征，每 10～15 分钟测量一次并记录。注意患者尿量，以协助判断组织灌注量。②术中对于严重内出血并发现休克的患者，护士应配合医生积极纠正休克。做好输血输液的准备或自体血液回输的准备，按医嘱准确及时给药。③按急诊手术要求迅速做好术前准备、术后护理，并提供相应的生活护理。④复查血常规，观察血红蛋白量及红细胞计数，判断贫血有无改善。

【健康教育】

出院后增加营养，纠正贫血，并注意休息，保持良好心态；防止输卵管的损伤和感染，感染后须及时彻底治疗，以免延误病情；告知下次妊娠时要及时就医。

【护理评价】

1. 病人生命体征是否正常，有无出血发生。
2. 病人是否自诉腹部疼痛减轻或消失。
3. 病人是否情绪稳定，积极配合治疗。
4. 病人是否能以平静的心情接受此次妊娠失败的现实。
5. 病人的休克症状是否得以及时发现并纠正。

第 3 节　妊娠期高血压疾病

案例 8-2

女性，29 岁。孕 2 产 0，妊娠 37 周，自觉头晕、头痛、视物模糊 2 日来医院就诊。自述孕前血压为 100/70mmHg，妊娠期未按医嘱严格进行产前检查。

入院查体：子宫大小与孕周相符，头先露，胎心音 138 次 / 分，检测体温 36.9℃，脉搏 84 次 / 分，呼吸 18 次 / 分，血压 155/110mmHg，水肿延及大腿中部，呈凹陷性。取随意尿查尿蛋白（++）。

问题与思考：

1. 患者可能的医疗诊断是什么？
2. 目前首选的药物是什么？
3. 该患者用药护理措施有哪些？

妊娠期高血压疾病（hypertensive disorders in pregnancy）是妊娠期特有的疾病，多在妊娠期出现一过性高血压、蛋白尿症状，严重时出现抽搐、昏迷、甚至母婴死亡。该病严重影响母婴健康，是孕产妇和围生儿患病及死亡的主要原因之一。

【病因】

妊娠期高血压疾病的发病原因至今尚未阐明，其高危因素及主要病因学说如下。

1. 高危因素 依据流行病学调查发现，妊娠期高血压疾病可能与以下因素有关：①初产妇；②高龄孕产妇（年龄≥40 岁）者；③精神过度紧张或受刺激致使中枢神经系统功能紊乱者；④寒冷季节或气温变化过大；⑤有子痫前期病史；⑥有慢性高血压、慢性肾炎、糖尿病、贫血、营养不良；⑦体形矮胖者，即体重指数 BMI[体重（kg）/ 身高（m^2）]≥35 者；⑧子宫张力过高（如羊水过多、双胎妊娠、糖尿病巨大儿等）者；⑨子痫前期家族史（母亲或姐妹）。

2. 病因学说 确切的病因不清楚，可能与免疫学说“胎盘浅着床”、血管内皮细胞受损、营养缺乏、胰岛素抵抗、遗传因素有关。

【病理】

1. 基本病理变化 本病的基本病理生理变化是全身小动脉痉挛，内皮损伤及局部缺血，使全身各系统各脏器的血液灌注减少，对母婴造成危害，甚至导致母婴死亡。

2. 主要脏器的病理变化

（1）脑：脑血管痉挛，通透性增加，引起脑组织缺氧、水肿、局部缺血而出现头晕、头痛、呕吐，严重时发生抽搐、昏迷等症状；痉挛时间长时致血管内血栓形成，可使症状加重。颅内压增高可致脑疝甚至死亡。

（2）心血管：冠状血管痉挛，心肌缺血、间质水肿、心肌点状出血与坏死。周围血管痉挛阻力增加，加重心脏负荷，严重时导致心力衰竭。

（3）肾脏：肾血管痉挛，肾小球缺血、缺氧，血浆蛋白自肾小球漏出形成蛋白尿，蛋白尿的多少标志着妊娠期高血压疾病的严重程度。由于血管痉挛，肾血流量及肾小球滤过率下降，血浆尿酸及肌酐值升高，肾脏功能严重损害可致少尿及肾衰竭。

（4）肝脏：肝脏特征性损伤是门静脉周围出血，严重时门静脉周围坏死。肝包膜下出血，可发生肝破裂。

考点：妊娠高血压疾病的基本病理生理变化

（5）血液：由于全身小血管痉挛，血管壁渗透性增加，血液浓缩。妊娠高血压疾病的重症患者可发生微血管病性溶血，主要表现为血小板减少，血小板$<100\times10^9$/L，肝酶升高、溶血（即 HELLP 综合征）。

（6）子宫胎盘血流灌注：由于血管痉挛导致胎盘血液灌流下降，胎儿生长受限，胎儿窘迫。若胎盘床血管破裂可导致胎盘早剥，严重时母婴死亡。

主要病理生理变化简示如下：

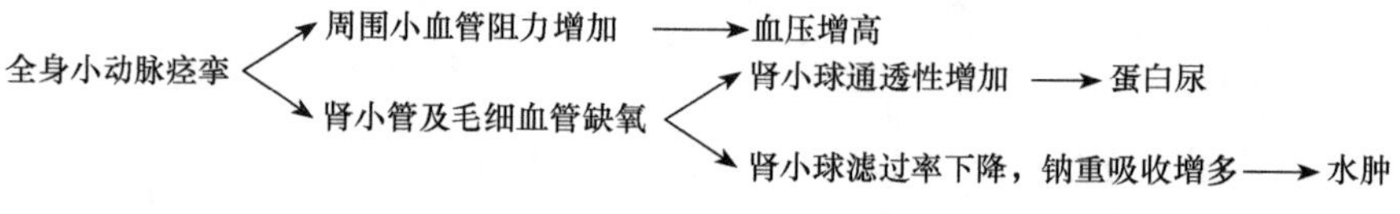

【分类及临床表现】

1. 妊娠期高血压疾病分类与临床表现 见表 8-2。

表 8-2　妊娠期高血压疾病分类与临床表现

分类	临床表现
妊娠期高血压	妊娠期出现高血压，收缩压≥140mmHg 和（或）舒张压≥90mmHg，于产后 12 周内恢复正常；尿蛋白（－）；少数患者可伴上腹部不适或血小板减少。产后方可确诊
子痫前期	
轻度	妊娠 20 周后出现收缩压≥140mmHg 和（或）舒张压≥90mmHg 伴尿蛋白≥0.3g/24h 或随机尿蛋白（＋）；可伴有上腹部不适、头痛等症状
重度	血压和尿蛋白持续升高，发生母体脏器功能不全或胎儿并发症。出现下述任一不良情况可诊断为重度子痫前期：①收缩压≥160mmHg 和（或）舒张压≥110mmHg；②尿蛋白≥5.0g/24h 或随机尿蛋白≥（＋＋＋）；③持续性头痛或视觉障碍或其他脑神经症状；④持续性上腹部疼痛，肝包膜下出血或肝破裂症状；⑤肝功能异常：血清 ALT 或 AST 升高；⑥肾功能异常：少尿（24 小时尿量＜400ml 或每小时尿量＜17ml）或血肌酐＞106μmol/L；⑦低蛋白血症伴胸腔积液或腹水；⑧血液系统异常：血小板呈持续性下降并＜100×10^9/L；血管内溶血、贫血、黄疸或血 LDH 升高；⑨心力衰竭、肺水肿；⑩胎儿生长受限或羊水过少；⑪早发型即妊娠 34 周以前发病
子痫	子痫前期孕妇抽搐，不能用其他原因解释
慢性高血压并发子痫前期	慢性高血压孕妇妊娠前无蛋白尿，妊娠后出现蛋白尿≥0.3g/24h；或妊娠前有蛋白尿，妊娠后尿蛋白明显增加或血压进一步升高或血小板＜100×10^9/L
妊娠合并慢性高血压	妊娠 20 周以前收缩压≥140mmHg 和（或）舒张压≥90mmHg，妊娠期无明显加重；或妊娠 20 周以后首次诊断高血压持续到产后 12 周后

注：①妊娠期高血压疾病之水肿无特异性，因此不作为其诊断标准及分类依据
②血压较基础血压升高 30/15mmHg，低于 140/90mmHg 时，不作为诊断依据，但必须严密观察

2．子痫　子痫前期的孕妇发生抽搐，不能用其他原因解释称子痫。子痫抽搐进展迅速，表现为抽搐、面部充血、口吐白沫、深昏迷；随之深部肌肉僵硬，很快发展为典型的全身高张性阵挛惊厥、有节律的肌肉收缩和紧张，持续 1～1.5 分钟，其间患者无呼吸运动；此后患者抽搐停止，呼吸恢复，最后意识恢复，但困惑、易激惹、烦躁。

子痫多发生在妊娠晚期和临产前，称产前子痫。少数发生在分娩过程中，称产时子痫。也有在产后 48 小时内发生者，称产后子痫。

【护理评估】

考点：妊娠高血压疾病分类及特点

1．健康史　询问既往有无高血压病史及家族史，妊娠后血压变化情况，是否伴有蛋白尿、水肿等；是否存在高危因素；有无头痛、视力改变、上腹部不适等症状。

2．身体评估　典型的病人表现为妊娠 20 周后出现高血压、蛋白尿、水肿。在评估过程中应注意：

（1）初测血压有升高者，需休息 1 小时后再测，方能正确反映血压情况。同时不要忽略测得血压与其基础血压的比较。而且也可经过翻身试验（roll over test，ROT）进行判断，即在孕妇左侧卧位时测血压直至血压稳定后，嘱其翻身仰卧位 5 分钟再测血压，若仰卧位舒张压较左侧卧位≥20mmHg，提示有发生子痫前期的倾向，其阳性预测值 33%。

（2）留取 24 小时尿进行尿蛋白检查。凡 24 小时尿蛋白定量≥0.3g 者为异常。

（3）妊娠后期水肿发生的原因很多，水肿的轻重并不一定反映病情的严重程度。水肿不明显但体重于一周内增加超过 0.5kg 的隐性水肿。

（4）孕妇出现头痛、眼花、胸闷、恶心、呕吐等自觉症状时提示病情的进一步发展，即进入子痫前期阶段，护士应高度重视。

（5）抽搐与昏迷是最严重的表现，护士应特别注意发作状态、频率、持续时间、间隔时间，神志情况以及有无唇舌咬伤、摔伤甚至骨折、窒息或吸入性肺炎等。

3. 辅助检查

（1）血液检查：包括全血细胞计数、血红蛋白含量、血细胞比容、全血黏度、血电解质及凝血功能检查。

（2）尿液检查：应测定尿比重、尿常规，检查有无蛋白尿，必要时可做24小时尿蛋白定量、定性分析。尿蛋白检查在重度子痫前期孕妇应每日1次。

（3）眼底检查：视网膜小动脉的痉挛程度反映全身小血管痉挛程度，是反映本病严重程度的一项重要标志。子痫前期孕妇视网膜小动脉痉挛，动脉与静脉的管径比可由正常的2∶3变为1∶2，甚至1∶4或出现视网膜水肿、渗出、出血，甚至视网膜剥离。

（4）肝肾功能检查：肝细胞功能受损可致ALT、AST升高。肾功能受损时，血清肌酐、尿素氮、尿酸升高。综合判断肝肾功能。

（5）其他：视患者病情，可做心电图、超声心动图、胎盘功能和胎儿成熟度等检查。

考点：妊娠高血压疾病的眼底检查结果及意义

4. 心理-社会状况 妊娠期高血压疾病孕妇的心理状态与病情的严重程度及孕妇对疾病的认识程度密切相关。疾病早期孕妇未感明显不适，自己和家属往往都不予重视。随着病情的发展，当血压明显升高，出现自觉症状时，孕妇和家属紧张、焦虑、恐惧的心理会随之加重。

【处理原则】

1. 妊娠期高血压 可在家或住院治疗。

（1）休息：保证充足的睡眠，取左侧卧位。对于精神紧张、焦虑或睡眠欠佳者可给予少量镇静药，如地西泮。

（2）饮食：保证充足的蛋白质、维生素的摄入，补充钙、铁、镁等微量元素。对于全身水肿者应适当限制盐的摄入。

（3）吸氧：间断吸氧可增加血氧含量，改善全身主要脏器和胎盘的氧供。

（4）密切监护母儿状态：注意询问孕妇是否出现头痛、视力改变等症状，每日测体重及血压，每2日复查尿蛋白。定期监测血液、胎儿发育及胎盘功能状况。

2. 子痫前期 应住院治疗。治疗原则为休息、解痉、镇静、降压、合理扩容和必要时利尿、密切监测母儿状态、适时终止妊娠。

（1）休息：同妊娠期高血压。

（2）解痉：首选药物硫酸镁。

1）用药指征：①控制子痫抽搐及防止再抽搐；②预防子痫前期发展为子痫；③子痫前期临产前用药预防产时抽搐。

2）用药方案：可采用静脉给药结合肌内注射。

静脉给药首次负荷剂量为25%硫酸镁20ml加于10%葡萄糖注射液20ml中，缓慢静脉推注（15～20分钟）或加于5%葡萄糖注射液100ml快速静脉滴注，继而25%硫酸镁60ml加于5%葡萄糖注射液500ml静脉滴注，注意控制滴速，以每小时1～2g为宜。夜间可肌内注射，用法为25%硫酸镁20ml加2%利多卡因液2ml，臀肌深部注射。24小时硫酸镁用药总量为25～30g，疗程24～48小时。

3）毒性反应：正常孕妇血清镁离子浓度为0.75～lmmol/L，有效治疗浓度为1.8～3.0mmol/L，若血清镁离子浓度超过3.5mmol/L即可发生镁离子中毒。中毒症状首先表现为膝反射减弱或消失，继之出现全身肌张力减退、呼吸抑制，严重者出现呼吸停止、心跳骤停，危及生命。

4）注意事项：硫酸镁用药前及用药过程中应注意：①定时检查膝腱反射是否减弱或消失；②呼吸不少于 16 次 / 分；③尿量不少于 17ml/h 或不少于 400ml/24h；④治疗时需备钙剂，一旦出现中毒反应，立即停药，静脉注射 10% 葡萄糖酸钙 10ml。肾功能不全、心肌病、重症肌无力等应减量或慎用硫酸镁。条件许可，用药期间应监测血清镁离子浓度。

（3）镇静：适当镇静可消除患者的焦虑和精神紧张，达到降低血压，缓解症状和预防子痫发作的作用。常用的镇静药物有地西泮、冬眠药物、苯巴比妥钠等。

（4）降压：降压药物适用于血压≥160/110mmHg 或舒张压≥110mmHg 或平均动脉压≥140mmHg 者，以及原发性高血压、妊娠前高血压已用降压药者。常用药物有肼屈嗪、拉贝洛尔、硝苯地平、尼莫地平、甲基多巴等。禁止使用血管紧张素抑制剂（ACEI）如卡托普利和血管紧张素Ⅱ受体拮抗剂（ARB）如氯沙坦。

（5）扩容：一般不主张扩容治疗，仅用于严重的低蛋白血症、贫血患者。常用扩容剂有人血白蛋白、血浆、全血等。

（6）利尿：仅用于全身水肿、肾功能不全、急性心力衰竭、肺水肿、脑水肿的孕妇。常用药物有呋塞米、甘露醇等。

（7）适时终止妊娠

1）终止妊娠的指征：①子痫前期患者积极治疗 24～48 小时无明显好转者；②子痫前期患者孕周已超过 34 周；③子痫前期患者胎龄未满 34 周，胎盘功能减退而胎儿已成熟者；④子痫前期患者胎龄未满 34 周，胎盘功能减退而胎儿尚未成熟者，可用地塞米松促胎肺成熟后终止妊娠；⑤子痫控制后 2 小时。

2）终止妊娠的方式：①引产：适用于宫颈条件较成熟者。人工破膜后加用缩宫素静脉滴注引产。②剖宫产：适用于有产科指征者；宫颈条件不成熟，短时间内不能经阴道分娩者；引产失败者；胎盘功能明显减退或已有胎儿宫内窘迫征象者。

3. 子痫的治疗 子痫是妊娠期高血压疾病最严重的阶段，是妊娠期高血压疾病所致母儿死亡的最主要原因，应积极处理。处理原则为迅速控制抽搐，控制血压，纠正缺氧和酸中毒，密切观察病情变化，抽搐控制后及时终止妊娠。

考点：妊娠期高血压疾病子痫前期的治疗原则及首选药；硫酸镁的用药方案、毒性反应、注意事项

【护理诊断 / 问题】

1. **体液过多** 与水钠潴留、低蛋白血症有关。
2. **有母儿受伤的危险** 与全身小动脉痉挛、硫酸镁治疗、子痫抽搐等导致母儿损害有关。
3. **焦虑** 与担心妊娠期高血压疾病对母儿影响有关。
4. **潜在并发症** 胎盘早剥、脑出血、肾衰竭、DIC 等。

【护理目标】

1. 孕妇水肿得到有效控制。
2. 孕妇用硫酸镁治疗期间未发生生命危险和肢体创伤。
3. 孕妇了解了疾病相关知识，情绪稳定，积极配合治疗。
4. 孕妇在住院期间病情得到有效控制，无并发症发生。

【护理措施】

1. 一般护理

（1）休息：嘱孕妇多卧床休息，以左侧卧位为宜，可减轻增大右旋的子宫对腹主动

脉、下腔静脉的压迫，增加回心血量，维持有效的子宫胎盘血液循环。睡眠不少于每天10小时。

（2）饮食：指导孕妇进食富含蛋白质、维生素、铁、钙及锌等微量元素的食物，减少脂肪的摄入，全身水肿者应限制食盐。

（3）增加产前检查的次数，重视血压监测。

2. 病情观察

（1）密切观察患者血压变化，尤其是舒张压的变化，以判断病情的变化。

（2）定时行尿常规及24小时尿蛋白定量检查，了解肾小动脉痉挛造成肾小管细胞缺氧及功能受损的程度。

（3）每日或隔日测体重。

（4）定期进行眼底检查，通过视网膜小动脉痉挛程度评估全身小动脉的痉挛程度。

（5）重视孕妇的自觉症状。询问孕妇有无头痛、恶心、呕吐、胸闷、视力下降、上腹部不适等症状。

（6）注意并发症的发生。重症孕妇须注意有无胎盘早剥、DIC、脑出血、肺水肿、急性肾衰竭等并发症的发生。

（7）监测胎儿情况。听胎心，计数胎动，加强胎儿宫内监护。必要时间断吸氧，给予10%葡萄糖液加维生素C静脉注射，增强胎儿对缺氧的耐受能力。

3. 用药护理 注意观察药物不良反应。

（1）硫酸镁：在使用硫酸镁治疗时，应注意观察膝反射是否存在，注意患者呼吸、尿量等情况。注意硫酸镁的用药总量和滴速，防止发生硫酸镁中毒，同时应备有10%葡萄糖酸钙10ml作为解毒剂。

（2）镇静剂：地西泮有较强的镇静、抗惊厥、肌肉松弛作用，对胎儿及新生儿的影响较小。使用冬眠药物时，应注意监测胎心，且氯丙嗪对母儿肝脏有一定的损害。哌替啶及苯巴比妥钠可抑制胎儿呼吸中枢，估计6小时内结束分娩者不宜使用。

（3）降压药：根据血压监测来调节降压药物的滴速，血压不可低于130/80mmHg。注意观察有无头痛、心悸、心率加快等降压药物副作用。

4. 心理护理 告知孕妇疾病的发展过程及治疗的重要性，部分症状及体征在产后会逐渐减轻甚至消失，解除其思想顾虑，增强信心，积极配合治疗。

5. 产科护理

（1）分娩期：第一产程应密切观察产程进展，监测胎儿胎心及子宫收缩情况，保持产妇安静和充分休息。第二产程以会阴侧切、胎头吸引或低位产钳助产缩短产程。第三产程应注意检查胎盘、胎膜是否及时完整娩出，预防产后出血。

（2）产褥期：重度子痫前期患者分娩后24～48小时仍应使用硫酸镁预防发生产后子痫，安排安静的休息环境，每4小时测量血压一次。注意观察子宫收缩情况和阴道流血量，加强会阴护理，防止感染发生。

6. 子痫患者的护理

（1）一般护理：子痫孕妇应安排单间、暗室，避免声、光刺激。医护人员的治疗及护理操作尽可能集中实施，减少对孕妇的刺激。保持病室内空气流通，必要时给予吸氧。

（2）安全护理：床旁备好抢救物品如开口器、拉舌钳、压舌板等，防止抽搐过程中发生舌咬伤或舌根后坠阻塞呼吸道。准备吸痰管及电动吸痰器，随时清除口、鼻腔的痰液及呕吐物。床边加床档，防坠床损伤。有义齿者需取出，防止脱落、误吞。昏迷患者应禁食、禁水，取头低侧卧位，保持呼吸道通畅。

（3）病情观察：专人看护，密切观察病情，每 2 小时测量并记录血压、脉搏和呼吸。留置尿管，记录 24 小时出入量。及时、正确地送检血、尿常规及各项特殊检查。

（4）抽搐发作时，立即缓慢静脉推注硫酸镁，并应用有效镇静药物。遵医嘱甘露醇快速静脉滴注降低颅内压。

考点：妊娠期高血压疾病的护理措施；子痫患者的护理

【健康教育】

1. 加强产前检查，做好孕期保健　强调定期产前检查的重要性，注意观察孕妇血压及体重的变化，注意有无水肿及头晕、胸闷、视力改变、上腹部不适等自觉症状。

2. 指导孕妇合理饮食与休息　孕妇饮食应富含优质蛋白质、维生素、铁等，减少脂肪和过量食盐的摄入。有本病高危因素者，补充钙剂可预防疾病的发生、发展。休息时宜取左侧卧位。

3. 重视高危因素，治疗原发疾病

【护理评价】

1. 孕妇是否在住院期间水肿得到有效控制。
2. 孕妇是否顺利度过妊娠期、分娩期和产褥期。治疗中，孕妇是否出现硫酸镁中毒反应等。
3. 孕妇是否能叙述疾病相关知识，情绪稳定，积极配合治疗及护理。
4. 孕妇在住院期间病情是否得到有效控制，有无并发症发生。

第 4 节　前 置 胎 盘

正常妊娠时胎盘附着于子宫体部的前壁、后壁或侧壁。孕 28 周后，若胎盘附着于子宫下段，胎盘下缘达到或覆盖宫颈内口，位置低于胎儿先露部，称为前置胎盘（placenta previa）。前置胎盘是妊娠晚期阴道流血最常见的原因，是妊娠晚期严重并发症之一，若处理不当可危及母儿生命。多见于经产妇及多产妇。

考点：前置胎盘的定义

【病因】

尚不清楚，可能与以下原因有关。

1. 子宫内膜病变或损伤　当子宫内膜有过损伤或瘢痕（如产褥感染、多产、剖宫产或多次刮宫、子宫内膜炎等），都可引起子宫内膜发育不良或萎缩性病变，受孕时子宫蜕膜血管生长不良、营养不足，致使胎盘为摄取足够的营养而扩大面积，伸展到子宫下段，形成前置胎盘。

2. 胎盘面积过大或胎盘形状异常　常由于多胎妊娠或巨大儿形成过大面积的胎盘，伸展至子宫下段或遮盖了子宫颈内口；或有副胎盘延伸至子宫下段，形成前置胎盘。

3. 受精卵发育迟缓　当受精卵到达宫腔时，因其尚未达到植入条件而继续下移植入子宫下段，在该处生长发育而形成前置胎盘。

4. 宫腔形态异常　当子宫畸形或子宫肌瘤等原因使宫腔的形态改变致胎盘附着于子宫下段。

5. 其他原因　有报道吸烟、吸毒者可引起胎盘的血流减少，缺氧使胎盘代偿性增大。

【分类】

阴道流血时间的早晚、反复发作的次数、流血量的多少与前置胎盘的类型有关。按胎盘边缘与子宫颈内口的关系，前置胎盘可分为完全性、部分性和边缘性三种类型（图 8-5）。目前均以处理前的最后一次检查结果来确定其类型。

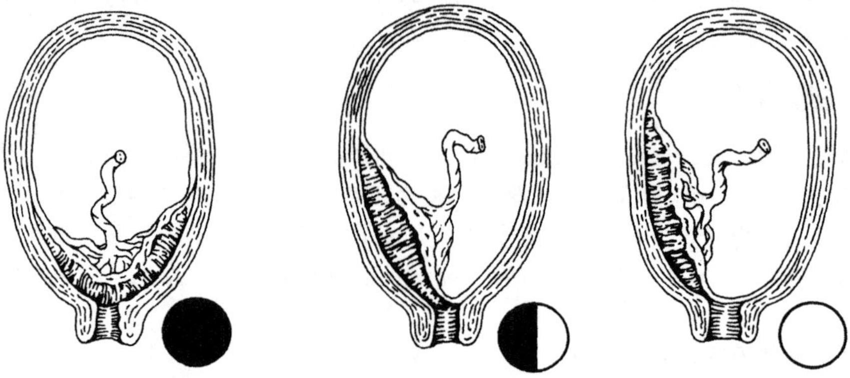
(1) 完全性前置胎盘　(2) 部分性前置胎盘　(3) 边缘性前置胎盘

图 8-5　前置胎盘的类型

考点：前置胎盘的分类及确定其类型的依据；不同类型的出血特点

1. 完全性前置胎盘　指子宫颈内口全部为胎盘组织所覆盖，又称中央性前置胎盘。初次出血的时间多在妊娠 28 周左右，反复出血的次数频繁，量较多，有时一次大量阴道流血即可使病人陷入休克状态。

2. 部分性前置胎盘　指子宫颈内口部分为胎盘组织所覆盖，出血情况介于完全性前置胎盘和边缘性前置胎盘之间。

3. 边缘性前置胎盘　指胎盘附着于子宫下段，下缘到达子宫颈内口。初次出血发生较晚，多于妊娠 37～40 周或临产后，量也较少。

【护理评估】

1. 健康史　除个人健康史外，在孕产史中尤其注意识别有无剖宫产史、人工流产史及子宫内膜炎等前置胎盘的易发因素；并详细记录具体经过及医疗处理情况。

2. 身体状况

考 点：前置胎盘的典型症状及体征；目前最安全、有效的首选辅助检查方法

（1）症状：妊娠晚期或临产时，突发性无诱因、无痛性反复阴道流血是前置胎盘的典型症状。妊娠晚期子宫峡部逐渐拉长形成子宫下段，而临产后的宫缩又使宫颈管消失而成为软产道的一部分。但附着于子宫下段及宫颈内口胎盘不能相应伸展与其附着处错位而发生剥离，致血窦破裂而出血。初次出血一般不多，但中央性前置胎盘也可初次即发生致命性大出血。随着子宫下段的逐渐拉长，可反复出血。

（2）体征：由于反复多次或大量阴道流血，可致病人出现贫血，贫血程度与阴道流血量及流血持续时间成正比，出血严重者可发生休克。由于子宫下段有胎盘占据，影响胎先露入盆，故常见胎头高浮，并有约 1/3 病人出现胎位异常，其中以臀先露较为多见。

3. 辅助检查

（1）超声检查：B 超可清楚看到子宫壁、胎头、宫颈和胎盘的位置，胎盘定位准确率达 95% 以上，可反复检查，是目前最安全、最有效的首选方法。妊娠中期 B 超检查发现胎盘前置者，不能诊断为前置胎盘，而应称为胎盘前置状态。

（2）阴道检查：一般不主张应用。只有在终止妊娠前为除外其他出血原因或明确诊断决定分娩方式时考虑采用。要求阴道检查操作必须在输血、输液和做好手术准备的情况下方可进行。怀疑前置胎盘的个案，切忌行肛查。

（3）产后检查胎盘及胎膜：胎盘的前置部分可见陈旧血块附着呈黑紫色或暗红色，如这些改变位于胎盘的边缘，而且胎膜破口处距胎盘边缘小于 7cm，则为部分性前置胎盘。如行剖宫产术，术中可直接了解胎盘附着的部位并确立诊断。

4. 心理 - 社会状况　孕妇及其家属可因突然阴道流血而感到恐惧或焦虑，既担心孕妇的健康，更担心胎儿的安危，可能显得恐慌、紧张、手足无措等。

【处理原则】

抑制宫缩、制止出血、纠正贫血和预防感染。根据阴道流血量、有无休克、妊娠周数、产次、胎位、胎儿是否存活、是否临产及前置胎盘的类型等综合考虑决定处理方案。

1. 期待疗法　妊娠＜34 周、胎儿体重＜2000g、胎儿存活、阴道流血量不多、一般情况良好者，应在保证孕妇安全的前提下采取期待疗法，尽可能延长孕周，以提高围生儿存活率。

2. 终止妊娠

（1）终止妊娠指征：反复发生多量出血甚至休克者；胎龄达 36 周以上；胎儿成熟度检查提示胎儿肺成熟者；胎龄未达 36 周，出现胎儿窘迫征象或胎儿电子监护发现胎心异常者应终止妊娠，并根据情况选择最佳方式终止妊娠。

（2）剖宫产：适用于完全性前置胎盘，持续大量阴道流血；出血量较多的部分性和边缘性前置胎盘；先露高浮，短时间内不能结束分娩者及胎心、胎位异常者。术前应积极纠正贫血，预防感染、备血、做好处理产后出血和抢救新生儿的准备。

考点：前置胎盘的处理原则

（3）阴道分娩：适用于边缘性前置胎盘、枕先露、阴道流血不多、无头盆不称和胎位异常、估计在短时间内能结束分娩者。可在备血、输液条件下人工破膜，破膜后，胎头下降可压迫胎盘前置部位而止血，并促进子宫收缩加速产程进展。

基层医院医疗条件较差者，可在输血输液同时，在消毒条件下用无菌纱布行阴道填塞、腹部加压包扎暂时止血，并迅速转送至上级医院治疗。

【护理诊断 / 问题】

1. 潜在并发症　出血性休克。

2. 恐惧　与出血、担心胎儿安危有关。

3. 有感染的危险　与前置胎盘剥离面靠近子宫颈口，细菌易上行感染有关。

【护理目标】

1. 接受期待疗法的孕妇血红蛋白不再继续下降，胎龄达到或更接近足月。
2. 出血制止，胎儿安全。
3. 产妇产后未发生产后出血和产褥感染。

【护理措施】

1. 一般护理　出血期间住院观察，绝对卧床休息，采取左侧卧位；应禁止性生活和肛门检查；保持会阴清洁、干燥。

2. 症状护理　出血多致贫血患者除输血、口服硫酸亚铁等措施外，还应加强饮食营养指导。

3. 病情观察　监测生命体征；观察阴道流血的量、色、时间；监测有无感染；监测胎儿宫内安危。

4. 心理护理 建立良好的护患关系，护理人员应解释本病的基本情况，提供心理安慰，给予情绪支持。鼓励患者表达焦虑与恐惧，并允许家属陪伴。

5. 治疗配合

（1）期待疗法期间的护理：①绝对卧床休息，采取左侧卧位，应提供一切生活护理；②定时间断吸氧，每日 3 次，每次半小时；③加强营养，进食高蛋白、含铁丰富的食物；④严密观察生命体征、阴道出血情况，配血备用；⑤遵医嘱用药，如止血药、宫缩抑制剂（硫酸镁、舒喘灵等）、镇静剂等；⑥减少刺激，禁止性生活、肛门检查、阴道检查、灌肠，腹部检查要轻；⑦加强胎儿宫内情况的监测，以数胎动代替听胎心音；⑧预防感染，保持外阴部清洁，用消毒会阴垫，勤换会阴垫；⑨协助运送孕妇做必要的辅助检查，如 B 超监测胎儿成熟度；⑩若有大量出血，尽快使孕妇取平卧位或中凹卧位，保持静脉通畅，在短期内补足血容量，同时遵医嘱做好手术前准备及抢救新生儿准备。

考点：前置胎盘的护理措施

（2）终止妊娠的护理：若为阴道分娩，应在输血、输液的情况下，协助人工破膜，腹带包扎腹部，同时静脉滴注缩宫素以加强宫缩。阴道分娩后，仔细检查宫颈有无裂伤。观察子宫收缩情况，防止产后出血。若需剖宫产，应做好术前准备。

【健康教育】

加强对孕妇的管理和宣教。指导孕前期妇女避免吸烟、酗酒等不良行为，避免多次刮宫、引产或宫内感染，减少子宫内膜损伤或子宫内膜炎。对妊娠期出血，无论量多少均应就医，做到及时诊断，正确处理。

【护理评价】

1. 接受期待疗法的孕妇是否发生出血及休克，是否胎龄接近（或达到）足月时终止妊娠。
2. 母婴是否情绪稳定，顺利经历分娩全过程。
3. 产妇产后是否体温正常，未出现产后出血和感染。

第 5 节　胎盘早期剥离

考点：胎盘早剥的概念

妊娠 20 周后或分娩期，正常位置的胎盘在胎儿娩出前，部分或全部从子宫壁剥离，称为胎盘早期剥离（placental abruption），简称胎盘早剥。胎盘早剥是妊娠晚期的一种严重并发症，往往起病急、进展快，若处理不及时可危及母儿生命。

【病因】

确切的病因目前尚不十分清楚，其发病可能与以下因素有关。

1. 血管病变 孕妇患严重妊娠期高血压疾病、慢性高血压、慢性肾脏疾病或全身血管病变时，由于底蜕膜螺旋小动脉痉挛或硬化，破裂出血，血液流至底蜕膜与胎盘之间，形成胎盘后血肿，致使胎盘与子宫壁分离。

2. 机械性因素 孕妇腹部直接受到撞击或挤压；脐带过短或脐带绕颈、绕体相对过短，分娩过程中胎儿下降过度牵拉脐带；羊膜腔穿刺时刺破前壁胎盘附着处，血管破裂出血等，均可引起胎盘剥离。

3. 宫腔内压力骤减 双胎妊娠分娩时第一胎儿娩出过速；羊水过多人工破膜后羊水流出过快，均可使宫腔内压力骤减，子宫突然收缩，胎盘与子宫壁之间发生错位剥离。

4. 子宫静脉压突然升高 妊娠晚期或临产后，孕妇若长时间仰卧位，巨大妊娠子宫压迫下腔静脉，阻碍血液回流，使子宫静脉压升高，蜕膜静脉淤血或破裂，形成胎盘后血肿，致使胎盘部分或全部剥离。

5．其他　孕妇吸烟、子宫肌瘤等与胎盘早剥发生有关。

【病理及分类】

胎盘早剥的主要病理变化是底蜕膜出血，形成胎盘后血肿，使胎盘自附着处剥离。按病理生理变化特点，分为显性、隐性及混合性剥离 3 种类型（图 8-6）。

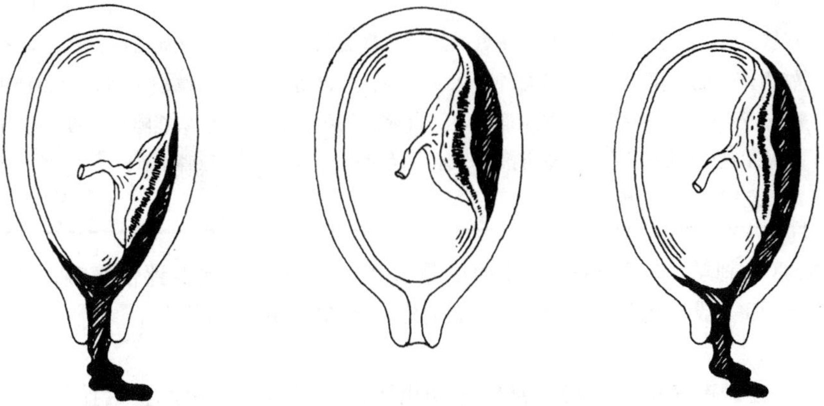

(1) 显性剥离　(2) 隐性剥离　(3) 混合性出血

图 8-6　胎盘早剥的类型

1．显性剥离或外出血　剥离面小，出血量少，出血很快停止、血液凝固，临床多无症状，仅在产后检查胎盘时发现胎盘母体面有凝血块及压迹。

2．隐性剥离或内出血　血液在胎盘后形成血肿使剥离面逐渐扩大，但胎盘边缘仍附着于子宫壁上，或胎膜与子宫壁未剥离，或胎头入盆，均使血液不能向外流而积聚在胎盘与子宫壁之间，无阴道流血，此为隐性剥离或内出血。

3．混合性出血　当隐性剥离内出血过多时，血液可冲开胎盘边缘，向宫颈口外流出，形成混合性出血，对母儿威胁大。

内出血严重时，胎盘后血肿压力大，血液向子宫肌层内浸润，引起肌纤维分离、断裂、变性，当血液渗透至子宫浆膜层时，子宫表面呈紫蓝色瘀斑，尤其在胎盘附着处更明显，这种情况称为子宫胎盘卒中，又称库弗莱尔子宫（Couvelaire uterus）。胎盘早剥发生子宫胎盘卒中时，影响子宫收缩易致产后出血。

考点：胎盘早剥的主要病理变化及类型

【护理评估】

1．健康史　结合有无妊娠期高血压疾病或高血压病史、胎盘早剥史、慢性肾炎史、仰卧位低血压综合征史及外伤史等，进行全面评估。

2．身体评估　根据病情严重程度将胎盘早剥分为 3 度（表 8-3）。

表 8-3　胎盘早剥分度

分度	Ⅰ度	Ⅱ度	Ⅲ度
发生时间	多见于分娩期	孕晚期或分娩期	孕晚期或分娩期
剥离面积	小	1/3 左右	超过 1/2

续表

分度	Ⅰ度	Ⅱ度	Ⅲ度
临床表现	常无腹痛或腹痛轻微，贫血体征不明显	突然发生的持续性腹痛、腰酸或腰背痛，疼痛的程度与胎盘后积血多少成正比。无阴道流血或流血量不多，贫血程度与阴道流血量不相符	临床表现较Ⅱ度加重。可出现恶心、呕吐、面色苍白、四肢湿冷、脉搏细数、血压下降等休克症状，且休克程度大多与母体失血量成比例
腹部检查	子宫软，大小与妊娠周数相符，胎位清楚，胎心音正常。产后检查见胎盘母体面有凝血块及压迹即可诊断	子宫大于妊娠周数，宫底随胎盘后血肿增大而升高，胎盘附着处压痛明显，宫缩有间歇，胎位可扪及，胎儿存活	子宫硬如板状，宫缩间歇不能松弛，胎位扪不清，胎心消失。如无凝血功能障碍属Ⅲa，如有凝血功能障碍属Ⅲb

考点：胎盘早剥的临床分度及表现

因此对胎盘早剥孕妇除进行阴道流血的量、色评估外，应重点评估腹痛的程度、性质，孕妇的生命体征和一般情况等，以及时、正确地了解孕妇的身体状况。

3. 辅助检查

（1）B 超检查：可显示胎盘与子宫壁之间出现液性暗区，提示胎盘后血肿。重型胎盘早剥常伴胎动和胎心消失。

（2）实验室检查：包括全血细胞计数及凝血功能检查，以了解孕妇的贫血程度和凝血功能。

4. 心理 - 社会状况 胎盘早剥孕妇入院时情况危急，孕妇及其家属常常感到高度紧张和恐惧。

【处理原则】

胎盘早剥的处理原则是纠正休克，及时终止妊娠，防治并发症。

1. 纠正休克 对已处于休克状态者，应立即开放静脉通道，补充血容量，改善血液循环，同时给予吸氧。

2. 及时终止妊娠 一旦确诊重型胎盘早剥应及时终止妊娠。根据孕妇的病情轻重、胎儿宫内状况、胎次、宫口扩张程度和胎产式等决定终止妊娠的方式。

（1）阴道分娩：轻型胎盘早剥，一般情况良好，宫口已扩张，估计短时间内能结束分娩者可人工破膜后经阴道分娩。

（2）剖宫产：重型胎盘早剥，产妇病情恶化，或胎儿已死亡，不能在短时间内结束分娩者，都应及时剖宫产。

此外，应积极处理产后出血、急性肾衰竭、羊水栓塞及 DIC 等并发症。

【护理诊断 / 问题】

1. 组织灌注改变 与胎盘早剥所致的出血有关。

2. 恐惧 与胎盘早剥起病急、进展快，危及母儿生命有关。

3. 潜在并发症 产后出血、凝血功能障碍、急性肾衰竭。

【护理目标】

1. 孕妇出血性休克得到控制，出院时生命体征平稳。

2. 孕妇自诉恐惧感减轻，能积极配合治疗和护理。
3. 孕妇未出现产后出血、凝血功能障碍、急性肾衰竭等并发症。

【护理措施】

1. 一般护理　绝对卧床休息，左侧卧位；加强营养，纠正贫血；定时间断吸氧，以改善胎儿宫内供氧；加强会阴护理，保持会阴部清洁卫生。

2. 症状护理　休克患者取中凹卧位、给氧、保暖，迅速建立静脉通道，遵医嘱输血、输液、补充血容量，尽快维持生命体征的平稳。

3. 病情观察　严密监测孕妇血压、脉搏、体温、心率、尿量并记录；观察阴道流血量、颜色、性状、有无凝血块、出血与失血程度是否相符；注意腹痛的部位、性质、程度及有无伴随症状；注意子宫底的高度与妊娠月份是否相符、有无压痛、子宫壁的紧张度及在宫缩间歇期能否松弛；监测胎心、胎动情况，观察产程进展。

4. 心理护理　建立良好的护患关系，允许孕产妇及家属表达心理感受，并给予心理方面支持。尤其是产妇因病情严重失去孩子，或产妇因产后出血各种处理无效而行子宫切除者，护士要多安慰，使其接受现实。

5. 治疗配合

（1）阴道分娩的护理：做好人工破膜准备，配合医生行人工破膜，破膜后立即听胎心音，观察羊水量、性状，并用腹带包裹腹部，压迫胎盘使其不再继续剥离，必要时遵医嘱静脉滴注缩宫素，做好接生和抢救新生儿准备。

（2）剖宫产术的护理：迅速做好术前准备及抢救新生儿准备，术中当胎盘娩出后，遵医嘱立即肌内注射宫缩剂，按摩子宫，用热盐水纱布敷子宫，加强宫缩，防止产后出血。若发生难以控制的大出血，应积极配合抢救。

（3）并发症护理：DIC 发生时，遵医嘱及时输入足量新鲜血，补充血容量和凝血因子。当出现少尿或无尿症状时，遵医嘱用 20% 甘露醇 250ml 静脉滴注或呋塞米 40mg 静脉推注，必要时重复使用。

考点：胎盘早剥的护理措施

【健康教育】

指导出院后继续注意休息；加强营养，纠正贫血，增强抵抗力；根据产妇身体情况给予母乳喂养指导；死产者及时给予退乳措施；鼓励家属多陪伴、关心体贴产妇，以缓解焦虑和悲伤的情绪。

【护理评价】

1. 产妇是否血压、血红蛋白正常，全身状况得以改善。
2. 母亲是否分娩顺利，婴儿平安出生。
3. 病人是否出现并发症。

第 6 节　早　　产

早产（premature delivery）是指妊娠满 28 周至不足 37 周（196～258 日）间分娩者。此时娩出的新生儿为早产儿，体重为 1000～2499g。早产儿各器官发育尚不成熟，出生孕周越小，体重越轻，其预后越差。

考点：早产的概念

【病因】

1. 胎膜早破、绒毛膜羊膜炎 最常见，30%～40% 早产与此有关。

2. 下生殖道及泌尿道感染 如 B 组溶血性链球菌、沙眼衣原体、支原体感染，急性肾盂肾炎等。

3. 妊娠期合并症与并发症 妊娠期高血压疾病、妊娠期肝内胆汁淤积症、妊娠合并心脏病、病毒性肝炎、急性阑尾炎、慢性肾炎、严重贫血等。

考点：诱发早产的病因及最常见病因

4. 子宫及胎盘因素 子宫畸形、子宫过度膨胀、子宫颈内口松弛，前置胎盘、胎盘早剥、胎盘功能减退等。

5. 其他因素 每日抽烟≥10 支，酗酒，长途旅行、情绪剧烈波动、重体力劳动、腹部撞击、性交等刺激。

【护理评估】

1. 健康史 仔细询问孕妇有无诱发早产的常见原因，既往有无流产、早产病史，有无烟酒等不良嗜好。

2. 身体评估 早产过程和足月产过程相似，最初为不规则宫缩，常伴有阴道少量流血或血性分泌物，后可发展为规律子宫收缩。临床可分为先兆早产和早产临产两个阶段。

（1）先兆早产：妊娠满 28 周至不足 37 周，有规律或无规律子宫收缩，伴宫颈管进行性缩短。

考点：先兆早产和早产临产的概念

（2）早产临产：需符合下列条件：妊娠满 28 周至不足 37 周，出现规律子宫收缩，每 20 分钟≥4 次，伴宫颈进行性改变；宫颈扩张 2cm 以上；宫颈展平≥75%。

3. 辅助检查

（1）B 超：可了解胎方位，测量胎儿双顶径、股骨长度，帮助判断胎龄及胎儿体重。

（2）胎心监护仪：可监测宫缩、胎心、胎盘功能及胎儿宫内情况。

4. 心理 - 社会状况 因担心胎儿早产后能否存活产生焦虑、恐惧、害怕及自责等情绪反应。

【处理原则】

1. 若胎儿存活，胎膜未破、无胎儿窘迫，无严重妊娠合并症及并发症时，通过休息和药物治疗控制宫缩，尽可能保胎至 34 周。

2. 若胎膜已破，早产已不可避免时，则给予地塞米松促进胎儿肺成熟，预防并发症，提高早产儿存活率。大部分早产可阴道分娩，临产后慎用抑制新生儿呼吸中枢的药物，如吗啡、哌替啶；第二产程行会阴切开，预防新生儿颅内出血等。

【护理诊断 / 问题】

1. 有围生儿受伤的危险 与早产儿各器官发育不完全有关。

2. 焦虑 与担心早产儿的安危与健康有关。

【护理目标】

1. 新生儿未发生因护理不当而引发的并发症。

2. 病人能平静地面对事实，接受治疗及护理。

【护理措施】

1. 一般护理　同流产。

2. 症状护理　对精神过度紧张，影响休息者，可口服地西泮 2.5mg，每天 3 次。

3. 病情观察　严密观察和记录宫缩、阴道流血、胎膜破裂、胎心音等情况；观察孕妇用药后的疗效和宫缩的相关情况；监测孕妇的生命体征；密切监测胎动、胎心，了解有无胎儿窘迫。

4. 心理护理　多陪伴孕妇，与孕妇多交流，介绍早产的相关知识，减轻焦虑、恐惧心理。

5. 治疗配合

（1）先兆早产保胎治疗的护理：绝对卧床休息，左侧卧位；避免刺激，禁止性生活，勿刺激乳头及腹部，慎做肛查和阴道检查，以免诱发宫缩；遵医嘱给予宫缩抑制剂，常用的有利托君、沙丁胺醇、硫酸镁等，注意观察药物的效果和副作用；遵医嘱给予地塞米松，以促进胎肺成熟，避免早产儿发生呼吸窘迫综合征。

（2）分娩期护理：产程过程中给产妇吸氧，可防止胎儿缺氧及颅内出血。停用宫缩抑制剂，尽量缩短第二产程，做好抢救新生儿窒息的准备。

（3）早产儿护理：密切观察早产儿的生命体征，保持呼吸道通畅，注意保暖，遵医嘱应用抗生素预防感染，肌内注射维生素 K_1 预防新生儿颅内出血。适当推迟哺乳及沐浴，加强新生儿日常护理。

考点：早产的护理措施

【健康教育】

1. 定期产前检查，指导孕期保健，对可能引起早产的因素如泌尿、生殖道感染、性生活问题等应充分重视并积极避免早产发生。
2. 切实加强对高危妊娠的管理，积极治疗妊娠期合并症及并发症，预防胎膜早破及感染。
3. 宫颈内口松弛者，可于妊娠 14～16 周行宫颈内口环扎术。

【护理评价】

1. 孕妇能否积极配合医护措施。
2. 母婴是否顺利经历分娩全过程。

第 7 节　过 期 妊 娠

平时月经周期规则，妊娠达到或者超过 42 周（≥294 天）尚未分娩者，称为过期妊娠（postterm pregnancy）。其发生率占妊娠总数的 3%～15%。

考点：过期妊娠的概念

【病因】

过期妊娠的病因目前尚不清楚，可能与内分泌异常、家族遗传、头盆不称及胎儿畸形等因素有关。

【病理】

1. 胎盘　过期妊娠的胎盘有两种类型。一种是胎盘功能正常，胎盘外形与正常胎盘相似，但重量可略增加。另一种是胎盘功能减退，母体面呈片状或多灶性梗死及钙化，胎儿母粪染；镜检发现绒毛内血管床减少。

2．羊水 过期妊娠的羊水量明显减少，可减少至300ml以下。

3．胎儿 过期妊娠胎儿的生长模式与胎盘的功能有关，可分为3种：正常生长及巨大胎儿、胎儿过熟综合征、胎儿生长受限。

胎儿过熟综合征：胎盘功能减退和胎盘血流灌注不足者，胎儿不易再继续生长发育，并出现缺氧及营养缺乏。过熟儿的典型表现：皮肤干燥、松弛、起皱、脱皮，脱皮以手心和脚心明显；身体瘦长，胎脂消失，皮下脂肪减少，表现为消瘦状；头发浓密，指（趾）甲长；新生儿睁眼、警觉、焦虑，容貌似“小老人”。因为羊水减少和胎粪排出，羊水及胎儿皮肤黄染，羊膜和脐带绿染。

考点：过期妊娠的病理特点、胎儿过熟综合征

4．对孕妇和胎儿的影响

（1）对孕妇的影响：因巨大胎儿或胎儿过熟致剖宫产、阴道手术助产率升高。

（2）对胎儿的影响：巨大儿增多，低体重儿、胎儿窘迫、胎粪吸入综合征及新生儿窒息的发生率增高。

【护理评估】

1．健康史 询问孕妇的末次月经日期，既往月经周期是否规则，核准预产期。了解早孕反应及胎动出现的时间，进一步确定妊娠周数。了解有无家族史及本人有无过期妊娠史。

2．身体评估

（1）动态观察孕妇的体重、宫高及腹围，评估与孕周是否相符。如子宫符合足月妊娠，孕妇体重不再增加或稍减轻，胎先露已衔接，羊水量渐减少，可考虑过期妊娠。

（2）检查胎方位及胎先露是否衔接。

（3）听胎心音，了解胎儿在宫内情况。

3．辅助检查

（1）胎动计数：是孕妇自我监护胎儿宫内安危最简便可靠的方法。

（2）尿雌激素与肌酐（E/C）比值：孕妇随意尿E/C比值，若＞15为正常值，10～15为警戒值，＜10为危险值，提示胎盘功能减退。

（3）胎儿电子监护仪监测：NST为无反应型者需做OCT，反复出现胎心晚期减速，提示胎盘功能减退，胎儿宫内缺氧。

（4）B超检查：B超可监测胎儿大小、胎方位、羊水量等，协助了解胎盘功能。

（5）羊膜镜检查：观察羊水颜色，了解有无羊水胎粪污染。

4．心理-社会状况 孕妇自知妊娠过期，一方面盼望胎儿的降生，另一方面又担心胎儿的健康。情绪紧张、焦虑，担心分娩经过及母儿安危。

【处理原则】

如经核实确属过期妊娠，应及时终止妊娠。根据胎盘功能、胎儿大小、宫颈成熟度综合分析，选择适当的分娩方式。剖宫产指征可适当放宽。

【护理诊断/问题】

1．有母儿受伤的危险 与胎儿巨大需手术、胎盘功能减退或产伤有关。

3．知识缺乏 缺乏过期妊娠的相关知识。

3．焦虑 与担心围生儿的安危有关。

【护理目标】

1. 母亲和围生儿受伤的危险降至最低。
2. 孕妇及家属能说出过期妊娠对母儿的危害，积极配合治疗及护理。
3. 孕妇焦虑症状减轻或消失。

【护理措施】

1. 一般护理　协助孕妇完成各项检查；嘱孕妇多取左侧卧位休息，吸氧。

2. 症状护理　发现胎儿窘迫者，遵医嘱吸氧，静脉滴注葡萄糖加维生素 C，提高胎儿对缺氧的耐受性。

3. 病情观察　准确核实预产期，指导孕妇自我胎动计数，12 小时内胎动累计少于 10 次者，提示胎儿缺氧，应立即给孕妇吸氧并及时通知医生。临产后密切监测胎心音变化。

4. 心理护理　向孕妇及家属介绍过期妊娠知识，纠正其“瓜熟蒂落”的传统观念，说明继续妊娠的危害，缓解产妇的紧张及焦虑情绪，鼓励产妇，增强信心，有效促进产程的进展。

5. 治疗配合

（1）遵医嘱正确使用缩宫素引产，专人看护，调整滴速至有效宫缩。产程过程中密切观察孕妇宫缩及胎先露下降情况，勤听胎心。避免使用对胎儿呼吸中枢有抑制的药物，如哌替啶、吗啡等。有手术指征需行剖宫产者，应做好术前准备及抢救新生儿的准备。

考点：过期妊娠的护理措施

（2）加强新生儿护理，按高危儿护理。

【健康教育】

1. 加强孕期卫生宣教，使孕妇及家属认识过期妊娠的危害性。
2. 强调定期产前检查的重要性，适时结束分娩。

【护理评价】

1. 母婴是否顺利经历分娩全过程，有无受伤发生。
2. 孕妇是否能积极配合医护措施。
3. 孕妇情绪是否稳定。

第 8 节　羊水量异常

一、羊 水 过 多

妊娠期内羊水量超过 2000ml 者，称为羊水过多（polyhydramnios）。发生率为 0.5%～1%。羊水量在数日内急剧增多，称为急性羊水过多；羊水量在数周内缓慢增多，称为慢性羊水过多。

考点：羊水过多的概念

【病因】

约 1/3 羊水过多的原因不明，称为特发性羊水过多。2/3 羊水过多可能与胎儿畸形、多胎妊娠及妊娠期并发症、合并症有关。

1. 胎儿畸形　明显的羊水过多常伴有胎儿畸形，其中以中枢神经系统和消化道畸形最常见。中枢神经系统畸形多见于无脑儿、脊柱裂等神经管缺陷。消化道畸形以食管及十二指肠闭锁最常见。

2. 多胎妊娠 双胎妊娠羊水过多的发生率约为单胎妊娠的10倍。以单卵双胎居多，两个胎儿间血循环相通，优势胎儿循环血量多，尿量增加致羊水过多。

考点：羊水过多的常见发病原因

3. 妊娠期合并症或并发症 妊娠期糖尿病，羊水过多的发病率13%～36%。孕妇的胎儿血糖高，产生渗透性利尿及胎盘胎膜渗出增多，导致羊水过多。妊娠期高血压疾病、妊娠合并急性病毒性肝炎、母儿血型不合、重度贫血，均易发生羊水过多。

【护理评估】

1. 健康史 评估孕妇有无糖尿病、妊娠高血压疾病、多胎妊娠、巨大儿或母儿血型不合等病史。询问羊水量增多的时间及增快的速度，了解孕妇的自觉症状。

2. 身体评估

（1）症状

① 急性羊水过多：较少见。多发生于妊娠20～24周，由于羊水量急剧增多，在数日内子宫急剧增大，横膈上抬，病人出现呼吸困难，不能平卧，甚至出现发绀，孕妇表情痛苦，腹部因张力过大而感到疼痛，食量减少。

② 慢性羊水过多：较多见。多发生于妊娠晚期，由于羊水量增加缓慢，症状较缓和，孕妇多能适应。孕妇可出现胸闷、气急等症状，但能忍受。自诉体重增长过快，不易感觉到胎动。

考点：羊水过多分类及症状、体征

（2）体征：腹部检查时，增大的子宫明显大于孕周，腹壁皮肤紧绷发亮、严重者皮肤变薄、皮下静脉清晰可见。腹壁张力大，触诊时胎位不清，有液体震荡感，胎心遥远或听不清。常伴有下肢及外阴部水肿和静脉曲张。

3. 辅助检查

（1）B超检查：是羊水过多的重要辅助检查方法。B超不仅能了解羊水量，还可了解胎儿情况如无脑儿、脑积水、脊柱裂、双胎等。

1）测量羊水最大暗区垂直深度（AFV）：≥8cm诊断为羊水过多。

2）计算羊水指数（AFI）：孕妇取仰卧位头高30°，一般以孕妇脐为中心，用腹白线和脐平线将子宫腔分成四个区，四个区羊水最大暗区垂直深度之和，即为羊水指数。羊水指数≥25cm诊断为羊水过多，AFI优于AFV。

（2）羊水甲胎蛋白（AFP）含量测定：当母血、羊水中AFP含量明显增高时，提示胎儿畸形。无脑儿、脊柱裂等神经管缺陷、上消化道闭锁等羊水AFP含量呈进行性增加。

（3）其他：行葡萄糖耐量试验以排除妊娠期糖尿病，检查孕妇Rh、ABO血型，排除母儿血型不合。

4. 心理-社会状况 羊水过多常与母体疾病有关，使孕妇产生负疚感。孕妇及家属担心胎儿发育情况。羊水增多使孕妇压迫症状重，孕妇出现焦虑、恐惧，害怕妊娠不能足月。

【处理原则】

处理取决于胎儿有无畸形、孕周及孕妇自觉症状严重程度。

1. 羊水过多合并胎儿畸形、染色体异常者，一经确诊，应立即终止妊娠。

2. 羊水过多但胎儿正常，孕周小于34周、胎肺不成熟者，应尽量延长孕周。自觉症状轻者注意休息，低盐饮食，必要时给予镇静剂。自觉症状重时可经腹羊膜腔穿刺放羊水，缓解孕妇压迫症状。

【护理诊断 / 问题】

1. **有胎儿受伤的危险**　与羊水过多致胎膜早破、脐带脱垂有关。
2. **焦虑**　与担心胎儿可能畸形有关。

【护理目标】

1. 羊水过多但胎儿正常者，母婴健康平安。
2. 羊水过多合并胎儿畸形者，孕妇能面对现实，终止妊娠，顺利度过分娩期。

【护理措施】

1. **一般护理**　嘱孕妇卧床休息，左侧卧位。若有呼吸困难、心悸、下肢水肿等症状，取半卧位。低盐饮食，多食新鲜蔬菜、水果，防止便秘，避免增加腹压的活动，以防发生胎膜早破。

2. **症状护理**　临产后，可行人工破膜，警惕脐带脱垂和胎盘早剥的发生。破膜后宫缩乏力，可静脉滴注低浓度缩宫素，滴注过程中密切观察宫缩及胎心情况。

3. **病情观察**　观察孕妇的生命体征，定期测量宫高、腹围和体重，判断病情进展。密切观察并及时发现并发症。观察胎心、胎动及宫缩，及早发现胎儿窘迫及早产的征象。产后应密切观察子宫收缩及阴道流血情况，防止产后出血。

4. **心理护理**　加强与孕妇的交流，帮助其积极参与治疗和自我保健，缓解压迫症状。由于胎儿畸形引产后，护士应帮助孕妇及家属正确看待此次妊娠失败，减轻他们对下次妊娠的担心和恐惧。

5. **治疗配合**　急性羊水过多患者症状重时，可经腹壁穿刺放羊水以缓解症状。协助医生穿刺放羊水时应注意严格无菌操作，防止感染。穿刺时，B 超监测下定位，避开胎盘部位，放羊水时，速度不宜过快，每小时约 500ml，一次放羊水量不超过 1500ml。放液过程中注意观察孕妇的生命体征变化，监测胎心，预防胎盘早剥的发生。必要时 3～4 周后可再次放羊水。

考点：腹壁穿刺放羊水的治疗配合

【健康教育】

1. 加强孕期卫生宣教，积极治疗糖尿病等原发疾病，预防羊水过多的发生。
2. 定期产前检查，及早发现羊水过多。

【护理评价】

1. 母婴是否安全，有无并发症发生。
2. 对于因胎儿畸形终止妊娠者，是否能正确面对现实。

二、羊 水 过 少

妊娠晚期羊水量少于 300ml 者，称为羊水过少（oligohydramnios）。发生率为 0.4%～4%。羊水过少严重影响围生儿的预后，若羊水量少于 50ml，围生儿死亡率高达 88%。

考点：羊水过少的概念

【病因】

羊水过少的发生主要与羊水产生减少或吸收、外漏增加有关。常见原因如下：①胎儿畸形，以胎儿泌尿系统畸形为主，使羊水生成减少；②胎盘功能减退，胎儿慢性缺氧；③羊膜病变；④孕妇脱水、血容量不足或孕妇服用某些药物（如抗利尿剂、吲哚美辛）等。

【护理评估】

1. 健康史 详细询问病史，了解孕妇生育史、用药史、有无妊娠合并症、有无先天畸形家族史等，同时了解孕妇感觉到的胎动情况。

2. 身体评估

（1）症状：孕妇于胎动时自觉腹痛。胎盘功能减退时，胎动减少。腹部增大不明显，体重增加较少。

（2）体征：宫高腹围较正常孕周偏小；触诊时子宫敏感，易激惹；临产后阵痛剧烈，宫缩不协调，产程延长。人工破膜后见羊水量少，多有胎粪污染。

3. 辅助检查

（1）B 超检查：可以显示羊水量，AFV≤2cm、AFI≤5cm 为羊水过少。

（2）胎儿电子监护：羊水过少的主要威胁是脐带及胎盘受压，则出现胎心变异减速和晚期减速。

4. 心理 - 社会状况 孕妇及家属常担心胎儿畸形和新生儿安危。

【处理原则】

根据胎儿有无畸形和孕周大小选择治疗方案。

1. 羊水过少合并胎儿畸形，一经确诊，尽早终止妊娠。

2. 羊水过少但胎儿正常，如妊娠已足月，应立即终止妊娠。若合并胎盘功能减退、胎儿窘迫或羊水胎粪污染严重，短时间不能结束分娩者，应行剖宫产术。如妊娠未足月，胎肺不成熟，可增加羊水量行期待治疗，经羊膜腔灌注液体可缓解脐带受压，延长孕周。

【护理诊断 / 问题】

1. 有胎儿受伤的危险 与羊水过少致胎儿宫内窘迫、宫内发育迟缓等有关。

2. 焦虑 与担心胎儿畸形有关。

【护理目标】

1. 羊水过少但胎儿正常者，母婴健康平安。

2. 羊水过少合并胎儿畸形者，孕妇能面对现实，积极配合终止妊娠的治疗。

【护理措施】

1. 一般护理 注意休息，左侧卧位，改善胎盘血液供应；吸氧；要求孕妇自我监测胎动计数。

2. 病情观察 定期测量宫高、腹围及体重。勤听胎心，了解胎儿宫内情况。可做 NST 进行胎盘功能检查及胎儿储备功能检查。

3. 治疗配合

（1）羊膜腔穿刺注液的护理配合：为延长孕周，可经羊膜腔灌注液体。要求严格无菌操作，B 超定位后行羊膜腔穿刺，以每分钟 10～15ml 速度输入温度为 37℃左右的 0.9% 氯化钠注射液 200～300ml。穿刺术后遵医嘱使用宫缩抑制剂预防早产。

考点：羊膜腔穿刺注液的护理配合

（2）决定行剖宫产者，应积极配合做好术前准备，如备皮、配血、留置尿管等。

（3）做好新生儿抢救准备，准备好吸痰器、气管插管及氧气等，随时配合抢救新生儿。

【健康教育】

加强卫生宣教，强调产前检查的重要性，做好产前筛查工作。产后注意休息，保持情绪稳定。

【护理评价】

1. 母婴是否安全，有无并发症发生。
2. 对于胎儿畸形需终止妊娠，孕妇是否能积极配合治疗。

第 9 节　多胎妊娠与巨大儿

一、多 胎 妊 娠

一次妊娠宫腔内同时有两个或两个以上胎儿时称为多胎妊娠（multiple pregnancy），以双胎妊娠多见。近年来因辅助生殖技术的广泛开展，多胎妊娠发生率明显增加。

考点：多胎妊娠的概念

【双胎类型及特点】

1. 双卵双胎　两个卵子分别受精形成的双胎妊娠称为双卵双胎，约占双胎妊娠的70%。其发生与应用促排卵药物、遗传及多胚胎宫腔内移植有关。由于是两个卵子分别受精形成的受精卵，其遗传基因不完全相同，两个胎儿的性别、血型、容貌可相同或不相同。双卵双胎各自形成自己的胎盘和胎囊，有时两个胎盘紧贴在一起，但两者血液互不相通，两个胎囊之间仍隔有两层羊膜和两层绒毛膜（图 8-7）。

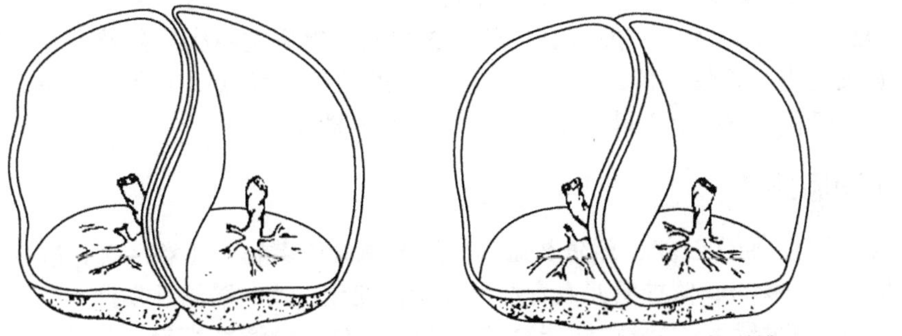

(1) 两个胎盘分开，两层绒毛膜，两层羊膜　　(2) 两层绒毛膜融合，两层羊膜

图 8-7　双卵双胎的胎盘及胎膜

2. 单卵双胎　由一个受精卵分裂而形成的双胎妊娠称为单卵双胎，约占双胎妊娠的30%。形成原因不明，不受种族、遗传、年龄、胎次、医源的影响。一个受精卵分裂形成的两个胎儿，遗传基因相同，故两个胎儿的性别、血型相同，容貌酷似。单卵双胎的每个胎儿均有 1 根脐带，其胎盘和胎囊则根据受精卵分裂的时间不同而有差异，分裂分别发生在受精后 3 日内（桑椹期前）、第 4～8 日（胚泡期）、第 9～13 日（羊膜囊已形成）、第 13 日后（原始胚盘已形成），则形成了双羊膜囊双绒毛膜单卵双胎、双羊膜囊单绒毛膜单卵双胎、单羊膜囊单绒毛膜单卵双胎、联体双胎这 4 种类型（图 8-8）。

考点：双胎妊娠的类型及特点

图 8-8 受精卵在不同阶段形成单卵双胎的胎膜类型

【护理评估】

1. 健康史 询问家族中有无多胎妊娠史；孕前是否使用促排卵药物如氯米芬；了解孕妇的年龄、胎次，双卵双胎发生率随孕妇年龄增大和胎次增多而增加。

2. 身体评估

（1）症状：妊娠早期早孕反应较重，妊娠中晚期因子宫增大明显，横膈抬高，可引起呼吸困难，胃部受压，食欲下降，摄入减少。孕妇易感到疲劳，腰背部疼痛症状较单胎妊娠明显。孕妇自诉多处有胎动，而非固定于某一处。

（2）体征：宫底高度大于正常孕周，因胎位不同，在腹部的不同部位可触及两个胎头、多个肢体。在腹部的不同部位可听到两个速率不一的胎心音，每分钟相差＞10 次。过度增大的子宫压迫下腔静脉，引起下肢水肿、静脉曲张等。

3. 辅助检查 B 超检查在妊娠 35 天后可见两个妊娠囊，孕 6 周后可见两个原始心管搏动。B 超还可筛查胎儿结构畸形，确定两个胎儿的胎位。

4. 心理 - 社会状况 双胎妊娠的孕妇在孕期必须适应两次角色转变，首先被告知是双胎妊娠时表现出的喜悦心情；另一方面，当知道了双胎妊娠属于高危妊娠，常发生妊娠及分娩期并发症后，孕妇担心母儿安危，出现焦虑、恐惧。

【处理原则】

1. 妊娠期 加强营养，预防贫血和妊娠期高血压疾病；注意休息，减少活动量，防治早产；加强产前检查，监护胎儿发育情况及胎位变化；及时防治并发症。

终止妊娠的指征：①妊娠期严重并发症，不允许继续妊娠者；②合并急性羊水过多，明显压迫症状，呼吸困难，严重不适；③已到预产期尚未临产，胎盘功能减退者；④胎儿畸形。

2. 分娩期 多数双胎可经阴道分娩。严密观察产程进展及胎心变化，有异常情况及时处理。积极防治产后出血。

3. 产褥期 注意观察宫缩情况及阴道流血量，预防发生产后出血，尤其是产后 2～4 小时的迟缓性出血。必要时使用抗生素预防感染。

【护理诊断 / 问题】

1. 舒适改变 与呼吸困难、食欲下降、下肢水肿、腰背痛等有关。

2. 潜在并发症 早产、脐带脱垂、胎盘早剥等。

【护理目标】

1. 孕妇摄入足够营养，保证母婴需要，不适症状缓解或消失。
2. 孕妇及胎儿的并发症被及时发现，保证母婴安全。

【护理措施】

1. 一般护理　孕期增加产前检查次数，妊娠 30 周后，要少活动，防止胎膜早破及早产；指导孕妇注意多休息，最好采取左侧卧位，以增加子宫胎盘血液供应；休息时抬高下肢减轻水肿及静脉曲张。加强营养，多食新鲜的蔬菜和水果，防止便秘。防止跌伤。

2. 症状护理　卧床时适当垫高床头，减轻对横膈的刺激以免出现呼吸困难；腰背酸痛的孕妇应避免长时间站立，多卧床休息，局部热敷可缓解症状。出现先兆早产者，遵医嘱卧床休息，服用保胎药物，并监测阴道流血、腹痛或阴道流液的情况，注意胎心及胎动。

3. 病情观察　双胎妊娠的孕妇易发生妊娠高血压疾病、羊水过多、胎盘早剥、贫血等并发症，因此应加强病情观察，及时发现并处理。

4. 心理护理　帮助双胎妊娠的孕妇完成两次角色转变。告知双胎妊娠虽属于高危妊娠，但孕妇不必过分担心母儿的安危。

5. 治疗护理

（1）分娩期护理：协助做好接产及抢救新生儿窒息的准备工作。

1）临产后注意观察产程进展，勤听胎心音。

2）可行会阴后 - 侧切开，减轻胎头受压。第一个胎儿娩出不应过快，以防发生第二个胎儿的胎盘早剥；胎儿娩出后立即断脐，并夹紧脐带的胎盘端，以防第二个胎儿失血；同时固定第二个胎儿呈纵产式。

3）第二个胎儿一般间隔 20 分钟娩出，若等待 15 分钟仍无宫缩，可行人工破膜，遵医嘱静脉滴注低浓度缩宫素促进宫缩。

4）如有脐带脱垂和胎盘早剥，应及时娩出第二个胎儿，若第二个胎儿胎头高浮或为肩先露，应行内转胎位术及臀牵引术。

5）第二胎儿前肩娩出后遵医嘱立即肌内注射或静脉滴注缩宫素，防止产后出血，同时腹部放置沙袋并用腹带包裹，防止腹压骤降引起休克。

6）胎盘娩出后，按摩子宫底，促进子宫收缩，检查软产道有无损伤及胎盘胎膜是否完整，防止残留。

考点：双胎妊娠的护理措施

（2）产后观察：留产妇在产房观察 2 小时，注意宫缩及阴道流血的情况。遵医嘱合理使用抗生素，预防感染。加强会阴护理，观察伤口愈合情况。

（3）双胎妊娠如为早产，产后应加强对早产儿的观察和护理。

【健康教育】

加强卫生宣教，使人们明白多胎妊娠属于高危妊娠，妊娠期、分娩期并发症多，围生儿死亡率高。在妊娠期应重视产前检查，加强孕期保健，减少妊娠期、分娩期的并发症。告诫人们人为干预“制造”多胎是不可取的。

【护理评价】

1. 孕妇是否营养摄入正常，满足母婴需要，不适症状是否缓解或消失。

2. 孕妇及胎儿是否有并发症发生，母婴是否安全。

二、巨 大 儿

巨大胎儿是指体重达到或超过4000g的胎儿。即使产道、产力及胎位均正常，但因胎儿大，可致头盆不称而发生分娩困难。多见于经产妇、父母身材高大、孕妇患轻型糖尿病、过期妊娠等。

考点：巨大儿的概念

【护理评估】

1. **健康史** 询问孕妇是否为经产妇，父母身材是否高大，妊娠是否过期，有无患轻型糖尿病，孕期食欲如何，了解子宫是否大于孕周等。

2. **身体评估**

（1）症状：孕妇感妊娠期子宫增大较快，常大于妊娠月份。妊娠后期可出现呼吸困难，孕妇自觉腹部沉重及两肋部胀痛。

（2）体征：腹部触诊胎体大，先露部高浮。

3. **辅助检查** B超检查：胎体大，测胎头双顶径及腹围有助于判定巨大胎儿。

4. **心理-社会状况** 由于巨大儿易引起难产，孕妇常感焦虑，担心母子安危，应讲解有关巨大儿的相关知识和注意事项，减轻孕妇不良情绪对妊娠分娩的影响。

【处理原则】

1. **妊娠期** 检查发现胎儿大或既往分娩过巨大胎儿者，应检查孕妇有无糖尿病。如为糖尿病孕妇，应积极治疗。

考点：巨大儿的处理要点

2. **分娩期** 估计胎儿体重＞4500g，产妇骨盆中等大小，以剖宫产终止妊娠为宜。如有头盆不称，胎心好，则应行择期剖宫产。如胎先露部已达到坐骨棘平面下3cm，第二产程延长时，可在会阴侧切后行胎头吸引术或产钳术。做好处理肩难产的准备。

【护理诊断/问题】

1. **舒适改变** 与腹形过大致呼吸困难、食欲下降、下肢水肿、腰背痛等有关。

2. **潜在并发症** 头盆不称、软产道裂伤、肩难产、新生儿产伤等。

3. **焦虑** 与担心胎儿过大、分娩困难威胁母儿健康有关。

【护理目标】

1. 孕妇感觉舒适，无呼吸困难发生，下肢水肿、腰背痛等得到缓解。
2. 孕妇及胎儿的并发症被及时发现，保证母婴安全。
3. 孕妇情绪稳定，能积极配合治疗与护理。

【护理措施】

1. **密切监测产程的进展** 临产过程中，护理人员宜密切监测胎心率、子宫收缩及产程进展，以及早发现产程异常及胎儿宫内窘迫。

2. **检查新生儿的健康情况** 有无分娩时的产伤，如脑部和神经受损、锁骨骨折等。糖尿病母亲所生的新生儿需注意有无低血糖的表现。

3. **产后母亲的监测** 产后持续监测母亲的生命体征、子宫底高度、恶露量，及早发现产后出血。

【健康教育】

加强卫生宣教，使人们明白妊娠过期可致巨大儿，属于高危妊娠，妊娠期、分娩期并发症多，围生儿死亡率高。避免妊娠期营养过度，积极治疗孕妇糖尿病，在妊娠期应重视产前检查，加强孕期保健，减少妊娠期、分娩期的并发症。

【护理评价】

1. 孕妇压迫症状是否缓解，呼吸、食欲是否正常，下肢水肿、腰背痛等是否得到缓解。
2. 孕妇及胎儿是否安全，无并发症发生。
3. 孕妇是否情绪稳定，能积极配合治疗与护理。

案例 8–1 分析

1．患者最可能的临床诊断是先兆流产。诊断依据：已婚 2 年，停经 50 天，阴道有少许出血，下腹部轻微疼痛 1 天；妇科检查：子宫如孕 50 天大小，质软，宫口闭；尿 HCG（＋）。

2．该患者治疗原则是保胎治疗。

3．如在治疗过程中出现下腹痛加剧，出血量增多，宫口开一指，此时诊断是难免流产，此时的治疗原则是一旦确诊，尽快清除宫腔内容物，行清宫术。

案例 8–2 分析

1．患者可能的医疗诊断是妊娠期高血压疾病，子痫前期。

2．目前首选的药物是硫酸镁。

3．该孕妇的用药护理措施：让孕妇卧床休息，左侧卧位，抬高下肢；建立静脉通道，遵医嘱应用硫酸镁，并注意用药期间观察硫酸镁的毒性反应：①膝反射存在；②呼吸≥16 次 / 分；③尿量≥400ml/24h 或≥17ml/h；④备 10% 葡萄糖酸钙。镁离子中毒时停用硫酸镁并缓慢静脉推注 10% 葡萄糖酸钙 10ml；⑤条件许可用药期间可监测血清镁离子的浓度。

目标检测

A_1 型题

1. 有关早期流产发生的主要病因是（　　）
   A. 子宫畸形　　B. 母儿血型不合
   C. 胎盘梗死　　D. 染色体异常
   E. 黄体功能低下
2. 关于流产，下述正确的是（　　）
   A. 先兆流产时子宫大小与停经月份不符
   B. 稽留流产时子宫大小与停经月份相符
   C. 早期流产是指妊娠 20 周以前发生流产
   D. 习惯性流产指流产连续发生两次者
   E. 流产指妊娠不满 28 周，胎儿体重不足 1000g 而终止者
3. 关于各种流产的临床特点，下列描述正确的是（　　）
   A. 先兆流产：宫口闭，阴道出血量少
   B. 完全流产：腹痛，宫口松
   C. 难免流产：阴道出血少，腹痛轻
   D. 稽留流产：子宫大小与停经月份相符
   E. 不全流产：宫口闭，阴道出血减少
4. 8 周妊娠，诊断为难免流产，首选的治疗原则是（　　）
   A. 给予大量雌激素　　B. 尽快清宫
   C. 给予止血药物　　D. 肌内注射催产素
   E. 卧床保胎

5. 关于稽留流产，下列错误的是（　　）
A. 注意检查凝血功能
B. 诊断明确后尽早全面清宫
C. 子宫＜12孕周妊娠者，可行刮宫术
D. 清宫术前先用孕激素
E. 子宫＞孕12周妊娠者用引产术

6. 下列流产合并感染的诊断依据中错误的是（　　）
A. 曾患慢性阑尾炎史
B. 流产后有性生活史
C. 流产后阴道流血时间长伴下腹痛
D. 流产后子宫复旧不良，有压痛
E. 流产后阴道分泌物有臭味

7. 异位妊娠最常发生的部位是（　　）
A. 阔韧带　B. 子宫
C. 卵巢　D. 输卵管
E. 腹腔

8. 引起输卵管妊娠最常见的原因是（　　）
A. 慢性输卵管炎　B. 肿瘤压迫输卵管
C. 输卵管结扎后再通　D. 输卵管发育异常
E. 孕卵游走

9. 疑诊输卵管妊娠破裂伴有内出血的病人，简单、可靠的诊断方法应首选（　　）
A. B超检查　B. 腹腔镜检查
C. 诊断性刮宫　D. 阴道后穹隆穿刺
E. 血常规

10. 确诊输卵管妊娠流产并出血性休克，应采取的紧急措施中错误的是（　　）
A. 输血　B. 给予升压药物
C. 立即剖腹探查　D. 吸氧
E. 补液抗休克

11. 关于前置胎盘的临床表现，错误的是（　　）
A. 妊娠晚期无痛性反复阴道出血
B. 胎位触诊清楚
C. 常因胎先露入盆受阻发生胎位异常
D. 触诊子宫硬如木板
E. 在耻骨联合上方可听到胎盘杂音

12. 诊断前置胎盘较安全可靠的方法是（　　）
A. 阴道检查　B. 肛门检查
C. B超检查　D. X线检查
E. 化验检查

13. 正常产后检查胎盘及胎膜，胎膜破口距胎盘边缘距离多少时诊断部分性前置胎盘?（　　）
A. ＜7cm　B. ＜7.5cm
C. ＜8cm　D. ＜8.5cm
E. ＜9cm

14. 关于胎盘早剥，错误的是（　　）
A. 多发生于妊娠晚期
B. 附着子宫腔内的胎盘，在胎儿未娩出前发生剥离者叫胎盘早剥
C. 其主要病理变化是底蜕膜层出血
D. 重型时，贫血程度与阴道流血量相符
E. 治疗原则是控制休克，迅速结束分娩

15. 下列胎盘早剥Ⅲ度的临床表现错误的是(　　)
A. 剧烈腹痛后阴道流血
B. 阴道出血量与全身症状不成正比
C. 胎位、胎心清晰
D. 子宫板状硬
E. 子宫底升高

16. 胎盘早剥的发生与下列哪项无关（　　）
A. 血管病变
B. 外伤
C. 不协调宫缩过强
D. 子宫内压突然降低
E. 子宫的静脉压突然升高

17. 妊娠高血压疾病的基本病理生理改变是(　　)
A. 子宫胎盘缺血
B. 母胎免疫失衡
C. 全身小动脉痉挛
D. NO合成或释放功能障碍
E. 凝血系统与纤溶系统失调

18. 控制子痫的首选药物是（　　）
A. 冬眠1号　B. 硫酸镁
C. 肼屈嗪　D. 20%甘露醇
E. 双氢克尿塞

19. 硫酸镁中毒的表现首先是（　　）
A. 心率减慢　B. 呼吸减慢
C. 血压下降　D. 尿量减少
E. 膝腱反射消失

20. 硫酸镁中毒的解毒剂是（　　）
A. 地西泮　B. 10%葡萄糖
C. 呋塞米　D. 1%肾上腺素
E. 10%葡萄糖酸钙

21. 预防子痫发作的护理措施错误的是（　　）
A. 嘱病人绝对卧床休息
B. 保持环境安静
C. 保持病房光线充足
D. 监测生命体征及神志变化
E. 各项治疗操作集中进行

22. 妊娠高血压疾病患者发生抽搐时，首要的护理措施是（　　）
A. 使病人取头低侧卧位，保持呼吸道通畅
B. 加床档，防止受伤
C. 观察病情，详细记录
D. 用舌钳固定舌头，防止舌咬伤及舌后坠，保持呼吸道通畅
E. 立即静脉推注硫酸镁

23. 下列先兆早产的期待治疗药物错误的是(　　)
A. 宫缩抑制剂　　B. 前列腺素拮抗剂
C. 镇静剂　　D. 宫缩剂
E. 安胎中药

24. 下述先兆早产的护理错误的是（　　）
A. 避免刺激宫缩的活动
B. 严密观察并记录宫缩、阴道流血、胎膜破裂等情况
C. 绝对卧床休息，以左侧卧位为宜
D. 指导病人自数胎动，24 小时不应少于 30 次
E. 遵医嘱应用宫缩剂

25. 羊水过多指羊水量超过（　　）
A. 600ml　　B. 800ml
C. 1000ml　　D. 1500ml
E. 2000ml

26. 为预防羊水过多的并发症采取的护理措施，错误的是（　　）
A. 注意减少增加腹压的活动
B. 腹腔穿刺放羊水速度不宜过快及超过每小时 500ml
C. 穿刺放羊水后腹部压沙袋
D. 放羊水前做好输液、输血准备
E. 破膜时，产妇取半卧位

A_2 型题

27. 苏女士，26 岁，G1P0。停经 56 天，阴道流血 2 天，少于月经量，无腹痛，子宫颈口未开，子宫增大如孕 8 周，最可能的诊断是（　　）
A. 先兆流产　　B. 难免流产
C. 完全流产　　D. 不全流产
E. 稽留流产

28. 孙女士，26 岁。停经 45 天，昨日起感觉阵发性腹痛，阴道流血如月经量。妇检：子宫大小与停经周数相符，宫颈口已开大。该患者考虑为（　　）
A. 先兆流产　　B. 难免流产
C. 稽留流产　　D. 习惯性流产
E. 感染性流产

29. 张女士，25 岁。妊娠 10 周时出现阵发性下腹痛及大量阴道出血，伴小块组织物排出，并发生失血性休克，应首先考虑（　　）
A. 先兆流产　　B. 难免流产
C. 不全流产　　D. 完全流产
E. 稽留流产

30. 邹女士，28 岁。以往月经规律，现停经 4 个月。妇科检查：子宫如 8 周妊娠大，B 超显示宫内妊娠囊，未见原始心管搏动。应首先考虑（　　）
A. 先兆流产　　B. 难免流产
C. 稽留流产　　D. 习惯性流产
E. 感染性流产

31. 刘女士，26 岁。停经 7 个月从未感胎动，现偶有下腹痛，子宫增大如 4 个月妊娠大，听不到胎心。停经 5 个月时曾有阵发性腹痛与少许阴道出血，经保胎治疗后血止，最理想的处理方法是（　　）
A. 刮宫
B. 吸宫
C. 测定肝功能，配血，给予雌激素后静脉滴注催产素引产
D. 肌内注射麦角新碱引产
E. 催产素加入 5% 葡萄糖静脉滴注引产

32. 赵女士，23 岁。因停经 42 天，少量阴道流血 2 天，尿妊娠试验阳性，行人工流产术，吸刮出少量组织，未见绒毛，病理报告为“蜕膜组织”。首先应考虑（　　）
A. 先兆流产　　B. 月经不调
C. 慢性子宫内膜炎　　D. 异位妊娠
E. 滋养细胞疾病

33. 黎女士，30 岁。阴道不规则流血 15 天，右下腹撕裂疼痛 3 小时，晕厥 1 次就诊。查体：血压 70/50mmHg，脉搏 120 次 / 分，全腹压痛、反跳痛，移动性浊音阳性。双合诊：宫颈举痛，子宫略大、软，有漂浮感，两侧及后穹隆饱满、触痛，以右侧穹隆明显；盆腔未扪及明显包块。能简便又迅速确诊的检查方法是（　　）
A. B 超　　B. 妊娠试验
C. 腹腔镜检查　　D. 诊断性刮宫
E. 阴道后穹隆穿刺

34. 郝女士，26 岁。月经过期 10 天，妊娠试验弱阳性，1 小时前突然右下腹剧烈撕裂样痛，

后波及全腹。查血压 75/50mmHg。护理措施中错误的是（　　）

A. 取半卧位
B. 密切监测生命体征
C. 保暖，氧气吸入
D. 迅速静脉输液，备血
E. 做好腹部手术常规准备

35. 夏女士，停经 36 周，夜间醒来发现大量阴道流血，无伴其他不适。应考虑（　　）

A. 早产　B. 子宫破裂
C. 前置胎盘　D. 胎盘早期剥离
E. 胎盘边缘血窦破裂

36. 吴女士，妊娠 40 周。产前无痛性阴道流血 3 次，自然分娩，产后阴道流血 500ml，检查，胎盘完整，胎膜破口距胎盘边缘 5cm，出血的原因，最大可能是哪项（　　）

A. 胎盘早剥　B. 前置胎盘
C. 副胎盘　D. 胎盘残留
E. 胎盘植入

37. 叶女士，妊娠 32 周。腹部因车祸受撞击后发生腹痛，渐加剧，无阴道流血。查体：呈重度贫血貌，子宫大于孕周，宫底升高，胎位扪及不清，胎心 110 次 / 分。应考虑（　　）

A. 早产　B. 子宫破裂
C. 前置胎盘　D. 胎盘早期剥离
E. 胎盘边缘血窦破裂

38. 柯女士，妊娠 28 周。检查：血压 143/98mmHg，膝部以下水肿，尿蛋白微量，伴有头痛，诊断为（　　）

A. 妊娠期高血压　B. 轻度子痫前期
C. 重度子痫前期　D. 子痫
E. 妊娠合并慢性高血压

39. 周女士，妊娠 35 周。诊断为重度子痫前期，已用硫酸镁每天 15g，7 天，尿量减少 1 天，今发现病人膝腱反射消失。首选的处理方法是（　　）

A. 静脉注射呋塞米 40mg
B. 立即注射冬眠灵合剂半量
C. 静脉滴注低分子右旋糖酐 500ml
D. 20% 甘露醇 250ml 静脉快速滴注
E. 立即停用硫酸镁，并给 10% 葡萄糖酸钙 10ml 缓慢静脉注射

40. 卢女士，妊娠 30 周。因腹部迅速增大，伴气急、心悸、不能平卧 2 天入院。检查：心率 102/ 分，呼吸 32 次 / 分，血压 120/80mmHg，下肢水肿（＋＋），腹围 102cm，胎心音轻而远，胎位不清，应考虑诊断为（　　）

A. 双胎　B. 妊娠合并心脏病
C. 胎盘早期剥离　D. 急性羊水过多
E. 卵巢囊肿蒂扭转

（张　欣）

第 9 章　妊娠合并症妇女的护理

📖 学习目标

1. 掌握妊娠合并症的护理评估、处理原则、护理诊断和护理措施。
2. 熟悉妊娠、分娩、产褥与合并症的相互影响。
3. 熟悉妊娠合并症的健康教育。

第 1 节　妊娠合并心脏病

案例 9-1

女性，35 岁。停经 34 周$^{+1}$，1 周前出现四肢末端发绀，呼吸困难，夜间不能平卧休息，活动后明显加重。查体：口唇及四肢末端发绀，颈静脉怒张。心率 140 次 / 分、律齐，心脏听诊闻及舒张期杂音，双肺底闻及湿啰音，以右肺底为主。肝脾肋下未及。产科检查提示，宫高 27cm，腹围 103cm。双下肢水肿，杵状指。

问题和思考：

1．该孕妇目前病情对胎儿可能产生哪些影响?

2．应采取哪些护理措施?

妊娠合并心脏病是围生期严重的妊娠合并症。因妊娠、分娩及产褥期内心脏及血流动力学的改变，均可加重心脏疾病患者的心脏负担而诱发心力衰竭，在我国孕产妇死因中高居第二位，为非直接产科死亡原因的首位。

【妊娠、分娩对心脏病的影响】

1. 妊娠期　妊娠期孕妇总循环血量于妊娠第 6 周开始逐渐增加，妊娠 32～34 周达高峰，平均增加 30%～45%，此后维持较高水平，产后 2～6 周逐渐恢复正常。总循环血量的增加引起心排出量增加和心率加快，使心脏负荷进一步加重，易使患心脏病的孕妇发生心力衰竭而危及生命。

2. 分娩期　分娩期是孕妇血流动力学变化最显著的阶段，加之机体能量及氧的消耗增加，为心脏负担最重的时期。在第一产程，每次子宫收缩有 250～500ml 血液被挤入体循环，回心血量增加，使心排出量增加 24%。加重心脏负担。第二产程中，除子宫收缩外，腹肌和骨骼肌的收缩使外周循环阻力增加，且分娩时产妇屏气用力动作使肺循环压力增加，腹腔压力增高，内脏血液向心脏回流增加，此时心脏前后负荷显著加重。第三产程，胎儿娩出后，腹腔内压力骤减，大量血液流向内脏，回心血量减少；继之胎盘娩出，胎盘循环停止，子宫收缩使子宫血窦内约 500ml 血液进入体循环，回心血量骤增造成血流动力学急剧变化，妊娠合并心脏病的孕妇极易诱发心力衰竭。

考点：妊娠、分娩对心脏病的影响

3. 产褥期 产后3日内，子宫收缩和缩复使大量血液进入体循环，且产妇体内潴留的大量水分于短期内回到体循环中，血容量再度增加的同时心脏负担也相应增加。故此时易发生心力衰竭。

因此，妊娠32～34周、分娩期和产后最初3日内，由于心脏负担较重，是发生心力衰竭的高危时期，应严密监护。心脏病孕产妇死亡的主要原因是心力衰竭和严重感染。

【心脏病对妊娠的影响】

考点：心脏病对妊娠的影响

心脏病不影响患者受孕。心脏病变较轻，心功能Ⅰ～Ⅱ级，无心力衰竭病史，且无其他并发症者，可以妊娠，必要时给予治疗。但有下列情况者一般不宜妊娠：心脏病变较重，心功能Ⅲ～Ⅳ级、既往有心力衰竭病史、肺动脉高压、严重心律失常、风湿活动期、发绀型先天性心脏病者等。不宜妊娠的心脏病患者一旦受孕，则流产、早产、死胎、胎儿生长受限、胎儿宫内窘迫及新生儿窒息等疾病发生率明显增高，围生儿死亡率增高。

【心脏病患者心功能分级】

我国目前采用纽约心脏病协会（NYHA）的心功能分级法，主要根据患者的症状将心脏功能分为4级。

Ⅰ级：一般体力活动不受限。

Ⅱ级：一般体力活动轻度受限制，活动后心悸、轻度气短，休息时无症状。

Ⅲ级：一般体力活动明显受限制，休息时无不适，轻微日常工作即感不适、心悸、呼吸困难，或既往有心力衰竭史者。

Ⅳ级：一般体力活动严重受限制，不能进行任何体力活动，休息时有心悸、呼吸困难等心力衰竭表现。

【护理评估】

1. 健康史

（1）详细、全面地了解产科病史和既往病史，了解孕妇对妊娠的适应情况及药物使用情况。

（2）判定有无诱发心力衰竭的潜在因素，妊娠期有无呼吸道感染、贫血、妊娠并发症、过度疲劳等；分娩期及产褥期的适应情况。

2. 身体状况

（1）判定心功能状态：根据NYHA分级方案等客观指标，确定孕产妇的心功能。

（2）评估与心脏病有关的症状和体征：如呼吸状况、心率、有无活动受限、发绀、心脏增大征、肝大、水肿等。尤其注意评估有无早期心力衰竭的表现，如：轻微活动后即感胸闷、心悸、气短；休息时心率每分钟超过110次；夜间常感胸闷，需坐起呼吸，或到窗口呼吸新鲜空气；肺底部有少量湿啰音，咳嗽后不消失。

3. 辅助检查 心电图检查提示各种严重的心律失常；X线检查显示心脏有无扩大；超声心动图反映各心腔大小的变化，心瓣膜结构及功能情况；胎儿电子监护预测宫内胎儿储备能力，评估胎儿健康。

4. 心理-社会状况 随着妊娠的进展，心脏负担逐渐加重，由于缺乏相关知识，孕产妇及家属的心理负担较重，甚至产生恐惧心理而不能合作。应重点评估孕产妇及家属的相关知识掌握情况、母亲角色的获得及心理状况。

【处理原则】

1. 非孕期　根据孕妇所患有的心脏病类型、病情程度及心功能状态，确定患者是否可以妊娠。对不宜妊娠者，应指导其采取正确的避孕措施。

2. 妊娠期　不宜妊娠者，应在妊娠12周前行人工流产术。妊娠超过12周者应由内科医师和产科医师一起密切监护，正确评估母儿情况，积极防治各种可能引起心力衰竭的诱因，动态观察心脏功能，减轻心脏负荷，适时终止妊娠。妊娠期心力衰竭的治疗与未孕者基本相同，原则上是待心力衰竭控制后再行产科处理，应放宽剖宫产的指征。

3. 分娩期　心功能Ⅰ～Ⅱ级，胎儿不大，胎位正常，宫颈条件良好者，在严密监护下可经阴道分娩，第二产程需尽量缩短产程、避免产妇用力屏气。心功能Ⅲ～Ⅳ级，胎儿偏大，宫颈条件不佳，有其他并发症者，选择剖宫产术终止妊娠。

4. 产褥期　产妇应充分休息且需严密监护，按医嘱应用广谱抗生素预防感染，心功能Ⅲ级或以上者不宜哺乳。

考点：不同时期患者的治疗要点

【护理诊断/问题】

1. 活动无耐力　与心排出量下降有关。

2. 自理能力缺陷　与心功能不全需绝对卧床休息有关。

3. 知识缺乏　与缺乏妊娠合并心脏病的自我护理知识有关。

4. 潜在并发症　心力衰竭、感染。

【护理目标】

1. 护士做好孕产妇病情观察及日常护理等工作。
2. 孕产妇及家属了解妊娠合并心脏病的相关知识，配合护理工作。
3. 能够及时发现孕产妇心力衰竭早期、感染等症状，并积极配合救治。

【护理措施】

1. 非妊娠期　根据心脏病的种类、病变程度、心功能状态及是否手术矫治等具体情况，决定是否适宜妊娠。对不宜妊娠者，指导患者采取有效措施严格避孕。

2. 妊娠期

（1）加强孕期保健：孕20周前每2周检查1次，孕20周后每1周检查1次，并根据病情需要增加检查次数。重点评估孕产妇心脏功能及胎儿宫内情况。心功能Ⅰ～Ⅱ级者，应在妊娠36～38周入院待产。心功能Ⅲ级或以上者，应立即入院治疗。

（2）预防心力衰竭

1）注意休息，避免劳累：心脏病孕妇应保证每晚10小时以上的睡眠时间及每日2小时午休时间。休息时采取左侧卧位或半卧位。

2）合理营养：指导孕妇摄入高热量、高维生素、易消化、低盐低脂饮食且富含多种微量元素如铁、锌、钙等，少量多餐，防止体重增加过多，整个妊娠期体重增加不应超过10kg。妊娠20周以后预防性应用铁剂防止贫血。适当限制食盐量，一般每日食盐量不超过4～5g。

3）预防感染：预防和治疗诱发心力衰竭的各种因素，尤其是上呼吸道感染。指导孕妇注意口腔卫生，保持会阴部清洁。

4）动态观察心脏功能：定期进行心电图、超声心动图等检查。

5）自我监护的技巧：指导孕妇及家庭成员掌握妊娠合并心脏病的相关知识，如：每日测心率、呼吸；称体重及胎动计数；若出现咳嗽、咳粉红色泡沫痰等症状，应取半卧位或坐位，并立即住院治疗。

（3）协助正确使用药物：护理人员要告知孕妇坚持服药的重要性和必要性，指导孕妇正确使用药物。妊娠前服用洋地黄类药物的孕妇，妊娠期仍应坚持服药，注意药物的剂量、副作用等。

3. 分娩期

（1）协助选择分娩方式：于妊娠晚期，应提前选择好适宜的分娩方式。心功能Ⅰ～Ⅱ级、胎儿不大、胎位正常、宫颈条件良好者，可考虑在严密监护下经阴道分娩。心功能Ⅲ级及Ⅲ级以上或有产科指征者，行剖宫产术。

（2）心理护理：耐心向产妇及家属解释目前健康状况，如心功能及胎儿情况等，告知医疗护理计划，让产妇增强自信心，积极配合医疗及护理，请家属陪伴产妇，增加产妇的安全感、舒适感。

（3）严密观察产程进展

1）第一产程护理：专人护理，鼓励产妇左侧卧位，上半身抬高30°，间歇吸氧；严密观察生命体征，每15分钟测量一次；密切观察产程进展，注意子宫收缩、胎心、胎动情况，有异常及时报告医师并做好剖宫产术前准备；宫缩时指导病人做深呼吸或腹部按摩，减轻不适，对宫缩痛较强者按医嘱使用镇静剂如地西泮、哌替啶等；给予抗生素，预防感染。

2）第二产程护理：避免产妇屏气用力；密切观察母儿情况，及时监测生命体征及胎心率；配合医师行会阴切开及阴道助产术，缩短第二产程；做好新生儿抢救准备。

3）第三产程护理：胎儿娩出后，立即在腹部放置重1～2kg的沙袋，持续24小时，以防腹压骤降诱发心力衰竭；预防产后出血，按摩子宫，静脉或肌内注射缩宫素10～20U，禁用麦角新碱，以免静脉压增高诱发心力衰竭；出血多者，遵医嘱输血，但应严格控制输血速度。

4. 产褥期

（1）预防心力衰竭：产后72小时内密切观察生命体征及心功能变化。保证充足的睡眠，必要时遵医嘱给予小剂量镇静剂，如地西泮口服。心功能允许的情况下，鼓励早期下床适当活动，以减少血栓形成。预防便秘，注意饮食清淡、合理，多吃蔬菜、水果。

考点：妊娠期、分娩期和产褥期护理措施要点

（2）预防感染：注意外阴清洁，用消毒会阴垫。遵医嘱产后继续使用抗生素1周或更长时间。

（3）喂养方式指导：心功能Ⅰ～Ⅱ级者，可以哺乳，但应避免劳累；心功能Ⅲ级及以上者，不宜哺乳，应及时回奶。嘱定期产后复查。

【健康教育】

1. 指导产妇自我保健 帮助产妇制订详细的出院计划，向产妇及家属讲解早期心力衰竭的症状和预防心力衰竭的有效措施。

2. 计划生育指导 不宜妊娠者，可在产后1周行绝育术，如有心力衰竭，待病情控制后行绝育术；未做绝育术者应严格避孕。

3. 指导新生儿喂养 指导其正确母乳喂养。对不宜哺乳者，指导如何人工喂养新生儿。

【护理评价】

1. 护士护理有效，配合医生救治。
2. 孕产妇了解本病自我保健措施，配合护理工作。

3. 孕产妇顺利经过妊娠、分娩和产褥期，母儿健康状况良好。

第 2 节　妊娠合并糖尿病

案例 9-2

女性，30 岁。妊娠 35 周，孕妇有多饮，多食、多尿症状。超声检查提示：羊水过多，胎儿大于妊娠周数，未见明显畸形。初步诊断：妊娠合并糖尿病。

问题和思考：

1. 该病对胎儿有哪些影响？

2. 产后新生儿如何护理？

妊娠合并糖尿病包括两种类型，即妊娠前已有糖尿病和妊娠后才发生或首次发现的糖尿病。后者又称妊娠期糖尿病（gestational diabetes mellitus，GDM）。糖尿病孕妇中 80% 以上为 GDM，糖尿病合并妊娠者不足 20%。GDM 患者多数于产后血糖恢复正常，但将来患糖尿病的风险增加。

【妊娠对糖尿病的影响】

1. 妊娠期　血容量增加，血液稀释，胰岛素相对不足；胎盘分泌的激素（胎盘生乳素、雌激素、孕激素等）在周围组织中具有抗胰岛素作用；胎盘生乳素还具有脂解作用，使脂肪分解成糖类及脂肪酸，比较容易发生酮症酸中毒。

2. 分娩期　因宫缩大量消耗糖原以及产妇进食减少，容易发生酮症酸中毒。

3. 产褥期　胎盘排出及全身内分泌激素逐渐恢复到非妊娠期水平，使胰岛素的需要量相应减少，容易发生低血糖。

【糖尿病对母儿的影响】

糖尿病对母儿的危害及其程度取决于糖尿病病情及血糖控制水平。

1. 对孕妇的影响　高血糖可使胚胎发育异常，糖尿病妇女自然流产发生率达 15%～30%，多发生在孕早期。糖尿病孕妇妊娠期高血压疾病发生率为正常妇女的 3～5 倍，糖尿病孕妇抵抗力下降，易合并感染，以泌尿系统感染最为常见，且感染后易引发酮症酸中毒。羊水过多的发生率较非糖尿病孕妇高 10 倍以上，糖尿病孕妇巨大胎儿发生率高，导致头盆不称、宫缩乏力增加，剖宫产率升高。经阴道分娩时难产的机会增加，导致一系列的产伤。糖尿病孕妇葡萄糖利用不足，能量不够，导致子宫收缩乏力，产后出血率增加。

2. 对胎儿、新生儿的影响　巨大儿、胎儿生长受限、低体重儿、早产、死胎、死产等发生率升高。新生儿伴发高胰岛素血症易出现低血糖、低血钙，新生儿呼吸窘迫综合征发生率高，新生儿死亡率高。

考点：糖尿病对母儿的影响

【护理评估】

1. 健康史　评估糖尿病病史及糖尿病家族史，有无复杂性外阴阴道假丝酵母菌病、不明原因反复流产、死胎、巨大儿等不良孕产史等，本次妊娠经过、病情控制及目前用药情况，有无胎儿偏大或羊水过多等潜在高危因素。

2. 身体评估

（1）妊娠期：评估孕妇有无糖代谢紊乱症候群，即“三多”症状；评估孕妇有无外阴瘙痒、皮肤疖肿、毛囊炎等；评估糖尿病孕妇有无产科并发症，如低血糖、高血糖、妊娠期高血压疾病、酮症酸中毒、感染等；确定胎儿宫内发育情况，注意有无巨大儿或胎儿生长受限。

（2）分娩期：重点评估孕妇有无低血糖及酮症酸中毒症状，如心悸、出汗、面色苍白、饥饿感或出现恶心、呕吐、视物模糊、呼吸快且有烂苹果味等；严密监测产程的进展、子宫收缩、胎心音、母体生命体征等有无异常。

（3）产褥期：评估产妇有无低血糖或高血糖症状，有无产后出血及感染征兆，评估新生儿状况。

3. 辅助检查

（1）尿糖测定：尿糖阳性者应除外妊娠期生理性糖尿，需做空腹血糖及糖耐量试验确诊。

（2）空腹血糖测定：两次或两次以上空腹血糖≥5.8mmol/L，可诊断为糖尿病。

（3）糖筛查试验：应在妊娠24～28周进行，50g葡萄糖粉溶于200ml水中，5分钟内服完，其后1小时血糖≥7.8mmol/L为糖筛查阳性，应检查空腹血糖。空腹血糖正常者再行口服葡萄糖耐量试验。

（4）口服葡萄糖耐量试验（OGTT）：我国多采用75g糖耐量试验。指空腹12小时后，口服葡萄糖75g，其正常上限为：空腹5.6mmol/L，1小时10.3mmol/L，2小时8.6mmol/L，3小时6.7mmol/L，其中任何两项或两项以上超过正常值，即可诊断为妊娠期糖尿病。仅一项异常诊断为糖耐量异常。

4. 心理-社会状况 评估孕妇及家人对疾病知识的了解程度，认知态度，有无焦虑、恐惧心理，社会及家庭支持系统是否完善等。

妊娠合并糖尿病的分期

根据患者发生糖尿病的年龄、病程以及是否存在血管并发症等进行分期（White分类法），有助于判断病情的严重程度及预后。

A级：妊娠期出现或发现的糖尿病。（A1级：经饮食控制，空腹血糖<5.8mmol/L，餐后2小时血糖<6.7mmol/L。A2级：经饮食控制，空腹血糖≥5.8mmol/L，餐后2小时血糖≥6.7mmol/L。）

B级：显性糖尿病，20岁以后发病，病程<10年。

C级：发病年龄在10～19岁，或病程10～19年。

D级：10岁以前发病，或病程≥20年，或合并单纯性视网膜病。

F级：糖尿病性肾病。

R级：眼底有增生性视网膜病变或玻璃体出血。

H级：冠状动脉粥样硬化性心脏病。

T级：有肾移植史。

知识链接

【处理原则】

妊娠前应判断糖尿病的类型和程度，确定能否妊娠。不宜妊娠者，应严格避孕，若已妊娠应及早人工终止；允许妊娠者，应在内科、产科医生的密切监护下，积极控制血糖在正常或接近正常范围内；选择合适的分娩时间和分娩方式，防止并发症的发生。

【护理诊断 / 问题】

1. **焦虑** 与担心身体状况、胎儿预后有关。
2. **知识缺乏** 与缺乏糖尿病饮食控制及胰岛素使用的相关知识。
3. **有胎儿受伤危险** 与巨大儿、早产、手术产等有关。
4. **潜在并发症** 感染、低血糖、产后出血。

【护理目标】

1. 与孕产妇进行有效沟通，做好心理护理。
2. 孕产妇及家属能够了解妊娠合并糖尿病相关知识，主动配合医护工作。
3. 胎儿宫内安全，如有异常及时发现。
4. 孕产妇顺利度过妊娠期、分娩期及产褥期，无并发症出现。

【护理措施】

1. 非妊娠期 糖尿病妇女在妊娠前应详细咨询医师，确定病情严重程度。器质性病变较轻、血糖控制良好者，可在积极治疗、密切监护下继续妊娠。

2. 妊娠期

（1）一般护理：指导孕妇充分休息、适当运动、合理饮食。理想的饮食控制目标：餐后 1 小时血糖值低于 8mmol/L，建议孕妇每日摄入热量 150kJ/kg（36kcal/kg）；补充维生素、钙及铁；适当限制食盐摄入量。

（2）心理护理：态度和蔼地与病人交流，鼓励糖尿病孕产妇说出自己的担心和释放焦虑；及时告知医护计划，让病人充满信心，调动产妇积极性，主动积极配合护理。

（3）指导孕妇正确控制血糖

1）饮食控制：保证充足热量和蛋白质的摄入，最好少食多餐，让孕妇血糖在正常范围内且无饥饿感。

2）运动治疗：适当的运动可降低血糖，方式可选择极轻度运动（如散步）和轻度运动（如中速步行），每日至少 1 次，每次 20～40 分钟，于餐后 1 小时进行。

3）遵医嘱用药：遵医嘱选用短效和中效胰岛素，忌用口服降糖药，不用磺脲类降糖药，以免导致胎儿、新生儿低血糖、巨大胎儿、胎儿畸形等。

4）病情监测：糖尿病允许妊娠者，孕期应加强监护，需内科、产科医护人员密切合作，共同监测糖尿病病情和产科方面的变化。

5）定期产前检查：糖尿病病情较轻者，应每隔 1～2 周检查 1 次，除全面检查外，应注意血糖、尿常规、尿素氮、眼底等变化，有特殊情况时增加检查次数。

（4）加强胎儿监护：了解胎儿的健康状况，测量宫底高度、腹围，及时发现巨大胎儿；B 超监测胎儿生长发育情况；指导孕妇自测胎动，胎儿电子监护，了解胎儿宫内储备能力。

3. 分娩期

（1）选择合适的分娩时间及分娩方式

1）分娩时间选择：若血糖控制良好，孕期无合并症，胎儿宫内状态良好，一般可等待至妊娠 38～39 周终止妊娠。

2）分娩方式选择：剖宫产术适用于巨大儿、胎盘功能不良、糖尿病病情严重、胎位异常或其他产科指征者。

（2）分娩中的监测和处理

1）促使胎肺成熟：引产或剖宫产前按医嘱静脉滴注地塞米松 10～20mg，连用 2 日，减少新生儿呼吸窘迫综合征发生。

2）密切观察产程：注意观察宫缩、胎心变化，有条件者给予连续胎心监护，避免产程延长，如产程进展缓慢或出现胎儿宫内窘迫，应及时通知医生，并做好阴道助产或剖宫产准备。

3）防止低血糖；剖宫产或阴道分娩当日晨胰岛素的用量一般仅为平时的一半，应每 2 小时监测血糖、尿糖和尿酮体，以便及时调整胰岛素的用量，使血糖不低于 5.6mmol/L；阴道分娩时鼓励孕妇进食，保证热量供应。

4）预防产后出血：按医嘱于胎肩娩出后，给予缩宫素 20U 肌内注射。

4．产褥期

（1）产妇的护理：防止低血糖，产后密切观察有无低血糖表现，如发现出汗、脉搏快等症状。产后需重新评估胰岛素的需要量，分娩后 24 小时内胰岛素减至原用量的 1/2，48 小时减少到原用量的 1/3；遵医嘱继续应用广谱抗生素，预防感染，适当推迟创口拆线时间。

考点：不同时期的治疗要点

（2）新生儿的护理：无论体重大小均按早产儿护理，注意保暖、吸氧、早开奶。密切观察有无低血糖、低血钙、高胆红素血症及新生儿呼吸窘迫综合征等症状，新生儿娩出 30 分钟开始定时滴服 25% 葡萄糖液，预防新生儿低血糖。

（3）制订康复计划：指导产妇坚持进行饮食控制及运动治疗。定期监测血糖，指导产妇定期接受产科和内科复查。

（4）指导避孕：糖尿病产妇产后应长期避孕，宜使用安全套或手术结扎，最好不用药物和宫内节育器。

（5）喂养护理：接受胰岛素治疗的母亲，哺乳不会对新生儿产生不利影响，应鼓励母乳喂养，并注意加强乳房护理。

【护理评价】

1．孕产妇心情平和，乐观积极。

2．孕产妇及家属了解相关的自我保健知识，配合医护工作。

3．及时发现胎儿异常，积极救治。

4．孕产妇妊娠、分娩顺利，母婴健康，无并发症发生。

第 3 节　妊娠合并急性病毒性肝炎

妊娠合并急性病毒性肝炎严重威胁孕产妇生命安全，死亡率占孕产妇间接死因的第二位，仅次于妊娠合并心脏病。按病原分为甲、乙、丙、丁、戊型 5 种肝炎，以乙型肝炎多见。

案例 9-3

女性，29 岁。妊娠 36 周，近 2 周恶心、呕吐、食欲下降，右季肋部胀痛。查体：皮肤无黄染，肝区叩痛（＋），血清转氨酶中度升高，HBsAg（＋），胎心 144 次 / 分，头浮。初步诊断：妊娠合并乙型肝炎。

问题和思考：

1．该孕妇所患疾病对母儿有哪些影响？

2．如何对患者进行健康指导？

【妊娠对病毒性肝炎的影响】

妊娠加重了肝脏负担，使孕妇易感染病毒性肝炎，也使原有的肝炎病情加重，易发展为重症肝炎。

妊娠期新陈代谢明显增加，肝内糖原储备降低；妊娠期产生的大量雌激素需在肝内灭活再排出；胎儿代谢产物需在母体肝脏内解毒；妊娠期某些并发症、分娩时体力消耗、出血及手术等加重了对肝脏的损害，易发生急性肝坏死。

【病毒性肝炎对妊娠、分娩的影响】

1. 对母体的影响　妊娠早期合并病毒性肝炎，可使早孕反应加重；妊娠晚期则易并发妊娠高血压疾病，可能与患肝炎时醛固酮的灭活能力下降有关；分娩时因肝功能受损，凝血因子合成功能降低，易发生产后出血。妊娠合并肝炎的孕妇发生重症肝炎的可能性增高，而重症肝炎又使孕产妇死亡率增高。

2. 对胎儿、新生儿的影响　妊娠早期合并病毒性肝炎，其胎儿畸形发生率约高出正常的2倍；由于肝炎病毒可经胎盘感染胎儿，易导致流产、早产、死胎、死产及新生儿死亡，使围生儿死亡率明显增高。

3. 母婴传播

（1）甲型肝炎病毒（HAV）：主要经粪－口途径传播，不能通过胎盘感染胎儿，妊娠期妇女患病不必终止妊娠。但分娩时可经接触母血或经粪口途径感染新生儿。

（2）乙型肝炎病毒（HBV）：可经消化道、输血或血液制品、注射用品等多途径感染，而母婴传播是其主要传播途径。包括：①垂直传播，HBV通过胎盘引起宫内传播；②产时传播，是母婴传播的主要途径，胎儿通过产道接触母血、羊水等传播；③产后接触母体唾液或乳汁传播。

考点：乙型肝炎病毒的母婴传播途径

（3）丙型肝炎病毒（HCV）：存在母婴传播。

（4）丁型肝炎病毒（HDV）：母婴传播较少见。

（5）戊型肝炎病毒（HEV）：目前已有母婴间传播的报道，传播途径及临床表现与甲型病毒性肝炎相似，易急性发作，且多为重症。

【护理评估】

1. 健康史　评估有无与肝炎病人密切接触史或半年内曾输血、注射血制品史，有无肝炎病家族史及当地流行史等。重症肝炎应评估其诱发因素，同时评估患者的治疗用药情况及家属对肝炎相关知识的了解程度。

2. 身体评估　妊娠期出现不能用早孕反应或其他原因解释的消化系统症状，如食欲减退、恶心、呕吐、腹胀等，部分患者有乏力、畏寒、发热、皮肤巩膜黄染。妊娠早、中期可触及肝大，并有肝区叩击痛，妊娠晚期受增大子宫影响，肝脏极少被触及。

3. 辅助检查

（1）血常规检查：急性期白细胞常稍低或正常，淋巴细胞相对增多，偶可有异常淋巴细胞，但一般不超过10%；慢性肝炎白细胞常减少；急性重症肝炎白细胞总数及中性粒细胞百分比均可显著增加；部分慢性肝炎病人血小板可减少。

（2）肝功能检查：血清酶测定：丙氨酸转移酶（ALT）升高，特别是当数值很高（大于正常值10倍以上），持续时间较长时，对肝炎的诊断价值很大；凝血酶原时间及其活动度的测定可用于判定重症肝炎，如注射维生素K后仍明显异常，常表示肝细胞组织严重受损。

（3）血清病原学检测

1）甲型肝炎：急性期患者血清中抗 HAV-IgM 阳性有诊断意义。

2）乙型肝炎：HBsAg 阳性是 HBV 感染的特异性标志，慢性肝炎、无症状携带者可长期检出 HBsAg。

3）丙型肝炎：血清中出现抗 -HCV 抗体可诊断为 HCV 感染。

（4）超声检查：肝脏超声检查有助于肝炎诊断。

4. 心理 - 社会状况 评估孕妇及家人对疾病的认知程度及家庭社会支持系统是否完善。由于担心感染胎儿，孕妇会出现焦虑、矛盾及自卑心理，应给予重点评估。

【处理原则】

孕期病毒性肝炎处理与非孕期相同，主要为注意休息，增加营养，积极用中西医结合方案，进行保肝治疗。妊娠早期患急性肝炎如为轻症，积极治疗后可继续妊娠，如患慢性活动性肝炎，对母儿危害大，可治疗后人工终止妊娠；妊娠中、晚期应积极防治妊娠高血压疾病，尽量避免终止妊娠，若经治疗后病情继续发展，可考虑终止妊娠。重症肝炎以剖宫产结束分娩为宜。

【护理诊断 / 问题】

1. 潜在并发症 肝性脑病、产后出血。

2. 营养缺乏 与肝炎患者食欲缺乏、恶心、呕吐有关。

3. 知识缺乏 缺乏有关病毒性肝炎感染途径、传播方式、母儿危害及预防保健等知识。

【护理目标】

1. 无潜在并发症出现。
2. 孕期加强营养，避免因营养不良增加对肝炎病毒的易感性。
3. 孕产妇及家属了解妊娠合并病毒性肝炎的相关知识。

【护理措施】

1. 非妊娠期 重视围婚期保健，提倡生殖健康，夫妇一方如患有肝炎者应使用避孕套避免交叉感染。已患肝炎的育龄妇女应避孕。患急性肝炎应于痊愈后半年，最好 2 年后在医师指导下妊娠。

2. 妊娠期

（1）一般护理：每日保证 9 小时睡眠和适当午睡，避免体力劳动；提供高蛋白、高维生素、足量糖类、低脂肪饮食，多摄入富含纤维素的蔬菜和新鲜水果，保持大便通畅；提供安静、舒适的家庭环境。

（2）心理护理：关心、安慰、鼓励孕妇，消除其紧张、恐惧心理，提高自我照顾能力。

（3）定期产前检查：加强产前检查，检查时防止交叉感染，应有专门诊室，严格执行消毒隔离制度。所用器械用 0.5% 过氧乙酸浸泡后再消毒；密切观察消化道症状、黄疸情况及肝功能，警惕病情恶化；遵医嘱使用保肝药物，避免应用可能损害肝脏的药物。

（4）重症肝炎病人的护理：限制蛋白质摄入，每日蛋白质应 <0.5g/kg，增加糖类。减少氨及毒素的吸收，保持大便通畅；严禁肥皂水灌肠，必要时可给予醋灌肠；有肝昏迷前驱症状时，按医嘱使用谷氨酸钠、六合氨基酸注射液等；防止 DIC 发生，临产前 1 周开始按医嘱使用维生素 K_1 和维生素 C，密切观察出血倾向，进行凝血功能检查，若有异常，应

按医嘱补充凝血因子，如输新鲜血、纤维蛋白原等；发生 DIC 时可遵医嘱酌情使用肝素，但产前 4 小时至产后 12 小时内不宜应用肝素，以免发生产后出血。

3. 分娩期

（1）正确处理产程：密切观察产程进展，避免各种不良刺激，满足其生活需要，提供无痛分娩措施，防止并发症的发生；宫口开全后行阴道助产，缩短第二产程。

（2）预防感染：将产妇安置在隔离待产室和产房；严格执行操作程序，避免软产道损伤及新生儿产伤等引起的母婴传播；凡接触过肝炎产妇的器械、物品均需用 0.5% 过氧乙酸浸泡消毒后按相关规定处理。

（3）预防产后出血：产前备新鲜血液；临产后按医嘱给予维生素 K_1 肌内注射；第二产程胎肩娩出后立即遵医嘱静脉注射缩宫素 20U，减少产后出血。

4. 产褥期

（1）预防产后出血：密切观察子宫收缩及阴道出血情况，防止产后出血。

（2）继续护肝：遵医嘱继续用保肝药物治疗；继续选用对肝脏损害小的抗生素，如头孢菌素或氨苄西林等；回奶避免使用雌激素，可口服生麦芽或用皮硝外敷乳房。

（3）新生儿护理：指导新生儿喂养，HBsAg 阳性产妇可以母乳喂养，HBeAg 阳性产妇不宜母乳喂养，应指导人工喂养；新生儿出生后 6 小时和 1 个月时各肌内注射 1ml 乙肝免疫球蛋白，出生后 24 小时内、1 个月、6 个月分别注射乙肝疫苗 30μg、10μg、10μg。

考点：不同阶段的护理要点

【健康教育】

1. 增强预防疾病意识　让孕妇了解肝炎的传播方式、传染途径，积极应对疾病带来的危害。

2. 加强围生期保健　重视产前检查，加强乙肝的传染期管理，严格消毒隔离；孕期加强营养，摄入富含蛋白质、糖类和维生素的食物，避免因营养不良增加对肝炎病毒的易感性。

3. 指导避孕　乙型肝炎病毒携带者约 40% 为母婴传播，已患病毒性肝炎的育龄妇女应避孕，待肝炎痊愈后至少半年，最好 2 年后再怀孕。

【护理评价】

1. 妊娠、分娩及产褥期经过顺利，母婴健康状况良好，无并发症出现。
2. 孕期正确加强营养。
3. 孕产妇能进行相关的自我保健。

第 4 节　妊娠合并缺铁性贫血

案例 9-4

初产妇，孕 32 周。自觉头晕、乏力及食欲差半个月。查体：胎位、胎心及骨盆外测量均正常，血红蛋白 80g/L，红细胞比容 25%。初步诊断：妊娠合并贫血。

问题和思考：

1. 该孕妇最可能患何种类型贫血?
2. 在妊娠期应对患者进行哪些指导?

贫血常以血红蛋白浓度作为诊断标准，如血红蛋白<100g/L，红细胞计数<3.5×10^{12}/L或血细胞比容<0.30，即可诊断妊娠期贫血。WHO最近资料表明，50%以上孕妇合并贫血，而缺铁性贫血最为常见，占妊娠期贫血的95%。

【贫血对母儿影响】

1. 对孕妇的影响 贫血孕妇的抵抗力低下，对分娩、手术和麻醉的耐受能力差，即使是轻度或中度贫血，孕妇在妊娠和分娩期间的风险也会增加。重度贫血可导致贫血性心脏病、妊娠期高血压疾病性心脏病、产后出血、失血性休克、产褥感染等并发症的发生，危及孕产妇生命。

2. 对胎儿的影响 因孕妇骨髓和胎儿在竞争摄取孕妇血清铁的过程中，胎儿组织占优势。而铁通过胎盘的由孕妇运至胎儿是单向性运输，因此，胎儿缺铁程度不会太严重。若孕妇缺铁严重时，经胎盘供氧和营养物质不足，容易导致胎儿生长受限、胎儿宫内窘迫、早产、死胎或死产等不良后果。

【护理评估】

1. 健康史 评估既往有无月经过多等慢性失血性病史，有无长期偏食、孕早期呕吐、胃肠功能紊乱导致的营养不良病史等。

2. 身体评估

（1）评估症状：轻度贫血者多无明显症状，严重贫血者可表现为头晕、乏力、耳鸣、心悸、气短、面色苍白、倦怠、食欲缺乏、腹胀、腹泻等症状，甚至出现贫血性心脏病、胎儿生长受限、胎儿窘迫、早产、死胎等并发症的相应症状。

（2）评估体征：皮肤黏膜苍白、毛发干燥无光泽易脱落、指（趾）甲扁干、脆薄易裂或反甲（指甲呈勺状），并可伴发口腔炎、舌炎等，部分孕妇出现脾轻度大。

3. 辅助检查

（1）血象：外周血涂片为小红细胞低血红蛋白性贫血。血红蛋白<100g/L，红细胞<3.5×10^{12}/L，血细胞比容<0.30，红细胞平均体积<80fl，红细胞平均血红蛋白浓度<32%，白细胞计数及血小板计数均在正常范围内。

（2）血清铁测定：血清铁浓度能灵敏反映缺铁状况，正常成年妇女血清铁为7～27μmol/L孕妇血清铁<6.5μmol/L，可诊断为缺铁性贫血。

（3）骨髓象：红系造血呈轻度或中度增生活跃，以中、晚幼红细胞增生为主，骨髓铁染色可见细胞内外铁均减少，以细胞外铁减少明显。

4. 心理-社会状况 评估孕妇及家人对缺铁性贫血病的认知情况，以及家庭、社会支持系统是否完善等。

妊娠期贫血程度

轻度：RBC（3.0～3.5）$\times10^{12}$/L，Hb 81～100g/L；中度：RBC（2.0～3.0）$\times10^{12}$/L，Hb 61～80g/L；重度：RBC（1.0～2.0）$\times10^{12}$/L，Hb 31～60g/L；极重度：RBC<1.0×10^{12}/L，Hb≤30g/L。

知识链接

【处理原则】

补充铁剂、去除病因，治疗并发症。如血红蛋白＜60g/L，接近预产期或短期内需行剖宫产术者，应少量多次输血，以浓缩红细胞为最好，输血时注意避免因加重心脏负担诱发急性左心衰竭。同时积极预防产后出血和产褥感染。

【护理诊断 / 问题】

1. **潜在并发症**　贫血性心脏病、胎儿生长受限等。
2. **活动无耐力**　与贫血引起的疲倦有关。
3. **有受伤的危险**　与贫血引起的头晕、眼花等症状有关。

【护理目标】

1. 无潜在并发症出现，若出现能够及时发现。
2. 改善疲惫等全身症状。
3. 避免意外受伤。

【护理措施】

1. 非妊娠期　妊娠前积极治疗慢性失血性疾病，改变长期偏食、挑食等不良饮食习惯，适度增加营养，鼓励进食含铁丰富的食物，如动物肝脏、瘦肉、蛋类、葡萄干及菠菜、甘蓝等深色蔬菜，并注意饮食的搭配。必要时补充铁剂，以增加铁的储备。

2. 妊娠期

（1）一般护理：建议贫血孕妇适当活动，避免过劳；建议孕妇摄取高铁、高蛋白质及高维生素 C 食物；保持病房清洁干燥，注意与其他患感染性疾病孕产妇隔离，必要时使用抗生素预防感染。

（2）正确服用铁剂：遵医嘱补充铁剂，应首选口服制剂，补充铁剂的同时服维生素 C 及稀盐酸可促进铁的吸收。铁剂对胃黏膜有刺激作用，引起恶心、呕吐、胃部不适等症状，指导饭后或餐中服用铁剂。对于妊娠末期重度缺铁性贫血或口服铁剂胃肠道反应较重者，可采用深部肌内注射补充铁剂。

（3）加强产前检查：妊娠晚期应重点复查血常规，注意评估胎儿宫内发育情况。

3. 分娩期　保持病房清洁干燥，注意与其他患感染性疾病孕产妇隔离。必要时使用抗生素预防感染。临产前给予止血药维生素 K_1、安络血、维生素 C 等药物并备新鲜血；严密观察产程，第二产程酌情给予阴道助产；预防产后出血，胎儿前肩娩出时，立即遵医嘱肌内注射或静脉注射宫缩剂，加强宫缩。

4. 产褥期　密切观察子宫收缩及阴道流血，继续应用抗生素预防和控制感染，补充铁剂，纠正贫血。严重贫血或有严重并发症者，不宜哺乳。

【健康教育】

1. 提供知识　加强宣教，使孕产妇能够积极地应对缺铁性贫血对身心的影响，掌握自我保健措施。注意保持会阴部清洁，预防感染。

2. 合理饮食、加强营养　建议孕妇摄取高铁、高蛋白质及高维生素 C 的食物，注意饮食搭配。

3. 指导母乳喂养　一般情况鼓励母乳喂养。重度贫血不宜哺乳者，指导产妇及家属掌握人工喂养方法。采取正确回奶方法。

【护理评价】

1. 妊娠及分娩经过顺利，无潜在并发症出现，若出现能够及时发现。
2. 疲惫等全身症状明显改善。
3. 无意外伤害发生。

案例 9-1 分析

1．该产妇为妊娠合并心脏病，且已出现急性心力衰竭。胎儿宫内窘迫及新生儿窒息等疾病发生率明显增高，围生儿死亡率增高。

2．护理措施包括协助正确使用药物，指导病人注意休息，避免劳累；饮食方面摄入高热量、高维生素、易消化、低盐低脂饮食且富含多种微量元素如铁、锌、钙等；预防感染。心力衰竭控制后可选择剖宫产术终止妊娠。

案例 9-2 分析

1．妊娠合并糖尿病产妇巨大儿、胎儿生长受限、低体重儿、早产、死胎、死产等发生率升高。新生儿低血糖、低血钙、新生儿呼吸窘迫综合征发生率高，新生儿死亡率高。

2．产后无论新生儿体重大小均按早产儿护理，注意保暖、吸氧、早开奶。密切观察有无低血糖、低血钙、高胆红素血症及新生儿呼吸窘迫综合征等症状，新生儿娩出 30 分钟开始定时滴服 25% 葡萄糖液，预防新生儿低血糖。

案例 9-3 分析

1．妊娠合并肝炎的孕妇易并发妊娠高血压疾病，产后出血，发生重症肝炎的可能性增高。胎儿发生畸形、流产、早产、死胎、死产及新生儿死亡概率高，围生儿死亡率明显增高。

2．应指导产妇了解相关护理知识，加强围生期保健，孕期加强营养，摄入富含蛋白质、糖类和维生素的食物。

案例 9-4 分析

1．妊娠合并贫血可由多种病因引起，而缺铁性贫血最为常见。

2．应向产妇提供知识，使孕产妇能够积极地应对缺铁性贫血对身心的影响，掌握自我保健措施。注意保持会阴部清洁，预防感染。建议孕妇摄取高铁、高蛋白质及高维生素 C 的食物，注意饮食搭配。必要时可口服铁剂，注意复查血常规，评估胎儿宫内发育情况。

目标检测

A_1 型题

1. 妊娠合并心脏病孕妇的护理，以下哪项是错误的（　　）
   A. 妊娠 5 个月起，限制食盐的摄入
   B. 妊娠 5 个月起，服用铁制剂及维生素
   C. 休息时，宜采取左侧卧位
   D. 加强体育锻炼，增加机体的抵抗力
   E. 心脏病变轻，既往无心力衰竭史，可以妊娠
2. 风湿性心脏病孕妇分娩时，正确的处理是（　　）
   A. 宫口开全后，鼓励孕妇用力屏气，尽快结束分娩
   B. 胎儿娩出后在腹部放置沙袋加压
   C. 为了预防产后出血，静脉注射麦角新碱
   D. 产后鼓励母乳喂养
   E. 产后 24 小时内行输卵管结扎术
3. 关于妊娠合并心脏病的叙述不正确的是（　　）
   A. 是孕产妇死亡的主要原因之一
   B. 妊娠 32～34 周血容量达到最高峰
   C. 第二产程心脏的负担最重
   D. 产后 2～3 天心脏负担减轻
   E. 产后 3 日，尤其是 24 小时内仍是发生心力衰竭的危险时期
4. 妊娠心脏病患者中，下列不属于早期心力衰竭的体征是（　　）
   A. 休息时心率大于 110 次 / 分
   B. 休息时呼吸大于 20 次 / 分
   C. 肝脾大，有压痛
   D. 阵发性夜间呼吸困难
   E. 肺底部出现少量持续性湿啰音，咳嗽后不消失
5. 妊娠期糖尿病对胎儿、新生儿的影响不包括（　　）
   A. 巨大儿发生率增加
   B. 畸形发生率增加
   C. 容易发生新生儿低胰岛素血症
   D. 容易发生儿呼吸窘迫综合征
   E. 易发生早产、流产
6. 妊娠合并急性病毒性肝炎，下列不正确的是（　　）
   A. 原则上肝炎患者不宜妊娠
   B. 早孕期不宜终止妊娠，以免增加肝负担
   C. 妊娠继续时，注意防止妊高征
   D. 分娩时注意缩短第二产程
   E. 防止产后出血
7. 妊娠期糖尿病患者控制血糖的方法不合适的是（　　）
   A. 饮食治疗　　B. 血糖的监测
   C. 胰岛素治疗　　D. 服用磺脲类药物
   E. 适当的运动治疗
8. 妊娠合并病毒性肝炎可出现（　　）
   A. 妊娠可使肝脏负担加重
   B. 易患妊娠期高血压疾病
   C. 流产、早产、死胎、死产，新生儿死亡率增高
   D. 若为重症肝炎，DIC 发生率增加
   E. 以上都是
9. 妊娠合并心脏病，于分娩期为减轻心脏负担应（　　）
   A. 无论是否有产科指征，到预产期都应做剖宫产
   B. 第一产程加强护理，第二产程避免使用腹压，采用人工助产术缩短产程
   C. 为缩短产程，应静脉滴注催产素加强宫缩
   D. 胎盘娩出后，不能使用杜冷丁以免发生后出血而发生心力衰竭
   E. 以上都正确
10. 心脏病产妇的主要死亡原因是（　　）
    A. 心力衰竭　　B. 头位难产
    C. 子宫破裂　　D. 产后出血
    E. 宫缩乏力
11. 妊娠合并心脏病产后什么时候结扎为宜（　　）
    A. 产后 24 小时内
    B. 产后 3 天左右
    C. 产后 1 周左右进行
    D. 产后 1 个月内
    E. 产后 6 个月
12. 妊娠合并肝炎的产后正确处理为（　　）
    A. 用四环素预防感染
    B. 鼓励母乳喂养

C. 注射维生素K预防出血
D. 产妇分娩后回普通病房休息
E. 以上都正确

A_2 型题

13. 秦女士，28岁。妊娠36周合并急性乙型肝炎，经门诊收入院治疗。下列哪项治疗措施错误（　　）
A. 静脉滴注葡萄糖液加维生素C
B. 每日肌内注射维生素 $K_1$10mg
C. 注意休息，避免过劳
D. 给予静脉滴注红霉素预防感染
E. 加强母儿监护

14. 李女士，30岁。妊娠38周，合并重症病毒性肝炎。临产3小时，宫口开大2cm。下列哪项处置错误（　　）
A. 静脉滴注葡萄糖液加维生素C
B. 肌内注射维生素 K_1
C. 输新鲜血
D. 经阴道手术助产
E. 剖宫产

A_3 型题

（15～16题共用题干）

张女士，30岁。现停经16周，一般状态良好，日常工作无不适。既往史：风湿病，无心力衰竭史。

15. 下述可继续妊娠的情况是（　　）
A. 心功Ⅲ级
B. 心房纤颤
C. 肺动脉高压
D. 风心病心功能Ⅰ级
E. 房室传导阻滞

16. 不易引起心力衰竭的因素为（　　）
A. 上呼吸道感染　　B. 心律失常
C. 重度贫血　　D. 产褥感染
E. 每日休息10小时以上

（17～18题共用题干）

孙女士，35岁。妊娠足月合并黄疸，因臀位胎膜早破行急诊剖宫产术，术后实验室检查结果如下：HBsAg(＋)、HBsAb(－)、HBcAb(＋)、HBeAg(＋)、HBeAb(－)。

17. 新生儿应接受的治疗为（　　）
A. 注射高效价免疫球蛋白
B. 注射乙肝疫苗
C. 注射乙肝疫苗及高效价免疫球蛋白
D. 注射血清免疫球蛋白
E. 无需上述治疗

18. 该产妇术后发生阴道流血，失血量超过1000ml，其最可能的原因是（　　）
A. 子宫收缩乏力　　B. 胎盘残留
C. 羊水栓塞　　D. 血小板减少
E. 凝血功能障碍

（熊　瑛）

第 10 章　异常分娩产妇的护理

📖 **学习目标**

1. 掌握子宫收缩乏力与子宫收缩过强孕产妇的护理评估、治疗原则及护理措施。
2. 熟悉骨产道异常的分类及骨产道异常产妇的护理措施。
3. 了解产力异常、产道异常、胎儿发育异常、胎位异常对母儿的影响。

案例 10-1

女性，31 岁。宫内孕足月初产，规律宫缩 7 小时入院。孕妇于 24 小时前阴道流出少许血性分泌物伴不规律宫缩，居家观察后经门诊收入院。

查体：生命体征平稳。心肺（－），肝脾未触及，脊柱四肢无异常。产科检查：宫高 32cm，腹围 92cm，枕左前位，骨盆外测量正常，宫缩 30～40 秒 /3～4 分，胎心 145 次 / 分，宫口开大 4cm，S^{-1}；2 小时后复查：宫缩 20～30 秒 /4～5 分，胎心 156 次 / 分，宫缩规律性、对称性、极性存在，宫口大小及胎头位置无变化。

问题和思考：

1．该产妇的诊断是什么？依据是什么？

2．为促进产程进展，首选的处理方案是什么？

3．针对此产妇的护理要点有哪些？

分娩是复杂的生殖现象，是产力、产道、胎儿及产妇精神心理四个因素相互影响与相互适应的动态进展过程。其中任何一个或多个因素异常以及各因素间不能相互适应，都可能导致分娩过程受阻，称为异常分娩(abnormal labor)，又称难产(dystocia)。若医务人员观察和处理得当，难产则可能转变为顺产。

第 1 节　产 力 异 常

产力包括子宫收缩力、腹肌、膈肌及肛提肌收缩力，其中以子宫收缩力为主。子宫收缩力贯穿于分娩的全过程。在分娩过程中，子宫收缩的节律性、对称性和极性异常或其强度、频率发生改变称为子宫收缩力异常（abnormal uterine action），亦称产力异常。产力异常根据频率、强度不同分为子宫收缩乏力（uterine inertia）和子宫收缩过强（uterine overcontraction）两类；根据宫缩是否协调，又分为协调性和不协调性子宫收缩两类。

一、子宫收缩乏力

【病因】

子宫收缩乏力是由多种因素综合导致的，以下为几种常见原因。

1．精神因素　多见于初产妇，对分娩有恐惧心理、精神高度紧张导致神经内分泌系统失常影响子宫收缩。

2. 子宫因素 子宫畸形、子宫发育不良；子宫肌纤维过度伸展（多胎、巨大儿、羊水过多）；子宫肌纤维变性。

3. 内分泌失调 临产后产妇体内激素分泌不足，子宫对乙酰胆碱的敏感性降低可影响子宫肌兴奋，从而影响子宫肌纤维收缩。

4. 头盆不称或胎位异常 产道或胎儿异常时，胎先露下降受阻不能紧贴宫颈反射性引发宫缩，引起继发性宫缩乏力。

考点： 继发性宫缩乏力最常见的原因

5. 其他 临产后不当应用镇静剂或镇痛剂；营养不良、贫血或体质虚弱者；产妇过度疲劳等均可能引起宫缩乏力。

【护理评估】

1. 健康史 询问并仔细查看产前检查记录，了解产妇本次妊娠经过、骨盆测量值、胎儿大小、有无妊娠并发症及合并症；评估临产时间、胎心、胎动情况。

2. 身心状况 评估有无产程曲线异常及胎先露下降异常；了解子宫收缩的节律性、对称性和极性，宫缩的持续时间、间歇时间和强度以及有无头盆不称情况。

（1）协调性子宫收缩乏力：特点为子宫收缩具有正常的节律性、对称性和极性，但宫缩强度弱，宫缩持续时间短，间歇时间长，宫缩每 10 分钟少于 2 次。当宫缩高峰时，宫体隆起不明显，若用手指按压，宫底部肌壁仍可出现凹陷。根据宫缩乏力在产程中的出现时间分为原发性宫缩乏力和继发性宫缩乏力。

考点： 协调性宫缩乏力的临床特点

1）原发性宫缩乏力：指产程开始即出现子宫收缩乏力，宫口不能如期扩张，胎先露不能如期下降，多表现为潜伏期延长。

2）继发性宫缩乏力：指产程开始时子宫收缩力正常，当产程进展到某一阶段时子宫收缩力转弱，产程进展缓慢，甚至停滞，常见于中骨盆与骨盆出口平面狭窄，持续性枕横位或枕后位等情况。

（2）不协调性子宫收缩乏力：特点为子宫收缩失去正常的节律性、对称性、极性，两侧宫角部起搏点不同步或起搏信号来自子宫下段，宫缩强度下段强于上段，致宫缩极性倒置，宫缩间歇期子宫肌壁不能完全放松。此种宫缩不能使胎先露下降、宫颈口扩张，属无效宫缩。产妇自觉下腹部持续疼痛、拒按、烦躁、肠胀气、尿潴留，产科检查见下腹部压痛，宫缩间歇期不明显，胎位触不清，胎心不规则，产程进展异常。

考点： 异常产程曲线的定义

（3）产程曲线异常：协调性宫缩乏力和不协调性宫缩乏力均可使宫口扩张及胎先露下降缓慢甚至停滞，在产程图上表现为以下 8 种产程曲线异常，可同时出现，也可单独存在（图 10-1）。

1）潜伏期延长：从规律宫缩开始至宫口扩张 3cm 为潜伏期，初产妇正常潜伏期约为 8 小时，最大时限为 16 小时，超过 16 小时者称潜伏期延长。

2）活跃期延长：从宫口扩张 3cm 开始至宫口开全为活跃期，初产妇正常活跃期约为 4 小时，最大时限为 8 小时，超过 8 小时者称活跃期延长。

3）活跃期停滞：进入活跃期后，宫口停止扩张达 2 小时者称活跃期停滞。

4）第二产程延长：第二产程初产妇超过 2 小时、经产妇超过 1 小时尚未分娩者称第二产程延长。

5）第二产程停滞：第二产程胎头下降无进展达 1 小时者称第二产程停滞。

6）胎头下降延缓：活跃期末至宫口扩张 9～10cm，胎头下降速度初产妇每小时小于 1cm、经产妇每小时小于 2cm 者，称为胎头下降迟缓。

7）胎头下降停滞：活跃期晚期胎头停留在原处不再下降达 1 小时以上者，称胎头下降停滞。

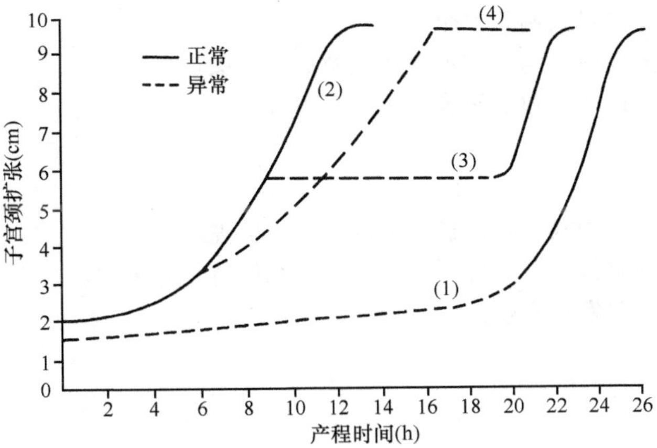

图 10-1　异常的宫颈扩张曲线

8）滞产：总产程超过 24 小时，称为滞产。

（4）对母儿的影响

1）对产妇的影响：易造成体力消耗；由于第二产程的延长，膀胱较长时间被压迫于胎先露（尤其是胎头）和耻骨联合之间，使局部组织缺血、水肿、坏死，产后引起排尿困难、尿潴留，严重者可形成生殖道瘘；宫缩乏力可影响胎盘剥离及娩出，导致产后出血；产程延长使肛查、阴道检查次数增多，增加了感染机会；另外产程延长，使手术产率增高，产褥感染概率增多。

2）对胎儿及新生儿的影响：不协调性宫缩乏力，宫缩间歇期子宫不能完全放松，出现胎儿窘迫，甚至胎死宫内；宫缩乏力导致产程延长，胎头及脐带受压时间过长，手术助产机会增多，使发生新生儿产伤、新生儿窒息、颅内出血等的危险性增加。

3. 辅助检查

（1）胎儿电子监护仪：及时了解胎心及宫腔压力情况，观察宫缩持续及间歇时间的变化。

（2）肛门及阴道检查：适时进行肛门及阴道检查，了解宫颈软硬度、厚薄、宫口扩张情况及胎先露下降情况。

（3）实验室检查：产程延长的产妇应适时检查尿液有无酮体；血液生化检查有无二氧化碳结合力降低，有无钠、钾等电解质的改变。

4. 心理 - 社会状况　孕产妇及家属因产程延长，担心母儿的安全而产生焦虑、恐惧情绪。护理人员应适时评估家人和产妇对新生儿的看法；产妇是否有良好的支持系统。

【处理原则】

1. 协调性子宫收缩乏力　首先应寻找原因，针对原因进行处理；结合产妇的一般情况、孕产史、产科检查情况给予综合分析。若有头盆不称或明显的胎位异常，估计不能经阴道分娩者，应及时行剖宫产术；若无头盆不称和胎位异常，估计可以经阴道分娩者，应加强宫缩。

考点：协调性宫缩乏力处理原则

2. 不协调性子宫收缩乏力　处理原则是调整子宫收缩，恢复子宫收缩的节律性、对称性和极性。经上述处理无效者，或伴有头盆不称、胎儿窘迫，应尽早行剖宫产术。

考点：不协调性宫缩乏力处理原则

【护理诊断 / 问题】

1. 疲乏　与子宫收缩乏力、产程延长有关。

2. 焦虑 与担心自身及胎儿安全有关。

3. 有体液不足的危险 与产妇消耗过大及失血有关。

4. 潜在并发症 产后出血、感染、胎儿窘迫等。

【护理目标】

1. 产妇情绪稳定，积极配合医护人员的治疗与护理。
2. 体液不足的问题得到及时发现及纠正，产妇保持良好体力。
3. 母婴安全，无并发症发生。

【护理措施】

1. 一般护理

（1）提供舒适、安静、空气流通的待产与分娩环境；指导产妇左侧卧位，充分休息；对于过度疲劳或烦躁不安的产妇，遵医嘱给予地西泮 10mg 静脉推注或哌替啶 100mg 肌内注射。

（2）鼓励产妇进食营养丰富、易消化的半流质饮食。必要时遵医嘱静脉补充水分和营养；纠正酸中毒及电解质紊乱。

2. 病情观察

（1）定时测量产妇生命体征，观察其精神状况及大小便情况。

（2）观察宫缩、宫颈扩张、胎先露下降及胎心率情况，是否破膜、羊水的量、色、性状，发现异常及时报告医生。

3. 治疗配合

（1）加强宫缩：协调性宫缩乏力者，排除头盆不称、胎位异常和骨盆狭窄，无胎儿窘迫，产妇无剖宫产史，可用下列方法：①人工破膜：宫颈口扩张达 3cm，无头盆不称，且胎头已衔接者，可在宫缩间歇期行人工破膜。破膜前应排除脐带先露情况。破膜时应观察羊水的量、色及性状，听胎心，了解胎儿安危情况。破膜后胎先露直接压迫子宫下段及宫颈内口，可引起反射性子宫收缩，加速产程进展。②静脉滴注缩宫素：适用于协调性宫缩乏力、宫口扩张 3cm、胎位正常、胎心良好的孕妇。先将 5% 葡萄糖溶液 500ml 静脉滴注，调节滴速至每分钟 8～10 滴，然后再加入 2.5～5U 的缩宫素，根据情况逐渐增加滴速，不可超过每分钟 40 滴，以子宫收缩持续 40～60 秒，间歇 2～4 分钟为好。每隔 15 分钟观察一次宫缩、胎心、血压和脉搏，并予记录。如出现宫缩持续 1 分钟以上或胎心率有变化，应立即停止滴注。③应用前列腺素，但胎膜已破者禁止阴道给药。当胎头双顶径已通过坐骨棘平面，可行胎头吸引术或产钳术助产；经上述处理，宫缩无明显加强，产程无进展或出现胎儿窘迫征象，应及时行剖宫产术。

考点：静脉滴注缩宫素的护理要点

（2）镇静：不协调宫缩乏力者，遵医嘱给予镇静剂哌替啶 100mg 或地西泮 10mg 等，经充分休息后，产妇多能恢复协调性宫缩，在子宫收缩恢复为协调性宫缩之前，禁用缩宫素。

（3）预防产后出血：当胎儿前肩娩出后，遵医嘱予缩宫素 10～20U 静脉滴注或肌内注射缩宫素 10U。也可静脉推注麦角新碱 0.2mg，但高血压、心脏病产妇禁用。产后留观 2 小时。

（4）预防感染：尽量避免不必要的阴道检查及肛查。分娩过程中严格无菌操作。

（5）手术配合：为拟行剖宫产术及阴道助产术的产妇做好术前准备，备齐新生儿用物及新生儿抢救的物品。

4. 心理护理　产妇过度紧张和焦虑的精神心理状态直接影响子宫收缩，护士应鼓励产妇及家属说出他们的担心与不适，及时提供产程进展情况及治疗护理程序，随时解答产妇及家属的疑问，给予产妇心理支持，使产妇树立分娩信心并鼓励家属多为产妇提供心理支持。

要点：宫缩乏力的护理措施

【健康教育】

加强产前教育，让孕妇及家属了解分娩过程。临产后，指导产妇休息、饮食、排尿及排便，配合医护工作。产后嘱产妇注意宫缩、阴道流血情况，观察恶露的量、色及气味，保持外阴部清洁，加强营养，指导母乳喂养。

【护理评价】

1. 产妇情绪是否稳定，是否能积极配合医护人员的治疗与护理。
2. 体液不足的问题是否得到及时发现及纠正。
3. 母婴是否安全。

二、子宫收缩过强

子宫收缩过强分为协调性子宫收缩过强和不协调性子宫收缩过强。

【护理评估】

1. 健康史　认真查阅产前检查记录，了解既往有无急产史，有无引起子宫过强收缩的因素。以下因素可导致宫缩过强，应重点评估。

（1）产妇的精神过度紧张、产程延长以及多次宫腔内操作、粗暴的阴道操作等均可引起子宫壁局部肌肉痉挛，导致不协调性宫缩过强。

（2）缩宫素使用不当或产妇对缩宫素敏感、产道梗阻、头盆不称可引发子宫强直性收缩。

2. 身心状况　评估有无腹痛剧烈、烦躁不安、腹部拒按等情况，有无病理性缩复环、血尿等了解胎心、宫缩及胎儿下降情况。

（1）协调性子宫收缩过强：子宫收缩具有正常的对称性和极性，但收缩力过强（宫缩时宫腔压力大于 50mmHg）、过频（10 分钟内有 5 次或以上的宫缩且维持达 60 秒或更长称为子宫收缩过频），称为子宫收缩力过强。如产道无梗阻、无头盆不称及胎位异常，子宫颈口迅速开全，产程进展迅速，分娩在短时间内结束，总产程不足 3 小时者，称为急产（precipitate delivery）。若产道有梗阻，可使子宫体部肌层越来越厚，子宫下段肌层越来越薄，脐下或平脐处可见一环形凹陷，即病理性缩复环，不及时处理可致子宫破裂。

考点：急产的定义

（2）不协调性子宫收缩过强

1）强直性子宫收缩：特点是子宫收缩失去节律性，整个子宫肌层强直性痉挛性收缩，宫缩间歇期短，甚至无间歇。产妇因持续性腹痛常有烦躁不安、腹部拒按表现，胎位触诊不清，胎心音听不清。若产道有梗阻则可出现病理性缩复环等先兆子宫破裂征象。

2）子宫痉挛性收缩：子宫壁局部肌肉呈痉挛性不协调性收缩形成的环状狭窄。特点是宫缩呈痉挛性、不协调性收缩，宫缩间歇期短，甚至无间歇。常发生于子宫上下段交界处及胎体狭窄部，如胎儿颈部、腰部（图 10-2）。产妇多有持续性腹痛，宫颈扩张缓慢，胎先露下降停滞，胎心音不规则。阴道检查时在宫腔内可触及狭窄环，此环与病理性缩复环的区别是不随宫缩上升。

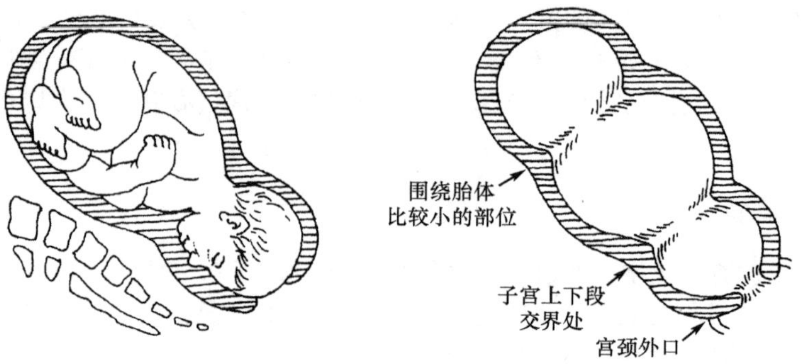

（1）狭窄环围绕胎颈　　（2）狭窄环容易发生的部位

图 10-2　子宫痉挛性狭窄环

（3）对母儿的影响

1）对产妇的影响：子宫收缩过强、产程过快，易导致初产妇软产道的裂伤。子宫局部形成痉挛性狭窄环可使产程延长、胎盘嵌顿，增加产后出血、感染及手术的机会。

2）对胎儿、新生儿的影响：急产时，来不及消毒，易致新生儿感染；胎儿娩出过快，胎儿在产道里受到的压力骤然解除，易导致新生儿颅内出血；若新生儿坠地，可发生骨折、外伤。宫缩过强、过频使子宫胎盘血流量减少，易导致胎儿窘迫、新生儿窒息甚至死亡。

（4）心理 - 社会状况：产妇临产后出现强直性宫缩，疼痛难忍，尤其在周围无亲属和医务人员的情况下，常出现精神紧张、恐惧及无助感，担心胎儿及自身安危；因此应重点评估产妇的紧张、恐惧程度，是否有良好的家庭、社会支持系统。

3．辅助检查

（1）胎儿电子监护仪监护：及时了解胎心及宫腔压力情况，观察宫缩持续时间与间歇时间的变化。

（2）肛门检查及阴道检查：适时进行肛门检查、阴道检查，了解宫口扩张情况及胎先露下降情况。

【处理原则】

应以预防为主。

1．协调性子宫收缩过强　有急产史的孕妇，应提前住院待产。临产后慎用缩宫素及其他可促进宫缩的产科处理如灌肠、人工破膜等操作；胎儿娩出时指导产妇避免使用腹压；做好新生儿抢救准备；产后仔细检查软产道，如有撕裂及时缝合。

考点：不协调性子宫收缩过强的紧急处理

2．不协调性子宫收缩过强　一旦出现强直性子宫收缩及子宫痉挛性狭窄环，立即停止产科操作、停用缩宫素，给产妇吸氧并应用宫缩剂，一般可使宫缩恢复正常。若产道无梗阻，胎心正常，可等待自然分娩或阴道助产；若异常宫缩不缓解，出现胎儿窘迫征象、病理缩复环或产道有梗阻，尽早行剖宫产术；若胎死宫内，应先缓解宫缩，随后阴道助产处理死胎，以不损伤母体为原则。

【护理诊断 / 问题】

1．疼痛　与过强、过频的子宫收缩有关。

2．焦虑　与担心自身及胎儿安危有关。

3. 有母儿受伤的危险　与产程过快造成软产道损伤、新生儿外伤有关。

4. 潜在并发症　胎儿窘迫、子宫破裂。

【护理目标】

1. 产妇能掌握减轻疼痛的常用技巧。
2. 产妇情绪稳定，能配合医护人员工作。
3. 母婴安全，无并发症发生。

【护理措施】

1. 一般护理　指导有急产史的孕妇提前住院，卧床休息，左侧卧位。鼓励产妇做深呼吸、避免屏气用力以减慢分娩过程；减少孕产妇体力消耗，帮助按摩背部、腰骶部，减轻疼痛。

2. 病情观察　注意生命体征的变化，密切观察宫缩、胎心率的变化及产程进展，及时发现先兆子宫破裂的征象，报告医生及时处理。

3. 治疗配合

（1）有急产史的产妇应提前 1～2 周住院待产，以防院外分娩。嘱其勿远离病房，需解大小便时，先查宫口大小及胎先露的下降情况，以免如厕时发生意外。尤其先露较低的经产妇，嘱其不要向下屏气，同时迅速做好接产及新生儿抢救的准备。

（2）对强直性子宫收缩的产妇：遵医嘱使用宫缩剂，多选用 25% 硫酸镁溶液 20ml 加入 25% 葡萄糖溶液 20ml 缓慢静脉推注，时间不少于 5 分钟，如用药后仍不缓解，应做好剖宫产术的准备。

（3）出现子宫痉挛性狭窄环应协助医生查找原因，及时纠正。停止一切阴道操作，如无胎儿窘迫，遵医嘱使用镇静剂，如哌替啶 100mg 或吗啡 10mg 肌内注射。若经上述处理，症状不能缓解或出现胎儿窘迫，应准备好剖宫产术和抢救新生儿窒息的工作。

（4）分娩期及新生儿的处理：分娩时尽可能采取会阴侧切术，预防会阴撕裂；阴道裂伤及时进行修补。急产来不及消毒及新生儿坠地者，予新生儿肌内注射维生素 $K_1$10mg 预防颅内出血，并尽早肌内注射破伤风抗毒素 1500U 和抗生素预防感染。

4. 心理护理　与孕妇多沟通，分散其注意力以减轻不适感；提供产妇产程进展及胎儿的情况，指导产妇缓解疼痛的方法；关心、体贴产妇，减轻产妇的精神紧张，积极配合分娩；如发生新生儿意外，应帮助产妇顺利渡过哀伤期。

【健康教育】

嘱有急产史的产妇提前 2 周入院待产，避免造成损伤和意外；产后应注意观察生命体征、子宫的复旧、会阴伤口、阴道出血及产后恶露的情况；嘱产妇保持外阴清洁，提供出院后的避孕指导以及之后的生育指导。

【护理评价】

1. 产妇是否能掌握减轻疼痛的常用技巧。
2. 产妇是否情绪稳定，是否能配合医护人员工作。
3. 母婴是否安全，无并发症发生。

第2节 产道异常

产道异常包括骨产道异常和软产道异常，临床上以骨产道异常多见。产道异常可阻止胎先露的下降，导致难产。

一、骨产道异常

骨产道异常是指骨盆形态异常或径线过短，阻碍胎先露下降，使产程不能顺利进展，又称狭窄骨盆。狭窄骨盆是导致异常分娩的主要原因之一。狭窄骨盆可以一个或多个径线过短，也可以一个或多个平面狭窄，狭窄骨盆的分类如下。

1. 骨盆入口平面狭窄 扁平型骨盆最为常见，以骨盆入口平面前后径狭窄为主。根据形态变异将扁平骨盆分为两种。

（1）单纯扁平骨盆：骨盆入口呈横扁圆形，骶岬向前下突出，使骨盆入口前后径变短而横径正常，骶凹存在，髂棘间径与髂嵴间径比例正常（图 10-3）。

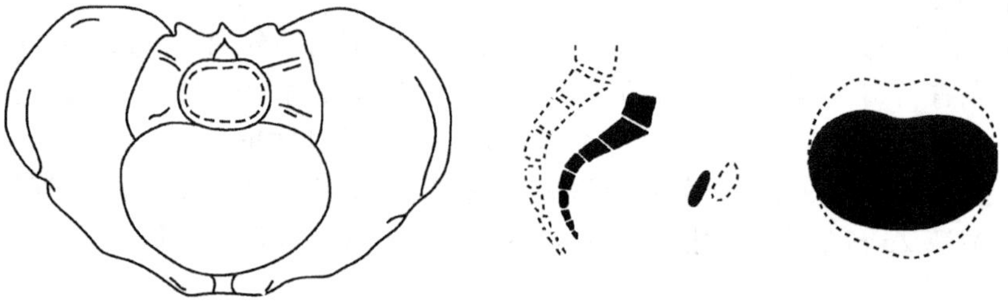

图 10-3 单纯扁平骨盆

（2）佝偻病性扁平骨盆：骨盆入口呈横的肾形，骶岬向前突出，骨盆入口前后径明显缩短，骶凹消失，骶骨下段变直向后翘，尾骨前翘，髂骨外展使髂嵴间径≤髂棘间径，坐骨结节外翻，耻骨弓角度增大，出口横径变宽（图 10-4）。

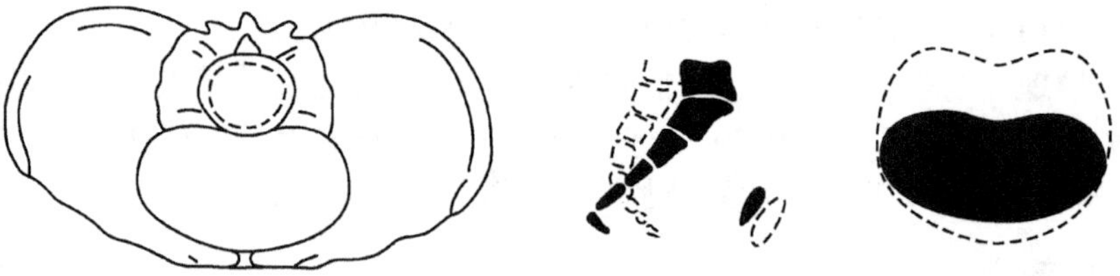

图 10-4 佝偻病性扁平骨盆

2. 中骨盆平面及骨盆出口平面狭窄 以坐骨棘间径及中骨盆后矢状径狭窄为主。常见以下两个类型。

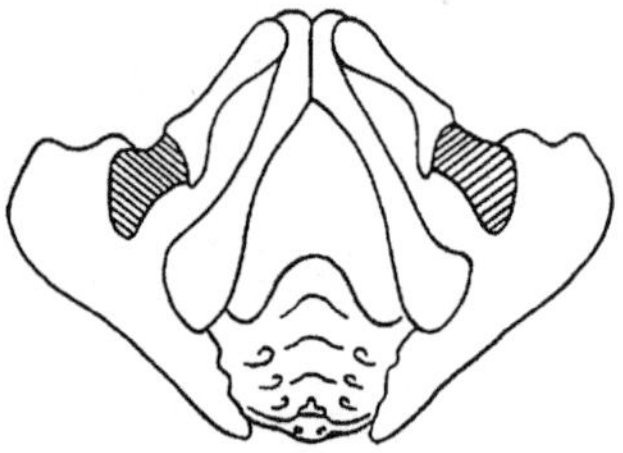

图 10-5 漏斗骨盆

（1）漏斗骨盆：骨盆入口平面各径线数值正常，两侧骨盆壁向内倾斜，状似漏斗得名（图 10-5）。其特点是中骨盆及出口平面均明显狭窄，使坐骨棘间径、坐骨结节间径缩短，耻骨弓角度<90°，坐骨结节间径与后矢状径之和<15cm。

（2）横径狭窄骨盆：与类人猿型骨盆类似，骨盆入口平面、中骨盆平面、骨盆出口平面横径均缩短，前后径稍长，坐骨切迹宽。

3. 骨盆三个平面均狭窄　骨盆形态属女性骨盆，但各平面径线均较正常值小 2cm 或更多，又称均小骨盆（图 10-6），多见于身材矮小、体型匀称的妇女。

图 10-6　均小骨盆

考点：狭窄骨盆的常见类型

4. 畸形骨盆　骨盆失去正常形态称为畸形骨盆，如骨软化症骨盆、偏斜骨盆、骨盆骨折所致畸形骨盆。

【护理评估】

1. 健康史　仔细查阅产妇产前检查的有关资料，评估骨盆情况，详细了解既往有无佝偻病、脊柱和髋关节结核、脊髓灰质炎及骨盆外伤等引起骨盆变形的病史；若为经产妇应了解有无难产史，新生儿有无产伤史等。

2. 身心状况　评估本次妊娠的经过及身体反应，观察孕妇的体型、身高、步态、有无跛足、有无脊柱和髋关节畸形、米氏菱形窝是否对称、有无尖腹或悬垂腹等。

（1）症状与体征

1）骨盆入口平面狭窄：主要表现为胎位异常，初产妇腹形多呈尖腹、经产妇多呈悬垂腹；胎头衔接受阻，胎头迟迟不入盆，检查跨耻征多为阳性。脐带脱垂的发生率是正常骨盆 6 倍。骨盆绝对性狭窄，常导致梗阻性难产。

2）中骨盆平面狭窄：此类型骨盆入口呈前窄后宽形状，胎头能正常衔接，但胎头俯屈和内旋转受阻，常导致持续性枕横位和枕后位。表现为潜伏期及活跃期早期进展顺利，活跃期后期及第二产程延长甚至第二产程停滞，继发性宫缩乏力。胎头在产道受压过长，容易导致颅脑损伤及胎儿窘迫；如压迫尿道与直肠易发生产时、产后排尿困难，严重者出现生殖道瘘；若中骨盆平面严重狭窄造成梗阻性难产可致先兆子宫破裂、甚至子宫破裂。

3）骨盆出口平面狭窄：常与中骨盆平面狭窄同时存在，若单纯出口平面狭窄，表现第一产程进展顺利，第二产程停滞，胎头双顶径不能通过坐骨结节横径。

（2）对母儿的影响

1）对产妇的影响：产程延长：骨盆入口平面狭窄，影响胎先露部衔接，常发生胎位异常并出现继发性宫缩乏力，使产程延长或滞产。持续性枕横位或枕后位：中骨盆平面狭窄影响胎头内旋转，易发生持续性枕横位或枕后位。生殖道瘘：软产道受胎头长时间挤压导致缺血、水肿、坏死、脱落，产后形成生殖道瘘。感染：易发生胎膜早破，手术助产增加，均可导致感染的危险性增加。子宫破裂：严重骨盆狭窄致梗阻性难产，若处理不当可致先兆子宫破裂，甚至子宫破裂。

2）对胎儿及新生儿的影响：胎儿窘迫：骨盆狭窄使胎先露高浮易发生胎膜早破、脐带脱垂，导致胎儿窘迫，甚至胎死宫内。新生儿产伤：产程延长，胎头受压过久及手术助产，新生儿产伤与感染机会增加。

3. 相关检查

（1）一般检查：观察产妇的体型、步态，有无跛足、有无脊柱及髋关节畸形，米氏菱形窝是否对称，有无悬垂腹等。

（2）骨盆测量：是诊断骨盆狭窄的主要方法。

（3）腹部检查：估计头盆关系，如已临产，胎头仍未衔接，应行胎头跨耻征检查估计头盆关系，其具体方法：产妇排空膀胱，取仰卧位、两腿伸直，检查者将一手放在耻骨联合上方，另一手将浮动的胎头向骨盆腔方向推压。如胎头低于耻骨联合平面，称胎头跨耻征阴性，表示胎头可以入盆，头盆相称；若胎头与耻骨联合在同一平面，称胎头跨耻征可疑阳性，表示可疑头盆不称；若胎头高于耻骨联合平面，称胎头跨耻征阳性，表示头盆不称。对跨耻征阳性的孕妇，应让其双腿屈曲半卧位，再次行胎头跨耻征检查，若转为阴性，提示骨盆倾斜度异常，无头盆不称。

考点：跨耻征的临床意义

（4）B超检查：观察胎先露与骨盆各平面的关系，测量胎头双顶径、胸径、股骨长度，判断是否能顺产。

4. 心理-社会状况 由于产道异常、产程过长、分娩困难，孕产妇常表现出恐惧和紧张情绪，担心自身及胎儿安全，表现出强烈的无助感，护理人员及时评估产妇情绪，了解孕产妇的支持系统。

【骨产道异常分娩时的处理】

狭窄骨盆分娩时的处理原则是明确诊断骨盆类型和程度，了解胎儿大小、胎方位、宫缩强度、宫口扩张程度、胎先露下降程度、胎心率、是否破膜等因素，结合产妇年龄、产次、既往分娩史进行综合分析判断，决定分娩方式。

1. 骨盆入口平面狭窄 ①绝对性骨盆狭窄：胎头跨耻征阳性者，足月活胎多不能经阴道分娩，应行剖宫产术结束分娩。②相对性骨盆狭窄：若胎儿体重小于3000g，胎位、胎心率正常，胎头跨耻征可疑阳性者，若产妇一般情况好、产力良好，可在严密监护下阴道试产。若胎膜未破，宫口扩张3cm时可行人工破膜。破膜后若产程进展顺利，多数能经阴道分娩。若出现宫缩乏力，可用缩宫素静脉滴注加强宫缩。在良好产力下试产，试产时间以2～4小时为宜。试产中应注意观察宫缩、胎心、宫口扩张及胎先露下降情况，若出现胎儿窘迫、先兆子宫破裂，应及时行剖宫产术结束分娩。

考点：试产的适应证及试产的时间

2. 中骨盆平面狭窄 若宫口开全，胎头双顶径达坐骨棘水平或更低，可经阴道助产；若胎头双顶径在坐骨棘水平以上或出现胎儿窘迫，则应行剖宫产术结束分娩。

3. 骨盆出口平面狭窄 临床上常以出口横径与出口后矢状径之和估计出口大小。若两者之和＞15cm时，胎先露可利用后三角经阴道娩出，或行阴道助产术娩出；若两者之和＜15cm时，足月活胎不经阴道分娩，不应试产，需行剖宫产术。

4. 均小骨盆 估计胎儿体重约2500g，胎位、胎心正常，头盆相称，可以试产，可通过胎头颅骨重叠变形和极度俯屈，胎头以最小径线通过骨盆腔，完成阴道分娩；若胎儿较大，有明显头盆不称，应尽早行剖宫产结束分娩。

5. 畸形骨盆 若畸形严重、明显头盆不称者，应及时行剖宫产术。

【护理诊断/问题】

1. 焦虑 与担心自身和胎儿的安危有关。

2. 有感染的危险 与胎膜早破、产程延长、手术操作有关。

3. 有胎儿窘迫、新生儿窒息的危险 与产程延长、产道异常有关。

4. 潜在并发症 子宫破裂。

【护理目标】

1. 产妇情绪稳定，能积极配合医护人员的工作。
2. 母婴安全，无并发症发生。

【护理措施】

1. 一般护理　为产妇提供舒适温馨的生产环境，关心产妇的营养、饮食与休息，鼓励产妇进高热量、易消化饮食，休息时取左侧卧位，保持良好的产力。

2. 病情观察

（1）密切观察胎心、子宫收缩及产程进展情况，注意有无胎儿窘迫及子宫先兆破裂征象；破膜后立即听胎心，观察羊水性状，必要时行阴道检查，了解有无脐带脱垂等情况。

（2）注意子宫破裂的先兆征象，了解宫缩强度、频率、持续时间或应用胎儿电子监护仪动态监测，如出现病理性缩复环或胎儿窘迫应立即停止试产，及时处理，避免发生子宫破裂。

3. 治疗配合

（1）骨产道异常时，采取坐或者蹲踞式纠正骨盆倾斜度，有助于胎先露衔接及下降。试产过程中及时做好人工破膜及新生儿窒息抢救准备，及时遵医嘱使用宫缩剂、抗生素，预防产后出血及感染。

（2）明显头盆不称者不宜试产，遵医嘱做好剖宫产术的术前准备及护理。

4. 心理护理　对经全面评估行阴道试产者，应向产妇及家属讲解自然分娩的可能性及好处，增强产妇自然分娩的信心；及时提供产程进展情况，耐心解答产妇及家属的疑问，减轻产妇的焦虑。

【健康教育】

指导孕妇定期行产前检查，及早发现骨盆异常。对有头盆不称、胎先露高浮及跨耻征阳性产妇应提前入院待产。宣教母乳喂养及新生儿护理的知识，对产妇进行产褥期保健指导。

【护理评价】

1. 产妇情绪是否稳定，是否能积极配合医护人员的工作。
2. 母婴是否安全，无并发症发生。

二、软产道异常

软产道异常导致难产的情况，临床较为少见，易被忽视。应于妊娠早期常规行阴道检查，以便及早发现，及时处理。

（一）外阴异常

1. 会阴坚韧　常见于高龄初产妇，由于外阴坚韧，缺乏弹性，会阴伸展性差，在第二产程阻碍胎先露下降；为预防会阴严重撕裂伤，在胎儿娩出时常需行会阴切开术。

2. 外阴水肿　常见于妊娠期高血压疾病、心脏病、重度贫血及慢性肾炎的孕妇。严重的外阴水肿会影响组织弹性，分娩时阻碍胎儿先露下降，易致组织损伤、感染、影响伤口愈合等情况。

3. 外阴瘢痕　多为外伤或炎症所致。外阴瘢痕导致伸展性差，影响胎先露下降。若瘢痕范围不大，分娩时可做会阴切开；若瘢痕过大，估计不能从阴道分娩者，则应行剖宫产术。

（二）阴道异常

1. 阴道横膈 属于先天发育异常，多位于阴道上段、中段，横膈中央或一侧有一小孔。

2. 阴道纵膈 属于先天发育异常，若阴道纵膈在胎先露下降时自行断裂或被挤向一侧，分娩无阻碍。

3. 阴道瘢痕性狭窄 常因产伤、手术感染、药物腐蚀等引起。

（三）宫颈异常

1. 宫颈坚韧、水肿 宫颈坚韧多见于高龄初产妇，宫颈组织缺乏弹性；宫颈水肿多见于持续性枕后位或滞产。

2. 宫颈瘢痕 宫颈激光术、宫颈锥形切除术、宫颈裂伤等均可出现宫颈瘢痕，宫颈瘢痕可引起分娩时宫颈扩张困难。

3. 宫颈肌瘤 子宫下段及宫颈部位的较大肌瘤，影响胎先露衔接，应行剖宫产术。

（四）子宫下段异常

随着剖宫产率的增高，剖宫产术后并发症也呈上升趋势，子宫下段的切口感染、瘢痕造成血管闭塞、血运障碍，下段组织坚韧，遇到梗阻性难产可发生子宫下段破裂。

软产道异常时做好宫颈水肿注药及外阴湿热敷；配合医生完成阴道横膈、阴道纵膈及会阴切开术，必要时做好剖宫产结束分娩的准备。

第3节 胎儿发育异常

1. 巨大胎儿（fetal macrosomia） 胎儿体重达到或超过4000g者，称巨大胎儿。常见于妊娠合并糖尿病、父母身材高大、孕妇营养过度、过期妊娠等。临床表现为妊娠期子宫增大较快，孕妇自觉腹部增大迅速，且有沉重感，有时可出现呼吸困难。常引起头盆不称，肩难产而致母子受伤等不良后果。

考点：巨大儿定义

2. 胎儿畸形 胎儿发育畸形常见的有脑积水和无脑儿。脑积水指胎头脑室内外有大量脑积液潴留于颅腔内，使颅腔体积增大，颅缝明显增宽，囟门显著增大者。胎儿常伴脊柱裂、足内翻等畸形。因头围过大，常引起相对头盆不称致分娩困难。无脑儿是指胎头缺乏颅盖骨，颅底部脑髓暴露于外面，眼球突出。常与脊椎裂并存。多伴有羊水过多，易引起早产。

【护理评估】

1. 健康史 评估产妇年龄、是否为经产妇、有无羊水过多、双胎、骨盆异常及前置胎盘等；以往孕产史中，有无异常胎位、难产、死产及手术产史；询问产妇既往有无糖尿病史、难产史、巨大胎儿分娩史，了解产妇是否营养过度或过期妊娠等。

2. 身体状况 胎儿发育异常可导致产程延长、继发宫缩无力或出现胎膜早破、脐带先露或脐带脱垂的危险，导致胎儿窘迫，甚至死亡。

3. 辅助检查

（1）B超：可探查胎体及胎头双顶径，评估胎儿大小、有无畸形、胎心搏动情况及胎盘的位置。

（2）实验室检查：疑糖尿病者，孕产妇应做血糖、尿糖检查。

4. 心理-社会状况 产妇对胎儿发育异常认识有限，对分娩的危险性估计不足，随着产程延长担心胎儿安全、害怕手术，会产生高度紧张、焦虑不安的心理。

【护理诊断 / 问题】

1. **焦虑**　与担心难产、手术产及胎儿发育异常的结果有关。
2. **知识缺乏**　缺乏预防胎位异常及胎儿生长发育异常的知识。
3. **有感染的危险**　与产程延长，多次阴道检查及手术产有关。
4. **有胎儿受伤的危险**　与产程延长、手术产有关。

【护理目标】

1. 产妇情绪稳定，能积极配合医护人员的治疗与护理。
2. 母婴安全，无并发症发生。

【护理措施】

1. 一般护理

（1）生活上多关心产妇，鼓励产妇进食与休息，补充营养，防止宫缩乏力。

（2）临产后不要过早干涉产程，尽量减少不必要的肛门检查及阴道检查，严格执行无菌操作。

（3）督促产妇每 2 小时排尿一次，避免膀胱充盈阻碍胎头下降。

2. 病情观察　严密观察宫缩、胎心音变化情况及产程进展。注意有无破膜。观察产妇全身情况及精神状况，准确测量生命体征，检查腹部有无病理性缩复环。

3. 治疗配合

（1）临产前：胎儿发育异常者，定期产前检查，一旦发现为巨大胎儿，应及时查明原因，综合考虑孕妇及胎儿情况择期引产或行剖宫产。各种畸形儿一经确诊，以保护母体为原则，尽早终止妊娠。

（2）临产后：协助医生充分估计胎儿大小，头盆关系，防止难产。决定行阴道助产术者，应做好阴道助产术及抢救新生儿的准备工作。若胎儿已死，无先兆子宫破裂者，待宫口开全后协助医生进行毁胎术。

考点：胎儿发育异常的处理原则

4. 心理护理　向产妇耐心解释病情、对分娩影响的知识及处理方案。增加其安全感，消除恐惧感。给产妇精神安慰。

【健康教育】

1. 加强产前检查，及早发现骨盆异常、胎位及生长发育异常，尽早处理并选择正确分娩方式。
2. 指导产妇出院后合理饮食，保证充分睡眠，适当锻炼。
3. 加强个人卫生，产褥期禁止性生活，避免感染。
4. 指导母乳喂养方法及避孕措施。

【护理评价】

1. 产妇是否情绪稳定，是否能积极配合医护人员的治疗与护理。
2. 母婴是否安全，无并发症发生。

第4节　胎位异常

胎位异常是造成难产的常见原因之一。除枕前位为正常胎位外，其余均为异常胎位，其中头位异常居多，如持续性枕后位、枕横位、面先露、额先露、头高直位、前不均倾位等；臀先露占3%～4%；肩先露、复合先露少见。

一、持续性枕后位或持续性枕横位

正常分娩时，胎头双顶径下降至中骨盆平面进行内旋转，使胎头以最小径线通过骨盆最窄平面经阴道分娩；临产后凡以枕后位或枕横位衔接，经充分试产，胎头枕部持续不能转向前方，直至分娩后期仍位于母体骨盆后方或侧方，致使分娩发生困难，称为持续性枕后位或持续性枕横位。

【护理评估】

1．健康史

（1）病因评估：骨盆异常、胎头俯屈不良、宫缩乏力、头盆不称等常引起持续性枕横位、枕后位。此外，前置胎盘、膀胱充盈、子宫下段及宫颈肌瘤等，影响胎头俯屈及内旋转，均易造成持续性枕后位或枕横位。

（2）病史评估：查阅产前检查资料，如骨盆测量值、胎儿大小、胎方位，了解产程进展及宫缩情况等。

2．身心状况

（1）症状与体征

1）产程延长：临产后胎头衔接较晚及俯屈不良，胎先露不能紧贴宫颈，易导致协调性宫缩乏力，宫口扩张缓慢，产程延长。

2）过早使用腹压和宫颈水肿：由于胎儿枕骨持续位于母体骨盆的侧后方，直接压迫直肠，产妇自觉肛门坠胀感及排便感，导致产妇宫口未开全而过早屏气使用腹压，引起产妇疲劳和宫颈前唇水肿，影响产程进展。

3）腹部检查：宫底处可触及胎臀，胎背位于母体腹部的后方或侧方，前腹壁容易触及胎儿的肢体；胎心音在母体脐下偏外侧或在胎儿肢体侧最清晰。

4）肛门检查及阴道检查：枕后位时盆腔后部空虚；枕左后位时，胎头矢状缝位于骨盆斜径或前后径上，大囟门在骨盆右前方，小囟门在骨盆左后方；枕横位时触及矢状缝与骨盆横径一致，大、小囟门分别位于骨盆的左右侧方。持续性枕后位或枕横位时，因胎头俯屈不良，大囟门常低于小囟门（图10-7）。

（2）对母儿的影响

1）对产程的影响：持续性枕后位或枕横位易造成第二产程胎头下降延缓或胎头下降停滞，如未及时处理可导致第二产程延长，甚至滞产。

2）对母体的影响：持续性枕后位或枕横位常导致继发性宫缩乏力以及产程延长，产道受压过久，可导致尿潴留甚至生殖道瘘；阴道助产机会增多，易发生软产道损伤，产后出血及感染发生率增加。

3）对胎儿及新生儿的影响：由于第二产程延长及手术助产增多，易引起胎儿窘迫，新生儿窒息和产伤，使围生儿死亡率增高。

3．辅助检查　B超检查可探测胎儿枕部及眼眶位置即可确定胎方位。

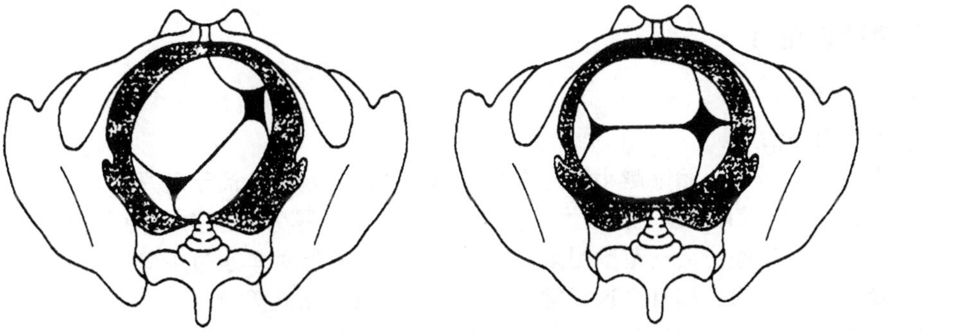

图 10-7　持续性枕后位、枕横位

4. 心理 - 社会状况　评估产妇精神状态及其影响因素，了解产妇是否对分娩高度恐惧和焦虑；产妇及家属对持续性枕后位、枕横位相关知识的了解程度；有无良好的家族社会支持系统。

【护理诊断 / 问题】

1. 焦虑　与缺乏产程进展知识或担心分娩结局有关。

2. 有胎儿受损的危险　与胎位异常、手术助产等有关。

3. 潜在并发症　软产道损伤、产后出血和感染等。

【临床处理】

若骨盆无异常、胎儿不大、无头盆不称可以试产。试产时严密观察产程。

1. 第一产程　临产后发现胎儿以枕后位衔接时，应进一步详细检查骨盆情况。产程中应防止产妇过早屏气用力，保持体力、预防宫颈前唇水肿。

（1）潜伏期：保证产妇充分休息和营养，产妇取胎背对侧方向侧卧，促进胎头俯屈、下降及向前方旋转，给予其充分试产的机会。若产妇精神紧张、睡眠不佳可给予地西泮或哌替啶肌内注射缓解症状。

（2）活跃期：可行人工破膜，促使胎头下降，压迫宫颈，反射性增强宫缩，有利于胎头内旋转。

2. 第二产程　初产妇宫口开全近 2 小时或经产妇宫口开全近 1 小时，胎儿仍未娩出，应及时行阴道检查确定胎方位。如发现胎头呈枕后位或枕横位，应指导产妇配合宫缩、屈髋加腹压用力，以减小骨盆倾斜度、使胎先露充分借助肛提肌收缩转至枕前位；当胎头双顶径已达坐骨棘平面或平面以下，可徒手将胎头枕部转向前方，转成枕前位自然分娩或行阴道助产术结束分娩。

3. 第三产程　做好新生儿复苏的抢救准备；为预防产后出血，应于胎儿前肩娩出后及时注射宫缩剂，如软产道裂伤，及时缝合，产后给予抗生素预防感染。

二、臀　　位

臀先露（breech presentation）即臀位，是最常见的异常胎位，以骶骨为指示点，有骶左前、骶右前、骶左横、骶右横、骶左后、骶右后 6 种胎方位。根据胎儿双下肢所取的姿势，可分为单臀先露、完全臀先露或混合臀先露和不完全臀先露。

考点：臀先露的临床分类

【护理评估】

1. 健康史

（1）病因评估

① 胎儿发育因素：胎龄越小臀先露发生率越高，如早产儿高于足月儿。

② 胎儿在子宫腔内活动范围过大：如羊水过多，胎儿易在子宫腔内自由活动形成臀先露。

③ 胎儿在子宫腔内活动范围受限：如子宫畸形、双胎、羊水过少等。

④ 胎头衔接受阻：如骨产道异常、前置胎盘、巨大胎儿等。

（2）病史评估：认真查阅产前检查记录，如骨盆测量值、胎位、胎儿大小；了解有无双胎、羊水过多、前置胎盘等；询问既往分娩史中有无异常胎位及难产史；是否有巨大胎儿、畸形胎儿等。

2. 身心状况

（1）症状与体征

① 症状：妊娠晚期胎动时孕妇常有季肋区顶胀痛，肋下可触及圆而硬的胎头。临产后，因胎臀或胎足难以紧贴子宫下段与宫颈，致继发性宫缩乏力；足先露时易出现胎膜早破及脐带脱垂。

② 腹部检查：四步触诊子宫呈纵椭圆形，在宫底部可触及圆而硬、有浮球感的胎头，耻骨联合上方则触及软而宽、不规则的胎臀，胎心在母腹脐左上方或右上方胎背处听诊最清楚。

③ 肛门检查及阴道检查：肛门检查时，触及胎臀或胎足胎膝的一些特征。当宫口扩张2cm以上胎膜已破时，阴道检查可直接触及胎臀、外生殖器及肛门。

（2）对母儿的影响

① 对产程的影响：因胎臀周径小于胎头，且质地软，主要影响宫颈扩张进程，容易发生活跃期延长及停滞。

② 对母体的影响：臀先露时容易发生胎膜早破，增加产褥感染的机会；胎臀不规则，难以紧贴子宫下段及宫颈，易发生继发性宫缩乏力、产后出血；若后出胎头困难，强行牵拉可造成子宫下段、宫颈、阴道、会阴撕裂。

③ 对胎儿及新生儿的影响：胎臀不规则易引起胎膜早破、脐带脱垂导致脐带受压，可发生胎儿窘迫，甚至胎儿死亡，胎膜早破也可导致早产；后出胎头易发生脊柱损伤、新生儿窒息、颅内出血、臂丛神经损伤及骨折，甚至死产。

3. 辅助检查 B超检查可确诊臀先露，还能明确臀先露的类型；注意观察胎儿胎盘有无异常、胎儿大小，有助于决定分娩方式。

4. 心理-社会状况 评估产妇及家属对臀先露相关知识的了解程度；有无良好的社会支持系统。

【护理诊断】

1. 恐惧 与惧怕难产、担心胎儿安危有关。

2. 焦虑 与产程进展知识缺乏有关。

3. 有感染的危险 与产程延长、胎膜早破及手术操作有关。

4. 潜在并发症 胎膜早破、软产道损伤、产后出血、胎儿窘迫等。

【临床处理】

1. 妊娠期 妊娠30周以前，臀先露多能转为头先露，不需要纠正。若妊娠30～32周后仍为臀先露，可采用以下方法纠正。①胸膝卧位：孕妇排空膀胱，松解裤带，取胸膝卧位，每日2次，每次15分钟，坚持1周后复查。该体位有利于胎儿借助重心的变化自然完成头先露的转位。②激光照射或艾灸至阴穴：用激光照射两侧至阴穴（足小趾外侧，趾甲旁0.1寸）或艾条灸至阴穴，每日1次，每次15～20分钟，5次为1个疗程。③外转胎位术：上述方法无效时，对腹壁松弛的孕妇可利用手法经腹部外操作纠正胎方位，宜在妊娠32～34周进行。此法有发生胎盘早剥、脐带缠绕等并发症的危险，应慎用。出现异常情况，如胎动频繁、胎心率异常，立即停止转动并退回原胎位观察半小时。

考点：臀先露矫正胎位的时机与方法

2. 分娩期　临产初期应根据产妇年龄、胎产次、胎儿大小、骨盆大小、胎儿是否存活、臀先露的种类以及有无并发症等决定分娩方式。

（1）剖宫产指征：狭窄骨盆、软产道异常、预估胎儿体重大于3500g或胎头双顶径大于9.5cm且为活胎、胎儿窘迫、脐带先露、脐带脱垂、高龄初产、不完全臀先露、有难产史等，均应行剖宫产术。

考点：臀先露的剖宫产指征

（2）阴道分娩的处理

第一产程：防止胎膜早破，产妇取左侧卧位，少活动，严禁灌肠，少肛查，不用缩宫素引产；一旦破膜立即听取胎心，若胎心率有改变，行阴道检查，了解有无脐带脱垂。如发现脐带脱垂，胎心尚好，宫口未开全，立即行剖宫产术；如无脐带脱垂继续严密观察胎心及产程进展。若宫口未全开，阴道外口见胎足，接产者应消毒外阴后，使用“堵”外阴的方法，促使宫颈口和阴道充分扩张，便于胎头娩出。在“堵”的过程中，每隔10～15分钟听胎心一次，注意宫口是否开全，并观察腹部外形。宫口近开全时，应做好接产和抢救新生儿窒息的准备。

第二产程：接产前应导尿，初产妇应行会阴后－侧切开术，有3种分娩方式，①自然分娩：胎儿自然娩出，接产者不做任何干预，这种情况极少见，仅见于胎儿小、宫缩强的经产妇。②臀位助产：当胎臀自然娩出至脐部后，由接产者协助胎肩及胎头娩出。要求接产者在脐部娩出后，2～3分钟娩出胎头，最长不超过8分钟。③臀牵引术：胎儿全部由接产者牵拉娩出，此种手术对胎儿损伤大，除紧急情况外应禁用。

考点：臀位助产脐部娩出后娩头控制时间

第三产程：积极抢救新生儿窒息，预防产后出血，认真检查软产道，及时缝合损伤及会阴切口，遵医嘱给予抗生素预防感染。

三、肩　先　露

胎儿纵轴与母体纵轴相垂直，胎体横卧于母体骨盆入口平面之上，胎先露为肩，称为肩先露（shoulder presentation），亦称横位，以肩胛骨为指示点，有肩左前、肩左后、肩右前、肩右后4种胎方位。横位对母儿威胁最大，足月活胎不能经阴道分娩。

【护理评估】

1. 健康史　认真查阅产前检查记录，如骨盆测量值、胎位、胎儿大小；了解孕妇是否为经产妇，有无骨盆狭窄、巨大儿、胎儿畸形、羊水过多或过少、前置胎盘、子宫畸形；检查产妇腹壁是否松弛。

2. 身心状况

（1）症状与体征

1）宫缩乏力：肩先露时，胎肩不能紧贴子宫下段及子宫颈内口，缺乏直接刺激，造成宫缩乏力、产程延长。

2）胎膜早破：胎肩与骨盆不能衔接，前羊膜囊压力不均易发生胎膜早破甚至脐带脱垂，造成胎儿窘迫，甚至胎儿死亡。

3）忽略性肩先露（neglected shoulder presentation）：又称嵌顿性肩先露，破膜后羊水流尽，子宫紧裹胎体，随着宫缩不断增强，胎肩和部分胎胸被挤入骨盆腔内，上肢脱出阴道口外，胎头、胎臀和另一上肢被阻于骨盆入口上方，胎体折叠弯曲，胎颈被拉长。应及时评估宫缩强度，观察有无胎手脱出阴道口外。

4）腹部检查：子宫呈横椭圆形，宫底高度低于孕周，子宫底部及耻骨联合上方较空虚，母体腹壁一侧可触及圆而硬的胎头，另一侧可触及软而宽的胎臀。肩前位时，母体腹壁可触及宽大平坦的胎背；肩后位时，母体腹壁则触及不规则的小肢体，胎心音在脐周听诊最清楚。

5）肛门检查、阴道检查：胎膜未破，先露部位于骨盆入口平面以上，肛门检查常不能触及胎先露。若胎膜已破、宫口已扩张，阴道检查可触及胎儿肩胛骨、锁骨、肋骨和腋窝。根据肩胛骨及腋窝指向可判断胎头、胎背方向。

（2）对母儿的影响

1）对产程的影响：肩先露时胎体嵌顿于骨盆上方，造成宫口不能开全，发生活跃期停滞。

2）对产妇的影响：肩先露不能有效扩张子宫下段及宫颈口，易导致宫缩乏力、胎膜早破、子宫破裂、宫腔感染及败血症。

3）对胎儿、新生儿的影响：肩先露不能有效衔接，易造成脐带脱垂、胎儿窘迫、胎死宫内、新生儿窒息或死亡、新生儿产伤等，因而妊娠足月活胎不能经阴道分娩。

3．辅助检查 B超检查能准确探清肩胛骨的位置并确定胎方位。

4．心理-社会状况 产妇担心自身及胎儿的安危而表现出异常焦虑和恐惧。

【护理诊断】

1．恐惧 与惧怕难产及担心胎儿安危有关。

2．焦虑 与不了解产程进展或担心分娩有关。

3．有感染的危险 与产程延长、胎膜早破及手术操作有关。

4．潜在并发症 子宫破裂、胎儿窘迫或死亡。

【临床处理】

1．妊娠期 定期产前检查，妊娠30周后发生肩先露，可采用胸膝卧位、艾灸至阴穴、外转胎位术等方法纠正胎方位，若矫正无效应提前住院待产。

2．分娩期 应根据胎产次、胎儿大小、胎儿是否存活、宫口扩张程度、有无并发症等因素综合判断，决定分娩方式。

（1）初产妇足月活胎：无论宫口扩张程度，有无并发症均应剖宫产。

（2）经产妇足月活胎：首选剖宫产；若胎膜已破、羊水仍较多，宫口扩张5cm以上，胎儿不大、胎心正常，无先兆子宫破裂，也可在全麻下行内转胎位术。

（3）双胎妊娠足月活胎：第二胎儿为肩先露，可行内转胎位术，以臀位娩出。

【胎位异常的护理目标】

1．产妇情绪稳定，能积极配合医护人员的治疗与护理。

2．母婴安全，无并发症发生。

【胎位异常的护理措施】

1．一般护理 在产程中及时补充水分和能量，必要时遵医嘱给予静脉补液，以保持良好的产力；指导产妇充分休息，取胎背对侧方向侧卧，促进胎头俯屈、下降及向前方旋转；

督促产妇定时排尿，避免膀胱充盈阻碍胎头下降。

2．产时病情观察与治疗配合

（1）试产的护理：临产后不要过早干预产程，在严密观察下阴道试产。

① 嘱产妇不要过早屏气用力，防止宫颈水肿。

② 严密观察胎心及产程进展。

③ 宫口开张3～4cm产程停滞者，排除头盆不称后，可行人工破膜；若产力不佳，遵医嘱静脉滴注缩宫素。

④ 教会产妇放松技巧，并可为产妇做背部按摩。

⑤ 有头盆不称者或试产过程中出现胎儿窘迫，应做好剖宫产手术准备，配合完成手术。

⑥ 指导臀位孕妇矫正胎位。

⑦ 做好抢救新生儿窒息的准备及配合。

（2）阴道助产术的护理：当胎头双顶径达坐骨棘平面或以下时，配合医生做好会阴侧切及阴道助产术的准备工作。

考点：试产的护理

3．心理护理　针对产妇及其家属的疑问、焦虑和恐惧，护士在执行医嘱及护理过程中，应主动与其沟通，耐心、细致解释病情，消除产妇紧张情绪，增强其对分娩的信心。

【健康教育】

加强孕产妇保健宣教，保证孕妇按时接受产前检查，及时发现胎位异常；指导胎位异常的孕妇进行胎位的矫正，减少难产发生；嘱孕妇常规进行产前检查；产程中保持心情愉快；产后注意休息；出院后注意饮食营养、均衡，保持外阴清洁；指导母乳喂养的方法，选择合适的避孕措施。

【护理评价】

1．产妇是否情绪稳定，是否能积极配合医护人员的治疗与护理。

2．母婴是否安全，无并发症发生。

案例10-1分析

1．初步考虑该产妇属于协调性子宫收缩乏力。依据是①宫缩规律性、对称性、极性存在。②骨盆外测量正常。③2小时前宫缩30～40秒/3～4分，达规律宫缩标准，且宫口开大4cm已进入活跃期；而2小时后复查宫缩间歇期延长，持续时间缩短，宫口大小及胎头位置无变化，产程无进展。

2．为促进产程进展，首选的处理方案是加强子宫收缩，可根据进一步检查结果，选择人工破膜或静脉滴注缩宫素。

3．针对此产妇的护理要点：给予精神安慰，消除产妇紧张情绪，增强自然分娩的信心；鼓励孕产妇多休息，多进食，注意营养与水分的补充，对于不能进食者给予静脉补充营养；纠正酸中毒和电解质紊乱；若产妇过度疲劳，可给予镇静剂，经过充分休息，可使子宫收缩力转强；及时排空直肠与膀胱，促进宫缩。加强宫缩，协调性宫缩乏力或不协调性宫缩乏力已转为协调性宫缩乏力者，指导产妇及时排空大小便，必要时给予肥皂水灌肠和导尿，采用人工破膜、遵医嘱应用缩宫素等方法加强宫缩。

目标检测

A_1 型题

1. 贯穿产程的主要产力为（　　）
   A. 子宫收缩力　B. 腹肌收缩力
   C. 膈肌收缩力　D. 肛提肌收缩力
   E. 腹肌及膈肌收缩力
2. 不协调性宫缩乏力的特点除外（　　）
   A. 极性倒置
   B. 宫缩时宫底不硬
   C. 宫缩间歇时子宫完全放松
   D. 不能使胎先露下降
   E. 兴奋点来自子宫的一处或多处
3. 关于静脉滴注缩宫素的问题，下列哪种做法正确（　　）
   A. 专人守护，严密观察宫缩及胎心音
   B. 用药后宫缩愈强效果愈好
   C. 可用于不协调宫缩
   D. 缩宫素的滴速不应超过每分钟 50 滴
   E. 如出现胎儿窘迫，只要调整缩宫素的滴速即可
4. 关于痉挛性狭窄环，描述正确的是（　　）
   A. 此环随着宫缩上升
   B. 狭窄环常围绕在胎儿最大部分
   C. 宫缩时不影响先露下降
   D. 狭窄环常围绕在胎体的狭窄部位
   E. 破膜后环可自行消失
5. 产前检查发现巨大儿，最需考虑的病理情况是（　　）
   A. 孕妇并发糖尿病　B. 营养过剩
   C. 母体身材高大　D. 经产妇
   E. 过期妊娠
6. 处理不协调性子宫收缩乏力的首选措施是（　　）
   A. 肌内注射哌替啶 100mg
   B. 温肥皂水灌肠
   C. 行人工破膜
   D. 静脉滴注缩宫素加强宫缩
   E. 静脉补充能量
7. 急产的诊断标准是指总产程少于（　　）
   A. 2 小时　B. 3 小时
   C. 4 小时　D. 5 小时
   E. 6 小时
8. 均小骨盆是指骨盆各径线小于正常值（　　）
   A. 1cm 以上　B. 2cm 以上
   C. 2.5cm 以上　D. 3cm 以上
   E. 3.5cm 以上
9. 巨大胎儿是指胎儿出生体重至少达到或超过（　　）
   A. 2500g　B. 3000g
   C. 3500g　D. 4000g
   E. 4500g
10. 初产妇活跃期延长是指活跃期超过（　　）
    A. 4 小时　B. 6 小时
    C. 8 小时　D. 10 小时
    E. 12 小时
11. 初产妇活跃期停滞是指进入活跃期后宫口不再扩张时间超过（　　）
    A. 1 小时　B. 1.5 小时
    C. 2 小时　D. 2.5 小时
    E. 3 小时
12. 臀位阴道分娩时，在产程处理中正确的是（　　）
    A. 鼓励产妇离床活动加速产程
    B. 宫口开大 1～2cm 时给予肥皂水灌肠
    C. 一旦破膜应立即听胎心
    D. 为避免脐带脱垂，活跃期应充分堵阴道口
    E. 宫缩时阴道口见胎足，提示已进入第二产程

A_2 型题

13. 王女士，28 岁。孕足月初产，规律宫缩 6 小时入院。现宫口开大 3cm，胎心 130 次 / 分，宫缩 30 秒 /5 分，无头盆不称，此时首选的护理措施是（　　）
    A. 吸氧　B. 肥皂水灌肠
    C. 人工破膜　D. 观察宫缩
    E. 听胎心
14. 孕 38 周初产妇。宫口开全 3 小时，频频用力，未见胎头拨露。检查：宫底为臀部，肛查胎头已达坐骨棘下 2cm，大囟门在前方，矢状缝与骨盆前后径一致，诊断为（　　）
    A. 骨盆入口平面狭窄　B. 头盆不称
    C. 宫缩乏力　D. 持续性枕横位
    E. 持续性枕后位

15. 26 岁初产妇，身高 165cm，孕 40 周，骨盆入口平面相对狭窄，估计胎儿体重 3000g，宫缩好，正确的处理是（　　）
A. 试产 2～4 小时
B. 镇静、休息
C. 做术前准备
D. 胎心正常可做剖宫产
E. 立即剖宫产

16. 龚女士，孕足月初产，胎位正常、无头盆不称，出现协调性宫缩乏力，拟静脉滴注 0.5% 浓度的宫缩素增强宫缩，在 5% 葡糖糖 500ml 中应加入缩宫素（　　）
A. 2.5U　　B. 5U
C. 10U　　D. 15U
E. 20U

17. 王女士，27 岁，G_1P_0。妊娠 39 周，临产后 8 小时，宫缩 30 秒 /4～6 分，较弱，胎心好。宫口开大 5cm，先露头 S^{+1}。产妇自诉宫缩时有排便感，想屏气用力。估计胎儿的胎方位为（　　）
A. 枕左前　　B. 枕右前
C. 颏右前　　D. 肩左前
E. 持续性枕后位

18. 妊娠 39 周的一位经产妇在田间做农活时急产，你认为下列哪种情况发生的可能性最小（　　）
A. 会阴、阴道裂伤　　B. 新生儿窒息
C. 子宫颈裂伤　　D. 新生儿颅内出血
E. 宫缩乏力

19. 李女士，36 岁。初产妇，孕 40 周，规律宫缩 18 小时，胎心 106 次 / 分，宫口开大 3cm，先露头 S^{-1}，大囟门位于右前方，下列诊断错误的是（　　）
A. 胎儿窘迫　　B. 潜伏期延长
C. 高龄初产妇　　D. 枕后位
E. 胎头下降停滞

20. 26 岁初孕妇，妊娠 38 周，自诉肋下有块状物。腹部检查：子宫呈纵椭圆形，胎先露部软且不规则，胎心在脐上偏右听得最清楚，考虑胎先露是（　　）
A. 肩先露　　B. 臀先露
C. 头先露　　D. 枕先露
E. 面先露

（王丽君）

第 11 章　分娩期并发症妇女的护理

学习目标

1. 掌握胎膜早破、产后出血、子宫破裂的定义、临床表现和护理措施。
2. 熟悉胎膜早破、产后出血、子宫破裂、羊水栓塞的健康教育。
3. 了解胎膜早破、产后出血、子宫破裂、羊水栓塞的病因。

第 1 节　胎 膜 早 破

案例 11-1

女性，G1P0。妊娠 34 周，阴道内突然流液不能自控入院。查体：腹膨隆、枕右前，阴道检查触不到前羊水囊，液体间断从宫口流出。

问题与思考：

孕妇发生了什么情况？应如何即时处理？

考点：胎膜早破的概念

在临产前胎膜破裂，称为胎膜早破（premature rupture of membrane，PROM）。是常见的分娩期并发症。其发生率占分娩总数的 2.7%～17%，胎膜早破对妊娠和分娩均有不利影响，可导致早产、宫内感染、脐带脱垂、胎儿吸入性肺炎，使围生儿死亡率增高。

【病因】

1. 营养因素　缺乏维生素 C、锌和铜，可使胎膜张力下降而破裂。

2. 宫颈内口松弛　常因手术创伤或先天性宫颈组织结构薄弱，使宫颈内口松弛，前羊水囊楔入，受压不均，导致胎膜早破。

3. 下生殖道感染　可由细菌、病毒等上行感染引起胎膜炎，使胎膜局部张力下降而破裂。

4. 胎先露衔接不良　胎先露高浮、头盆不称、胎位异常可使胎先露部不能正常衔接，前羊水囊所受压力不均，导致胎膜早破。

5. 机械性刺激　创伤或妊娠后期性交都可导致胎膜早破。

【护理评估】

1. 健康史　了解是否有下生殖道感染史、创伤史、妊娠后期性交史等胎膜早破的诱因。确定胎膜破裂的时间、妊娠周数、是否有宫缩及感染的征象。

2. 身体评估

（1）症状：孕妇突感有较多液体从阴道流出，有时可混有胎脂及胎粪，继而少量间断排出，无腹痛等其他产兆，当咳嗽、打喷嚏、负重时，即有羊水流出。

（2）体征：肛查时摸不到羊水囊，上推胎儿先露部可见流液量增多。伴羊膜腔感染时，阴道流液有臭味，并有发热、母儿心率增快、子宫压痛。

考点：胎膜早破主要的临床表现

3. 辅助检查

（1）阴道液酸碱度检查：正常阴道液呈酸性，pH 为 3.8～4.4，羊水的 pH 为 7.0～7.5；尿液的 pH 为 5.5～6.5。用 pH 试纸检查，若流出液体 pH≥7.0 时，视为阳性，胎膜早破的可能性极大。

（2）阴道涂片检查：阴道液干燥涂片检查有羊齿状结晶出现为羊水。

（3）羊膜镜检查：可直视胎先露部，看不到前羊膜囊，即可诊断为胎膜早破。

（4）超声检查：羊水量减少可协助诊断胎膜早破。

4. 心理 - 社会状况　由于孕妇突然发生不可自控的阴道流液，可能会惊慌失措，担心会影响到胎儿及自身的健康，有些孕妇可能开始设想胎膜早破会带来的种种后果，甚至会产生恐惧心理。

【处理原则】

预防感染和脐带脱垂，根据胎龄、胎儿有无异常和孕（产）妇有无并发症等情况综合考虑，决定是否及时终止妊娠。

1. 若破膜发生在妊娠 28～32 周者，距离预产期尚远，应严密观察，延长孕期至 33 周以上。

2. 发生在妊娠 33～35 周者，已近足月，若无头盆不称、胎位异常、脐带脱垂及感染征象等，可等待自然分娩。

3. 若胎儿已足月，而未临产又无感染征象，可观察 12～18 小时，如仍未临产应给予引产或剖宫产。

4. 如有感染，不论胎龄大小，均应及时终止妊娠。

【护理诊断 / 问题】

1. 有感染的危险　与胎膜破裂细菌容易入侵有关。

2. 有胎儿受伤的危险　与脐带脱垂和早产儿肺部不成熟有关。

3. 焦虑　与担心胎儿预后和自身有关。

4. 自理能力缺陷　与防止脐带脱垂需绝对卧床有关。

5. 潜在并发症　早产、脐带脱垂。

【护理目标】

1. 孕妇无感染发生。
2. 胎儿无并发症发生。
3. 孕妇及其家属能诉说其焦虑情绪，能面对现状。
4. 孕妇能够认识胎膜早破的预后，对治疗和护理感到满意。

【护理措施】

1. 严密观察胎儿情况

（1）监测胎心率的变化，指导孕妇自计胎动。

（2）观察阴道流液的性状、颜色、气味等，如羊水中混有胎粪，则表示胎儿宫内缺氧，应及时给予吸氧处理。

（3）密切观察产兆，若孕龄＜37 周，产程已发动，应及时通知医生。遵医嘱给予保胎措施，并观察保胎的效果。

2. 积极预防感染

（1）密切观察孕妇的生命体征，定时抽血查血常规，监测白细胞。注意观察阴道分泌物有无异味的出现，以判断有无感染。

（2）尽量减少肛查的次数，如需阴道检查，应严格执行无菌技术操作。

（3）保持外阴的清洁，每日2次用0.1%新洁尔灭棉球进行擦拭消毒。勤换会阴垫，保持外阴的清洁干燥，防止上行感染。

（4）遵医嘱严格使用抗生素。胎膜破裂后12小时应用抗生素预防感染的发生。

3. 脐带脱垂的预防及护理 胎膜早破并胎先露部未衔接者应嘱患者采取侧卧位或平卧位，垫高臀部，以防脐带脱垂，造成胎儿缺氧或宫内窘迫。密切监测胎心的变化并确定有无隐形脐带脱垂，若有脐带先露或脐带脱垂，应在数分钟内结束妊娠。

考点：胎膜早破的护理措施

4. 心理护理 及时向孕妇及家属说明病情及治疗方案，讲解胎膜早破的相关知识，进行心理疏导，缓解焦虑情绪。

【健康教育】

使孕妇重视妊娠期卫生保健并积极参与产前保健指导活动；嘱孕妇妊娠后期禁止性交；避免负重及腹部受碰撞；宫内口松弛者，应卧床休息，并遵医嘱于妊娠14～16周行宫颈环扎术。同时注意补充足量的维生素及钙、锌、铜等元素。

【护理评价】

1. 孕妇是否发生宫腔内感染。
2. 胎儿是否顺利娩出，有无发生脐带脱垂、胎儿性肺炎、胎儿宫内窘迫、新生儿肺炎。

第2节 子宫破裂

子宫体部或子宫下段在妊娠期或分娩期发生破裂，称为子宫破裂（rupure of uterus）。若未及时诊疗可导致胎儿及产妇死亡，是产科的严重并发症之一。多发生在分娩晚期，个别发生在妊娠晚期，经产妇的发生率高于初产妇。

考点：子宫破裂的概念

【病因】

1. 梗阻性难产 是引起子宫破裂常见的原因。骨盆狭窄、头盆不称、软产道阻塞、胎位异常等，均可因胎先露下降受阻，为克服阻力子宫强烈收缩，使子宫下段过分伸展发生子宫破裂。

2. 瘢痕子宫 凡子宫曾行过各种手术，比如剖宫产术、子宫修补术者，在妊娠晚期或分娩期子宫腔内压力剧增可使瘢痕破裂。

3. 宫缩剂使用不当 分娩前肌内注射缩宫素或静脉滴注过量缩宫素或其他子宫收缩药物使用不当，均可导致子宫收缩过强导致子宫破裂。

4. 产科手术损伤 若宫口未开全行产钳术、胎头吸引术、臀助产术，极可能造成宫颈撕裂，严重时甚至发生子宫下段破裂。

【分类】

根据发生原因可分为自发性破裂和损伤性破裂；根据发生部位分为子宫体破裂和子宫下段破裂。根据破裂程度分为完全性破裂和不完全性破裂。

【护理评估】

1. 健康史　收集和了解与诱发子宫破裂相关的既往史及现病史，如梗阻性难产、不适当难产手术、滥用宫缩药、子宫手术瘢痕愈合不良等因素。

2. 身体评估　子宫破裂可发生在妊娠晚期和分娩期，多见于分娩期。通常子宫破裂是一个逐渐发展的过程，多数可分为先兆子宫破裂和子宫破裂两个阶段。先兆子宫破裂典型的临床表现为病理性缩复环、子宫压痛、排尿困难及血尿。

（1）先兆子宫破裂：临产后，当胎先露下降受阻时，强有力的子宫收缩使子宫下段逐渐变薄，而子宫上段增厚变短，在子宫体和子宫下段之间形成明显的环状凹陷，称为病理性缩复环（pathologic retraction ring）（图 11-1）。

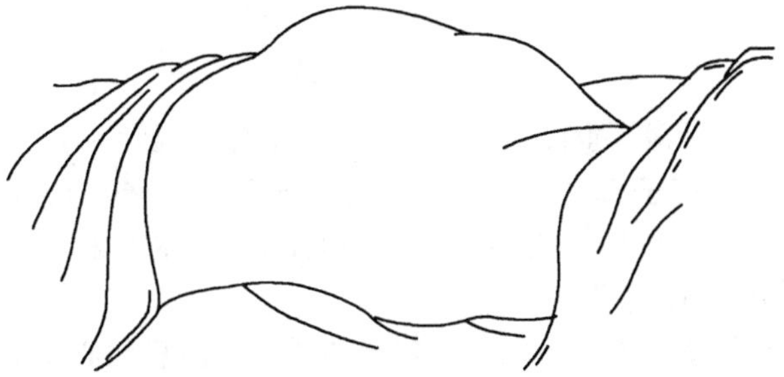

图 11-1　病理性缩复环

随着产程进展，此凹陷可逐渐上升至脐水平或脐上。产妇表现为烦躁不安、腹部疼痛剧烈难忍；呼吸、心率加快；出现排尿困难及血尿。

（2）子宫破裂

① 完全性子宫破裂：子宫壁全层破裂，使子宫腔与腹腔相通，称为完全性子宫破裂。子宫破裂常发生在瞬间，产妇突感下腹部撕裂样剧烈疼痛，子宫收缩骤然停止，腹痛可暂时缓解。此后随着血液、羊水及胎儿进入腹腔，腹痛又持续加重，同时产妇出现面色苍白、出冷汗、脉搏细数、呼吸急促、血压下降等休克征象。体征：全腹部有压痛和反跳痛，可在腹壁下扪及胎体，在胎儿侧方可扪及缩小的宫体，胎动和胎心消失。

② 不完全性子宫破裂：子宫肌层全部或部分破裂，但浆膜层尚未穿破，宫腔与腹膜未相同，胎儿及附属物仍在宫腔内称为不完全性子宫破裂。多见于子宫下段剖宫产切口瘢痕裂开。不完全破裂时腹痛的症状和体征都不明显，仅在不全破裂处有明显压痛。

3. 辅助检查　血常规检查可见血红蛋白值下降，白细胞计数增加等。尿常规可见有红细胞或肉眼血尿。

4. 心理 - 社会状况　发生子宫破裂时，产妇担心自身及胎儿的生命而产生恐惧、紧张、焦虑等心理。一旦胎儿死亡，产妇会出现愤怒、悲伤，甚至罪恶感。

【处理原则】

1. 先兆子宫破裂　立即采取措施抑制子宫收缩，可给予吸入或静脉全身麻醉，肌内注射哌替啶 100mg 等缓解宫缩。并给产妇吸氧，立即备血的同时，尽快行剖宫产术，防止子宫破裂。

2. 子宫破裂　一旦确诊，无论胎儿是否存活，均应在积极抢救休克的同时，尽快手术治疗。若必须转院，应在大量输血、输液、抗休克条件下及腹部包扎后再行转运。

【护理诊断/问题】

1. **疼痛** 与强直性子宫收缩或子宫破裂后血液刺激腹膜有关。
2. **预感性悲哀** 与子宫破裂后胎儿死亡或子宫切除有关。
3. **组织灌注不足** 与子宫破裂后大出血有关。
4. **潜在并发症** 出血性休克、感染。

【护理目标】

1. 强直性子宫收缩得到抑制，产妇疼痛减轻。
2. 产妇出血性休克得到纠正和改善。
3. 产妇心理状态平稳，悲伤程度减轻。

【护理措施】

1. 预防子宫破裂 做好计划生育及围生期保健工作，减少多产、多次人流对子宫的损害。加强产前检查。对瘢痕子宫、产道异常和胎位异常的孕妇，应在预产期前2周入院待产。对于缩宫素、前列腺素等宫缩剂的使用指征和方法应严格掌握，避免滥用、错用。

2. 先兆子宫破裂患者的护理

（1）密切观察产程进展，及时发现导致难产的诱因，注意胎心率的变化。

（2）静脉滴注缩宫素催产时，应派专人守护，用输液泵准确控制滴速。防止出现强直性宫缩。

（3）出现宫缩过强或者强直性子宫收缩，或腹部出现病理性缩复环时，应立即报告医生停止缩宫素的使用和一切操作，同时测量产妇的生命体征，遵医嘱使用抑制宫缩的药物、吸氧及做好剖宫产的术前准备。注意观察有无排尿困难、血尿。

（4）重视产妇的自我感受，对于腹痛难忍、烦躁者，不能简单的认为只是产妇单纯的不配合，应再次查看宫缩的情况，子宫下段是否出现病理性缩复环、有无压痛、有无肉眼血尿等先兆子宫破裂的征象，发现异常及时通知医生处理。

（5）协助医生向家属交待病情，并获得家属签字同意手术的协议书，缩短等待剖宫产的时间。

3. 子宫破裂患者的护理 迅速建立输血输液通道，严格执行医嘱，积极抢救休克，迅速做好剖腹探查的准备。

（1）保暖，给氧。

（2）迅速给予输液、输血、短时间内补足血容量；同时补充电解质，纠正酸中毒，积极进行抗休克处理。

（3）严格记录患者的液体出入量。

（4）术中、术后遵医嘱使用大量抗生素，以防感染。

（5）严密监测并记录生命体征、血红蛋白，评估失血量以指导护理方案。

4. 心理护理

（1）向产妇及家属解释子宫破裂的治疗和对再次妊娠的影响。

（2）对胎儿已死亡的产妇，耐心倾听产妇诉说内心的感受，做好安慰工作，帮助其度过悲伤阶段。

（3）为产妇及家属提供一个舒适的环境，给予生活上的护理，更多的陪伴，鼓励其进食，恢复体力。

（4）为产妇提供修养计划，帮助产妇调整情绪，接受现实。

【护理评价】

1. 产妇的血容量及时得到补充，手术经过顺利。
2. 出院时产妇白细胞计数、血红蛋白正常，伤口愈合好且无并发症。
3. 出院时产妇情绪较平稳，饮食、睡眠基本恢复正常。

第3节　产后出血

胎儿娩出后 24 小时内出血量超多 500ml 者为产后出血（postpartum emorrhage）。产后出血是分娩期的严重并发症，是产妇死亡的重要原因之一，在我国居产妇死亡原因的首位。其发生率占分娩总数的 2%～3%，其中 80% 以上发生在产后 2 小时之内。短时间内大量失血可迅速发生失血性休克，严重者危及产妇生命，休克时间过长可引起脑垂体缺血坏死，继发严重的腺垂体功能减退—席汉综合征（Sheehan syndrome）。

考点：产后出血的概念

席汉综合征

由于产后大出血，尤其是伴有长时间的失血性休克，使垂体前叶组织缺氧、变性坏死，继而纤维化，最终导致垂体前叶功能减退的综合征，其发生率占产后出血及失血性休克患者的 25% 左右。席汉综合征不仅可以发生于阴道分娩者，亦可发生于剖宫产术之后。

知识链接

【病因】

产后出血可由单一因素所致，也可以互为因果，相互影响。

1. 子宫收缩乏力　产后出血最常见的原因，占产后出血总数的 70%～80%。

（1）全身因素：产妇精神高度紧张、对分娩极度恐惧，尤其对阴道分娩缺乏足够信心；临产后过多使用镇静剂、麻醉剂或子宫收缩剂；产妇合并慢性全身性疾病；体质虚弱等均可引起子宫收缩乏力。

（2）产科因素：产程延长、产妇体力消耗过多，或产程过快，可引起子宫收缩乏力。前置胎盘、胎盘早剥、妊娠期高血压疾病、严重贫血、宫腔感染等产科并发症可使子宫肌层水肿或渗血引起子宫收缩乏力。

（3）子宫因素：子宫肌纤维发育不良，如子宫畸形或子宫肌瘤；子宫纤维过度伸展，如巨大胎儿、多胎妊娠、羊水过多；子宫肌壁受损，如肌瘤剔除术、剖宫产、子宫穿孔等子宫手术史；产次过多、多频可造成子宫肌纤维受损，均可引起子宫收缩乏力。

2. 胎盘因素　指胎儿娩出后 30 分钟，胎盘尚未娩出者。

（1）胎盘滞留：膀胱充盈使剥离胎盘滞留宫腔；使用宫缩剂不当，使剥离后的胎盘嵌顿在宫腔内；由于第三产程过早牵拉脐带或按压子宫影响胎盘剥离导致的胎盘剥离不全，剥离面血窦开放致出血。

（2）胎盘粘连：指胎盘全部或部分粘连与宫壁不能自行剥离。因胎盘部分剥离导致子宫收缩不良，已剥离面血窦开放发生致命性出血。

（3）胎盘植入：指胎盘绒毛植入子宫肌层。部分植入血窦，导致血窦开放，出血不易止血。

（4）胎盘胎膜残留：多为部分胎盘胎膜、胎盘小叶残留在宫腔中，影响子宫收缩而出血。

3．软产道裂伤 常因急产、子宫收缩过强、产程进展过快、软产道未经充分的扩张、胎儿过大、保护会阴不当、助产手术操作不当、未做会阴侧切或因会阴侧切口过小、软产道组织弹性差，胎儿娩出时可致软产道撕裂（图 11-2）。

（1）Ⅰ度裂伤　（2）Ⅱ度裂伤　（3）Ⅲ度裂伤

图 11-2　会阴裂伤

4．凝血功能障碍 临床包括两种情况：其一为妊娠合并凝血功能障碍性疾病：如血小板减少症、白血病、再生障碍性贫血、重症肝炎等；其二为妊娠并发症导致凝血功能障碍，如重度妊高症、重度胎盘早剥、羊水栓塞、死胎滞留过久等均可影响凝血功能，发生弥散性血管内凝血。凝血功能障碍所致的产后出血常为难以控制的大出血。

【护理评估】

1．健康史 收集与产后出血有关的病史，如孕前患有出血性疾病、重症肝炎、子宫肌壁损伤史；多次人工流产史和产后出血史；妊娠期合并妊高症、前置胎盘、胎盘早剥、多胎妊娠、羊水过多；分娩期产妇精神过度紧张，过多使用镇静剂、麻醉剂；产程过长，产妇衰竭或急产以及软产道裂伤等。

2．身体评估

（1）症状：产后出血者面色苍白、出冷汗，主诉口渴、心慌、头晕，尤其是子宫出血潴留于宫腔及阴道时，产妇表现为怕冷、寒战、打哈欠、少言或表情淡漠，呼吸急促，甚至烦躁不安，很快转入昏迷状态。软产道损伤造成阴道壁血肿的产妇会有尿频或肛门坠胀感甚至有排尿困难。

（2）体征：血压下降，脉搏细数，子宫收缩乏力性出血及胎盘因素所致出血者，子宫轮廓不清，触不到宫底，按摩后子宫收缩变硬，停止按摩又变软，按摩子宫时阴道有大量出血。血液积存或胎盘已剥离而滞留于子宫腔内者，宫底可升高，按摩子宫并挤压宫底部刺激宫缩，可促使胎盘和淤血排出。因软产道裂伤或凝血功能障碍所致的出血，腹部检查宫缩较好，轮廓较清晰。

考点：产后出血主要的临床表现

3．辅助检查

（1）评估产后出血量：注意观察阴道出血是否凝固，同时估计出血量。临床上常用的方法：①器皿收集法：用专用的产后接血容器，将所收集的血用量杯测量，可简便地了解出血量。②称重法：把使用前后的纱布、卫生巾等称重，用其差值除以血液比重 1.05g 即为实际失血量。③面积法：血湿面积按 10cm×10cm＝10ml，即每 $1cm^2$ 为 1ml 计算失血量。④目测法：此法只能粗略估计，误差较大。上述的检测方法都可因不同的检测人员而存在一定的误差。

（2）测量生命体征与中心静脉压：观察血压下降情况，若改变体位时收缩压下降>10mmHg，脉率增加每分钟>20 次，提示血容量丢失 20%～25%；呼吸急促，脉搏细数，体温开始降低随后也可增加。中心静脉压降低。

（3）实验室检查：检查产妇的血常规、出凝血时间、凝血酶原时间及纤维蛋白原测定等结果。

4. 心理 - 社会状况　发生产后出血时，产妇及家属因担心产妇生命安全而产生紧张和恐惧。

【处理原则】

针对病因迅速止血，补充血容量纠正休克及防治感染。对因子宫收缩乏力造成的出血，加强子宫收缩是最迅速有效的方法；对软产道裂伤造成的出血，及时准确的修补、缝合裂伤处可有效地止血；对因胎盘因素或凝血功能障碍所致的出血应迅速地采取相应措施，控制出血。

【护理诊断 / 问题】

1. 体液不足　与大量出血有关。

2. 疲乏　与大出血导致的贫血有关。

3. 恐惧　与大量出血、濒死感有关。

4. 有感染的危险　与失血后抵抗力降低及手术操作有关。

5. 潜在并发症　失血性休克。

【护理目标】

1. 产妇的血容量得到恢复，血压、脉搏、尿量正常。
2. 产妇未感染，白细胞总数和中性粒细胞分类正常。
3. 体温正常，恶露、伤口无异常。

【护理措施】

1. 预防产后出血

（1）妊娠期

① 加强孕期保健，定期接受产前检查，及时治疗高危妊娠，积极治疗产科合并症或早孕时终止妊娠。

② 对高危妊娠者，如妊娠高血压者、肝炎、血液病、多胎妊娠、羊水过多、有剖宫产史等孕妇应提前入院待产。

③ 应积极宣传避孕知识，减少人工流产及刮宫次数。

（2）分娩期

① 第一产程：密切观察产程进展，及时处理宫缩乏力、头盆不称，防止产程延长和滞产，必要时给予镇静药以保证产妇休息。

② 第二产程：严格按照无菌技术原则操作；指导产妇正确使用腹压，避免疲劳；适时适度做会阴侧切；注意保护会阴。胎肩娩出后立即肌内注射或静脉滴注催产素，以加强子宫收缩，减少出血。

③ 第三产程：正确处理胎盘娩出和测量出血量。

（3）产后期

① 产后 2 小时内，产妇仍需留在产房观察，护士应密切观察产妇子宫收缩、阴道流血及会阴伤口情况。定时监测产妇的血压、脉搏、体温和呼吸。

② 产后 2 小时内出血＞200ml，应积极寻找原因。

③ 督促产妇及时排空膀胱，以免影响宫缩所致的产后出血。

④ 尽早开奶，早吸吮可刺激子宫收缩，减少阴道出血量。

⑤ 对可能发生产后出血的高危产妇，注意保持静脉通道，充分做好输血和急救的准备，注意保暖。

2．止血

（1）产后子宫收缩乏力性出血

1）按摩子宫：第一种方法：一手在耻骨联合下压，将子宫向上托起，另一手置于宫底部，拇指在子宫前壁，其余 4 指在子宫后壁，有节律地按摩子宫，使积存在宫腔内的血液及时排除（图 11-3）。第二种方法：一手在子宫体部按摩子宫体后壁，另一手握拳置于阴道前穹隆挤压子宫前壁，两手相对紧压子宫并做按摩，不仅可刺激子宫收缩，还可压迫子宫内血窦，减少出血（图 11-4）。

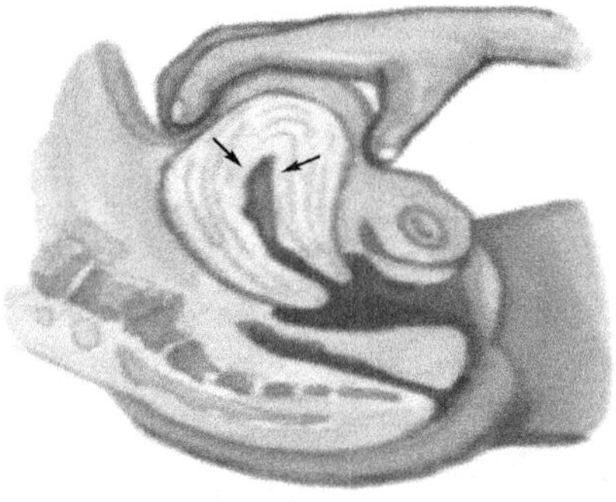

图 11-3　经腹壁按摩子宫底

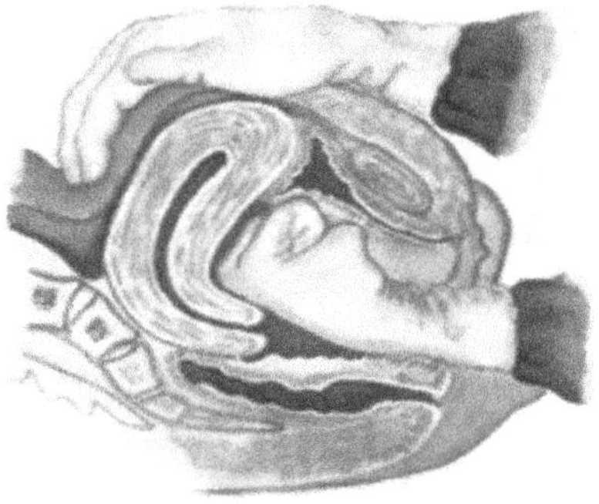

图 11-4　经腹部－阴道双手按摩子宫

2）应用宫缩剂：可根据产妇情况采用肌内注射缩宫素 10U 或麦角新碱 0.2～0.4mg，或静脉滴注宫缩剂。也可宫体直接注射麦角新碱 0.2mg，以促进宫缩，减少出血（心脏病、高血压患者禁用麦角新碱）。应用后效果不佳者，遵医嘱可采用地诺前列酮 0.5～1mg 经腹部直接注入子宫肌层，使子宫发生强烈收缩而止血。

3）子宫腔内填塞纱条：方法为助手在腹部固定宫底，术者手持卵圆钳将无菌不脱脂纱布条送入宫腔内（图 11-5）。24 小时后取出纱布条，取出前应先肌内注射宫缩剂。宫腔

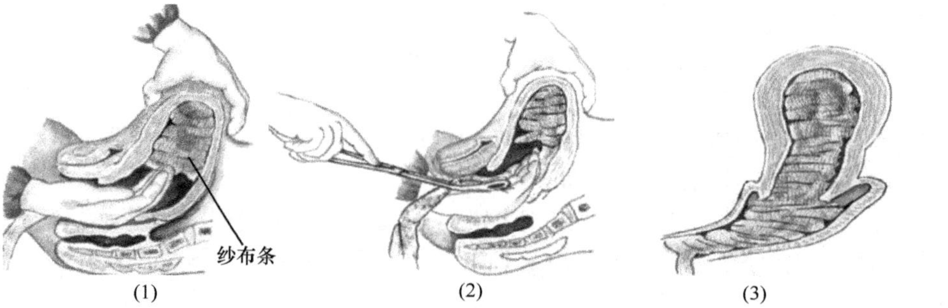

图 11-5　宫腔填塞无菌纱布

填塞纱布条后应密切观察生命体征及宫底高度和大小。由于宫腔内填塞纱布条可引起感染，只有在缺乏输血条件、病情危急时考虑使用。

4）手术止血：主要用于子宫收缩乏力、前置胎盘等所致的严重产后出血的产妇。可采用结扎子宫动脉或结扎髂内动脉的方法。按医嘱必要时行子宫次全切术的术前准备。

（2）软产道撕裂造成的大出血：有效的止血措施是及时、准确的修复撕裂处，尽可能恢复原有的解剖关系。

（3）胎盘因素所致的大出血：要及时将胎盘取出，并做好必要的刮宫准备。胎盘已剥离尚未娩出者，可协助产妇排空膀胱，然后牵拉脐带，按压宫底协助胎盘娩出；胎盘部分残留者，可人工徒手剥离胎盘，若徒手不能取出时，用大号刮匙刮取残留组织；胎盘植入者应做好切除子宫的准备；若子宫狭窄环所致胎盘嵌顿，要使用麻醉剂，待环松解后用手取出胎盘。

（4）凝血功能障碍者所致出血：首先要排除子宫收缩乏力、胎盘因素、软产道裂伤引起的出血，明确病因后积极输注新鲜全血、血小板、纤维蛋白或凝血酶原复合物、凝血因子等。若已并发 DIC，则按 DIC 处理。

3. 失血性休克的护理 立即输血，以补充同等血量为原则；注意为患者提供安静的环境，保持平卧或中凹卧位、吸氧、保暖；严密观察患者的意识状态、皮肤甲床的颜色、血压、脉搏、呼吸及尿量；观察子宫收缩情况，有无压痛。

4. 控制感染的护理

（1）病室环境整洁，每天通风换气 2 次，每次 30 分钟，定期进行室内空气消毒。

（2）床铺整洁、干燥、舒适，经常更换卫生垫。

（3）保持会阴清洁，每天擦洗会阴 2 次。

（4）遵医嘱应用抗生素。

5. 心理护理 大量失血后，产妇的抵抗力下降，体质虚弱，自理能力低下，护士应给予产妇更多的关爱和关心，使其增加安全感，教会产妇一些自我放松的办法，鼓励产妇倾诉内心的感受，针对产妇的身体情况，有效地纠正贫血，增加体力，以促进身体健康。

【健康教育】

1. 加强孕期保健工作，及时治疗可能引起产后出血的疾病。
2. 尽早开奶，促进宫缩以减少阴道流血量。
3. 鼓励产妇进食营养丰富易消化的食物，多进食含铁、蛋白质、维生素的食物，如瘦肉、鸡蛋、牛奶、新鲜蔬菜、水果等。
4. 产褥期禁止盆浴、性生活。

【护理评价】

1. 产妇血压、血红蛋白正常，全身状况得以改善。
2. 出院时产妇体温正常，白细胞计数正常，恶露正常，无感染征象。
3. 产妇疲劳感减轻，生活自理能力恢复。

第4节 羊水栓塞

羊水栓塞（amniotic fluid embolism）是指在分娩过程中羊水进入母体循环后引起的肺栓塞、休克、弥散性血管内凝血（DIC）、肾衰竭等一系列病理改变，是极其严重的分娩期并发症，也是造成产妇死亡的重要原因之一，发生在足月分娩者死亡率可高达 80% 以上。

也可发生在妊娠早、中期的流产、引产或钳刮术中，但病情较轻，极少造成产妇死亡。

【病因】

羊水栓塞是由羊水中有形物质（胎儿的毳毛、角化上皮、胎粪、胎脂）进入母体血液循环引起。

1. 羊膜腔内压力过高 临产后，尤其是在第二产程子宫收缩时，羊膜腔压力升高可达100～175mmHg明显超过静脉压，羊水有可能被挤入破裂的血管而进入母体血液循环。

2. 血窦开放 宫颈撕裂伤、子宫破裂、前置胎盘、胎盘早剥或剖宫产术中羊水通过病理性开放的子宫血窦进去母体血循环。

3. 胎膜破裂 羊水通过子宫蜕膜或宫颈管破损的小血管进入母体血循环中。羊膜腔穿刺或钳刮术时子宫壁损伤处静脉窦亦可称为羊水进入母体通道。

【病理生理】

1. 肺动脉高压 羊水进入母体循环后，其中的有形物质如上皮细胞、胎脂、胎粪及毳毛在肺内形成小栓子，造成肺小血管机械性阻塞，引起肺动脉高压。肺动脉高压可引起急性右心衰竭，继而引起呼吸循环功能衰竭。

2. 过敏性休克 羊水中的有形物质为致敏源，作用于母体引起I型变态反应导致过敏性休克，多在羊水栓塞后立即发生。

3. 弥散性血管内凝血（DIC） 妊娠时母血为高凝状态，羊水中含有多量促凝物质，可激活外源性凝血系统，在血管内形成大量微血栓，导致弥散性血管内凝血。同时羊水中也含有纤溶激活酶，当纤维蛋白下降时，可激活纤溶系统，由于大量凝血物质的消耗和纤溶系统的激活，产妇血液由高凝状态转为纤溶亢进，血液不凝固而发生产后出血及失血性休克。

4. 急性肾衰竭 由于休克和DIC，导致肾脏缺血，进一步引起肾衰竭。

【护理评估】

1. 健康史 评估发生羊水栓塞的各种诱因，如是否有胎膜早破或人工破膜；前置胎盘或胎盘早剥；宫缩过强或强直性宫缩；中期妊娠引产或钳刮术，羊膜腔穿刺术等病史。

2. 身体评估

（1）症状：大多突然发病，开始出现烦躁不安、寒战、呕吐、起急等先兆症状，继而出现呛咳、呼吸困难、发绀，迅速出现循环衰竭，进入休克或昏迷状态，严重者发病急躁，可于数分钟内迅速死亡，不在短期内死亡者，可出现出血不止，血不凝，身体其他部位如皮肤、黏膜、胃肠道或肾出血。继之出现少尿、无尿等肾衰竭的表现。临床经过可分为急性休克期、出血期、急性肾衰竭期。

（2）体征：产妇烦躁不安、呼吸快、泡沫痰、三凹征、心率增快，肺部听诊有湿啰音。全身黏膜有出血点及瘀斑，阴道出血不止，切口渗血不凝。

3. 辅助检查

（1）实验室检查：痰液涂片可查到羊水内容物，腔静脉取血可查出羊水中的有形物质。DIC各项血液检查指标呈阳性。

（2）心电图：提示右侧房室扩大。

（3）X线：可见肺部双侧弥漫性点状、片状浸润影，沿肺门周围分布，伴轻度肺不张及心脏扩大。

4. 心理-社会状况　本病发病急骤，病情凶险，病人感到痛苦和恐惧，家属无法理解病情而情绪激动，甚至产生愤怒和不满。

【处理原则】

羊水栓塞一旦确诊，应立即抢救产妇生命。主要原则：改善低氧血症；抗过敏和抗休克；防治 DIC 和肾衰竭；预防感染。

【护理诊断/问题】

1. 气体交换受损　与肺血管阻力增加即肺动脉高压、支气管痉挛有关。
2. 组织灌注无效　与弥散性血管内凝血及失血有关。
3. 心输出量减少　与羊水进入肺部后引起肺水肿、急性肺心病及衰竭有关。
4. 有胎儿窘迫的危险　与羊水栓塞，母体循环受阻有关。

【护理目标】

1. 产妇胸闷、呼吸困难症状缓解。
2. 产妇能维持体液平衡。
3. 保护胎儿或新生儿安全。

【护理措施】

1. 羊水栓塞的预防

（1）加强产前检查，注意诱发因素，及时发现前置胎盘、胎盘早剥等并发症及时处理。

（2）密切观察产程的进展，正确掌握缩宫素的使用方法，防止宫缩过强。

（3）严格掌握破膜的时间，人工破膜宜在宫缩的间歇期，破口要小并注意控制羊水的流出速度。

（4）中期引产者，羊膜穿刺次数不应超过 3 次，钳刮时应先刺破胎膜，使羊水流出后再钳夹胎块。

（5）宫腔操作动作应轻柔，切忌暴力操作，过早干预。

2. 羊水栓塞病人的护理

（1）立即取半卧位，加压给氧，必要时行气管插管或切开，保证供氧。

（2）立即开放静脉通道，保证药液和药物的及时输入。

（3）遵医嘱使用抗过敏药物、解痉药物。

（4）遵医嘱使用毛花苷 C，纠正心力衰竭，消除肺水肿。

（5）抗休克同时纠正酸中毒。

（6）DIC 阶段应及早抗凝，补充凝血因子，应用肝素；晚期抗纤溶同时也补充凝血因子，防止大出血。

（7）监测尿量，少尿或无尿阶段要及时使用利尿剂，防治肾衰竭。

3. 产科处理　原则上在产妇呼吸、循环功能得到明显改善，并已纠正凝血功能障碍后及时结束分娩。

4. 心理护理　若患者神志清醒，应给予鼓励，使其增强信心并相信自己的病情会得到控制。对于家属的恐惧情绪表示理解和安慰，适当的时候允许家属陪伴病人，向家属介绍患者病情的严重性，以取得配合。

【护理评价】

1. 病人胸闷，呼吸困难症状改善。
2. 患者血压及尿量正常，阴道出血减少，全身皮肤、黏膜停止出血。
3. 胎儿或新生儿无生命危险，患者出院时无并发症。

案例 11-1 分析

初步判断该产妇出现了胎膜早破的情况。

护理措施要点：严密观察胎儿情况，包括监测胎心率的变化，观察阴道流液的性状、颜色、气味，密切观察产兆；预防感染，包括尽量减少肛查的次数，胎膜破裂后 12 小时应用抗生素治疗；脐带脱垂的预防及护理。

目标检测

A_1 型题

1. 胎膜早破是指（　　）
   A. 胎膜在第二产程破裂
   B. 胎膜在临床前破裂
   C. 胎膜在宫缩开始破裂
   D. 胎膜在第一产程破裂
   E. 胎膜在胎儿娩出中破裂
2. 预防胎膜早破护理措施错误的是（　　）
   A. 妊娠最后 3 个月避免性交
   B. 及时矫正异常胎位
   C. 加强产前检查
   D. 多做肛门检查
   E. 避免增加腹压的体力劳动
3. 胎膜早破预防性使用抗生素的时间是（　　）
   A. 破膜 2 小时以上　B. 破膜 4 小时以上
   C. 破膜 6 小时以上　D. 破膜 10 小时以上
   E. 破膜 12 小时以上
4. 下列哪项不是产后出血的病因（　　）
   A. 产后宫缩乏力　B. 胎盘滞留
   C. 凝血功能障碍　D. 软产道裂伤
   E. 胎儿窘迫
5. 产后出血是指（　　）
   A. 胎儿娩出后 2 小时内阴道出血量超过 500ml
   B. 胎儿娩出后 24 小时内阴道出血量超过 500ml
   C. 胎盘娩出后 2 小时内阴道出血量超过 500ml
   D. 胎盘娩出后 24 小时内阴道出血量超过 500ml
   E. 阴道出血量超过 500ml
6. 关于子宫破裂的原因，正确的是（　　）
   A. 胎先露下降受阻　B. 子宫壁有瘢痕
   C. 过多使用宫缩剂　D. 手术创伤
   E. 以上都对

A_2 型题

7. 患者女，因胎膜早破入院。检查：头先露，未入盆，其余正常。错误的护理措施是（　　）
   A. 绝对卧床休息　B. 休息时取半卧位
   C. 严密观察羊水的性状　D. 指导孕妇自测胎动
   E. 观察胎心音
8. 患者女，因子宫破裂，胎儿死亡，行子宫切除术后心理护理措施，哪项不妥？（　　）
   A. 允许产妇诉说内心感受
   B. 适当的时候解释胎儿死亡的原因
   C. 安排与哺乳产妇同住一室
   D. 鼓励家属多陪伴产妇
   E. 观察情绪的变化
9. 患者女，25 岁。胎儿娩出后产妇突然发生呼吸困难、紧张，迅速出现循环衰竭、休克及昏迷。该产妇最大的可能是（　　）
   A. 休克　B. 癫痫
   C. 虚脱　D. 羊水栓塞
   E. 心力衰竭

（罗丽蓉）

第12章 胎儿与新生儿异常的护理

学习目标

1. 掌握胎儿窘迫和新生儿窒息的护理评估、护理诊断和护理措施。
2. 掌握新生儿窒息的复苏及复苏后护理。
3. 熟悉胎儿窘迫和新生儿窒息的概念、临床表现和处理原则。

第1节 胎儿窘迫

胎儿窘迫（fetal distress）指胎儿在宫内有缺氧征象危及胎儿健康和生命者。胎儿窘迫主要发生在分娩过程中，也可发生在妊娠后期。胎儿窘迫分为急性胎儿窘迫和慢性胎儿窘迫。

考点：胎儿窘迫的概念

【病因】

1. 母体因素 母体血液含氧量不足是重要原因。导致胎儿缺氧的母体因素：妊高征、重度贫血、一氧化碳中毒、多胎妊娠、胎膜早破；各种原因引起的休克与急性感染发热；急产或不协调性子宫收缩乏力；产程延长，特别是第二产程延长。

2. 胎盘、脐带因素 过期妊娠、胎盘发育障碍、胎盘形状异常（膜状胎盘、轮廓胎盘等）、胎盘感染、胎盘早剥、严重的前置胎盘及脐带血运受阻。

3. 胎儿因素 严重的先天性心血管疾病，胎儿畸形，母儿血型不合，胎儿宫内感染等。

4. 难产处理不当 产程过长，胎儿颅内出血、麻醉止痛药使用不当。

【护理评估】

1. 健康史 评估孕妇的年龄、生育史、有无内科疾患如高血压、心脏病、慢性肾炎等；本次妊娠的经过；了解有无导致胎儿缺氧的胎盘、脐带因素。

2. 身体评估

（1）急性胎儿窘迫：主要发生于分娩期。

① 胎心率变化：胎心率的改变是急性胎儿窘迫最明显的临床征象。胎儿缺氧的初期表现为胎心率基线＞160次/分，缺氧继续加深，胎心率减慢，基线＜120次/分，甚至＜100次/分，并出现心律不规则，最后胎心音消失。

② 胎动：急性胎儿窘迫初期，表现为胎动频繁，继而转弱及次数减少以至消失。

③ 羊水胎粪污染：胎儿缺氧，肠蠕动亢进，肛门括约肌松弛，使胎粪排入羊水中，羊水呈浅绿色（Ⅰ度污染）、黄绿色（Ⅱ度污染）、进而呈浑浊棕黄色（Ⅲ度污染）。破膜后羊水流出，可直接观察羊水的性状。若未破膜可经羊膜镜窥视，透过胎膜了解羊水的性状。

④ 酸中毒：破膜后，检查胎儿头皮血进行血气分析。血pH＜7.20提示酸中毒。

（2）慢性胎儿窘迫：多发生在妊娠末期，往往延续至临产并加重。其原因多因孕妇

考点：急性胎儿窘迫的临床表现

全身性疾病或妊娠疾病（如重度妊高征、妊娠合并心脏病、贫血、慢性高血压、过期妊娠等）引起胎盘功能不全或胎儿因素所致。表现为胎动减少或消失：胎动<10 次/12 小时为胎儿缺氧的重要表现，通常胎动消失 24 小时后胎心消失。还可表现为胎盘功能减退，胎儿发育迟缓。

3. 辅助检查

（1）胎盘功能检查：出现胎儿窘迫的孕妇一般 24 小时尿 E_3 值急骤减少 30%～50%，提示胎盘功能减退；或于妊娠末期连续多次测定在 10mg/24 小时以下。

（2）胎心电子监测：NST 无反应型，基线变异率<5 次/分，CST/OCT 出现晚期减速或变异减速。

（3）胎儿头皮血血气分析：pH<7.20。

【护理诊断/问题】

1. 气体交换受损（胎儿） 与子宫、胎盘、脐带、胎儿供血供氧不足有关。

2. 焦虑 与担心胎儿安全有关。

3. 预感性悲哀 与胎儿可能死亡有关。

【护理目标】

1. 胎儿缺氧改善，胎心率维持在 120～160 次/分。
2. 孕产妇焦虑减轻，主动配合治疗与护理。
3. 孕产妇能够接受胎儿死亡的事实。

【护理措施】

1. 纠正胎儿缺氧

（1）吸氧：嘱产妇左侧卧位，给予面罩吸 100% 纯氧，每分钟 10L，间断吸氧，每次 30 分钟，间隔 5 分钟。

（2）严密监测胎儿情况：每 10～15 分钟听胎心一次或进行胎心监护，慢性胎儿窘迫进行胎动计数、监测胎盘功能及胎心音。

（3）协助医生结束分娩：做好阴道助产手术及剖宫产手术准备。做好抢救新生儿窒息的准备。

2. 减轻焦虑 耐心解释胎儿目前情况、产程进展、治疗措施、预期结果，以减轻其焦虑并积极配合处理。

3. 心理护理

（1）向孕产夫妇提供相关信息，包括医疗措施的目的、操作过程、预期结果及孕产妇需做的配合，将真实情况告之孕产夫妇，有助于减轻焦虑，也可帮助他们面对现实。必要时陪伴他们，对他们的疑虑给予适当的解释。

考点：胎儿窘迫的护理措施

（2）对胎儿不幸死亡的夫妇，护士或家人多陪伴他们，帮助他们缓解心理压力，接受现实，尽快度过悲伤期。

【健康教育】

指导孕妇休息时宜采取左侧卧位，以改善胎盘血供；教会孕妇从 30 周开始进行胎动计数，发现异常及时就诊；加强产前检查，高危孕妇酌情提前入院待产。

【护理评价】

1. 胎儿缺氧状况是否改善，胎心率是否维持在 120～160 次 / 分。
2. 孕妇焦虑是否缓解，能否主动配合治疗与护理。
3. 孕产妇能否接受胎儿死亡的事实。

第 2 节　新生儿窒息

新生儿窒息（neonatal asphyxia）是指胎儿娩出后 1 分钟，仅有心跳而无呼吸或未建立规律呼吸的缺氧状态。为新生儿死亡及伤残的主要原因之一。

考点：新生儿窒息的概念

【病因】

1. 母体疾病　如妊娠高血压综合征、先兆子痫、子痫、急性失血、严重贫血、心脏病、急性传染病、肺结核等。

2. 子宫因素　如子宫过度膨胀、痉挛和出血，影响胎盘血液循环。

3. 胎盘因素　如胎盘功能不全、前置胎盘、胎盘早剥等。

4. 脐带因素　如脐带扭转、打结、绕颈、脱垂等。

5. 难产　如骨盆狭窄、头盆不称、胎位异常、羊膜早破、助产术不顺利或处理不当以及应用麻醉、镇痛、催产药物不妥等。

6. 胎儿因素　如新生儿呼吸道阻塞、颅内出血、肺发育不成熟以及严重的中枢神经系统、心血管系统畸形和膈疝等。

【护理评估】

1. 健康史　了解有无胎儿窘迫的诱因如妊娠期高血压疾病、重度贫血、急性失血、心脏病、产程过长、子宫过度膨胀、胎膜早破、前置胎盘、胎盘早剥、使用大量镇静剂。有无胎儿先天性心脏病、颅内出血、胎儿畸形、脐带脱垂、脐带过长或过短、胎儿窘迫、胎心监护是否有胎心晚期减速。

2. 身体评估　重点评估窒息的程度：对胎儿出生后 1 分钟、5 分钟分别进行 Apgar 评分，根据缺氧程度分为轻度窒息和重度窒息。

（1）轻度窒息（青紫窒息）：Apgar 评分 4～7 分。新生儿面部与全身皮肤呈青紫色；呼吸表浅或不规律；心跳规则有力，心率减慢（80～120 次 / 分）；对外界刺激有反应；喉反射存在；肌张力好；四肢稍屈。如果抢救治疗不及时，可转为重度窒息。

（2）重度窒息（苍白窒息）：Apgar 评分 0～3 分。新生儿皮肤苍白；口唇暗紫；无呼吸或仅有喘息样微弱呼吸；心跳不规则；心率＜80 次 / 分，且弱；对外界刺激无反应；喉反射消失；肌张力松弛。如果不及时抢救可致死亡。

出生后 5 分钟 Apgar 评分对估计预后很有意义。评分越低，酸中毒和低氧血症越严重，如 5 分钟的评分数＜3 分，则新生儿死亡率及日后发生脑部后遗症的机会明显增加。

考点：新生儿窒息分度

3. 辅助检查

（1）血气分析：为最主要实验室检查。测定动脉血氧分压（PaO_2）、二氧化碳分压（$PaCO_2$）和 pH。

（2）血清电解质测定：常有血清钾、钠、氯、钙、磷、镁和血糖降低。检测动脉血气、血糖、电解质、血尿素氮和肌酐等生化指标。

【护理诊断 / 问题】

1. 新生儿

（1）气体交换受损：与呼吸道内有羊水、黏液有关。

（2）有受伤的危险：与抢救操作及脑缺氧有关。

2. 母亲

（1）预感性悲哀：与预感失去孩子或可能留有后遗症有关。

（2）焦虑：与担心新生儿生命安危有关。

【护理目标】

1. 新生儿被抢救成功。
2. 新生儿并发症的发生率降至最低。
3. 产妇情绪稳定。

【处理原则】

1. 预防为主 一旦发生及时抢救，动作迅速准确、轻柔，避免发生损伤。

2. 抢救 估计胎儿娩出后有窒息的危险应做好复苏准备如医生、护士、药品、器械。

3. 及时复苏 出现新生儿窒息按 A（清理呼吸道）、B（建立呼吸，增加通气）、C（维持正常循环）、D（药物治疗）、E（评价）步骤进行复苏。

【护理措施】

1. 配合医生进行复苏

A：清理呼吸道 胎头娩出后，立即用手挤压清除口、鼻腔中的黏液和羊水。断脐后使其仰卧在远红外线复苏台上，用吸痰管轻轻插入口、鼻、咽部，吸净黏液及羊水。如为重度窒息应在喉镜直视下气管内插管清理呼吸道。

B：建立呼吸 确认呼吸道通畅后进行人工呼吸，可轻拍新生儿脚底、针刺人中等刺激其啼哭，同时吸氧。用上述方法不能建立呼吸者，采用人工呼吸方法。

（1）托背法：新生儿平卧，用一手托稳新生儿背部，徐徐抬起，使胸部向上挺，脊柱极度伸展，然后慢慢放平，每 5～10 秒钟重复 1 次。

（2）口对口人工呼吸：将一块纱布叠成 4 层，置于新生儿口鼻上，对准新生儿口鼻部轻轻吹气，吹气时见到胸部微微隆起，经 3～4 次后可建立自然呼吸。如此方法无效，可用气管插管。

（3）气管插管：给予维持正压呼吸或间歇正压呼吸。

C：维持正常循环 可行体外胸廓按压，方法：新生儿仰卧，用示中指有节奏地按压胸骨中段，每分钟按压 100 次，按压深度为胸廓按下 1～2cm，每压 3 次间断给氧 1 次，按压有效者可摸到颈动脉和股动脉搏动。

D：药物治疗

（1）纠正酸中毒：用 5% 碳酸氢钠 3～5ml/kg，加入等量 25% 葡萄糖溶液稀释，5 分钟内经脐静脉缓慢注入以纠正酸中毒。

（2）恢复心率：用肾上腺素静脉注射，可恢复心脏跳动或加快心率。

（3）使用呼吸兴奋药：新生儿窒息不主张用呼吸兴奋药，但当呼吸抑制为使用麻醉药物引起时用纳洛酮静脉注射。

（4）扩容治疗：用全血、生理盐水、白蛋白等补充血容量，增加组织灌注。

E：评价　复苏过程中要随时评价患儿情况（一般每 30 秒评价一次），以确定进一步采取的抢救方法。

2. 保暖　在整个复苏过程中必须注意保暖。胎儿娩出后立即揩干体表的血迹及羊水，以减少散热，并将新生儿放在 30～32℃的远红外线辐射台上进行抢救，以维持肛温 36.5～37℃为宜。

3. 氧气吸入

（1）鼻内插管给氧：氧流量每分钟＜2L，相当于每秒 5～10 个气泡，以防发生气胸。

（2）气管插管加压给氧：一般维持呼吸 30 次 / 分，加压的压力不可过大，以防肺泡破裂，开始压力 15～22mmHg，逐渐减到 11～15mmHg。待新生儿皮肤逐渐转红，建立自主呼吸后可拔出气管内插管，给予一般吸氧。

4. 复苏后护理

（1）注意保暖，保持呼吸道通畅，静卧，延期哺乳，各种护理和治疗操作须动作轻柔。

（2）严密观察面色、呼吸、心率、体温及神经系统变化，做好重症护理记录。

（3）遵医嘱给予抗生素预防感染；给予维生素 C、维生素 K_1 预防颅内出血；可给辅酶 A、细胞色素 C、三磷酸腺苷营养脑细胞。

5. 母亲护理　提供情感支持、提高新生儿复苏水平以安慰产妇，抢救时避免大声喧哗，以免加重产妇焦虑；抢救无效新生儿死亡时，选择合适的语言和时机告知产妇，使产妇情绪稳定，能接受现实。

【护理评价】

1. 新生儿复苏 5 分钟之内的 Apgar 评分是否提高。
2. 新生儿有无受伤及感染的征象。
3. 母亲能否理解新生儿抢救措施并接受现实。

目标检测

A_1 型题

1. 头先露的胎儿宫内窘迫时可存在的征象是（　　）
   A. 羊水过多　B. 羊水过少
   C. 羊水胎粪污染　D. 听胎心遥远
   E. 子宫收缩乏力
2. 下述属于急性胎儿宫内窘迫的临床表现是（　　）
   A. 胎心 180 次 / 分　B. 胎心 140 次 / 分
   C. 胎盘功能减退　D. 胎动进行性减少
   E. 胎心遥远
3. 胎儿急性缺氧早期胎动特点是（　　）
   A. 频繁　B. 减弱
   C. 消失　D. 不变
   E. 减少
4. 下列有关慢性胎儿窘迫的描述，正确的是（　　）
   A. 多发生于妊娠中期
   B. 多发生于妊娠末期
   C. 多发生于分娩早期
   D. 多发生于分娩期
   E. 多发生于第二产程
5. 新生儿经过气管插管及正压人工呼吸 10 分钟内反应良好，应给何种护理（　　）
   A. 常规护理　B. 观察护理
   C. 复苏后护理　D. 用药护理
   E. 不需护理
6. 新生儿已被刺激，吸引口腔，给予常压给氧。现在她已出生 30 秒，仍无呼吸且肤色苍白。心率 80 次 / 分。下一步应该（　　）

A. 继续刺激　B. 常压给氧
C. 正压人工呼吸　D. 心脏按压
E. 用药

7. 新生儿复苏最主要和最有效的步骤是（　　）
A. 刺激　B. 给氧
C. 正压人工通气　D. 心脏按压
E. 用药

8. 新生儿胸外按压的部位是（　　）
A. 胸骨上 1/3　B. 胸骨中 1/3
C. 胸骨下 1/3　D. 胸骨左缘
E. 心尖处

9. 胸外按压正确的按压深度约为（　　）
A. 前后胸直径 1/4
B. 前后胸径 1/3
C. 前后胸直径 1/2
D. 1～2cm
E. 3cm

10. 执行常压给氧的恰当流量为（　　）
A. 1 L/ 分
B. 2 L/ 分
C. 3 L/ 分
D. 5 L/ 分
E. 10L/ 分

（秦　雯）

第13章　异常产褥妇女的护理

学习目标

1. 掌握产褥感染、晚期产后出血、产后抑郁症的身心状况、治疗原则及护理措施。
2. 熟悉产褥感染、晚期产后出血、产后抑郁症患者的健康教育。
3. 了解产褥感染、晚期产后出血、产后抑郁症的病因。

案例 13-1

女性，26岁。初产妇，足月产后第6天，高热、下腹痛2天。产妇破膜16小时后足月顺产一女婴，会阴Ⅰ度裂伤缝合。产后宫缩良好，阴道流血不多。2天前开始高热、头痛、腹痛，阴道分泌物增多，有臭味。无恶心、呕吐，大小便正常。曾在当地诊所抗生素治疗，效果不佳，今转入我院。病人表现出紧张、焦虑的情绪。

检查：体温39℃，脉搏106次/分，呼吸24次/分，血压105/60mmHg，神志尚清，发育正常，营养中等，面色苍白，皮肤出汗多。心肺（－），腹软，未触及明显包块，肝、脾未触及。子宫底在脐下二指，压痛明显。全腹轻压痛，无反跳痛。脊柱四肢无异常。妇科检查：外阴已婚经产型，有少量血迹。会阴Ⅰ度裂伤，伤口红肿，少许脓性分泌物。辅助检查：血常规红细胞计数 3.5×10^{12}/L，血红蛋白90g/L，白细胞计数 15×10^{9}/L，中性81%，淋巴16%。

问题和思考：

1．该病人的疾病诊断是什么？有何依据？
2．目前病人主要存在哪些护理问题？
3．对此病人的护理要点有哪些？

第1节　产褥感染

产褥感染（puerperal infection）系在产前、产时与产后，致病菌侵入生殖道，引起局部或全身的炎症变化，严重者可引起败血症、中毒性休克，危及产妇生命。多发生在产后10天内，其发病率为1%～8%，为孕产妇死亡的四大原因之一。产褥病率（puerperal morbidity）指分娩结束24小时以后的10日内，每日用口表测4次体温，每次间隔4小时，其中有2次体温≥38℃。造成产褥病率的原因以产褥感染为主，但也包括产后生殖道以外的其他感染与发热，如泌尿系感染、乳腺炎、上呼吸道感染等。

考点：产褥感染、产褥病率的概念

【病因】

1．病原体　产褥期生殖道内有大量的需氧菌、厌氧菌、真菌、支原体及衣原体等寄生，以厌氧菌为主，在特定条件下可以致病。

2．感染来源

（1）外来感染：如被污染的衣物、物品、消毒不严格的肛诊及阴道检查、手术器械等接触患者后，外界的病原体侵入生殖道而造成的感染。

（2）自身感染：正常孕妇生殖道或其他部位寄生的病原体，当机体抵抗力降低时导致产褥感染。

考点：产褥感染最主要的致病菌

3. 感染诱因 任何削弱产妇生殖道和全身防御能力的因素均有利于病原体入侵与繁殖。例如贫血、营养不良、慢性疾病、临近预产期性交、胎膜早破（羊水中溶菌酶有杀菌作用，当羊水流失后杀菌作用减弱）、羊膜腔感染、各种产科手术操作、产道损伤、产前产后出血、宫腔操作、产道异物、产程延长、胎盘残留等。

【护理评估】

1. 健康史 询问产妇妊娠期营养及卫生状况，有无泌尿、生殖道感染的病史，分娩过程中有无胎膜早破、产程延长、产前出血、过多阴道操作、产后出血、产道损伤等。

2. 身体评估 发热、腹痛、恶露有异味，是产褥感染的主要症状。根据感染的部位、程度和扩散范围不同又可分为以下几种类型。

（1）急性外阴、阴道、宫颈炎：分娩时由于会阴部损伤或手术产而导致感染，表现为局部灼热、疼痛，脓性分泌物，刺激尿道口出现尿痛、尿频。伤口处感染，缝线陷入肿胀组织内，针孔流脓。阴道与宫颈感染表现为黏膜充血、溃疡、脓性分泌物增多。若向深部蔓延可达子宫旁组织，引起盆腔结缔组织炎。

（2）急性子宫内膜炎、子宫肌炎：病原体经胎盘剥离面侵入到蜕膜引起子宫内膜炎。感染侵及子宫肌层，称子宫肌炎。子宫内膜炎可伴有子宫肌炎。轻者表现为低热、下腹疼痛，恶露量多且有臭味，子宫复旧不良有压痛；重者出现寒战、高热，头痛、心率快、白细胞增多，下腹部压痛轻重不一，恶露也不一定多。

（3）急性盆腔结缔组织炎、急性输卵管炎：病原体沿子宫旁淋巴或血行达宫旁组织，出现急性炎性反应，同时波及输卵管。若侵及整个盆腔，也可形成“冰冻骨盆”。若累及输卵管内膜时，管腔内有浆液性或脓性分泌物，伞端可封闭。

（4）急性盆腔腹膜炎及弥漫性腹膜炎：炎症继续发展，扩散至形成盆腔腹膜炎，继而发展成弥漫性腹膜炎，出现全身中毒症状，如高热、恶心、呕吐、腹胀，检查时下腹部有明显压痛、反跳痛。因腹膜面炎性渗出、纤维素覆盖引起肠粘连，也可在直肠子宫陷凹形成局限性脓肿。

（5）血栓性静脉炎：盆腔血栓性静脉炎多见于产后1～2周，可累及卵巢静脉、子宫静脉、髂内静脉、髂总静脉及下腔静脉，病变常为单侧性，继子宫内膜炎之后出现寒战、高热、反复发作，持续数周，不易与盆腔结缔组织炎鉴别。下肢血栓性静脉炎多在产后2～3周发病，病变多在股静脉、腘静脉及大隐静脉，出现弛张热。下肢持续性疼痛，局部静脉压痛或触及硬索状，使血液回流受阻，引起下肢水肿，皮肤发白，习称“股白肿”。病变较深者无明显阳性体征，彩色超声多普勒可以探出。下肢血栓性静脉炎多继发于盆腔静脉炎或宫旁结缔组织炎。

考点：产褥感染主要的临床表现

（6）脓毒血症及败血症：当感染血栓脱落进入血循环可引起脓毒血症，出现肺、脑、肾脓肿或肺栓塞而致死。若细菌大量进入血循环并繁殖形成败血症。表现为寒战、持续高热、全身中毒症状明显。严重者出现谵妄、昏迷或感染性休克，甚至死亡。

3. 辅助检查

（1）血液检查：①白细胞升高，以中性粒细胞明显；②血沉加快；③血液细菌培养可查出致病菌；④宫颈与宫腔分泌物培养有助于诊断子宫内膜炎。

（2）CT、B超检查、磁共振检查：可显示产褥感染形成的炎性包块、脓肿，对静脉血栓作出定位及定性诊断。

（3）确定病原体：病原体的鉴定对产褥感染诊断与治疗非常重要，方法：①病原体培养：取宫腔分泌物或子宫陷凹采取分泌物或脓液进行需氧菌和厌氧菌的双重培养；②分泌物涂片检查；③病原体抗原和特异抗体检查。

4. 心理 - 社会状况　由于持续高热、寒战、局部疼痛使产妇产生焦虑和恐惧，因自己不能照顾新生儿而感到内疚。丈夫及家庭其他成员对产妇的态度、经济状况等均对产妇的情绪造成较大影响。

【处理原则】

治疗原则：增强机体抵抗力，控制感染，处理局部病灶。

1. 支持治疗　半卧位，加强营养，注意水、电解质的平衡，纠正贫血。

2. 局部病灶的处理　清除宫腔残留物，脓肿切开引流等。

3. 抗生素的应用　早期、联合、足量使用抗生素。首选广谱高效抗生素等综合治疗。必要时可短期加用肾上腺糖皮质激素，提高机体应激能力。

考点：产褥感染最主要的用药

4. 血栓性静脉炎的治疗　在应用大量抗生素的同时，加用肝素，并口服双香豆素、潘生丁等。也可用活血化瘀中药及溶栓类药物治疗。

【护理诊断 / 问题】

1. 体温过高　与炎性反应有关。

2. 舒适感改变　与疼痛、恶露改变、高热有关。

3. 营养失调：低于机体需要量　与发热消耗增多，摄入量减少有关。

4. 焦虑　与自身疾病和母子分离有关。

【护理目标】

1. 产褥感染得到控制，体温正常。
2. 产妇疼痛减轻，舒适感增加。
3. 产妇营养、水和电解质维持平衡。
4. 产妇情绪稳定。

【护理措施】

1. 一般护理　取半卧位有利于炎症局限及恶露排出。会阴伤口者取健侧卧位。血栓性静脉炎患者应抬高患肢绝对卧床 2 周，以利渡过栓子脱落危险期。给予高热量、高蛋白、高维生素及富含水分饮食，必要时可少量多次输入新鲜血液或静脉补充营养。

2. 症状护理

（1）体温升高的护理：体温 39℃者应物理降温，做好口腔护理及皮肤的清洁护理。

（2）局部病灶护理：①外阴伤口红肿：每日红外线理疗，每日 2 次，每次 20～30 分钟。②外阴伤口脓肿：切开引流及伤口换药。③外阴水肿：可用 50% 硫酸镁湿热敷。④会阴清洁：产后 10 天可用 1：5000 高锰酸钾溶液坐浴。

3. 病情观察

（1）严密观察体温、脉搏、呼吸、血压、意识状态及全身情况。

（2）注意子宫复旧及恶露的量、颜色、气味及持续时间、子宫附件区有无包块及大小、性质、质地及会阴伤口愈合情况。

（3）注意有无下肢肿痛、皮肤发白，尽早发现下肢血栓性静脉炎。

（4）注意乳房有无胀痛。

（5）监测白细胞、中性粒细胞是否升高。

4. 心理护理 鼓励产妇说出焦虑的原因及心理感受，给予理解和关心。加强婴儿护理，提供母婴接触机会，减轻焦虑。

5. 治疗配合

（1）鼓励病人多饮水，促进毒素排泄，必要时遵医嘱补充水、电解质，以维持体液平衡。

考点：产褥感染的护理措施

（2）遵医嘱应用敏感、足量、高效抗生素，有效控制感染。应用宫缩剂，促进子宫收缩，防止炎症扩散。

（3）需要手术者做好相应的手术护理。

【健康教育】

加强孕期卫生宣教，妊娠晚期避免盆浴及性交，加强营养，增强体质。积极治疗外阴阴道炎及宫颈炎，避免胎膜早破、滞产、产道损伤与产后出血。产后严密观察，对可能发生产褥感染者，应用抗生素预防。产后注意休息和营养，保持会阴清洁。

【护理评价】

1. 产妇体温是否维持在正常范围。
2. 产妇疼痛是否减轻。
3. 产妇营养、水和电解质是否维持平衡。
4. 产妇情绪是否稳定。

第2节 晚期产后出血

晚期产后出血（late puerperal hemorrhage）是指分娩24小时以后，在产褥期内发生的子宫大量出血，多见于产后1～2周，亦可延至产后6周，应予高度警惕。

考点：晚期产后出血的概念

【病因及表现】

1. 胎盘、胎膜残留 多发生于产后10日左右，黏附在宫腔内的残留胎盘组织发生变性、坏死、机化，形成胎盘息肉，当坏死组织脱落时，暴露基底部血管，引起大量出血。

2. 蜕膜残留 蜕膜多在产后1周内脱落，并随恶露排出。若剥离不全，长时间残留，影响子宫复旧引起出血。

3. 胎盘附着面感染或复旧不全 多在产后2周左右出血。

4. 剖宫产术后子宫伤口裂开 多发生在术后2～3周，突然发生的无痛性大量阴道流血，并反复发作，短时间内患者陷于休克状态。多见于子宫下段剖宫产横切口两侧端。造成切口裂开的原因有切口感染、切口位置过低或过高、缝合不当影响切口愈合而导致出血。

考点：晚期产后出血的主要病因及表现

5. 其他 胎盘部位滋养细胞肿瘤、子宫黏膜下肌瘤、子宫内膜息肉、宫腔内异物、宫颈糜烂、宫颈恶性肿瘤等。

【护理评估】

1. 健康史 了解胎盘、胎膜娩出情况，子宫复旧及恶露状况。评估剖宫产术式、术后恢复情况。

2. 身体评估

（1）症状：血性恶露持续时间延长，有臭味，反复出血或突然大量流血。可导致贫血、休克甚至危及生命。

（2）体征：检查发现子宫复旧不全，子宫增大、柔软，宫口松弛，有时可触及残留组织。

3. 辅助检查

（1）血常规显示有贫血及感染。

（2）B 超检查提示宫腔内有残留组织或剖宫产术后子宫下段切口血肿，愈合不良或子宫发现肿瘤病灶。

（3）宫腔分泌物培养或涂片检查。

（4）若有宫腔刮出物应送病理检查。

4. 心理 - 社会评估　产妇及家属面对产褥期出血表现出紧张、焦虑，甚至恐惧，担心因此影响产妇身体健康或留下后遗症，也担心由此影响哺乳，对孩子生长不利。

5. 处理原则　针对不同原因采取相应的止血措施，防治感染。

（1）少量或中等量阴道流血者，给抗生素，使用宫缩剂以促使子宫复旧。

（2）胎盘、胎膜、蜕膜残留或子宫胎盘附着部位复旧不全者，在备血、并做好开腹手术准备的条件下行清宫术。

（3）疑有剖宫产术后子宫伤口裂开，仅有少量阴道流血者应住院，给予广谱抗生素，严密观察病情变化；若阴道流血较多，应行剖腹探查。

（4）若为肿瘤者按肿瘤处理。

【护理问题】

1. 组织灌注量改变　与阴道失血过多有关。

2. 有感染的危险　与临床操作、出血、贫血有关。

3. 焦虑　与担心自身健康与婴儿哺育有关。

【护理目标】

1. 产妇阴道流血停止，组织灌注量得到恢复，血压、脉搏、尿量正常。
2. 产妇未发生感染，体温、白细胞正常。
3. 产妇情绪稳定，能积极配合治疗和护理。

【护理措施】

1. 一般护理　为患者提供清洁、安静、舒适的休息环境，卧床休息，指导合理饮食，进食易消化、富含营养的食物。保持外阴清洁，勤换消毒会阴垫。

2. 症状护理　对阴道流血、贫血、休克的患者及时给予对症护理。

3. 病情观察　严密观察体温、呼吸、脉搏、血压、意识状态，并认真记录；检查子宫大小、有无压痛，注意阴道流血，阴道排出物应保留并送病理检查；观察伤口有无感染征象。

4. 心理护理　主动给予安慰和关心，讲解有关保健知识，允许家属陪伴以增加安全感。

5. 治疗护理

（1）遵医嘱用抗生素预防感染。

（2）疑有胎盘、胎膜、蜕膜残留或胎盘附着部位复旧不全者，需刮宫止血，遵医嘱备血并做好手术的准备。刮出物及时送病理检查。术后继续给予抗生素及子宫收缩剂。

考点：晚期产后出血的护理措施

（3）疑有剖宫产术子宫切口裂开伴多量阴道流血需手术者，做好剖腹探查的术前准备。

【健康教育】

指导正确哺乳的方法；合理安排休息和活动，指导饮食、休息、用药、定时复查等自我康复保健护理。注意观察子宫收缩及伤口情况，发现异常及时就诊。

【护理评价】

1. 产妇阴道流血是否停止，血压、脉搏、尿量是否正常。
2. 产妇是否发生感染，体温、白细胞是否正常。
3. 产妇情绪是否稳定，能否积极配合治疗和护理。

第3节　产褥期抑郁症

产褥期抑郁症指产妇发生的产后沮丧及产后抑郁症（postpartum depression），是产褥期精神综合征中最常见的一种类型。多于产后2周发病，症状可持续数月，少数持续1年以上。既往无精神障碍史。近年来，我国产后心理障碍的发生率有所增加，危及产妇和婴儿的健康。

【病因】

病因不明，可能与下列因素有关。

1. 妊娠、分娩因素　分娩前恐惧、妊娠分娩并发症、高龄产妇，分娩时过度疲惫、疼痛与不适，异常分娩时的紧张和恐惧等，不良分娩结局对产妇的情绪影响很大。

2. 心理因素　敏感、好强、以自我为中心、情绪不稳定、性格内向、社交能力不良等个性特征者容易发生产后心理障碍。

3. 内分泌因素　孕妇体内长时间的雌激素和孕激素水平升高，雌激素具有多种神经调节功能，分娩后绒毛膜促性腺激素、雌激素、孕激素突然撤退，雌、孕激素不平衡对产后心理障碍的发生均有一定的作用。

4. 社会因素　孕期不良的生活事件如孕期工作压力大、失业、夫妻分离、亲人病丧等，家庭经济紧张，缺乏良好的社会支持也是致病的危险因素。

5. 遗传因素　有精神病家族史，产褥期抑郁症的发病率高。

【护理评估】

1. 健康史　了解有无抑郁症、精神病史，有无重大精神创伤史，本次妊娠及分娩期经过，婴儿健康状况、婚姻家庭关系、社会支持因素等。

2. 身体评估

（1）产后沮丧：一种轻度的情绪疾患，是常见的产后心理问题。表现为短暂的抑郁，多于产后3～4天出现，5～14天达高峰，可持续数小时至2～3周。

（2）产后抑郁症：是产后常见的一种精神心理障碍性疾病，在产后3～6个月发生，持续数周至一年。表现为易激惹、心情沮丧、情绪低落、恐怖、焦虑，对自身及婴儿健康过度担忧，常失去生活自理及照料婴儿的能力，有时还会出现嗜睡、思维障碍、迫害妄想，甚至伤婴或自杀行为。

产后抑郁症至今尚无统一的诊断标准。美国精神病学会（1994）制定了诊断标准（表13-1）。

表 13-1　产褥期抑郁症诊断标准

1. 在产后 2 周内出现下列 5 条或 5 条以上的症状，必须具备 1 和 2 两条： ① 情绪抑郁 ② 对全部或多数活动明显缺乏兴趣或愉悦 ③ 体重显著下降或增加 ④ 失眠或睡眠过度 ⑤ 精神运动性兴奋或阻滞 ⑥ 疲劳或乏力 ⑦ 遇事皆感毫无意义或自罪感 ⑧ 思维力减退或注意力溃散 ⑨ 反复出现死亡想法
2. 在产后 4 周内发病

3. 心理 - 社会评估　产妇情绪不稳定，对承担母亲的角色不适应，造成心理压力，表现出心情压抑、沮丧、紧张、焦虑，甚至惊慌和恐惧，担心自己的身体健康或留下后遗症，也担心影响哺乳，对孩子成长不利。

4. 处理原则　产褥期抑郁症通常需要治疗，包括心理治疗及药物治疗。

（1）药物治疗：应用抗抑郁药治疗，常用的有帕罗西汀、阿米替林，这类药不进入乳汁，不影响哺乳。

（2）心理治疗：加强心理疏导，增强产妇的自信心，调整好家庭、社会关系，来自丈夫、家人的关心和帮助能有效地减轻抑郁症状。

考点：产后抑郁症的治疗原则

【护理问题】

1. 个人应对无效　与产妇的抑郁行为有关。

2. 家庭作用改变　与产妇的抑郁行为有关。

3. 有伤害行为的危险（对自己或婴儿）　与产后精神抑郁有关。

【护理目标】

1. 产妇生理、心理舒适感增加。
2. 产妇情绪稳定，能配合护理人员和家人采取有效的应对措施。
3. 产妇和婴儿健康安全，产妇主动关心、照顾婴儿。

【护理措施】

1. 一般护理　为产妇提供安静、舒适的休息环境。指导产妇与婴儿同步休息，保证睡眠时间。给予高热量、高蛋白、高钙、易消化的汤汁饮食，促进泌乳。

2. 症状护理　高度警惕产妇早期的伤害性行为。注意保持环境的安全，避免危险因素。产妇出现严重行为障碍时，不能与婴儿单独相处。

3. 病情观察　观察产妇的情绪变化，观察睡眠、食欲、体重的变化。注意生命体征。观察有无疲乏无力、头晕、头痛等症状。

4. 心理护理　关心、体贴产妇，加强沟通取得其信任，引导产妇诉说心理问题，做好心理疏导。

5. 治疗配合

（1）药物治疗：遵医嘱选用抗抑郁药，例如：帕罗西汀以每天 20g 为开始剂量，逐渐增至每天 50mg，口服；阿米替林以每天 50g 为开始剂量，逐渐增至每天 150mg，口服。

考点：产后抑郁症的护理措施

（2）心理治疗：通过心理咨询，以解除致病的心理因素。对产妇多加关心和照顾，尽量调整好家庭中的各种关系，指导其养成良好睡眠的习惯。

【健康教育】

加强孕期保健，利用孕妇学校等多种渠道普及有关妊娠、分娩常识，减轻孕妇妊娠、分娩的紧张、恐惧心情，完善自我保健；鼓励产妇家属积极参与“导乐”或“陪伴”分娩的新模式，给予心理支持；重视产褥期保健，指导、帮助产妇进行母乳喂养、照顾婴儿，使产妇逐步适应母亲角色，增强产妇的自信心。促使形成良好的家庭氛围，提供心理咨询，解决产妇的心理问题。

【护理评价】

1. 产妇情绪是否稳定，能否配合诊治与护理。
2. 产妇和婴儿是否健康安全。
3. 产妇能否进行母乳喂养，能否掌握护理婴儿的技能。

案例 13-1 分析

1．疾病诊断是产褥感染，依据是①有胎膜破裂较早和会阴Ⅰ度裂伤的病史。②有高热、头痛、腹痛，阴道分泌物增多，有臭味的表现。③检查：体温 39℃，脉搏 106 次 / 分，呼吸 24 次 / 分，面色苍白，皮肤出汗多。子宫底在脐下二指，压痛明显。全腹轻压痛，无反跳痛。会阴伤口红肿，少许脓性分泌物。④辅助检查：白细胞计数 15×10^9/L，中性 81%，淋巴 16%。

2．目前病人主要存在的护理问题有体温过高、舒适感改变、营养失调、焦虑。

3．护理要点：①做好一般护理，增加营养，指导卧位；②行物理降温，会阴伤口理疗；③严密观察病情；④做好心理护理；⑤治疗配合措施到位，严格按医嘱使用抗生素和宫缩药等，并观察用药过程中和用药后的情况。

目标检测

A_1 型题

1. 产褥感染最常见的病原体是（　　）
   A. 需氧菌　B. 厌氧菌
   C. 衣原体　D. 支原体
   E. 真菌
2. 关于产褥感染下列哪项错误（　　）
   A. 致病菌常为混合感染
   B. 产褥感染等于产后病率
   C. 治疗首选抗生素
   D. 急性子宫内膜炎最常见
   E. 采取半坐卧位
3. 最常见的产褥感染是（　　）
   A. 外阴、阴道、宫颈炎
   B. 急性子宫内膜炎、子宫肌炎
   C. 急性输卵管炎
   D. 急性盆腔结缔组织炎

E. 栓塞性静脉炎

4. 晚期产后出血多发生在产后（　　）

A. 24 小时　　B. 45 小时

C. 1～2 周　　D. 2～3 周

E. 3～4 周

5. 发生于产后 10 天左右的晚期产后出血原因是（　　）

A. 胎盘胎膜残留

B. 蜕膜残留

C. 子宫胎盘附着面感染或复旧不全

D. 剖宫产术后子宫伤口裂开

E. 其他

6. 对晚期产后出血处理不当的是（　　）

A. 中等量阴道流血，用宫缩剂以促进子宫复旧

B. 胎盘、胎膜残留者，在备血并做好开腹手术准备的条件下行清宫术

C. 子宫胎盘附着部位复旧不全者，在备血并做好开腹手术准备的条件下行清宫术

D. 疑有剖宫产术后子宫伤口裂开，仅有少量阴道流血者，应行剖腹探查

E. 若为肿瘤者按肿瘤处理

7. 下列关于产后抑郁症描述错误的是（　　）

A. 可危及产妇和婴儿的健康

B. 产妇在分娩后出现抑郁症状

C. 多于产后 6 周发病

D. 症状可持续数月

E. 既往无精神病史

A_2 型题

（8～9 题共用题干）

产妇产后 1 周，体温 39.5℃，子宫有压痛，宫底在脐下 4 指，恶露多有臭味。

8. 产妇可能为（　　）

A. 会阴伤口感染　　B. 输卵管炎

C. 盆腔结缔组织炎　　D. 子宫内膜炎

E. 盆腔血栓性静脉炎

9. 该产妇应采取的处理措施是（　　）

A. 给抗生素

B. 心理护理

C. 物理降温，鼓励产妇多饮水

D. 取半卧位

E. 以上都是

（10～12 题共用题干）

产妇，产后 10 天多量阴道流血，并有组织物排出，查见外阴部大量血迹，宫口有血液流出。

10. 应诊断为（　　）

A. 产后出血　　B. 晚期产后出血

C. 产褥感染　　D. 产褥病率

E. 羊水栓塞

11. 其主要原因是（　　）

A. 胎盘、胎膜残留　　B. 蜕膜残留

C. 子宫复旧不良　　D. 胎盘附着面感染

E. 凝血功能障碍

12. 首选的治疗是（　　）

A. 开腹探查

B. 刮宫术

C. 抗生素加宫缩剂

D. 血管结扎

E. 全身支持治疗

（陈云梅）

第 14 章　妇科疾病护理病历

学习目标

1. 掌握病史采集方法及妇科病人的护理评估。
2. 熟悉妇科护理病历的书写规范。
3. 了解妇科病人的心理社会评估内容。

第 1 节　妇科护理评估

护理评估是护理程序的基础，是对收集到的患者全面资料整理、综合、判断的过程。其全面性、系统性及准确性，对制订护理计划起着决定性作用。妇产科护理评估可以通过观察、会谈、对患者进行身体检查、心理测试等方法获得其生理、心理、社会、精神和文化等各方面的资料。因为女性生殖系统疾病常涉及患者的婚次、妊娠及性生活等隐私的内容，所以在评估过程中护士应做到语言亲切、态度和蔼，关心、体贴和尊重患者，消除其紧张情绪和思想顾虑，严格为其保密以便收集到真实可靠的护理评估资料。

【健康史评估内容】

1. 一般项目　包括患者的姓名、年龄、籍贯、婚姻、职业、民族、文化程度、宗教信仰、家庭住址、联系方式、配偶情况等，记录入院日期及入院方式。

2. 主诉　主要症状或体征及其发生的时间，患者应对的方式。妇科常见症状有阴道流血、异常白带、下腹痛、外阴瘙痒、局部肿块、闭经、不孕等；一般采用症状学名称，如“停经 × 天，阴道出血 × 天”或“体检发现子宫肌瘤要求手术”。

3. 现病史　围绕主诉了解起病时间与病因；主要症状特点；伴随症状及出现时间、特点和演变过程；与疾病有鉴别意义的阳性体征；诊治经过；与本次发病有关的过去发病情况及其治疗经过；心理反应及食欲、睡眠、大小便、自我感觉、应激能力等变化。

考点：妇产科常见症状

4. 月经史　询问初潮年龄、月经周期、经期（可简写为：初潮年龄 $\frac{经期}{周期}$ 末次月经时间）。常规询问末次月经时间（1ast menstrual period，LMP）、经量及经期持续时间；经前期有无不适，有无痛经，疼痛部位、性质、程度、起止时间；月经异常者应了解前次月经日期（past menstrual period，PMP）；绝经后患者应询问绝经年龄、绝经后有无不适、有无阴道出血和白带增多等不适。

5. 婚育史　询问结婚年龄、婚次、男方健康情况、是否近亲结婚（直系血亲及三代旁系）、同居情况、性病史。生育情况包含足月产、早产、流产、现存子女数可用数字简写表达：如足月产 2 次，早产 1 次，流产 2 次，现存子女 3 人，可记录为：2-1-2-3；或孕 5 产 3，简写为 G5P3；同时记录分娩方式、有无难产史、产后或流产后有无出血、感染史，末次分娩或流产的时间，采用的计划生育措施及效果。

考点：月经史和婚育史的规范书写

6. 既往史　询问既往健康状况，曾患何种疾病，尤其是妇科疾病及与妇科疾病密切相关的病史例如生殖系统炎症、肿瘤、损伤、畸形等；是否肥胖及腹部手术史等。同时应询问过敏史。

7. 个人史 询问患者的生活和居住情况、出生地和曾居地、个人特殊嗜好、生活自理程度、生活方式、饮食、营养、睡眠、卫生习惯等；有无烟酒嗜好。

8. 家族史 了解父母、兄弟、姐妹及子女的健康状况，询问家族成员有无遗传性疾病、可能与遗传有关的疾病（如高血压、糖尿病、肿瘤等）及传染病（肝炎、结核等）。

【身心状况评估内容】

1. 身体状况评估 身体状况评估主要包括全身检查、腹部检查及盆腔检查。

（1）全身体格检查：测量生命体征、身高和体重；观察患者精神状态、全身发育、皮肤、毛发分布、淋巴结、头部器官、颈、乳房、心、肺、脊柱及四肢。

（2）腹部检查：视诊观察腹部有无隆起，腹壁有无瘢痕、静脉曲张、妊娠纹、腹壁疝等；触诊腹壁厚度，肝、脾、肾有无增大；腹部有无压痛、反跳痛、肌紧张；腹部能否扪及包块，如能触及要描述包块位置、大小、形状、质地、活动度及有无压痛；叩诊注意鼓音和浊音的分布、有无移动性浊音，必要时了解肠鸣音情况。

（3）盆腔检查：为妇科特有的检查，包括外阴部检查、阴道窥器的检查、双合诊、三合诊、肛腹诊等，检查应按下列步骤进行。

1）外阴部检查：观察外阴发育及阴毛多少和分布情况，有无畸形、水肿、皮炎、溃疡、赘生物或肿块，注意皮肤和黏膜色泽及质地变化，有无增厚、变薄或萎缩。然后用右手拇指和示指分开小阴唇，暴露阴道前庭及尿道口和阴道口。检查时还应让患者用力向下屏气，观察有无阴道前壁或后壁膨出、子宫脱垂或尿失禁等。

2）阴道窥器检查：未婚者非经本人同意，禁用窥器检查。

阴道窥器放置和取出：戴无菌手套，分开两侧小阴唇，将阴道窥器两叶并拢，蘸润滑剂沿阴道后侧壁缓慢插入阴道内，推进同时将阴道窥器转平，并张开两叶，直至完全暴露宫颈（图 14-1）。取出窥器时，先将两叶合拢，然后再缓缓取出，以免引起患者不适。

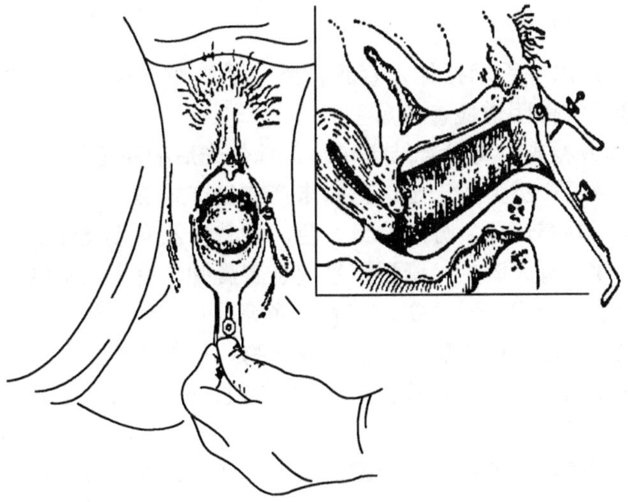

图 14-1　阴道窥器检查

检查内容包括宫颈、阴道。观察宫颈大小、颜色、外口形状，有无出血、糜烂、撕裂、外翻、腺囊肿、息肉、肿块，宫颈管内有无出血或分泌物。宫颈刮片和宫颈管分泌物涂片和培养的标本均应于此时采集。观察阴道前后壁、侧壁黏膜颜色、皱襞多少，有无畸形、溃疡、赘生物及囊肿；注意阴道分泌物的量、性状、颜色、有无臭味。

3）双合诊：检查者用一手的中指和示指涂润滑剂后伸入阴道，另一手在腹部配合检查，称为双合诊。依次检查阴道、宫颈、子宫、输卵管、卵巢、宫旁结缔组织和韧带及盆腔内壁情况（图 14-2）。

双合诊检查阴道通畅度及深度，有无先天畸形、瘢痕、结节或肿块；触诊宫颈大小、形状、硬度，有无接触性出血和宫颈举痛；扪诊子宫体位置、大小、形状、软硬度、活动度及有无压痛；子宫附件处有无肿块、增厚、压痛及肿块的位置、大小、形状、软硬度、活动度、与子宫的关系及有无压痛等。

4）三合诊：即腹部、阴道、直肠联合检查。检查时，除一手示指放入阴道，中指放入直肠以替代双合诊时阴道内的两指外，其余具体检查步骤与双合诊时相同（图 14-3）。三合诊的目的在于弥补双合诊的不足。通过三合诊可扪清后倾或后屈子宫的大小，发现子宫后壁、直肠子宫陷凹、宫骶韧带及双侧盆腔后部的病变，估计盆腔内病变范围，特别是肿瘤与盆壁间的关系，以及扪诊阴道直肠隔、骶骨前方或直肠内有无病变等。

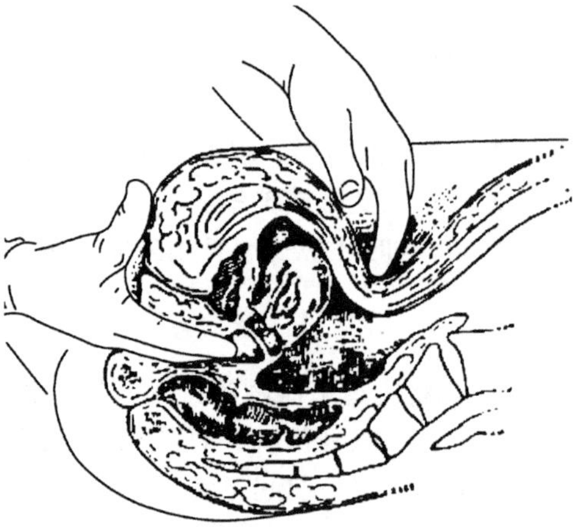

图 14-2 双合诊

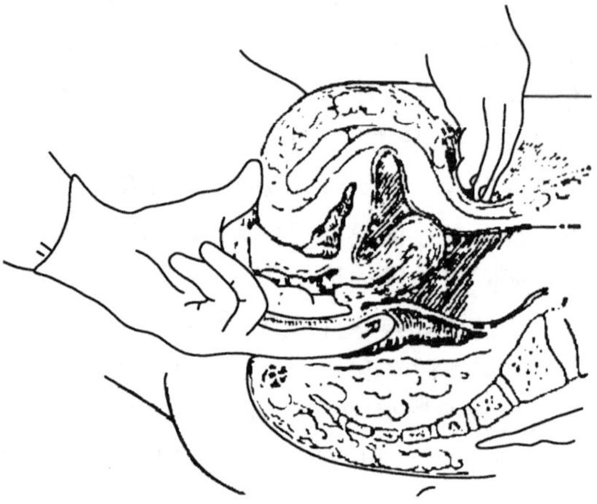

图 14-3 三合诊

5）直肠 - 腹部诊：以一手示指伸入直肠，另一手放在下腹部进行检查，适用于未婚妇女、阴道闭锁或经期不宜做阴道检查者。

6）记录：完成盆腔检查，将检查结果按解剖部位先后顺序记录。

外阴：发育情况及婚产类型（未婚、已婚未产或经产式）。

阴道：是否通畅，黏膜情况，分泌物量、色、性状以及有无臭味。

宫颈：大小、硬度，有无糜烂、撕裂、息肉、腺囊肿，有无接触性出血、举痛等。

子宫：位置、大小、硬度、活动度，有无压痛等。

附件：有无块状物、增厚或压痛。若扪及块状物，记录其位置、大小、硬度，表面光滑与否，活动度，有无压痛以及与子宫及盆壁关系。左右两侧情况分别记录。

7）盆腔检查的基本要求及注意事项

检查者应关心体贴患者，做到态度严肃、语言亲切，检查时仔细认真，动作轻柔。

检查前排空膀胱，必要时导尿。大便充盈者在排便或灌肠后检查。

每检查一人，应更换臀下垫单，以防交叉感染。

除尿瘘患者有时需取膝胸位外，一般盆腔检查时均取膀胱截石位，危重患者不宜搬动时可在病床上检查。

月经期避免做盆腔检查。但异常出血则必须检查，检查时应严格消毒。

未婚患者禁做双合诊及阴道窥器检查，若确有检查必要时，应先征得患者及家属同意后，方可用示指缓慢放入阴道扪诊。

男医师对患者进行盆腔检查时，需有其他女性医护人员在场，以减轻患者紧张心理和避免发生不必要的误会。

考点：盆腔检查的种类

2. 心理 - 社会状况评估　了解患者对健康问题的认识和态度，有的患者担心通过住院检查发现更严重的疾病如癌症等，不知如何面对未来的压力，不愿就医，也可能因为经济问题、工作忙碌或知识缺乏等延误就医；评估患者对所患疾病的反应，面对压力时的解决方式，处理问题过程中遭遇到的困难。评估患者的精神心理状态如患病后患者有无焦虑、恐惧、自责、沮丧、愤怒、悲哀等情绪变化。妇科检查中的暴露常使患者感到害羞、困扰、拖延或拒绝接受妇科检查，应妥善应对。

【辅助检查】

针对身心评估状况选择相应的辅助检查方法，如妇产科常用的 B 超检查、X 线检查、白带检查、宫颈刮片、诊断性刮宫、输卵管通液检查、阴道后穹隆穿刺等，进一步完善护理评估。

第 2 节　妇科护理计划

【护理诊断 / 问题】

护理诊断是对患者生命历程中所遇到的生理、心理、精神、社会和文化等方面问题的阐述，而这些问题可以通过护理措施解决。当妇产科护士全面收集了有关患者的资料，经过综合整理、分析后，应根据患者的问题提炼出护理诊断。

护理诊断应包括患者的现存性与潜在性问题、自我护理的能力及妇女群体健康改变的趋势几个部分。我国目前使用的是北美护理诊断协会（NANDA）认可的护理诊断。护理诊断应简明、准确、规范，确认护理诊断后，按照其重要性和紧迫性排列先后顺序。

【护理目标】

护理目标是指通过护理干预，护士期望患者达到的健康状态或在行为上的改变，也就是最理想的护理效果。

护理目标应由妇产科护士与患者双方共同制定，以提高患者的自我护理能力及适应环境能力。护理目标分为远期目标和近期目标。

1. 远期目标是指需要相对较长时间才能实现的目标，远期目标有利于妇科护士针对患者长期存在的问题采取连续护理行动，常用于妇科出院患者、慢性炎症患者和手术后康复患者。

2. 近期目标是指在相对较短时间内（1 周或 1 天甚至更短的时间）能够达到的目标。常常用于病情变化较快或短期住院的妇科患者的护理计划。

远期目标和近期目标在时间上没有绝对的分界，有时远期目标中期望的结果往往需要一系列的近期目标才能更好地实现，也可因近期目标的逐步实现而增加患者达到远期目标的信心。

【护理措施】

护理措施是指护士为帮助患者达到预定目标所采取的具体护理活动。包括执行医嘱、缓解症状、促进舒适的护理措施；预防、减轻和消除病变反应的措施；用药指导和健康教育等。

护理措施的内容可分为三类：依赖性护理措施、协作性护理措施、独立性护理措施。制订护理措施时注意科学性，要与医疗工作保持一致，针对患者的具体情况，保证患者的安全和保证健康服务活动的协调。

【护理评价】

护理评价是将患者目前的健康状况与护理计划中的护理目标进行比较，判断设定的目标是否已达到。现实工作与护理既定目标之间可能会存在目标完全实现、目标部分实现和目标未实现等几种结果。

目标检测

A_1 型题

1. 妇产科患者常见的症状无（　　）
   A. 下腹部疼痛　B. 阴道出血
   C. 腹部包块　D. 发热
   E. 白带异常
2. 关于双合诊检查，错误的描述是（　　）
   A. 双合诊是盆腔检查最常用的方法
   B. 方法是一手戴手套，用示、中两指伸入阴道，另一手掌面向下按下腹部，双手配合进行
   C. 检查前需排空膀胱
   D. 正常情况下可触及输卵管、卵巢
   E. 双合诊前应向患者做好解释工作
3. 收集妇产科病史时重点了解的项目是（　　）
   A. 既往史　B. 家族史
   C. 月经史及生育史　D. 个人史
   E. 生活习惯
4. 有关妇科检查准备和注意事项不恰当的是（　　）
   A. 检查时应认真仔细
   B. 防止交叉感染
   C. 男医生进行妇科检查，必须有女医务人员在场
   D. 检查前应导尿
   E. 对未婚妇女一般做外阴视诊和肛－腹诊
5. 妇科检查床的臀垫单更换应（　　）
   A. 每人　B. 每天
   C. 隔天　D. 每周
   E. 必要时
6. 观察阴道壁，子宫颈情况所用的检查方法是（　　）
   A. 外阴检查　B. 阴道窥器检查
   C. 双合诊检查　D. 三合诊检查
   E. 肛－腹诊检查

A_2 型题

7. 女性，14 岁。阴道流血持续半个月，建议先做的检查是（　　）
   A. 外阴检查　B. 阴道窥器检查
   C. 双合诊检查　D. B 超检查
   E. 肛－腹诊检查
8. 女性，31 岁。怀孕 5 次，流产 2 次，足月产 3 次，无早产，现存子女 3 人，下列生育史简写中正确的是（　　）
   A. 3-0-2-3　B. 5-0-2-3
   C. 0-3-2-3　D. 0-2-3-3
   E. 2-0-3-3

（王丽君）

第15章　女性生殖系统炎症病人的护理

学习目标

1. 掌握外阴炎、阴道炎、宫颈炎及盆腔炎的临床表现和护理措施。
2. 熟悉妇科炎症的健康教育，能应用护理程序对妇产科炎症患者进行整体护理。
3. 了解女性生殖系统炎症的原因，传播途径。

案例 15-1

女性，30 岁。G2P1，外阴瘙痒、灼热 4 日，伴白带增多 2 日。妇科检查见外阴阴道有白色膜状物覆盖，不易拭去，拭去后显露出红色充血黏膜面，后穹隆处见多量白色凝乳状白带。

问题和思考：

1. 初步考虑该病人的疾病诊断是什么？有何依据？
2. 目前病人主要存在哪些护理问题？
3. 对此病人的护理要点有哪些？

第1节　概　　述

女性生殖器官炎症是妇女常见病、多发病，主要包括外阴炎、阴道炎、子宫颈炎及盆腔炎。

【女性生殖系统自然防御功能】

1. 外阴　两侧大阴唇自然合拢，遮掩阴道口、尿道口，防止微生物感染。

2. 阴道　由于盆底肌的作用，阴道口闭合、阴道前后壁紧贴可以防止外界的污染。生理情况下，雌激素使阴道上皮增生，糖原含量增加，糖原在阴道乳杆菌作用下分解为乳酸，维持阴道正常的酸性环境（pH 多在 3.8～4.4），增加对病原体的抵抗力，使适应于弱碱性环境中繁殖的病原体受到抑制，称之为阴道自净作用。

3. 子宫颈　宫颈阴道部表面覆以复层鳞状上皮，具有较强的抗感染能力。宫颈黏膜内腺体分泌黏液，形成黏液栓，堵塞宫颈管，且宫颈内口紧闭，病原体不易侵入。

4. 子宫内膜　孕龄妇女子宫内膜周期性剥脱，可及时消除宫腔内的感染。

5. 输卵管　输卵管黏膜上皮细胞的纤毛向子宫腔方向摆动以及输卵管的蠕动，有利于阻止病原体的侵入。

虽然女性生殖系统具有较强的自然防御功能，但妇女在特殊生理时期如月经期、妊娠期、分娩期和产褥期，防御功能受到破坏，机体免疫功能下降，病原体容易侵入生殖道造成炎症。

考点：阴道自净作用

【病原体】

1. 细菌　金黄色葡萄球菌、溶血性链球菌、大肠埃希杆菌、厌氧菌，其感染特点是容易形成盆腔脓肿、感染性静脉炎。

2. 原虫 以阴道毛滴虫最为多见，偶见阿米巴原虫。

3. 真菌 以白色假丝酵母菌为主。

4. 病毒 如疱疹病毒、人乳头瘤病毒。

5. 螺旋体 多见苍白密螺旋体。

6. 衣原体 多见沙眼衣原体。

7. 支原体 正常阴道菌群的一种，在一定条件下可引起生殖道炎症。

【传播途径】

1. 沿生殖器黏膜上行蔓延 病原体侵入外阴阴道后沿黏膜上行，通过子宫颈、子宫内膜、输卵管黏膜至卵巢及腹腔。葡萄球菌、淋病奈瑟菌、衣原体多沿此途径蔓延。

2. 经血液循环蔓延 病原体先侵入人体的其他组织器官，再经过血液循环感染生殖器，是结核杆菌感染的主要途径。

考点：女性生殖系统炎症传播途径

3. 经淋巴系统蔓延 病原体由外阴、阴道、宫颈及宫体等创伤处的淋巴管侵入盆腔结缔组织及内生殖器其他部位。链球菌、大肠杆菌、厌氧菌多沿次途径感染。

4. 直接蔓延 腹腔其他脏器感染后直接蔓延到内生殖器，如阑尾炎可引起右输卵管炎。

第2节 外阴部炎症

一、外 阴 炎

外阴炎（vulvitis）主要指外阴部的皮肤与黏膜的炎症。

【病因】

外阴部与尿道、肛门紧邻，经常受阴道分泌物、炎症分泌物或大小便刺激；穿着化纤内裤、紧身衣致局部透气性差；外阴不洁细菌感染等均可造成外阴炎。

【护理评估】

1. 健康史 询问有无诱发因素，有无白带增多，粪便、尿液刺激皮肤等。

2. 身心状况

（1）症状：外阴皮肤黏膜瘙痒、疼痛、灼热，性交、活动、排便及排尿时加重。

（2）体征：妇科检查见局部红肿、湿疹、糜烂、偶见溃疡，慢性期皮肤黏膜可粗糙增厚、皲裂。

3. 辅助检查

（1）分泌物检查：排除滴虫、假丝酵母菌、淋病奈瑟菌引起的外阴炎。

（2）测血糖：怀疑有糖尿病者应进行血糖测定。

考点：外阴炎临床表现

4. 心理-社会状况 了解患者对疾病的反应，有无烦躁、不安、社交障碍等心理。

【处理原则】

去除病因，积极治疗阴道炎、尿瘘、粪瘘、糖尿病。注意个人卫生，保持外阴清洁、干燥。局部可用1∶5 000高锰酸钾溶液坐浴，每日2次。如有破溃可涂抗生素软膏。

【护理诊断 / 问题】

1. **舒适改变**　与局部炎性刺激有关。
2. **皮肤完整性受损**　与炎症刺激及局部瘙痒抓挠有关。
3. **焦虑**　与疾病症状有关。

【护理目标】

1. 患者外阴瘙痒、疼痛减轻，舒适感增加。
2. 患者皮肤完整性受保护。
3. 患者心情舒畅，社会交往恢复。

【护理措施】

1. 寻找病因，积极治疗原发病。
2. 用药护理：教会患者坐浴的方法，包括液体配制的浓度、温度及坐浴时间、浸泡深度、注意事项。取高锰酸钾结晶加温开水配成 1∶5 000 约 40℃溶液，肉眼观为淡玫瑰红色，每日 2 次，每次 15～30 分钟，月经期停止坐浴。
3. 嘱患者勿搔抓皮肤，忌用刺激性药物或肥皂清洗外阴，避免破溃或合并细菌感染。
4. 心理护理：倾听患者倾诉，做好疾病知识宣教，指导患者配合治疗。

考点：坐浴方法及注意事项

【健康教育】

1. 注意个人卫生，保持外阴清洁、干燥，做好经期、孕期、分娩期及产褥期卫生。
2. 合理饮食，少进辛辣食物。
3. 勤换内裤，不穿化纤内裤和紧身衣。
4. 急性期注意休息，禁止性生活。

【护理评价】

1. 患者疼痛是否缓解或消失。
2. 患者受损的外阴皮肤经治疗是否愈合。
3. 患者是否心情舒畅，恢复社会交往。

二、前庭大腺炎

前庭大腺炎（bartholinitis）是病原体侵入前庭大腺引起的炎症，包括前庭大腺脓肿和前庭大腺囊肿。此病育龄妇女多见。

【病因】

主要病原体为葡萄球菌、链球菌、大肠埃希菌、肠球菌等。前庭大腺位于两侧大阴唇下 1/3 深部，在月经期、分娩期或性交时容易被污染，细菌侵入腺管内致腺管充血、水肿称为前庭大腺炎；如炎性渗出物堵塞管口，脓液积聚不能外流形成前庭大腺脓肿；急性炎症消退，脓液转清则形成前庭大腺囊肿。

【护理评估】

1. **健康史**　询问有无流产史及性生活情况。

2. 身心状况

（1）症状：前庭大腺脓肿多发生一侧。外阴部患处疼痛、肿胀，严重时排尿疼痛、走路受限。严重者可伴发热，偶见腹股沟淋巴结肿大。前庭大腺囊肿多为单侧，大小不等，在大阴唇外侧明显隆起。患者往往无明显症状，囊肿大者，外阴常有坠胀感或性交不适。

考点：前庭大腺炎临床表现

（2）体征：前庭大腺脓肿检查局部可见皮肤红肿、发热、压痛明显，患侧前庭大腺开口处有时可见白色小点。当脓肿形成时疼痛加剧，表面皮肤发红、变薄，局部可触及波动感。

3. 辅助检查 可自腺管开口处取分泌物做病原体检查及药物敏感试验。

4. 心理-社会状况 了解患者对疾病的反应，有无烦躁、不安、社交障碍等心理。

【处理原则】

急性炎症发作时，需卧床休息，局部保持清洁。根据病原体选用抗生素，也可选用清热、解毒的中药局部热敷或坐浴。脓肿形成可切开引流并行造口术，目前常用的CO_2激光造口术。

【护理诊断/问题】

1. 舒适改变 与局部炎性刺激有关。

2. 皮肤完整性受损 与炎症刺激及局部瘙痒抓挠有关。

3. 焦虑 与疾病症状有关。

【护理目标】

1. 患者外阴瘙痒、疼痛减轻，舒适感增加。
2. 患者皮肤完整性受保护。
3. 患者情绪稳定，社会交往恢复。

【护理措施】

1. 嘱保持外阴清洁，防止感染。
2. 急性期卧床休息，按医嘱给予抗生素及止痛剂。局部用1∶5 000高锰酸钾坐浴，每日2次；也可用清热解毒中药热敷或坐浴。
3. 脓肿或囊肿切开术后，局部引流条需每天更换；伤口愈合后改用1∶8 000呋喃西林坐浴，每日2次。
4. 心理护理：倾听患者倾诉，做好疾病知识宣教，指导患者配合治疗。

考点：前庭大腺炎护理措施

【健康教育】

1. 加强营养，增强抵抗力。
2. 注意个人卫生，保持外阴清洁，经期及产褥期禁止性生活。

【护理评价】

1. 患者症状、体征是否逐渐恢复正常。
2. 患者病灶处皮肤是否恢复完整性。
3. 患者是否情绪稳定，乐观积极配合治疗。

第3节　阴道炎症

一、滴虫阴道炎

【病因】

滴虫阴道炎（trichomonal vaginitis）是由阴道毛滴虫引起的常见阴道炎。滴虫呈梨形，体积为多核白细胞的 2～3 倍。滴虫适宜生长在温度为 25～40℃、pH 为 5.2～6.6 的潮湿环境，在 pH＜5 或 pH＞7.5 的环境中不生长。月经前后阴道 pH 接近中性，隐藏在腺体及阴道皱壁中的滴虫常得以繁殖导致滴虫阴道炎。滴虫还可寄生于尿道、尿道旁腺、膀胱、肾盂以及男性包皮褶、尿道、前列腺等处。

【传播途径】

1. 直接传播　经性生活传播。

2. 间接传播　经游泳池、浴盆、厕所、衣物传播。

3. 医源性传播　通过污染的器械及敷料传播。

考点：滴虫性阴道炎的传播途径

【护理评估】

1. 健康史　询问既往阴道炎病史、疾病发作与月经周期的关系、治疗的经过；了解个人卫生习惯，分析感染途径。

2. 身心状况

（1）症状：25%～50% 的患者感染初期无症状，典型症状是稀薄泡沫状分泌物增多及外阴瘙痒。如有其他细菌混合感染分泌物可呈黄绿色、血性、脓性且有臭味。外阴瘙痒部位主要在阴道口和外阴，程度一般较轻。合并尿路感染可有尿频、尿痛、血尿。滴虫能吞噬精子，可致不孕。

（2）体征：妇科检查时可见阴道黏膜充血，呈散在的出血点，甚至宫颈有出血点，形成“草莓样”宫颈；后穹隆有液性泡沫状或脓性泡沫状分泌物。

3. 辅助检查　在阴道分泌物中找到滴虫即可确诊。取分泌物前 24～48 小时避免性交、阴道灌洗或局部用药，分泌物取出后应协助及时送检并注意保暖。

（1）生理盐水悬滴法：为最简便的方法，敏感性为 60%～70%。

（2）培养法：适用于症状典型而悬滴法未见滴虫者，准确性达 98% 左右。

4. 心理 - 社会状况　由于患病部位隐私、有传染性易复发，可出现焦虑和社交障碍。了解有无丈夫同时治疗的障碍等。

考点：滴虫性阴道炎典型表现

【处理原则】

杀灭阴道毛滴虫，切断传染途径，恢复阴道正常 pH，保持阴道自净功能，性伴侣需同时治疗。全身及局部联合用药效果佳。

1. 局部治疗　局部用药前，先用 0.1%～0.5% 醋酸或 1% 乳酸溶液进行阴道冲洗，甲硝唑阴道泡腾片 200mg 塞入阴道，每晚 1 次，连用 7 日为 1 个疗程。

2. 全身治疗　口服甲硝唑每次 400mg，每日 3 次，7 天为 1 个疗程。妊娠期、哺乳期妇女慎用。

考点：滴虫性阴道炎处理原则

【护理诊断/问题】

1. **舒适改变** 与外阴瘙痒、疼痛、分泌物增多有关。
2. **皮肤完整性受损** 与炎症刺激有关。
3. **知识缺乏** 缺乏滴虫阴道炎相关知识。
4. **焦虑** 与疾病反复发作，丈夫同时治疗障碍有关。

【护理目标】

1. 患者阴道分泌物转为正常性状，瘙痒、疼痛症状减轻。
2. 患者阴道黏膜及外阴皮肤完整性受到保护。
3. 患者能叙述该病的有关知识并积极治疗。
4. 患者情绪稳定，丈夫积极配合治疗。

【护理措施】

1. 一般护理 注意个人卫生，勤换内裤，保持外阴部清洁、干燥；避免搔抓外阴以免皮肤破损。内裤、坐浴及洗涤用物应煮沸消毒5～10分钟以消灭病原体。

2. 用药护理 告知患者各种剂型的阴道用药方法。经期暂停坐浴、阴道冲洗及阴道用药。由于甲硝唑与乙醇结合可出现皮肤潮红、呕吐、腹痛、腹泻等反应，故用药期间及停药24小时内应禁酒。口服甲硝唑后偶见胃肠道反应，应在餐后服药，偶见头痛、皮疹、白细胞减少等，一旦发现应报告医师并停药。

考点：滴虫性阴道炎的主要护理措施

3. 心理护理 告知患者夫妇滴虫阴道炎的传播途径、临床表现、治疗方法和注意事项，减轻他们的焦虑心理。

【健康教育】

考点：滴虫性阴道炎治愈标准

滴虫阴道炎主要由性行为传播，因此嘱性伴侣同时进行治疗，治疗期间应禁止性生活；月经干净后复查滴虫，连续3个月阴性为治愈标准。患病期间不去游泳池游泳，不用公共的浴盆、浴巾等。

【护理评价】

1. 患者局部症状是否减轻或消失，悬滴试验是否连续3个月阴性。
2. 患者阴道黏膜及皮肤完整性是否得到保护。
3. 患者是否能正确复述预防及治疗疾病的有关知识。
4. 患者是否情绪稳定，其家属是否积极配合治疗。

二、外阴阴道假丝酵母菌病

【病因】

外阴阴道假丝酵母菌病（vulvovaginal candidiasis，VVC）又称外阴阴道念珠菌病，80%～90%的病原体为白假丝酵母菌，假丝酵母菌适合在酸性环境中生长，不耐热，加热至60℃持续1小时即可死亡；但对干燥、日光、紫外线及化学制剂的抵抗力较强。

此菌为条件致病菌，当阴道及全身抵抗力降低时，大量繁殖引起炎症。故多见于妊娠、糖尿病、接受大量雌激素治疗、长期使用抗生素、大量应用免疫抑制剂的人群；此外，如肥胖、穿紧身裤等也易使此菌得以繁殖而引起感染。

【传播途径】

1. 内源性感染　主要传播途径。假丝酵母菌除寄生阴道外，还可寄生于口腔、肠道，一旦条件适宜，三个部位的假丝酵母菌可相互传染。

2. 直接传播　少部分患者可通过性交传播。

3. 间接传播　通过接触被污染的衣物传播。

【护理评估】

1. 健康史　结合常见的发病诱因，了解有无糖尿病，是否使用抗生素、雌激素、免疫抑制剂，是否是妊娠期。

2. 身心状况

（1）症状：外阴奇痒、灼痛，重者坐卧不安，痛苦异常，还可伴有尿痛、尿频、性交痛；阴道分泌物增多，呈白色稠厚凝乳或豆渣样。

（2）体征：妇科检查见外阴皮肤抓痕，严重可见皮肤皲裂、表皮脱落；小阴唇内侧及阴道黏膜附有白色膜状物，擦除后露出红肿黏膜，急性期还可见到糜烂及溃疡。

3. 辅助检查

（1）悬滴法：取分泌物置于 10% 氢氧化钾中，找到芽孢或假菌丝即可诊断。此法检出率可达 70%～80%，应用较多。

（2）培养法：多次显微镜检查为阴性而有症状或难治性病例可采用培养法，同时行药敏试验。

4. 心理 - 社会状况　外阴阴道瘙痒影响患者生活，有些患者不愿意就医，充满矛盾心理。注意评估患者心理障碍及影响治疗的原因。

考点：外阴阴道假丝酵母菌病典型临床表现

【处理原则】

1. 消除诱因　积极治疗糖尿病，长期应用广谱抗生素、雌激素者应停药。

2. 局部用药　常用 2%～4% 碳酸氢钠阴道冲洗或坐浴改变阴道酸碱度。选用硝酸咪康唑栓、制霉菌素栓、克霉唑栓剂置于阴道内，每晚 1 次，连用 7～10 日。

3. 全身用药　不能耐受局部用药或复杂性未婚妇女可口服药物，常用药物有伊曲康唑、氟康唑、酮康唑等。

考点：外阴阴道假丝酵母菌病处理原则

【护理诊断 / 问题】

1. 舒适改变　与外阴瘙痒、疼痛、分泌物增多有关。

2. 皮肤完整性受损　与炎症刺激有关。

3. 知识缺乏　缺乏外阴阴道假丝酵母菌病相关知识。

4. 焦虑　与疾病反复发作有关。

【护理目标】

1. 患者阴道分泌物转为正常性状，瘙痒、疼痛症状减轻。
2. 患者皮肤完整性受到保护。
3. 患者能叙述该病的有关知识并积极治疗。
4. 患者情绪稳定，积极配合治疗。

【护理措施】

1．一般护理 指导协助患者阴道冲洗完后再上药，注意手的清洁。注意个人卫生，保持外阴部清洁、干燥，避免搔抓外阴以免皮肤破损。用物应煮沸消毒5～10分钟以消灭病原体，避免交叉和重复感染的机会。

考点：外阴阴道假丝酵母菌病护理措施

2．用药护理 嘱阴道灌洗或坐浴，应注意药液浓度和治疗时间，灌洗药物要充分溶化，温度一般40℃。妊娠期合并感染者，为避免胎儿感染，应坚持局部治疗，禁用口服药物。

3．心理护理 向患者讲解外阴阴道假丝酵母菌病的病因，消除患者的顾虑和焦虑心理，积极配合治疗。

【健康教育】

做好卫生宣教，注意个人卫生，每天清洗外阴、换内裤，切忌搔抓。性伴侣无需进行常规治疗，鼓励患者坚持用药，不可随意中断疗程。

【护理评价】

1. 患者局部症状是否减轻或消失。
2. 患者阴道黏膜及外阴皮肤完整性是否得到保护。
3. 患者是否能复述预防及治疗疾病的有关知识。
4. 患者是否情绪稳定，积极配合治疗。

三、萎缩性阴道炎

【病因】

萎缩性阴道炎（atrophic vaginitis）常见于妇女绝经后、手术切除卵巢或盆腔放射治疗后。由于雌激素水平降低，阴道上皮萎缩、黏膜变薄，上皮细胞糖原减少，阴道自净作用减弱，致病菌过度繁殖或易入侵引起炎症。

【护理评估】

1．健康史 了解患者年龄、月经史、是否闭经、有无手术切除卵巢或盆腔治疗史。

2．身心状况

（1）症状：阴道分泌物增多及外阴瘙痒、灼热感。分泌物呈水样、稀薄，淡黄色；伴严重感染时可呈脓性白带，黏膜有表浅溃疡时分泌物可为血性。

考点：萎缩性阴道炎临床表现

（2）体征：妇科检查见阴道皱襞消失，上皮菲薄、黏膜出血，表面可有散在小出血点或片状出血点；严重者可形成溃疡导致阴道粘连，分泌物引流不畅可引起宫腔或阴道积脓。

3．辅助检查

（1）阴道分泌物检查：可排除滴虫和假丝酵母菌感染。

（2）宫颈涂片或分段诊刮：有血性分泌物者应排除生殖器官恶性肿瘤。

（3）活组织检查：有阴道溃疡者应排除阴道癌。

4．心理-社会状况 评估患者是否愿意积极就诊、不愿意就诊的原因、家庭支持系统及以往应对问题的方式。

【处理原则】

增加阴道抵抗力及抑制细菌生长。

1. 增加阴道酸度　用酸性洗液冲洗阴道增加阴道酸度、抑制细菌生长，常选用 0.5% 醋酸或 1% 乳酸，每日 1 次。阴道冲洗后，将甲硝唑 200mg 或诺氟沙星 100mg 塞入阴道深部，每日 1 次，7～10 日为 1 个疗程。

2. 增强阴道抵抗力　针对病因补充雌激素制剂，可局部用药，也可全身用药。乙烯雌酚 0.125～0.25mg，每晚放入阴道深部，7 日为 1 个疗程。全身用药可口服尼尔雌醇，首次 4mg，以后每 2～4 周 1 次，每晚 2mg，维持 2～3 个月。

考点：萎缩性阴道炎处理原则

【护理诊断 / 问题】

1. 有感染的危险　与局部分泌物增多、破溃有关。

2. 知识缺乏　缺乏围绝经期保健知识。

【护理目标】

1. 患者症状减轻或消失，没有感染等发生。
2. 患者了解相关围绝经期医学知识。

【护理措施】

1. 一般护理　嘱保持外阴清洁，勤换内裤，穿棉织内裤减少刺激等。

2. 用药护理　指导患者及家属阴道灌洗、上药的方法和注意事项，告知使用雌激素治疗可出现的症状，乳癌或子宫内膜癌患者慎用雌激素制剂。

3. 心理护理　告知萎缩性阴道炎的病因和治疗方法，鼓励家属多关心患者，减轻其焦虑。

【健康教育】

对围绝经期、老年妇女进行健康教育，使其掌握预防萎缩性阴道炎的措施及技巧。指导局部用药方法，用药前洗净双手及会阴减少感染的机会。自己用药有困难者，指导其家属协助用药或由医务人员帮助使用。

【护理评价】

1. 患者局部症状是否减轻或消失。
2. 患者是否能复述预防及治疗疾病的有关知识。

四、细菌性阴道病

【病因】

细菌性阴道病（bacterial vaginosis）是阴道内正常菌群失调所致，以加德纳菌为主的多种细菌混合感染，是最常见的一种阴道病。正常阴道内以乳酸杆菌占优势，此病时阴道内乳酸杆菌减少而其他细菌大量繁殖，其中以厌氧菌居多。

【护理评估】

1. 健康史　了解患者个人卫生习惯，既往阴道炎病史及治疗经过等。

2. 身心状况

考点：细菌性阴道病病典型临床表现

（1）症状：10%～50% 患者无临床症状，有症状者表现为阴道分泌物增多，有鱼腥臭味，可伴有轻度外阴瘙痒或烧灼感。

（2）体征：妇科检查见阴道黏膜无充血的炎症表现，分泌物质地均匀、稀薄，呈灰白色。

3. 辅助检查

（1）阴道酸碱度检查：阴道 pH＞4.5（pH 通常为 4.7～5.7，多为 5.0～5.5）。

（2）胺臭味试验阳性：取阴道分泌物少许放在玻片上，加入 10% 氢氧化钾 1～2 滴，产生一种烂鱼肉样腥臭气味。

（3）线索细胞检查：阴道脱落的表层细胞表面黏附各种厌氧菌尤其是加德纳菌形成的颗粒状物，使细胞边缘不清，称为线索细胞。

（4）诊断标准：下列 4 项中有 3 项阳性即可临床诊断为细菌性阴道病。

1）匀质、稀薄、灰白色阴道分泌物。

2）阴道 pH＞4.5。

3）胺臭味试验阳性。

4）线索细胞阳性。

4. 心理 - 社会状况 由于病变在隐私部位、易复发，有些患者不愿意言表、就医，充满矛盾心理。

【处理原则】

选用抗厌氧菌药物，主要有甲硝唑、克林霉素。

考点：细菌性阴道病处理原则

1. 口服药物 首选甲硝唑 200mg，每日 3 次，共 7 日；或甲硝唑 2g，单次口服；或克林霉素 300mg，每日 2 次，连服 7 日。

2. 局部药物治疗 先用酸性溶液 0.5% 醋酸、1% 乳酸等冲洗阴道，改善阴道内环境。2% 克林霉素软膏涂阴道或甲硝唑泡腾片 200mg 塞入阴道，每晚 1 次，连用 7 日。

【护理诊断 / 问题】

1. 有感染的危险 与局部分泌物增多有关。

2. 知识缺乏 缺乏细菌性阴道病相关知识。

【护理目标】

1. 患者症状减轻或消失，没有感染等发生。
2. 患者了解相关医学知识。

【护理措施】

1. 一般护理 注意个人卫生，保持外阴清洁。

2. 用药护理 告知患者各种剂型的阴道用药方法，经期暂停坐浴、阴道冲洗及阴道用药。甲硝唑用药期间应禁酒。

3. 心理护理 由于炎症部位处于患者的隐私处，因此患者往往有害羞心理，不愿及时就医，护理人员应耐心解释，告之及时就医的重要性，并鼓励坚持治疗和随访。

【健康教育】

细菌性阴道病可能与多个性伴侣有关，但因为治疗性伴侣并不能改善症状，故性伴侣不需要治疗；由于本病与不良妊娠结局如胎膜早破等有关，且容易上行感染，因此任何妊娠妇女均需治疗，多选择口服用药。

【护理评价】

1. 患者局部症状是否减轻或消失。
2. 患者是否能复述预防及治疗疾病的有关知识。

第4节　宫颈炎症

宫颈炎症（cervicitis）主要指宫颈阴道部和宫颈管黏膜受各种病原体感染而导致的一系列病理改变。临床上将宫颈炎分为急性和慢性两种，临床以慢性子宫颈多见，本节仅介绍慢性子宫颈炎。

【病因】

多见分娩、流产或手术损伤宫颈后，病原菌侵入而引起感染。主要致病菌是葡萄球菌、链球菌、大肠杆菌和厌氧菌，雌激素水平低或卫生习惯不良等致局部抵抗力下降也可引起慢性子宫颈炎。

【护理评估】

1. 健康史　了解婚育史、阴道分娩史、妇科手术史、宫颈损伤等情况，评估个人卫生情况。

2. 身心状况

（1）症状：主要症状为白带增多，分泌物多呈乳白色黏液状，也可为淡黄色脓性，如有宫颈息肉时可出现血性白带或性交后出血。患者可有腰骶部疼痛、下腹坠痛；因黏稠脓性白带不利于精子穿透可致不孕。

（2）体征：妇科检查宫颈可呈现不同的病理类型。

1）宫颈糜烂：宫颈外口处的宫颈阴道部外观呈现细颗粒状的红色区域，称为宫颈糜烂。宫颈糜烂并不是上皮脱落、溃疡的真性糜烂，而是该部位鳞状上皮脱落被柱状上皮所覆盖的糜烂样改变。

根据糜烂的深度临床分 3 型：①单纯型糜烂：多为炎症初期，鳞状上皮脱落后仅由单层柱状上皮覆盖，表面平坦。②颗粒型糜烂：柱状上皮过度增生并伴有间质增生，糜烂面凹凸不平呈颗粒状。③乳突型糜烂：柱状上皮和间质继续增生，糜烂面高低不平更加明显，呈乳突状突起。

考点：宫颈糜烂分型分度

根据糜烂面的面积大小把宫颈糜烂分为 3 度（图 15-1）：①轻度（Ⅰ度）：糜烂面积小

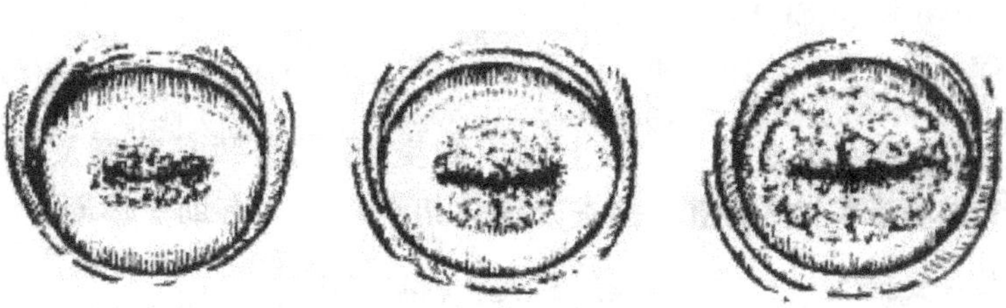

Ⅰ度　　Ⅱ度　　Ⅲ度

图 15-1　宫颈糜烂分度

于宫颈面积的1/3。②中度（Ⅱ度）：糜烂面积占宫颈面积的1/3～2/3。③重度（Ⅲ度）：糜烂面积大于宫颈面积的2/3。描写宫颈糜烂时应同时表示糜烂面积和深度如中度糜烂颗粒型。

图15-2　宫颈炎症病理改变

2）宫颈肥大：慢性炎症的长期刺激导致宫颈组织充血、水肿、腺体及间质增生使宫颈肥大，由于结缔组织增生而使宫颈硬度增加，但表面光滑。

3）宫颈息肉：慢性炎症长期刺激使宫颈管局部黏膜增生，逐渐自基底层向宫颈外口突出而形成息肉（图15-2）。息肉为一个或多个不等，色鲜红、质软而脆、易出血。由于炎症存在，息肉去除后常有复发。

4）宫颈腺囊肿：在宫颈糜烂愈合的过程中，新生的鳞状上皮覆盖宫颈腺管口或伸入腺管，导致腺管阻塞，腺管周围的结缔组织增生、瘢痕形成压迫腺管，使腺管变窄甚至堵塞，分泌物引流受阻、潴留而形成囊肿。妇科检查见宫颈表面突出多个光滑、呈白色或淡黄色的小囊泡（图15-2）。

考点：宫颈炎症的病理改变

5）宫颈管黏膜炎：病变局限于宫颈管内的黏膜及黏膜下组织，宫颈管阴道部外观大致正常，宫颈外口有脓性分泌物堵塞，有时宫颈管黏膜增生向外口突出，宫颈充血、红、肿，炎症细胞浸润和结缔组织增生致宫颈肥大。

3. 辅助检查

（1）宫颈刮片检查：筛查早期宫颈癌。

（2）宫颈活组织检查：排除宫颈癌。

（3）病原体检查：宫颈分泌物培养有助于明确病原体。

4. 心理-社会状况　慢性宫颈炎病程较长，分泌物多导致外阴不适，影响生活。性生活时接触性出血会引起害怕，排斥性生活又担心癌变，使患者焦虑不安。

【处理原则】

慢性宫颈炎以局部治疗为主，物理治疗最常用，在治疗前先做宫颈刮片细胞学检查或宫颈组织切片检查排除早期宫颈癌。

1. 物理治疗　常用的方法有激光、冷冻、微波、红外线凝结疗法等，其原理主要是将宫颈糜烂面单层柱状上皮破坏，使之坏死脱落后由新生的鳞状上皮覆盖。治疗时间选择月经干净后3～7日；治疗后一般3～7周创面可愈合，病变较深者需6～8周。物理疗法是目前治疗慢性宫颈炎最有效的方法。

2. 手术治疗　宫颈息肉可行手术摘除，宫颈肥大、宫颈糜烂较深者且累及宫颈管者可考虑行宫颈环形电切术（LEEP）。

3. 药物治疗　适宜于糜烂面小和炎症浸润较浅者，可局部涂硝酸银、铬酸、中药等，现已少用。目前临床多用康妇特栓剂，简便易行、疗效满意，每日放入阴道1枚，连用7～10日。

【护理诊断/问题】

1. 组织完整性受损　与宫颈上皮糜烂和炎性刺激有关。

2. 舒适的改变　与白带增多、腰骶部疼痛有关。

3. 焦虑　与害怕宫颈癌有关。

【护理目标】

1. 患者皮肤、黏膜保持完整。
2. 患者症状减轻，舒适感增加。
3. 患者焦虑减轻或消失。

【护理措施】

1. 一般护理 告知患者注意外阴清洁卫生，每日更换内裤，定期妇科检查。

2. 物理治疗的护理 物理治疗前先行宫颈刮片或宫颈组织切片检查排除恶性病变。急性生殖道炎症避免治疗；患者术后分泌物增多，甚至有多量水样排液；术后 1～2 周脱痂时可有少量出血，若出血量多需及时就诊；创口愈合需 4～8 周，嘱患者保持外阴清洁，8 周内禁止性生活和盆浴；一般于 2 次月经干净后复查，效果欠佳者可行第 2 次治疗。治疗后应定期复查，防止并发症。

3. 心理护理 让患者了解慢性宫颈炎的发病原因、临床表现、治疗方法及注意事项，解除患者焦虑心理，鼓励患者积极配合治疗。

考点： 物理治疗护理

【健康教育】

向患者传授防病知识，教育保持良好的卫生习惯，注意外阴清洁。积极治疗急性宫颈炎，定期妇科检查，发现炎症予以积极治疗。积极预防，避免分娩或器械损伤宫颈，产后发现宫颈裂伤应及时缝合。

【护理评价】

1. 患者皮肤、黏膜是否保持完整。
2. 患者是否症状消失，舒适感增加。
3. 患者是否焦虑减轻或消失，能积极面对生活。

第 5 节 盆腔炎症

盆腔炎症（pelvic inflammatory disease，PID）是指女性内生殖器及其周围结缔组织、盆腔腹膜炎性病变的总称，分为急性和慢性。急性盆腔炎可发展为弥漫性腹膜炎甚至感染性休克，严重者可危及患者生命。急性期炎症治疗不彻底，可转变为慢性盆腔炎，严重时可导致不孕、输卵管妊娠和慢性盆腔痛，影响患者身心健康。

一、急性盆腔炎

【病因】

1. 宫腔内手术操作后感染 如刮宫术、子宫输卵管造影术、输卵管通液术、宫腔镜检查、放置宫内节育器等，由于手术消毒不严格或术前适应证选择不当，导致病原体上行感染。

2. 产后或流产后感染 分娩后或流产后产道损伤、组织残留于宫腔内，或手术无菌操作不严格，均可发生急性盆腔炎。

3. 经期卫生不良 使用不洁的月经垫、经期性交等，均可引起病原体侵入而导致炎症。

4. 感染性传播疾病 不洁性生活史、多个性伴侣、早年性交、性交过频者可致性传播疾病的病原体入侵引起炎症。

5．邻近器官蔓延 阑尾炎、腹膜炎等蔓延至盆腔导致炎症发作。

【护理评估】

1．健康史 询问年龄、孕产史、宫内手术史、起病诱因，腹痛、腰痛的时间、程度等。

2．身心状况

（1）症状：常见症状表现为下腹痛、发热、阴道分泌物增多；重者可有寒战、高热、头痛、食欲缺乏等；腹膜炎患者可出现消化系统症状，如恶心、呕吐、腹胀、腹泻等。

考点：急性盆腔炎的临床表现

（2）体征：患者呈急性病容，体温升高、心率加快，腹胀，下腹部有压痛、反跳痛及腹肌紧张，肠鸣音减弱或消失。妇科检查，阴道分泌物脓性臭味，穹隆明显触痛；宫颈充血、水肿，可有大量脓性分泌物从宫颈口外流，举痛明显；宫体增大，有压痛，活动受限；宫旁片状增厚或有包块，压痛。若有脓肿形成可触及包块且压痛明显。

3．辅助检查

（1）血常规：白细胞计数增高，尤其是中性白细胞计数升高明显表示已感染。

（2）超声检查：B 超可见盆腔有无积液、包块等。

4．心理 - 社会状况 了解患者及家属对疾病的反应。

【处理原则】

抗生素治疗，及时、规范、足量，必要时手术治疗。

【护理诊断 / 问题】

1．疼痛 与炎症引起下腹疼痛、肛门坠痛有关。

2．睡眠型态紊乱 与疼痛或心理障碍有关。

【护理目标】

1．患者疼痛症状减轻或消失。

2．患者能保证足够的睡眠。

【护理措施】

1．对症护理 半卧位休息，有利于炎症局限；给予高热量、高蛋白、高维生素流质或半流饮食；高热时行物理降温。

2．用药护理 按医嘱给予足量有效的抗生素，注意用药的剂量、方法及注意事项，观察输液反应等。

考点：急性盆腔炎的护理要点

3．心理护理 让患者及家属了解急性盆腔炎相关知识，和患者及家属一起商定治疗计划，减轻患者及家属担心、焦虑及恐惧的心理，积极配合医护处理和护理。

【健康教育】

做好经期、孕期及产褥期卫生宣教；指导性生活卫生，减少性传播疾病，经期禁止性交。

【护理评价】

1．患者是否舒适感增加、活动自如，无痛苦表情。

2．患者是否精神良好，无疲倦感。

二、慢性盆腔炎

【病因】

常因急性盆腔炎治疗不彻底、不及时或患者体质较差病程迁延而致。慢性盆腔炎症状可在月经期加重，机体抵抗力下降时反复发作。

【病理】

1. 慢性子宫内膜炎　可发生于产后、流产后或剖宫产后，因胎盘胎膜残留或子宫复旧不良致感染。

2. 慢性输卵管炎与输卵管积水　慢性输卵管炎多为双侧，输卵管呈轻度或中度肿大，伞端可部分或完全闭锁，并与周围组织粘连。当伞端及峡部粘连闭锁，浆液性渗出物积聚而形成输卵管积水，其表面光滑，管壁薄，形似腊肠。

3. 输卵管卵巢炎及输卵管卵巢囊肿　当输卵管炎症波及卵巢时，两者可互相粘连形成炎性包块，或伞端与卵巢粘连贯通，液体渗出而形成输卵管卵巢脓肿，脓液被吸收后可形成输卵管卵巢囊肿。

4. 慢性盆腔结缔组织炎　炎症蔓延至宫骶韧带，使纤维组织增生、变硬，子宫固定，宫颈旁组织也增厚变硬，形成“冰冻骨盆”。

考点：慢性盆腔炎主要病理改变

【护理评估】

1. 健康史　询问患者年龄、孕产史、宫内手术史、急性盆腔炎病史，治疗方法，疗效及此次腹痛、腰痛的时间、程度等。

2. 身心状况

（1）症状：全身症状多不明显，有时可有低热、全身不适、疲乏感；局部症状以慢性盆腔痛为主，表现为下腹痛、腰痛、肛门坠胀，月经期或性交后症状加重；也可有月经失调、痛经或经期延长，输卵管阻塞可致不孕或异位妊娠。

（2）体征：子宫常呈后位，活动受限，粘连固定。子宫一侧或两侧片状增厚、压痛，宫骶韧带增粗、变硬、触痛。输卵管炎症时触到呈条索状增厚的输卵管，输卵管卵巢积水或囊肿可摸到囊性肿物。

考点：慢性盆腔炎的临床表现

3. 辅助检查

（1）子宫内膜活检：证实子宫内膜炎。

（2）超声检查：B 超可见增粗的输卵管、盆腔脏器固定粘连等。

4. 心理 - 社会状况　了解患者及家属对疾病的反应。

【处理原则】

采用综合性方案控制炎症，包括物理治疗、中药治疗、药物治疗和手术治疗，指导患者增加营养、加强锻炼，提高局部和全身抵抗力。

1. 物理治疗　可促进盆腔局部血液循环，改善组织新陈代谢，以利炎症的吸收和消退。常用方法有超短波治疗、离子透入治疗、激光治疗等。

2. 中药治疗　以清热利湿、活血化瘀为主，也可用中药外敷腹部或小剂量灌肠。

3. 药物治疗　可使用 α- 糜蛋白酶或透明质酸酶和地塞米松，以利粘连和炎症的吸收提高疗效。对于年轻未生育患者或急性发作时有必要应用抗生素治疗。

4. 手术治疗　输卵管积水、输卵管卵巢囊肿可手术治疗。

【护理诊断/问题】

1. 疼痛 与炎症引起下腹疼痛、肛门坠痛有关。

2. 睡眠型态紊乱 与慢性盆腔疼痛、心理障碍有关。

3. 焦虑 与病程长、不孕，治疗效果不明显有关。

【护理目标】

1. 患者疼痛症状减轻或消失。
2. 患者能保证足够的睡眠。
3. 患者情绪稳定，积极乐观配合治疗。

【护理措施】

1. 一般护理 加强营养，增强体质。嘱患者合理安排生活，饮食富于营养，避免疲劳。

2. 对症护理

(1) 减轻疼痛：腹痛、腰痛时注意休息，防止受凉，必要时遵医嘱给止痛药以缓解症状。

(2) 为接受手术患者提供手术前后常规护理。

3. 心理护理 耐心倾听患者诉说，尽可能满足患者需求，解除思想顾虑，增强对治疗的信心。和患者及家属共同探讨适合于个人的治疗方案，减轻患者的心理压力。

【健康教育】

指导患者保持良好的个人卫生习惯，增加营养，积极锻炼身体，增强体质；注意个人性卫生，彻底治疗急性盆腔炎等。

【护理评价】

1. 患者是否疼痛症状减轻或消失。
2. 患者是否精神良好，睡眠质量提高。
3. 患者是否情绪缓解。

2006年美国疾病控制与预防中心（CDC）盆腔炎性疾病（PID）诊断标准

1. 基本标准　宫颈举痛或子宫压痛或附件区压痛。

2. 附加标准　体温超过38.3℃（口表法）；宫颈或阴道异常黏液脓性分泌物；阴道分泌物生理盐水涂片见到白细胞；红细胞沉降率升高；血C-反应蛋白升高；实验室证实的宫颈淋病奈瑟菌或衣原体阳性。

3. 特异标准　子宫内膜活检证实子宫内膜炎；阴道超声或磁共振检查显示输卵管增粗或积液，伴有或不伴有盆腔积液、输卵管卵巢肿块，腹腔镜检查发现盆腔炎性疾病征象。

知识链接

案例15-1分析

1. 初步考虑该病人是外阴阴道假丝酵母菌病，依据是：①外阴瘙痒、灼热4日，伴白带增多2日；②妇科检查见外阴阴道有白色膜状物覆盖，不易拭去，拭去后显露出红色充血黏膜面，后穹窿处见多量白色凝乳状白带。

2. 目前病人主要存在的护理问题有舒适改变、皮肤完整性受损、知识缺乏、焦虑。

3. 护理要点：①一般护理：指导协助患者阴道冲洗完后再上药，注意手的清洁。注意个人卫生，保持外阴部清洁、干燥，避免搔抓外阴以免皮肤破损。用物应煮沸消毒 5～10 分钟以消灭病原体。②药物护理：嘱阴道灌洗或坐浴，应注意药液浓度和治疗时间，灌洗药物要充分溶化，温度一般 40℃。妊娠期合并感染者，应坚持局部治疗，禁用口服唑类药物。③心理护理：向患者讲解外阴阴道假丝酵母菌病的病因，消除患者的顾虑和焦虑心理，积极配合治疗。

目标检测

1. 滴虫阴道炎的传染方式不包括（　　）
   A. 性交传播　　B. 公共浴池传播
   C. 宫内传播　　D. 游泳池传播
   E. 不洁器械传播
2. 阴道有大量白色稠厚豆渣样白带，最可能的疾病是（　　）
   A. 假丝酵母菌性阴道炎　　B. 滴虫阴道炎
   C. 慢性宫颈炎　　D. 子宫内膜炎
   E. 输卵管炎
3. 需要夫妇双方同时治疗的炎症为（　　）
   A. 急性盆腔炎
   B. 慢性宫颈炎
   C. 滴虫阴道炎
   D. 假丝酵母菌性阴道炎
   E. 前庭大腺炎
4. 慢性宫颈炎的典型临床表现是（　　）
   A. 外阴瘙痒　　B. 白带增多
   C. 外阴疼痛　　D. 外阴灼热感
   E. 外阴湿疹
5. 滴虫阴道炎的治愈标准为（　　）
   A. 月经干净后复查 1 次为阴性
   B. 每次月经干净后复查，连续 2 次为阴性
   C. 每次月经干净后复查，连续 3 次为阴性
   D. 每次月经干净后复查，连续 4 次为阴性
   E. 每次月经干净后复查，连续 5 次为阴性
6. 某妇女主诉外阴部瘙痒，护士应建议她（　　）
   A. 局部涂抹抗生素软膏
   B. 口服扑而敏等药物
   C. 用碱性溶液清洗外阴
   D. 到医院检查
   E. 用 1∶5000 高锰酸钾溶液坐浴
7. 林女士因患滴虫阴道炎，准备用自助冲洗器灌洗阴道，护士应告知她醋酸冲洗液的浓度为（　　）
   A. 0.2%　　B. 0.5%
   C. 1%　　D. 1.5%
   E. 2%
8. 某纺织厂，滴虫阴道炎发病率很高，为预防其传播，下列不必要的措施是（　　）
   A. 改坐厕为蹲厕
   B. 改盆浴为淋浴
   C. 积极治疗患者及带虫者
   D. 预防性使用灭滴灵
   E. 相互不借用浴巾
9. 女性，35 岁。白带增多半年，近来出现性交后出血。妇科检查宫颈重度糜烂，附件未见异常。为排除宫颈癌，首选的检查项目是（　　）
   A. 阴道分泌物悬滴检查
   B. 宫颈活检
   C. 宫颈碘试验
   D. 宫颈刮片细胞学检查
   E. 宫腔镜检查
10. 慢性宫颈炎的治疗方法中不适宜的是（　　）
   A. 电熨治疗
   B. 冷冻治疗
   C. 激光治疗
   D. 全身大剂量应用抗生素
   E. 局部上药

（王　侠）

第16章　女性生殖系统肿瘤病人的护理

学习目标

1. 掌握外阴癌、子宫颈癌、子宫肌瘤、子宫内膜癌、卵巢肿瘤患者的护理评估、护理诊断及护理措施。

2. 熟悉外阴癌、子宫颈癌、子宫肌瘤、子宫内膜癌、卵巢肿瘤患者的治疗原则和健康教育。

3. 了解外阴癌、子宫颈癌、子宫肌瘤、子宫内膜癌、卵巢肿瘤的病因。

第1节　外　阴　癌

案例 16-1

女性，64岁。外阴瘙痒1年，外阴包块7个月。查体：右侧大阴唇可见一菜花样肿物，腹股沟触及一直径约1cm的淋巴结，活动，无压痛，行外阴活检，呈外阴高分化鳞状细胞癌，阴蒂部鳞状上皮增生、角化过度及轻-中度不典型增生。

问题和思考：

1．该患者的临床诊断是什么？

2．该患者的治疗原则是什么？

3．针对该患者的情况，应采取哪些护理措施？

外阴癌（carcinoma of vulva）是外阴的恶性肿瘤，其中原发性鳞状上皮癌约占外阴恶性肿瘤的90%，其他还包括恶性黑色素瘤、基底细胞癌、前庭大腺癌等。好发于60岁以上妇女。

【病因】

考点：外阴癌最主要的病原体

外阴癌的发病原因尚不明确，目前认为人乳头状瘤病毒（HPV）是其发病的主要原因。但HPV阴性的外阴癌与外阴白斑、外阴萎缩、外阴尖锐湿疣及其他性传播疾病如梅毒、淋巴肉芽肿等有一定联系。

【病理】

外阴癌病变初期多表现为圆形硬结，少数为乳头状或菜花样赘生物，继而发展为硬的溃疡或菜花状肿物。镜下多数外阴癌分化良好，有角化珠和细胞间桥。

【临床分期】

外阴癌的临床分期目前有两种，一种是国际妇产科联合会（FIGO）分期法，另一种是国际抗癌协会（UICC）分期法。目前国内多采用前者（表16-1）。

表 16-1　外阴癌的临床分期（FIGO，2000 年）

分期	肿瘤累及范围
0 期	原位癌
Ⅰ期	肿瘤局限于外阴或外阴和会阴，肿瘤最大直径≤2cm
$Ⅰ_A$	肿瘤直径≤2cm 伴间质浸润≤1cm
$Ⅰ_B$	肿瘤直径≤2cm 伴间质浸润＞1cm
Ⅱ期	局限于外阴或外阴和会阴，肿瘤最大直径＞2cm
Ⅲ期	肿瘤浸润尿道下端，或阴道，或肛门
$Ⅳ_A$	肿瘤浸润膀胱黏膜，或直肠黏膜，或尿道上段黏膜，或固定于骨盆
$Ⅳ_B$	任何远处转移，包括盆腔淋巴结转移

【转移途径】

外阴癌转移早，发展快，恶性度高，转移途径以直接浸润、淋巴转移为常见。最初转移至腹股沟浅淋巴结，最后转移至腹主动脉旁淋巴结。癌灶沿皮肤黏膜向内侵及阴道、尿道、肛门、直肠和膀胱。极少血行转移。

【护理评估】

1. 健康史　了解患者有无不明原因的外阴瘙痒史、外阴赘生物史等。外阴癌患者一般发生在 60 岁以上的老年人，该年龄组人群常伴有高血压、冠心病、糖尿病等。

2. 身体评估

（1）症状：早期患者外阴部有瘙痒、烧灼感等局部刺激的症状。局部结节或肿块逐渐增大、坏死、破溃及感染后分泌物增多，伴有瘙痒疼痛感。晚期主要是疼痛，疼痛的程度与病变的范围、深浅及发生部位有关。持续的外阴瘙痒是外阴癌最常见的症状。

（2）体征：癌灶生长部位以大阴唇最多见，其次为小阴唇、阴蒂、会阴、尿道口或肛门周围等。早期局部有单个或多个融合或分散的灰白色、粉红色丘疹或斑点，也可能是硬结、溃疡或菜花样的赘生物。晚期呈不规则肿块，若癌灶转移至腹股沟淋巴结，可扪及肿大的淋巴结，质硬固定。

考点：外阴癌主要的临床表现

3. 辅助检查　外阴活体组织检查可确诊。常采用 1% 甲苯胺蓝染色外阴病变皮肤，待干后再用 1% 醋酸液擦洗脱色，在蓝染部位做活检，或借助阴道镜做定位活检，以提高活检的阳性率。

4. 心理 - 社会状况　工作及参与活动能力下降，患者感到悲哀及被遗弃；外阴部手术致使身体完整性受到影响等原因常导致患者出现自尊心低下、恐惧等心理问题。

【处理原则】

外阴癌的治疗以手术治疗为主，放疗和化疗为辅。

手术方式包括：单纯外阴切除术、外阴根治切除术、局部外阴根治切除术、部分外阴根治术、腹股沟淋巴结清扫术、盆腔腹膜后淋巴结清扫术、部分尿道切除术、前盆腔脏器切除术、后盆腔脏器切除术以及全尿道切除术、膀胱肌瓣尿道成形术。

【护理诊断 / 问题】

1. 疼痛　与晚期癌肿侵犯神经有关。

2. 自我形象紊乱 与外阴被切除有关。

3. 焦虑 与担心术后无法正常工作、生活有关。

【护理目标】

1. 住院期间患者疼痛程度减轻。
2. 手术后患者有正确的自我认识。
3. 住院期间患者焦虑程度减轻。

【护理措施】

1. 一般护理 外阴癌患者多为老年人，常伴有高血压、冠心病、糖尿病等内科疾患，应协助患者做好检查，治疗内科疾病。

2. 病情观察

（1）严密观察生命体征、意识状态及全身情况。

（2）注意观察病变部位及病变程度。

（3）应注意评估肿块、溃疡的大小、深浅及其他外阴皮肤的特点。同时，应注意观察双侧腹股沟有无增大、质硬而固定的淋巴结。

3. 心理护理 护理人员随时了解患者的心理感受，寻找引起心理应激的原因，缓解心理应激。

4. 治疗配合

（1）术前护理：指导患者练习深呼吸、咳嗽、床上翻身等，以适应术后活动；除按一般外阴、阴道手术患者准备以外，如外阴需植皮者，应在充分了解手术方式的基础上对植皮部位进行剃毛、消毒后用无菌治疗巾包裹，以备术中用；将患者术后用的棉垫、绷带、各种引流管（瓶）消毒备用。

（2）术后护理：①按一般外阴、阴道手术患者护理；②术后取平卧外展屈膝体位，并在腘窝垫一软垫；③保持引流通畅，注意观察引流物的量、色、性状等；观察切口有无渗血，外阴切口术后5天开始间断拆线，腹股沟切口术后7天拆线；④保留尿管5～10天，按医嘱给予抗生素预防感染，每日行会阴擦洗2次，保持局部清洁、干燥。

考点：外阴癌的护理措施

（3）放疗患者的护理：治疗者常在照射后8～10天出现皮肤的反应。护理人员应随时注意观察皮肤的颜色，避免局部刺激，避免搔抓、擦伤、热敷和粘贴胶布，保持局部清洁干燥。遇有皮肤破损面可涂1%甲紫或抗生素可的松软膏消炎止痛。

【健康教育】

1. 外阴癌随访时间应为放疗后1、3、6个月各一次，以后每半年1次，2年以后每年1次，随访5年，以全面评价治疗效果。
2. 生活规律，加强体育锻炼，增强体质，戒烟限酒，少吃咸而辣的食物。
3. 以良好的心态应对压力，劳逸结合。

【护理评价】

1. 住院期间患者疼痛程度是否减轻。
2. 手术后患者是否有正确的自我认识。
3. 住院期间患者是否焦虑程度减轻。

第2节　子宫颈癌

案例 16-2

女性，51 岁。G6P3，白带增多 1 年，接触性出血半年，阴道不规则出血 2 个月。检查见宫颈肥大，表面有小菜花样赘生物，接触性出血（+），子宫体增大，右侧宫旁硬而厚，但未达到骨盆壁，双侧附件未触及。

问题和思考：

1．该患者目前的诊断是什么？

2．该患者目前的临床诊断属于哪一期？

子宫颈癌（carcinoma of cervix uteri）是最常见的妇科恶性肿瘤。原位癌高发年龄为 30—35 岁，浸润癌为 50—55 岁。随着普查普治工作的广泛开展及宫颈细胞学检查的普遍应用，宫颈癌的发病率和死亡率明显下降。

【病因】

宫颈癌病因至今尚未完全明了，可能与以下因素相关。

1. 人乳头瘤病毒（HPV）持续感染是宫颈癌的主要危险因素。人乳头瘤病毒、人巨细胞病毒等可能与宫颈癌发病有一定关系。分子生物学研究结果显示，90% 以上宫颈癌伴有 HPV 感染，主要为 16、18 亚型。

2. 早婚（20 岁前结婚）、多个性伴侣、初次性生活<16 岁、初产年龄小、多孕多产、经济状况、种族和地理环境等与宫颈癌密切相关。与高危男子有性接触的女性易患宫颈癌，有阴茎癌、前列腺癌或其前妻曾患宫颈癌均为高危男子。

考点：子宫颈癌常见因素

3. 营养不良、吸烟及沙眼衣原体、单纯疱疹病毒Ⅱ型等病原体的感染，在高危 HPV 感染导致宫颈癌的发病过程中有协同作用。

【病理】

目前认为宫颈癌的发生、发展是由渐变到突变的过程。

1. 巨检　镜下早期浸润癌和极早期宫颈浸润癌外观无明显异常或类似宫颈柱状上皮异位，随着病变发展表现为 4 种类型：外生型（菜花型）、内生型（浸润型）、溃疡型及颈管型（图 16-1），其中外生型最常见。

考点：子宫颈癌的常见类型

2. 显微镜检　按组织学特点，分为宫颈鳞状细胞浸润癌，占 80%～85%；腺癌，占 15%～20%；腺鳞癌，占 3%～5%。

【临床分期】

国际妇产科协会（FIGO）2000 年分期见表 16-2，图 16-2。

【转移途径】

直接蔓延和淋巴转移为主，血行转移极少见。

【护理评估】

1. 健康史　评估有无病毒感染史，是否与高危男子有性接触、婚育史、家族史等。

表 16-2 子宫颈癌的临床分期（FIGO，2000）

分期	肿瘤累及范围
0 期	原位癌（浸润前癌）
Ⅰ期	宫颈癌局限在子宫（扩展至宫体将被忽略）
Ⅰ$_{A}$	镜下浸润癌。所有肉眼可见的病灶，包括浅表浸润，均为Ⅰ$_{B}$
Ⅰ$_{A1}$	间质浸润深度<3mm，水平扩散≤7mm
Ⅰ$_{A2}$	间质浸润深度 3～5mm，水平扩散≤7mm
Ⅰ$_{B}$	肉眼可见癌灶局限于宫颈，或者镜下病灶>Ⅰ$_{A2}$
Ⅰ$_{B1}$	肉眼可见癌灶最大径线≤4cm
Ⅰ$_{B2}$	肉眼可见癌灶最大径线>4cm
Ⅱ期	肿瘤超越子宫，但未达骨盆壁或未达阴道下 1/3
Ⅱ$_{A}$	无宫旁浸润
Ⅱ$_{B}$	有宫旁浸润
Ⅲ期	肿瘤扩展到骨盆壁和（或）累及阴道下 1/3 和（或）引起肾盂积水或肾无功能
Ⅲ$_{A}$	肿瘤累及阴道下 1/3，没有扩展到骨盆壁
Ⅲ$_{B}$	肿瘤扩展到骨盆壁和（或）引起肾盂积水或肾无功能
Ⅳ$_{A}$	肿瘤侵犯膀胱黏膜或直肠黏膜和（或）超出真骨盆
Ⅳ$_{B}$	远处转移

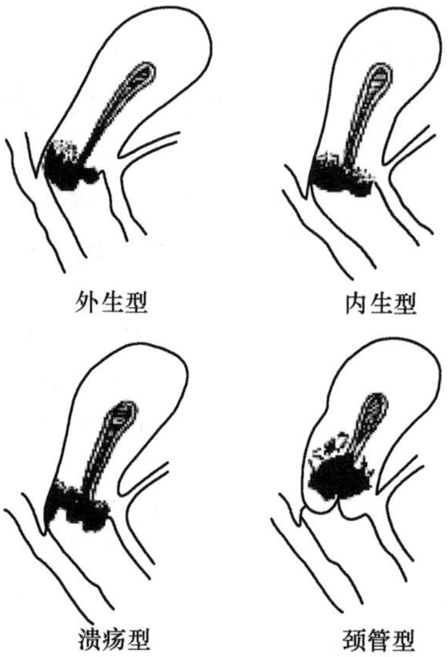

图 16-1 宫颈癌类型（巨检）

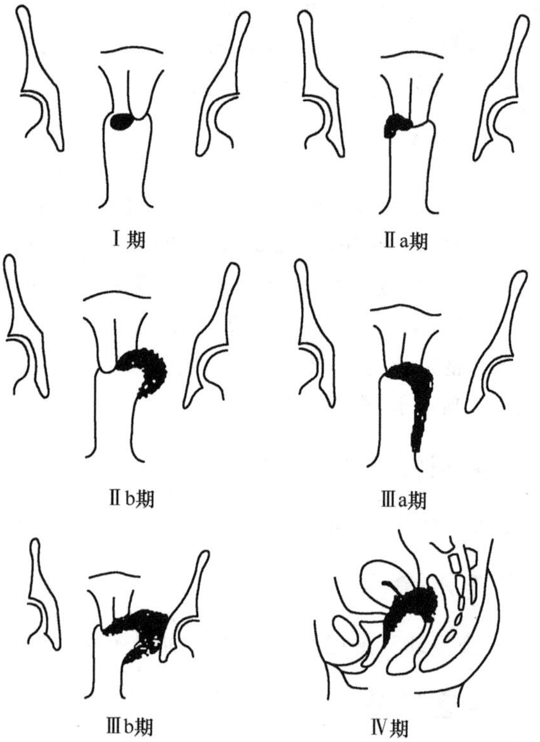

图 16-2 宫颈癌的临床分期

2. 身体评估

（1）症状

1）阴道出血：不规则阴道出血，尤其是接触性出血（即性生活后或妇科检查后出血）和绝经后阴道出血是宫颈癌患者的主要症状。菜花状宫颈癌出血现象较早，出血量较多。

2）阴道分泌物增多：白色稀薄，水样、米泔样或血性，有腥臭味。当癌组织破溃感染时，分泌物可为脓性，伴恶臭。

3）晚期表现：由于癌肿的浸润、转移，可出现尿频、尿急、肛门坠胀、大便秘结、下肢肿痛、坐骨神经痛、肾盂积水、肾衰竭、尿毒症等，最终致全身衰竭。

（2）体征：早期无明显体征，随病情发展可出现不同体征。外生型可见息肉、菜花状赘生物，质脆易出血；内生型表现为宫颈肥大，质硬，颈管膨大；晚期患者癌组织坏死脱落，宫颈表面形成凹陷性溃疡，或被空洞替代，并覆有坏死组织，有恶臭。癌灶浸润阴道壁时，可见赘生物生长；浸润达盆壁，可形成冰冻骨盆。

考点：子宫颈癌主要的临床表现

3. 辅助检查

（1）子宫颈刮片细胞学检查：是发现宫颈癌前期病变和早期宫颈癌的主要方法。

（2）宫颈和宫颈管活体组织检查：宫颈活检是诊断宫颈癌最可靠的依据。

（3）其他：碘试验、阴道镜检查、盆腔检查、氦激光肿瘤固有荧光诊断法。

4. 心理 - 社会状况　应从认知、情感、情绪、文化、家庭情况等方面收集资料。由于阴道出血、局部疼痛使患者产生焦虑或恐惧。

【处理原则】

根据不同期别采取不同方法：放疗、手术及化疗。

1. 手术治疗　适用于 I_A～II_A 期患者。手术治疗是早期子宫颈浸润癌重要的首选治疗手段。年轻患者可保留卵巢及阴道功能。

（1）镜下浸润癌：I_{A1}：多主张筋膜外子宫全切术，要求保留生育功能的年轻患者行子宫颈锥切术。I_{A2}：改良广泛子宫切除术及盆腔淋巴结清除术。

（2）浸润癌：要根据年龄、全身情况、医疗技术条件综合考虑。

2. 放疗　包括体外及腔内照射。放疗鳞癌较敏感，腺癌稍差。

3. 化疗　主要用于较晚期局部大病灶及复发患者的手术前及放疗前的综合治疗。常采用以铂类为基础的联合化疗方案。

考点：子宫颈癌最主要的治疗方案

【护理诊断 / 问题】

1. 知识缺乏　缺乏子宫颈癌的相关知识。

2. 恐惧　与担心治疗效果和预后有关。

3. 营养失调：低于机体需要量　与长期腹痛致食欲减退、消化吸收不良及癌肿导致的消耗增加、术后禁食有关。

4. 有感染的危险　与白细胞数下降有关。

5. 疼痛　与手术切口有关。

【护理目标】

1. 出院前熟悉子宫颈癌的相关知识。
2. 住院期间患者能够正确面对疾病。
3. 患者营养、水和电解质维持平衡。

4. 出院前感染能够得到控制。

5. 疼痛减轻，舒适感增加，情绪稳定。

【护理措施】

1. 一般护理 加强生活护理。多摄取富含维生素的食物补充微量元素以满足机体的需要。

2. 症状护理 放疗可引起膀胱黏膜充血、水肿、溃疡、出血，患者出现尿频、尿急、尿痛、血尿、排尿困难。

（1）盆腔放疗前嘱患者排空小便；腔内放疗时，在阴道内填塞纱布，以增加放射源与膀胱间的距离，减少膀胱受累。

（2）轻、中度急性放射性膀胱炎采用保守疗法：嘱患者每天饮水1000～2000ml，及时应用抗感染、止血及对症治疗。

（3）重度放射性膀胱炎反复出现肉眼血尿者遵医嘱用庆大霉素24万U、地塞米松5mg、肾上腺素1mg、生理盐水50ml膀胱灌注，嘱患者排尽尿液后灌注，勤翻身、改变体位，使药液充分接触膀胱内壁，消炎、止血。

3. 病情观察 加强巡视，密切观察病情，动态观察体温、脉搏、呼吸、血压、意识状态、血氧、血糖及全身情况，阴道流血的多少，阴道排液的性质，疼痛程度等。

4. 心理护理 充分调动患者家属的一切积极因素，要求其配合、协助医护人员，指导患者自我调节情绪，与同室病友多交谈，互相鼓励、劝慰。

5. 治疗配合

（1）做好手术护理：详见“第20章 妇科手术病人的护理”。

考点：子宫颈癌的护理措施

（2）化疗药物治疗护理：按化疗常规护理，常用于晚期不能手术、放疗或治疗后复发的病例。常用药有5FU、CTX、MBC等。

（3）中药治疗护理：让患者坚持服药。

【健康教育】

1. 普查 30岁以上的已婚妇女常规普查，每年一次，做宫颈刮片检查，以早期发现此病。介绍本病早期治疗的效果，使患者树立治疗的坚定信心。

2. 出院前指导

（1）保持阴道清洁，教会患者阴道冲洗的方法、适宜的冲洗液温度。

（2）合理饮食，注意营养。

（3）避免重体力劳动，适当休息。

（4）性生活指导，保持生活质量。

（5）定期随访。

【护理评价】

1. 出院前患者是否熟悉子宫颈癌的相关知识。
2. 住院期间患者能否正确面对疾病。
3. 患者营养、水和电解质是否维持平衡。
4. 出院前感染能否得到控制。
5. 是否疼痛减轻，舒适感增加，情绪稳定。

第3节　子宫肌瘤

案例 16-3

女性，43 岁。G2P1，因月经量增多 2 年，发现下腹包块 1 个月入院。

患者平素时有月经周期延长，初潮 14 岁，7 天 /35～50 天，无明显痛经，末次月经为 2016 年 1 月 22 日。自两年前起月经量增多，较既往月经量增加一半以上，有血块，伴痛经，有时需服止痛片。近半年来经期延长至 10 天左右，有时有经间出血。1 个月前洗澡时自觉下腹有一肿块如儿头大小。

辅助检查：贫血貌；子宫如孕 20 周大小，多发结节，质中；B 超示子宫增大，形态失常，肌壁间多发中低回声，最大者直径 10cm，子宫内膜厚 1.7cm。

问题和思考：

1．初步考虑该患者的疾病诊断是什么？有何依据？

2．目前患者主要存在哪些护理问题？

3．对此患者的护理要点有哪些？

子宫肌瘤（myoma of uterus）是子宫平滑肌组织增生而形成的女性生殖系统最常见的良性肿瘤，其发生可能与体内雌激素水平过高或长期刺激有关。

【病因】

子宫肌瘤的病因不十分清楚，可能是多因素共同作用的结果。有学者认为雌激素是促使肌瘤生长的主要因素。

考点：子宫肌瘤的病因

【病理】

1．巨检　肌瘤为实质性球形包块，表面光滑，质地较子宫肌层硬，压迫周围肌壁纤维形成假包膜。肌瘤长大或多个相融合时，呈不规则形状。切面呈灰白色，可见旋涡状或编织状结构。

2．镜检　主要由梭形平滑肌细胞核纤维结缔组织构成。

子宫肌瘤生长过快时发生中心性缺血，使肌瘤失去原有的典型结构，呈现各种变性，常见的有玻璃样变、囊性变、红色样变、肉瘤样变及钙化。

考点：子宫肌瘤的病理

【分类】

1．按肌瘤生长部位分类　分为子宫体肌瘤（95%）和子宫颈肌瘤（10%）。

2．按肌瘤和子宫肌壁的关系分类（图 16-3）

（1）肌壁间肌瘤：占 60%～70%，肌瘤位于子宫肌层内，周围被肌层包绕。

（2）浆膜下肌瘤：占 20%，肌瘤向子宫浆膜面生长，突出于子宫表面，肌瘤周围由浆膜层覆盖。

（3）黏膜下肌瘤：占 10%～15%，肌瘤向子宫腔方向生长，突入子宫腔，表面由子宫黏

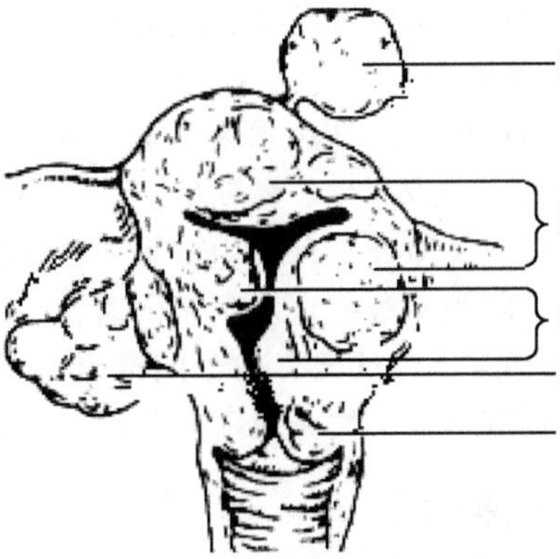

图 16-3　子宫肌瘤的类型

考点：子宫肌瘤的分类

膜层覆盖。黏膜下肌瘤形成蒂，在宫腔内犹如异物，刺激子宫收缩，肌瘤可被挤出宫颈口或突入阴道内。

【护理评估】

1. 健康史 既往的月经史、生育史，是否有不孕、流产史或长期使用雌激素的历史。

2. 身体评估

（1）症状：多数患者无症状，如有症状则与肌瘤生长部位、速度、有无变性及并发症关系密切。

1）阴道流血：为子宫肌瘤最主要的症状，可表现为月经量增多、经期延长或周期缩短。亦可表现为不具有月经周期性的不规则阴道流血。黏膜下肌瘤最易出现阴道流血，肌壁间肌瘤多有该症状，浆膜下肌瘤者未必有症状。

2）腹部包块：肌瘤逐渐生长，使子宫增大超过 3 个月妊娠子宫大小或为位于宫底部的较大浆膜下肌瘤时，常能在腹部扪到包块，清晨膀胱充盈时更明显。包块呈实性，可活动，无压痛。

3）压迫症状：肌瘤长到一定大小时可引起周围器官压迫症状，子宫前壁肌瘤贴近膀胱者可产生尿频、尿急；子宫后壁肌瘤可压迫直肠，引起大便不畅、排便后不适感；巨大阔韧带肌瘤可压迫输尿管，甚至引起肾盂积水。

4）疼痛：一般情况下子宫肌瘤不引起疼痛，患者可诉有下腹坠胀感、腰背酸痛。当浆膜下肌瘤发生蒂扭转或子宫肌瘤发生红色变性时可产生急性腹痛，肌瘤合并子宫内膜异位症或子宫腺肌症者则可有痛经。

5）白带增多：子宫腔增大，子宫内膜腺体增多，加之盆腔充血，可使白带增加。

6）不孕与流产：有些子宫肌瘤患者伴不孕或易发生流产，可能原因是子宫肌瘤可引起宫腔变形，妨碍孕囊着床及胚胎生长发育；肌瘤压迫输卵管可导致管腔不通畅；黏膜下肌瘤可阻碍孕囊着床或影响精子进入宫腔。

7）贫血：由于长期月经过多或不规则阴道流血可引起失血性贫血。

（2）体征

1）腹部检查：子宫增大超过 3 个月妊娠大小或较大宫底部浆膜下肌瘤，可在耻骨联合上方或下腹部正中扪及包块，实性，无压痛，若为多发性子宫肌瘤则肿块之外形呈不规则状。

2）盆腔检查：妇科检查，发现子宫呈不同程度增大，变硬。子宫肌瘤的体征根据其不同类型而异，带蒂浆膜下肌瘤若蒂较长，于宫旁可扪及实质性包块，活动自如。黏膜下肌瘤下降至宫颈管口处，宫口松，检查者手指伸入宫颈口内可触及光滑球形的瘤体，若已脱出于宫颈口外则可见到肿瘤，表面呈暗红色，有时有溃疡、坏死。

考点：子宫肌瘤的症状和体征

3. 辅助检查

（1）超声检查：是最常用的辅助诊断方法。它可显示子宫肌瘤的数目、部位、大小及肌瘤内部是否均匀或液化、囊变等。

（2）宫腔镜检查：有助于黏膜下肌瘤的诊断。

（3）腹腔镜检查：直接观察子宫大小、形态、肿瘤生长部位并初步判断其性质。

4. 心理 - 社会状况 由于阴道流血、疼痛、压迫症状使患者产生焦虑和恐惧，影响日常生活而感到烦恼。丈夫及家庭其他成员的态度、经济状况等均对患者的情绪有较大影响。

【处理原则】

子宫肌瘤的治疗方式应根据患者年龄、症状、肌瘤大小、部位、生长速度、数目，是否保留生育功能及患者的意愿等全面考虑。

1. 保守治疗

（1）随访观察：适合肌瘤小、无症状或已近绝经期患者，可每 3～6 个月定期检查一次。

（2）药物治疗：用于肌瘤小而月经量多，已近绝经期或某些暂不能手术者。常用药物有 LHRH 激动剂（LHRH-A）、雄激素、孕激素等。

2. 手术治疗

（1）肌瘤切除术：是将子宫上的肌瘤摘除，保留子宫的手术。主要用于 35 岁以下，未婚或已婚未生育希望保留生育功能的患者；黏膜下肌瘤可经阴道或宫腔镜切除。

考点：子宫肌瘤手术治疗

（2）子宫切除术：肌瘤较大，症状明显，经药物治疗无效。适合子宫肌瘤大于 2.5 个月妊娠子宫大小或症状明显者，无生育要求者。

子宫肌瘤合并妊娠

肌瘤大小及生长部位对妊娠及分娩会造成一定影响，可能导致流产、胎位异常、胎盘前置、产道梗阻、产后出血等。妊娠期及产褥期肌瘤易发生红色样变，采用保守治疗多能缓解。

知识链接

【护理诊断 / 问题】

1. **感染**　与阴道流血、抵抗力降低有关。
2. **营养失调：低于机体需要量**　与阴道流血导致贫血有关。
3. **知识缺乏**　缺乏子宫肌瘤及健康保健知识。
4. **自我形象紊乱**　与无法接受术后身体状态的改变有关。

【护理目标】

1. 患者感染得到控制。
2. 患者贫血得到纠正。
3. 患者获得有关子宫肌瘤及健康保健知识。
4. 适应术后生活方式。

【护理措施】

1. 一般护理　月经量过多者，多吃富含铁质的食物，以防缺铁性贫血。保持外阴清洁、干燥，及时更换会阴垫，便后及时清洗会阴。

2. 症状护理

（1）出血多需住院的患者，护士应严密观察并记录其生命体征，协助医生完成血常规及凝血功能检查、备血、查验血型、交叉配血等。注意收集会阴垫，以评估出血量。按医嘱给予止血药和宫缩剂。

（2）巨大子宫肌瘤者常出现局部压迫症状，排尿不畅者应予以导尿；便秘者可用缓泻剂缓解不适症状。

（3）带蒂的浆膜下肌瘤发生扭转或肌瘤红色变性时应评估腹痛的程度、部位、性质，有无恶心、呕吐、体温升高征象，需剖腹探查时，护士应迅速做好急诊手术前准备和术中、术后护理。

（4）黏膜下肌瘤脱出宫颈口者，应保持其局部清洁，预防感染，经阴道剔除肌瘤者做好术前准备。

3. 病情观察

（1）动态观察体温、脉搏、呼吸、血压、意识状态及全身情况。

（2）密切观察阴道流血的量、颜色、性质，腹痛情况，发现异常及时报告医师，并记录。

4. 心理护理 向患者及家属讲解子宫肌瘤的相关知识及手术后可能出现的并发症，及时提供相关治疗信息，以取得理解并配合治疗。

5. 治疗配合

（1）用药护理

1）雄激素：丙酸睾酮肌内注射，每次25mg，每5日1次，但每个月总量不超过300mg，避免男性化。

2）抗雌激素制剂：三苯氧胺口服，每次10mg，每日2次，连续3～6个月，用药后月经明显减少，肌瘤也能缩小，但停药后可逐渐增大。

考点：子宫肌瘤的护理措施

3）拮抗孕激素药物：米非司酮口服，每次10mg，每日1次，连续3个月，但不宜长期服用，以防其不良反应。

（2）手术治疗护理：根据手术种类，执行腹部手术或外阴、阴道手术一般护理常规。

【健康教育】

1. 保守治疗的患者需定期随访，告知患者随访的目的、意义和随访时间。3～6个月定期复查，修正治疗方案。对应用激素治疗的患者，要向患者讲解用药的相关知识，使患者了解药物的治疗作用、使用剂量、服用时间、方法、副作用及应对措施。
2. 指导手术后的患者出院后1个月回门诊复查。

【护理评价】

1. 患者体温正常，分泌物无臭味。
2. 患者面色红润，精神良好。
3. 患者能叙述子宫肌瘤保守治疗的注意事项或肌瘤术后的自我护理措施。
4. 患者能叙述子宫全切术后的注意事项及生活应对措施。

第4节　子宫内膜癌

案例 16-4

女性，56岁。绝经4年后水样白带半年，阴道不规则出血半个月，腹部疼痛3天。查体：体温36.5℃，脉搏74次/分，血压120/75mmHg。发育正常，营养中等。妇科检查：宫颈光滑，宫体稍大。

问题和思考：

1. 该患者可能的临床诊断是什么？
2. 为明确诊断，应进一步做哪些检查？
3. 针对该患者目前情况，应给予哪些护理措施？

子宫内膜癌（endometrial cancer）是发生于子宫内膜的恶性肿瘤，好发于围绝经期和绝经后女性。子宫内膜癌为女性生殖系统常见三大恶性肿瘤之一。

【病因】

子宫内膜癌的原因尚不明确，认为子宫内膜癌根据发病机制和生物学行为特点可分为雌激素依赖型（Ⅰ型）和非雌激素依赖型（Ⅱ型）。①雌激素依赖型：患者较年轻，常伴有肥胖、高血压、糖尿病、不孕或不育及绝经延迟，可能机制是雌激素在无孕激素拮抗下引起子宫内膜增生症，甚至癌变。②非雌激素依赖型：少见，多见于老年体瘦妇女。

【病理】

1. 巨检 分弥散型和局灶型两种。①弥散型：子宫内膜大部或全部被癌组织侵犯，突向宫腔，常伴有出血、坏死，较少浸润肌层。②局灶型：多见于宫腔底部或宫角部，癌灶小，呈息肉或菜花状，易浸润肌层。

2. 镜检 分为内膜样腺癌（80%～90%）、腺癌伴鳞状上皮分化、浆液性腺癌及透明细胞癌。

【临床分期】

子宫内膜癌的分期广泛采用国际妇产科联盟（FIGO）2000 年制定的手术—病例分期（表 16-3）。

表 16-3　子宫内膜癌分期（FIGO，2000）

分期	肿瘤累及范围
0 期	原位癌（浸润前癌）
Ⅰ期	肿瘤局限于子宫体
$Ⅰ_A$	肿瘤局限于子宫内膜
$Ⅰ_B$	肿瘤浸润深度＜1/2 肌层
$Ⅰ_C$	肿瘤浸润深度＞1/2 肌层
Ⅱ期	肿瘤侵犯宫颈，但未超越子宫
$Ⅱ_A$	仅宫颈黏膜腺体受累
$Ⅱ_B$	宫颈间质浸润
Ⅲ期	局部和（或）区域的扩散
$Ⅲ_A$	肿瘤侵犯浆膜层和（或）附件（直接蔓延或转移），和（或）腹水或腹腔冲洗液有癌细胞
$Ⅲ_B$	阴道浸润（直接蔓延或转移）
$Ⅲ_C$	盆腔和（或）腹主动脉旁淋巴结转移
$Ⅳ_A$	肿瘤侵犯膀胱和（或）直肠黏膜
$Ⅳ_B$	远处转移（包括腹腔内淋巴结转移）

【转移途径】

淋巴转移是子宫内膜癌的主要转移途径，直接蔓延也常见。晚期可发生血行转移。

【护理评估】

1. 健康史 评估患者有无绝经后阴道出血、围绝经期异常出血或排液的情况。对具有如下高危因素的患者尤应高度重视：有子宫内膜癌发病高危因素者，如伴有高血压、糖尿病、肥胖的患者，多囊卵巢综合征、不育、绝经延迟者；长期应用雌激素，有乳腺癌、子宫内膜癌家族史者。

2. 身体评估

（1）症状

1）不规则阴道出血：是子宫内膜癌的主要症状，多表现为绝经后不规则阴道出血。常为少量至中等量的出血。在年轻女性或围绝经期妇女常误认为是月经不调而被忽视。

2）阴道排液：早期可表现为稀薄的白色分泌物或少量血性白带，如果合并感染或癌灶坏死，可有脓性分泌物伴有异味。

3）腹痛：癌灶和其引发的出血或感染可刺激子宫收缩，引起阵发性下腹痛。绝经后女性由于宫颈管狭窄导致宫腔分泌物引流不畅，继发感染导致宫腔积脓，患者可出现严重下腹痛伴发热。肿瘤晚期时癌组织浸润穿透子宫全层或侵犯子宫旁结缔组织，压迫盆壁组织或神经时可引起持续性、逐渐加重的疼痛，可同时伴腰骶痛或向同侧下肢放射。

4）腹部包块：如果内膜癌合并较大子宫肌瘤，或晚期发生宫腔积脓、转移到盆腹腔形成巨大包块(如卵巢转移)时可能在腹部触及包块，一般为实性，活动度欠佳，有时有触痛。

5）其他：肿瘤晚期病灶浸润压迫髂血管可引起同侧下肢水肿疼痛；病灶浸润压迫输尿管引起同侧肾盂、输尿管积水，甚至导致肾萎缩；持续出血可导致继发贫血；长期肿瘤消耗可导致消瘦、发热、恶液质等全身衰竭表现。

考点：子宫内膜癌主要的临床表现

（2）体征

1）全身表现：长期出血患者可继发贫血；合并宫腔积脓者可有发热；晚期患者可触及腹部包块，锁骨上、腹股沟等处触及肿大或融合的淋巴结等转移灶，下肢水肿或恶病质状态。

2）妇科检查：随病情发展可发现子宫增大、变软。尤其是绝经后妇女子宫不但不萎缩，反而增大者必须提高警惕。

3. 辅助检查

（1）B超检查：可以了解子宫大小、子宫内膜厚度、有无回声不均或宫腔内赘生物，有无肌层浸润及其程度等，其诊断符合率达80%以上，是初步筛查的方法。

（2）分段诊刮：是确诊子宫内膜癌最常用、最有价值的方法。可鉴别子宫内膜癌和子宫颈腺癌，从而指导临床治疗。对于围绝经期阴道大量出血或出血淋漓不断的患者，分段诊刮还可以起到止血的作用。

（3）宫腔镜检查：可直接观察宫腔及宫颈管有无癌灶存在，癌灶部位、大小、病变范围、宫颈管有否受累等，减少了漏诊率。

（4）细胞学检查：可通过宫腔刷、宫腔吸引涂片等方法获取子宫内膜标本，但其阳性率低。

（5）其他：磁共振成像（MRI）、肿瘤标志物CA125等。

4. 心理-社会状况 患者产生焦虑和恐惧。另外还应注意评估自我形象的接受程度；是否知晓病情；丈夫及家庭其他成员对患者的态度、经济状况等均对患者的情绪造成较大影响。

【处理原则】

子宫内膜癌的治疗原则是早发现、早治疗，根据患者的年龄、身体状况、病变范围和组织学类型，选择适当的治疗方式。

1. 手术治疗　是子宫内膜癌最主要的治疗方法。Ⅰ期患者应行筋膜外全子宫切除及双侧附件切除术。Ⅱ期应行改良根治性子宫切除及双侧附件切除术，同时行盆腔及腹主动脉旁淋巴结切除术。Ⅲ期和Ⅳ期的手术范围与卵巢癌相同，进行肿瘤细胞减灭手术。

2. 放疗　是治疗子宫内膜癌有效方法之一，包括腔内及体外照射。单纯放疗仅适用于禁忌手术者或无法手术切除的晚期患者。

3. 化疗　为晚期或复发子宫内膜癌综合治疗措施之一。

4. 激素治疗　适用于晚期或复发癌、子宫内膜不典型增生的患者、极早期要求保留生育能力的患者。

5. 中医中药治疗　手术和放化疗后可给予中药治疗，固本扶正。

考点：子宫内膜癌最主要的治疗方法

【护理诊断／问题】

1. 焦虑　与住院、需接受的诊治手段有关。

2. 舒适感改变　与疼痛有关。

3. 营养失调：低于机体需要量　与发热消耗增多，摄入量降低有关。

4. 知识缺乏　缺乏术前常规、术后锻炼及活动方面的知识。

5. 睡眠型态紊乱　与环境（住院）变化有关。

【护理目标】

1. 住院期间情绪稳定。
2. 患者疼痛减轻，舒适感增加。
3. 患者营养、水和电解质维持平衡。
4. 初步了解术前常规、术后锻炼及活动方面的知识。
5. 住院期间能安静入睡。

【护理措施】

1. 一般护理　加强营养，应给予高热量、高蛋白、高维生素的饮食。注意局部清洁卫生，防止感染。

2. 术前护理

（1）心理护理：鼓励患者说出心理感受，给予心理支持。介绍治疗概况和手术成功的病例，帮助患者增强信心和安全感，保持心情舒畅。

（2）健康指导：指导患者戒烟酒、练习深呼吸、有效咳嗽、床上排便等。

（3）饮食指导：术前三天无渣饮食，并遵医嘱给肠道抗生素；术前晚上与当日晨，用肥皂水清洁灌肠。

（4）常规检查：协助医师完善必要的辅助检查。

（5）常规准备：手术前一日完成皮试、备皮、备血、术前访视、沐浴。手术当日晨排空大小便，更换衣服，去除身上的饰物及义齿。

（6）肠道准备：术前晚上给予易消化食物，减少食量。上午手术者晨间禁食、禁饮。下午手术者术前 4 小时禁食、水，以免麻醉手术时呕吐和腹泻。

（7）阴道准备：术前三天用 0.2‰ 碘伏冲洗阴道、宫颈，以防术中阴道分泌物污染盆腔。

3. 术后护理

（1）体位：根据麻醉和手术部位安置合适体位。

（2）病情观察：观察生命体征，观察切口情况。

（3）各种管道的护理：及时标识、妥善固定、保持通畅，每日观察、记录引流液的颜色、性质和量，必要时根据医嘱冲洗。

（4）活动、休息及功能锻炼：卧床休息，根据病情逐渐增加活动量及活动范围，逐日增强自理能力。

（5）心理护理：给予患者及其家属心理上的支持。

4. 治疗配合

（1）遵医嘱应用敏感、足量、高效抗生素，有效控制感染。应用宫缩剂，促进子宫收缩，防止炎症扩散。必要时给止痛剂。

考点：子宫内膜癌的护理措施

（2）晚期癌、癌复发者、不能手术切除或年轻早期患者要求保留生育功能者，均可考虑药物治疗。如醋酸甲孕酮每日200～400mg，已酸孕酮每日500mg，至少10～12周才能初步评价有无效果。在治疗过程中需注意观察副反应，停药后会逐步好转。三苯氧胺治疗一般剂量为每日20～40mg，口服，用药期间注意观察副反应。

（3）晚期不能手术、放疗或治疗后复发的病例，常用化疗药如5FU、CTX、MBC等。

【健康教育】

1. 积极宣传防癌普查的重要性，中年妇女每年接受一次妇科检查，尤其注意子宫内膜癌的高危人群。

2. 严格掌握雌激素的用药指征。督促围绝经期、月经紊乱及绝经后出现不规则阴道流血者，进行必要检查以排除子宫内膜癌的可能，并接受正规治疗。

3. 完成治疗后应定期随访，及时确定有无复发。随访时间为：术后2年内，每3～6个月1次；术后3～5年每6～12个月1次。随访中注意有无复发病灶，并根据患者康复情况调整随访时间。

【护理评价】

1. 住院期间情绪是否稳定。
2. 患者是否疼痛减轻，舒适感增加。
3. 患者营养、水和电解质是否维持平衡。
4. 是否初步了解术前常规、术后锻炼及活动方面的知识。
5. 住院期间能否安静入睡。

第5节　卵巢肿瘤

案例16-5

女性，41岁。因腹胀、消瘦、食欲下降就诊。血清CA125显著增高达5500U。B超示右侧卵巢有一18cm×14cm×11cm肿物，有多处分隔。术中见肿瘤囊壁有乳头状组织，囊液呈血性。术后患者精神状态差，拒绝进食及服药，不愿与护士配合。

问题和思考：

1. 该患者最可能的临床诊断是什么？
2. 该患者目前最主要的护理诊断及护理措施有哪些？

卵巢肿瘤（ovarian tumor）可发生于任何年龄，卵巢恶性肿瘤是女性生殖器三大恶性肿瘤之一。由于卵巢位于盆腔深部，早期病变难以发现，一旦出现症状多属晚期，加之缺乏早期诊查手段，卵巢恶性肿瘤死亡率居妇科恶性肿瘤首位，严重威胁妇女健康。

【病因】

病因不清，一般认为与遗传、家族史有关，还与饮食习惯、环境因素有关。

【卵巢恶性肿瘤分期】

采用国际妇产科联盟（FIGO）的手术 - 病理分期（表 16-4）。

表 16-4　卵巢恶性肿瘤的手术 - 病理分期（FIGO，2000）

分期	肿瘤累及范围
Ⅰ期	肿瘤局限于卵巢
$Ⅰ_A$	肿瘤局限于一侧卵巢，包膜完整，卵巢表面无肿瘤；腹水或腹腔冲洗液未找到恶性细胞
$Ⅰ_B$	肿瘤局限于双侧卵巢，包膜完整，卵巢表面无肿瘤；腹水或腹腔冲洗液未找到恶性细胞
$Ⅰ_C$	肿瘤局限于单侧或双侧卵巢并伴有如下任何一项：包膜破裂；卵巢表面有肿瘤；腹水或腹腔冲洗液有恶性细胞
Ⅱ期	肿瘤累及一侧或双侧卵巢，伴有盆腔扩散
$Ⅱ_A$	扩散和（或）种植至子宫和（或）输卵管；腹水或腹腔冲洗液无恶性细胞
$Ⅱ_B$	扩散至其他盆腔器官；腹水或腹腔冲洗液无恶性细胞
$Ⅱ_C$	$Ⅱ_A$或$Ⅱ_B$，伴腹水或腹腔冲洗液找到恶性细胞
Ⅲ期	肿瘤侵犯一侧或双侧卵巢，并有显微镜证实的盆腔外腹膜转移和（或）局部淋巴结转移
$Ⅲ_A$	显微镜证实的盆腔外腹膜转移
$Ⅲ_B$	肉眼盆腔外腹膜转移灶最大径线≤2cm
$Ⅲ_C$	肉眼盆腔外腹膜转移灶最大径线＞2cm，和（或）区域淋巴结转移
Ⅳ期	超出腹腔外的远处转移

【常见卵巢肿瘤及特点】

1. 卵巢上皮性肿瘤　是卵巢肿瘤中最常见的一种，多见于中老年妇女。分为良性、交界性和恶性。

（1）浆液性肿瘤：①浆液性囊腺瘤：好发于30—40岁的女性，约占良性卵巢肿瘤的25%。多为单侧、囊性，内含淡黄色清亮液体。②交界性浆液性囊腺瘤：占卵巢浆液性囊腺瘤的10%。多为双侧，预后好。③浆液性囊腺癌：是最常见的卵巢恶性肿瘤，占卵巢上皮性癌的75%，多为双侧，体积较大，囊实性，囊壁有乳头生长，囊液浑浊，有时为血性，常伴出血或坏死灶。

（2）黏液性肿瘤：①黏液性囊腺瘤：占卵巢良性肿瘤的20%，多为单侧，多房性，囊内充满黏稠的胶冻样物，囊内很少有乳头生长。②交界性黏液性囊腺瘤：一般较大，单侧较多，表面光滑，常为多房。③黏液性囊腺癌：占卵巢上皮性癌20%，发生率仅次于浆液性囊腺癌。多为单侧，瘤体较大，囊壁可见乳头或实质区，囊液浑浊或血性。

2. 卵巢性索间质细胞瘤

（1）颗粒细胞瘤：肿瘤能分泌雌激素，是最常见的功能性肿瘤，可发生于任何年龄，属低度恶性肿瘤。肿瘤表面光滑，圆形或卵圆形，多为单侧，大小不一，一般预后良好，5年存活率达80%左右。

（2）卵泡膜细胞瘤：常与颗粒细胞瘤同时存在。属良性肿瘤，多为单侧，质硬，表面光滑。

（3）纤维瘤：多见于中老年妇女，单侧居多，中等大小，实性，坚硬，表面光滑或结节状。纤维瘤伴有腹水或胸腔积液，称为梅格斯综合征（Meigs syndrome），手术切除肿瘤后，积液、腹水自行消失。

（4）支持细胞－间质细胞瘤：又称为睾丸母细胞瘤，罕见，多发生在40岁以下妇女。单侧居多，通常较小，实性，表面光滑，囊内壁光滑，含血性浆液或黏液。

3. 卵巢生殖细胞瘤

（1）畸胎瘤（teratoma）：①成熟畸胎瘤又称皮样囊肿（dermoid cyst），属良性肿瘤，占卵巢肿瘤的10%～20%，畸胎瘤的95%以上。以20—40岁发病居多。多为单侧，中等大小，囊内充满油脂和毛发，有时可见牙齿或骨质。②未成熟畸胎瘤：属恶性肿瘤，多见于青少年，复发及转移率高。多为实性，有分化程度不同的未成熟胚胎组织构成。

（2）无性细胞瘤：占卵巢恶性肿瘤的5%。好发于青春期及生育期妇女。中度恶性，单侧居多，右侧多于左侧，中等大，实性，包膜光滑。对放疗敏感。

（3）卵黄囊瘤：又名内胚窦瘤，罕见，占卵巢恶性肿瘤的1%，常见于儿童及年轻妇女。恶性程度高，生长迅速，易早期转移，预后差，但对化疗十分敏感。

考点：常见卵巢肿瘤的特点

4. 卵巢转移性肿瘤 占卵巢肿瘤的5%～10%。体内任何部位的原发性肿瘤均可转移到卵巢，常见的原发肿瘤器官有乳腺、肠、胃、生殖道及泌尿道等。库肯勃瘤（Krukenberg tumor）是一种特殊的转移性腺癌，原发部位在胃肠道，肿瘤多为双侧、中等大小，一般无粘连，切面实性，胶质样。

【卵巢恶性肿瘤转移途径】

主要通过直接蔓延及腹腔种植转移，淋巴道也是重要的转移途径，血行转移少见。

【护理评估】

1. 健康史 评估卵巢肿瘤的类型表现，询问患者的年龄、健康史、家族史、本次发病情况等。

2. 身体评估

（1）症状

1）腹部不适：中等大小的良性肿瘤或生长迅速的恶性肿瘤常引起腹胀和不适感。

2）腹部肿块：良性肿瘤生长慢，不易被发现，患者往往在无意中触及。恶性肿瘤生长快，易被察觉。

3）疼痛：良性肿瘤并发蒂扭转、破裂、出血、感染时，可出现不同程度的腹痛。恶性肿瘤向周围浸润，或压迫神经可引起腹痛、腰痛或下肢痛。

4）压迫症状：肿瘤较大占满盆腔可引起压迫症状，如尿频、排尿困难、便秘、气急、心悸等。

5）其他：月经紊乱或子宫异常出血、性早熟、绝经后子宫出血；睾丸母细胞瘤可产生过多雄激素而引起男性化表现；转移灶的表现，如肺转移引起咯血、呼吸困难等。

（2）体征：良性卵巢肿瘤多为单侧性，位于子宫旁。呈球形、囊性或实性肿块，表面光滑，活动，与子宫界限分明。恶性卵巢肿瘤为双侧性、实性或部分实性、表面高低不平、较固定的肿块，子宫直肠陷凹内可有散在性质结节。

（3）良、恶性卵巢肿瘤的鉴别（表 16-5）

表 16-5　良、恶性卵巢肿瘤的鉴别

鉴别内容	良性肿瘤	恶性肿瘤
病史	病程长，生长缓慢	病程短，迅速增大
包块部位及性质	多单侧，囊性，光滑，活动	多双侧，实性或囊实性，不规则，固定，后穹隆实性结节或包块
腹水征	多无	常有腹水，可查到癌细胞
一般情况	良好	可有消瘦、恶病质
B 超	为液性暗区，边界清晰，有间隔光带	液性暗区内有杂乱光团、光点，界限不清
CA125(＞50 岁)	＜35U/ml	＞35U/ml

（4）并发症

1）蒂扭转：较常见，为妇科急腹症之一。多见于瘤蒂长，中等大小、活动度大、重心偏向一侧的囊性肿瘤，多发生在体位急骤变动时、妊娠早期或产后。可因动脉阻塞致肿瘤发生坏死、感染（图 16-4）。急性蒂扭转时，患者突然发生下腹剧烈疼痛，严重时可伴恶心、呕吐，甚至休克。

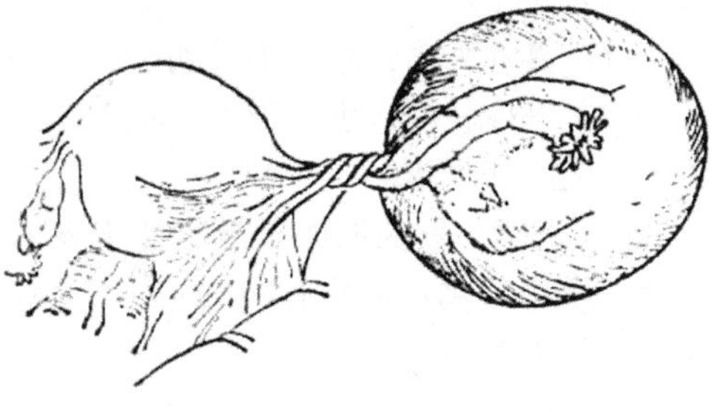

图 16-4　卵巢肿瘤蒂扭转

2）破裂：可因囊壁缺血坏死或肿瘤侵蚀穿破囊壁引起自发性破裂；或因受挤压、分娩、妇科检查及穿刺致外伤性破裂。破裂后囊液流入腹腔，刺激腹膜，可引起剧烈腹痛、恶心、呕吐，甚至休克。检查时有腹壁紧张、压痛、反跳痛等腹膜刺激体征，原肿块缩小或消失。

3）感染：较少见，多继发于肿瘤蒂扭转或破裂等。主要症状有发热、腹痛、白细胞升高及不同程度腹膜炎。

考点：卵巢肿瘤主要的临床表现、并发症

4）恶性变：卵巢良性肿瘤恶变多发生于年龄较大尤其绝经后者，肿瘤在短期内迅速增大，患者感腹胀、食欲缺乏，检查肿瘤体积明显增大、固定，多有腹水。

3. 辅助检查

（1）影像学检查

1）超声检查：可以判断肿瘤大小、部位、质地、与子宫的关系及有无腹水等。

2）CT 及 MRI 检查：对判断肿瘤大小、质地、与盆腔各脏器之间的关系，特别对盆腔和主动脉旁淋巴结增大有一定价值。

3）腹部 X 线摄片：卵巢畸胎瘤可显示牙齿、骨骼等。

4）淋巴管造影：可显示髂脉管和腹主动脉旁淋巴结及其转移征象。

（2）肿瘤标志物测定：①血清 CA125：敏感性较高，特异性较差。80% 卵巢上皮性癌患者血清 CA125 水平升高；90% 以上患者 CA125 水平与病情一致，可用于监测病情。②血清 AFP：对卵黄囊瘤有特异性诊断。未成熟畸胎瘤、混合性无性细胞瘤亦升高。③ HCG：对原

发性卵巢绒毛膜癌有特异性。④性激素：颗粒细胞瘤、卵泡膜细胞瘤产生较高水平的雌激素。

（3）腹腔镜检查：可直视肿物的大体情况，必要时可活检。但巨大肿块或有粘连者不宜采用。

（4）腹水细胞学检查：行下腹髂窝或后穹隆穿刺，抽腹水查癌细胞。

4. 心理-社会状况 一旦确诊为恶性肿瘤，患者往往出现悲观、绝望等。丈夫及家庭其他成员对患者的态度、经济状况等均对其情绪影响较大。

卵巢癌筛查策略

目前策略有3种：①阴道超声：一线方法，异常者定期复查B超。②CA125：一线方法，升高者连续测定CA125，并计算接受筛查者的卵巢癌危险，对高风险者采用阴道B超作为二线方法。③对于高危人群（年龄50岁以上、家族性卵巢癌、不孕、不哺乳者及应用促排卵药物的不孕者等）同时使用CA125和阴道超声作为一线方法。筛查应每年1次。

知识链接

【处理原则】

1. 手术治疗 对于直径<5cm，疑卵巢瘤样病变者可随访观察，其他卵巢肿瘤一经确诊，应行手术治疗。

（1）良性肿瘤：患侧附件切除术或全子宫及附件切除术。

（2）恶性肿瘤：手术为主，辅以化疗及放疗，手术范围为全子宫及双侧附件切除，并酌情做大网膜切除术。

考点：卵巢肿瘤最主要的治疗方法

2. 化疗 是晚期卵巢癌的重要治疗措施，必须及时、足量和规范，通常多采用联合化疗。常用的化疗药物有美法仑（L-PAM）、环磷酰胺（CTX）、异环酰胺（IFO）、氟尿嘧啶（5-Fu）等。

【护理诊断/问题】

1. 焦虑 与住院、需接受的诊治手段有关。

2. 舒适感改变 与疼痛有关。

3. 营养失调：低于机体需要量 与发热消耗增多，摄入量降低有关。

4. 知识缺乏 缺乏术前饮食、术后锻炼及活动方面的知识。

【护理目标】

1. 住院期间情绪稳定。
2. 患者疼痛减轻，舒适感增加。
3. 患者营养、水和电解质维持平衡。
4. 初步了解术前常规、术后锻炼及活动方面的知识。

【护理措施】

1. 一般护理 保持床单位干净、平整，指导其翻身，按摩受压部位。指导患者进食品种多样、高蛋白、高维生素、高热量、易消化的食物，必要时静脉补充营养品。

2. 症状护理

（1）高热的护理：可用温水擦浴；头部置冰袋，以降低脑细胞的代谢率，减少其耗氧量；应及时补充营养与水分。

（2）预防感染：术前做好肠道、阴道准备。每天用 0.1% 的新洁尔灭阴道冲洗；术前 3 天起遵医嘱使用肠道抗生素。术前 1 天备皮，做好全身卫生处置。

（3）便秘的护理：肛门排气后，指导其多饮水，多食新鲜水果、含粗纤维多的蔬菜，适当活动。

（4）疼痛护理：指导术后患者进食低糖、富含营养、易消化的食物，避免肠胀气。鼓励患者术后尽早下床活动，促进肠蠕动。

3. 病情观察　严密观察体温、脉搏、呼吸、血压、意识状态及全身情况，密切观察腹痛的性质、部位，发现异常，及时报告医师，注意有无转移灶的表现，注意皮肤有无破损。

4. 心理护理　了解患者和家属的心理状态，鼓励患者说出焦虑的原因及心理感受，给予理解和关心。

5. 治疗配合

（1）向病人及家属介绍可能施行的各种检查，取得主动配合；协助医师完成各种诊断性检查。

考点： 卵巢肿瘤的护理措施

（2）使病人理解手术及其主要的治疗方法，介绍手术经过，解除思想顾虑，按腹部手术病人的护理要求做好术前准备及术后护理。

（3）需化疗、放疗者，做好相应的护理。

【健康教育】

向患者宣讲本病的类别、特点、治疗及预后，让患者有一定的思想准备。介绍术前、术后护理常识。出院后多食高营养、易消化、富含维生素、纤维素的食物；注意休息、适当活动；保持外阴清洁；术后半年内避免重体力劳动。

【护理评价】

1. 住院期间情绪是否稳定。
2. 患者是否疼痛减轻，舒适感增加。
3. 患者营养、水和电解质是否维持平衡。
4. 是否初步了解术前常规、术后锻炼及活动方面的知识。

案例 16–1 分析

1. 患者为老年女性，外阴瘙痒伴外阴包块。右侧大阴唇见菜花样肿物，腹股沟淋巴结肿大，外阴活检呈高分化鳞状细胞癌，阴蒂部鳞状上皮增生、角化过度及轻 - 中度不典型增生，因此考虑外阴癌。

2. 该患者采用手术治疗为主、放射治疗与化学治疗为辅的治疗原则。

3. 应该从心理护理、术前准备、术后护理及放疗后的皮肤护理等方面进行护理。

案例 16–2 分析

1. 该患者有白带增多、接触性出血及阴道不规则出血，检查见宫颈肥大，表面有小菜花样赘生物，接触性出血（＋），因此考虑子宫颈癌。

2. 因该患者不仅宫颈有病变，而且子宫体增大、右侧宫旁硬而厚，但未达到骨盆壁，因此，其临床诊断属于宫颈癌Ⅱ B 期。

案例 16-3 分析

1．初步考虑该患者的疾病诊断是子宫肌瘤，依据①两年前起月经量增多，较既往月经量增加一半以上，近半年来经期延长至 10 天左右，有时有经间出血。下腹包块 1 个月。②B 超等检查结果。

2．目前患者主要存在的护理问题有体温过高、舒适感改变、营养失调、焦虑。

3．护理要点

（1）入院后，按医嘱输血 400ml，择期进行诊断性刮宫术。

（2）子宫肌瘤的护理要点：给患者富含营养和高热量、高蛋白、多维生素、丰富无机盐的饮食，以助于恢复造血功能。多吃动物的内脏（如心、肝、肾）以及牛肉、蛋黄、大豆、红枣等。不要过度疲劳。注意休息。注意卫生，保持外阴清洁、干燥，这样会有利于避免感染，内裤要宽大。如果白带过多，要注意随时冲洗外阴。定期复查，确诊为子宫肌瘤后，应每个月到医院检查 1 次，以及时了解病情。

案例 16-4 分析

1．该患者为老年女性，绝经 4 年后出现水样白带、阴道不规则出血及腹部疼痛，妇科检查宫体稍大，应该首先考虑子宫内膜癌。

2．可选用分段诊刮、宫腔镜检查及 B 超检查明确诊断。

3．根据患者目前的情况，应给予心理护理、一般护理、手术前后护理、放疗护理及药物治疗护理。

案例 16-5 分析

1．该患者为中年妇女，腹胀、消瘦、食欲下降。血清 CA125 显著增高达 5500U。B 超示右侧卵巢肿物，有多处分隔。术中见肿瘤囊壁有乳头状组织，囊液呈血性，因此考虑为卵巢乳头状癌。

2．护理诊断：焦虑、营养失调及预感性悲哀等；护理措施包括心理护理、一般护理、观察病情及协助患者接受各种检查和治疗等。

目标检测

A_1 型题

1. 外阴癌最常见的部位是（　　）
   A. 大阴唇　B. 小阴唇
   C. 阴蒂　D. 大腿内上方
   E. 会阴后联合
2. 子宫肌瘤患者症状与下列哪项关系最大（　　）
   A. 肿瘤大小　B. 肿瘤形态
   C. 肿瘤生长部位　D. 肿瘤数目
   E. 肿瘤体积
3. 外阴癌患者根治术后宜采取的体位是（　　）
   A. 平卧位　B. 俯卧位
   C. 左侧卧位　D. 右侧卧位
   E. 自由体位
4. 外阴癌患者护理措施错误的是（　　）
   A. 取平卧外展屈膝体位
   B. 术后 3 天后严密观察伤口皮肤
   C. 术后 2 天起暴露外阴行红外线照射每日 3 次
   D. 保留尿管 5～10 天
   E. 术后第 5 天，按医嘱给液状石蜡软化粪便

5. 无生育要求的子宫颈原位癌，应首选的手术方法是（　　）
   A. 首选放射治疗
   B. 子宫颈锥形切除术
   C. 全子宫切除术
   D. 广泛性子宫切除术
   E. 广泛性子宫切除术和盆腔淋巴结清除术
6. 外阴癌患者放疗后的护理措施叙述不正确的是（　　）
   A. 放射线在破坏癌细胞的同时也会损伤外阴部正常皮肤
   B. 照射后 8～10 天出现皮肤的反应
   C. 局部皮肤溃疡为中度表现
   D. 保持局部皮肤清洁干燥
   E. 皮肤破损面可涂 2% 甲紫消炎止痛
7. 外阴癌患者治疗后随访时间是（　　）
   A. 3 年以后每年 1 次
   B. 4 年以后每年 1 次
   C. 5 年以后每年 1 次
   D. 随访时间应为放疗后 2、4、6 个月各一次
   E. 随访时间应为放疗后 1、3、6 个月各一次
8. 外阴癌根治术术后护理中错误的是（　　）
   A. 取平卧位，双腿外展屈膝
   B. 按医嘱予以止痛剂
   C. 一般留置尿管 10～14 天
   D. 每日外阴擦洗 2 次
   E. 告知患者避免做增加腹压的动作
9. 宫颈原位癌最常用的治疗方法是（　　）
   A. 放射治疗　　B. 子宫全切除术
   C. 化疗　　D. 免疫治疗
   E. 广泛性子宫全切除
10. 关于卵巢肿瘤下列描述错误的是（　　）
   A. 多数为良性肿瘤
   B. 多数为恶性肿瘤
   C. 浆液性囊腺瘤为良性肿瘤
   D. 浆液性囊腺癌为恶性肿瘤
   E. 是妇科肿瘤中死亡率最高的肿瘤
11. 子宫颈癌Ⅱ期的诊断标准是（　　）
   A. 癌扩展达盆壁
   B. 癌扩展达阴道下 1/3
   C. 癌扩展达腹膜
   D. 癌扩展至穹隆未达盆壁，也未达阴道下 1/3
   E. 癌扩展至膀胱及直肠
12. 宫颈癌最重要的转移途径是（　　）
   A. 血行转移
   B. 淋巴转移和血行转移
   C. 直接蔓延和淋巴转移
   D. 播散种植
   E. 淋巴、血行转移为主
13. 子宫肌瘤月经量增多的主要原因是（　　）
   A. 子宫肌层肥厚
   B. 子宫内膜面积增大
   C. 子宫肌瘤变性
   D. 子宫肌瘤增大迅速
   E. 子宫肌瘤影响子宫收缩
14. 对子宫肌瘤患者进行健康教育时，下列解释正确的是（　　）
   A. 浆膜下肌瘤不易受孕
   B. 浆膜下肌瘤主要症状为月经过多
   C. 黏膜下肌瘤常无症状
   D. 带蒂的黏膜下肌瘤容易发生扭转
   E. 黏膜下肌瘤受孕后易发生流产
15. 下述哪项是宫颈癌好发部位（　　）
   A. 鳞状上皮
   B. 柱状上皮
   C. 鳞、柱状上皮交界处
   D. 非典型增生区
   E. 鳞状上皮化生区

A_2 型题

16. 刘女士，58 岁。年收入 11 万，注重饮食，未绝经，丧偶无子女，有吸烟史。因腹痛、下肢痛入院，确诊为卵巢肿瘤。该病的原因与哪项无关（　　）
   A. 绝经年龄过高　　B. 心理无寄托
   C. 未生育　　D. 有吸烟史
   E. 生活水平高
17. 孙女士，45 岁。白带多，性生活后出血已 3 个月，检查宫颈呈糜烂状外观，接触性出血，护理评估时应注意收集哪项辅助检查的结果（　　）
   A. 宫颈涂片细胞检查　　B. 阴式 B 超
   C. 腹腔镜检查　　D. 宫颈锥切检查
   E. 宫颈上皮的染色体检查
18. 徐女士，良性卵巢肿瘤患者，下列描述不正确的是（　　）
   A. 多为单侧性　　B. 表面光滑
   C. 发展缓慢　　D. 蒂长者活动良好
   E. 出现明显消瘦
19. 张女士，宫颈癌患者，护士对其实施护理措

时，不正确的一项是（　　）

A. 教会患者阴道冲洗的方法

B. 多摄取富含维生素 A 的食物

C. 补充微量元素锌和硒

D. 可适当进行重体力劳动

E. 腔内放疗时在阴道内填塞纱布

20. 张女士，48 岁。接触性出血 3 个月，有慢性支气管炎史，妇科检查：宫颈重度糜烂，碘试验不着色，子宫正常大小，双附件（－）。宫颈活检为“宫颈鳞状上皮癌”，护理措施不正确的是（　　）

A. 患者可参与重体力劳动

B. 30 岁以上的已婚妇女常规普查

C. 可多摄入动物肝脏

D. 多摄入牡蛎、鱼等

E. 盆腔放疗前嘱患者排空小便

21. 患者 39 岁，结婚 10 年未孕。2 年来月经周期缩短，且经量增多有血块，月经 4～14 天干净，平时白带多，有时为血性。妇科检查：宫口开大 2cm，可见一直径约 3cm 质较硬的肿物堵塞子宫口，子宫正常大，附件（－）。下列关于该病的描述正确的是（　　）

A. 阴道流血少　　B. 体温升高

C. 生命体征不稳定　　D. 影响正常妊娠

E. 少有贫血现象

22. 李女士，2 年前确诊为子宫肌瘤，对其进行健康教育后，通过李女士的复述，发现她理解有误的是（　　）

A. 肌瘤一般不引起疼痛

B. 黏膜下肌瘤出现症状较早

C. 小的壁间肌瘤即可引起月经过多

D. 不孕的原因之一是由于子宫腔变形，输卵管入口受阻

E. 白带增多的原因之一是子宫腔面积增大，腺体分泌过多

23. 李女士为早期宫颈癌患者，下述哪项是她的症状（　　）

A. 生育年龄月经前后的点滴出血

B. 更年期周期短的阴道出血

C. 绝经后的出血

D. 接触性出血

E. 阴道水样排液

24. 刘女士为子宫内膜癌患者，近来腹痛难忍，护士解释不正确的一项是（　　）

A. 绝经后女性宫颈管狭窄可引起疼痛

B. 疼痛癌灶不会引起子宫收缩

C. 肿瘤晚期癌组织穿透子宫全层可引起持续性疼痛

D. 肿瘤晚期癌组织穿透子宫全层可引起腰骶痛

E. 肿瘤晚期癌组织穿透子宫全层时疼痛可向同侧下肢放射

（王　敏）

第17章 女性生殖内分泌疾病病人的护理

学习目标

1. 掌握月经失调患者的护理评估、治疗原则、护理诊断及护理措施。
2. 熟悉月经失调疾病的概述和病因。

第1节 功能失调性子宫出血

案例17-1

女性，43岁。近半年来月经周期紊乱，经期长短不一。现阴道流血半个月，量多，无腹痛，近3天自觉疲惫、乏力、头晕。曾口服安络血无效，故来诊。初步诊断：功血。

问题和思考：

1. 功血分为哪几种类型？
2. 请给出目前患者主要的护理诊断。
3. 针对目前情况应如何护理？

【概述】

1. 定义 功能失调性子宫出血（“功血”）（dysfunctional uterine bleeding，DUB）是指由于调节生殖的神经内分泌机制失常引起的异常子宫出血，全身及内外生殖器官无器质性病变存在。

2. 分类

考点：功血的定义及类型

（1）无排卵性功血：约占85%，常见于青春期及围绝经期妇女。

（2）排卵性功血：多发生于生育期妇女。常见两种类型：黄体功能不足和子宫内膜不规则脱落。

3. 病因 机体内部和外界各种因素诸如精神紧张、情绪变化、营养不良、代谢紊乱及环境气候骤变等，都可以通过影响大脑皮质和中枢神经系统引起下丘脑－垂体－卵巢轴的调节失衡或靶细胞效应异常而导致月经紊乱。

（1）无排卵性功血：青春期，大脑中枢对雌激素的正反馈作用缺陷，无LH高峰形成；育龄期，各种应激因素或某些疾病如肥胖等可导致卵巢不排卵；绝经过渡期，卵巢功能衰退，对垂体促性腺激素的反应低下，卵泡在发育过程中退行性变。上述情况均使子宫内膜受单一雌激素刺激而发生雌激素突破出血。

考点：功血的临床特点

（2）排卵性功血：有卵泡发育及排卵，但黄体功能异常，出现异常子宫出血。常表现为两类。①黄体功能不足：黄体期孕激素分泌不足或黄体过早萎缩。②子宫内膜不规则脱落：黄体发育良好，但萎缩不全，内膜持续受孕激素影响，不能如期完整脱落。

【护理评估】

1. 健康史 评估年龄、月经史、婚育史、避孕措施、精神创伤史等。评估疾病发生发展过程、治疗方法、效果等。

2. 身体评估 评估患者的精神和营养状况。评估阴道出血情况：无排卵性功血表现为子宫不规则出血，特点是月经周期紊乱，经期长短不一，经量多少不定。无腹痛或其他不适，妇科检查未发现异常。排卵性功血中黄体功能不足者常表现为月经周期缩短、月经频发，还可能导致不孕或流产；子宫内膜不规则脱落者表现为月经周期正常，但经期延长。

3. 辅助检查

（1）诊断性刮宫（诊刮）：其目的一是止血，二是明确子宫内膜病理诊断。评估子宫内膜是增生期变化还是分泌期变化，诊刮时间应在月经来潮前3～7天或月经来潮6小时内进行；怀疑子宫内膜脱落不全，诊刮时间应在月经周期第5天。

（2）超声检查：了解子宫大小、形状、内膜厚度及宫腔内病变等。

（3）基础体温测定：无排卵性功血基础体温呈单相曲线（图17-1）；排卵性功血基础体温呈双相曲线（图17-2，图17-3）。

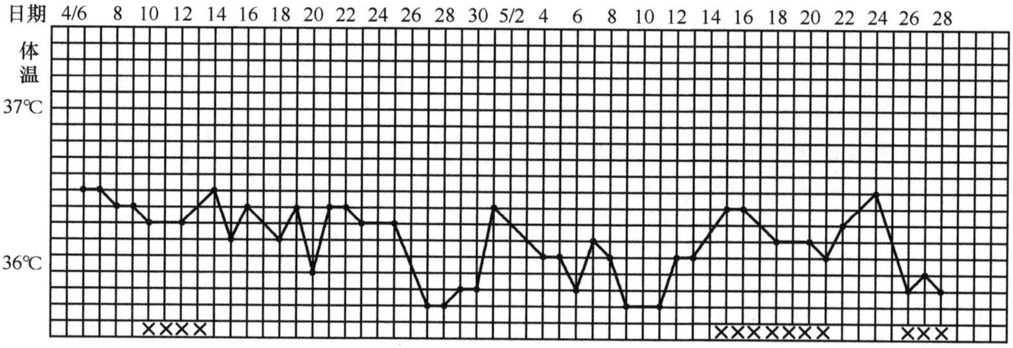

图 17-1 基础体温单相型（无排卵性功血）

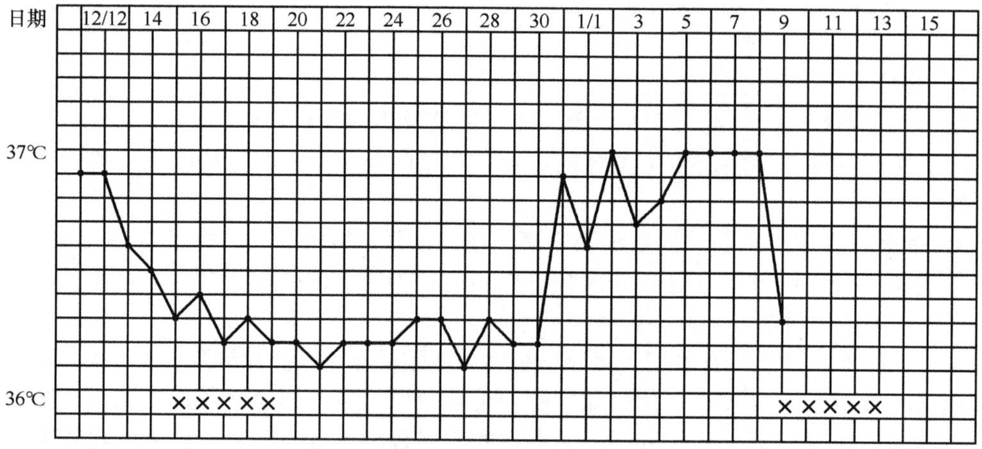

图 17-2 基础体温双相型（黄体功能不足）

（4）其他：还可以进行宫腔镜检查、宫颈黏液结晶检查、阴道脱落细胞涂片检查、激素测定等检查。

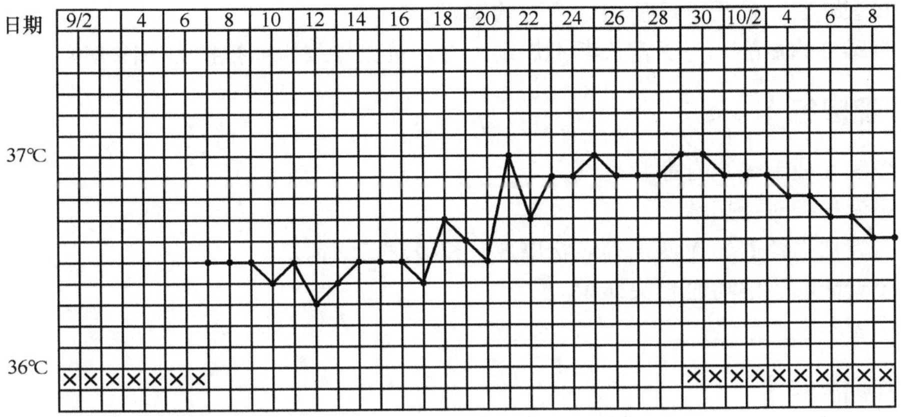

图 17-3　基础体温双相型（子宫内膜不规则脱落）

4. 心理 - 社会状况　患者因害羞或其他顾虑延误就医导致病程延长并发感染，大量出血或担心发生肿瘤会产生恐惧、焦虑等不良情绪。

【处理原则】

1. 无排卵性功血

（1）支持治疗：包括加强营养，补充铁剂、维生素 C 和蛋白质，保证休息。

（2）药物治疗：青春期功血以止血、调整周期、促排卵为主。绝经过渡期功血以止血、调整周期、减少经量，防止子宫内膜病变为主。

1）止血：常采用性激素止血，如雌激素、孕激素、雄激素联合用药治疗，由性激素联合用药的止血效果优于单一药物。青春期功血在孕激素止血时，同时配伍小剂量雌激素，以克服单一孕激素治疗的不足，可减少孕激素用量，并防止突破性出血。围绝经期功血则在孕激素止血基础上配伍雌、雄激素。可辅以促进凝血和抗纤溶药物促进止血。

2）调整月经周期：雌孕激素序贯疗法、雌孕激素联合法。①雌孕激素序贯疗法，即人工周期，将雌、孕激素序贯应用，使子宫内膜发生相应变化，引起周期性脱落。适用于青春期功血或生育期功血内源性雌激素水平较低者。②雌孕激素联合法，雌激素使子宫内膜再生修复，孕激素用以限制雌激素引起的内膜增生程度。适用于生育期功血内源性雌激素水平较高者。

3）促进排卵：常用药物有氯米芬、人绒毛膜促性腺激素。

4）手术治疗：刮宫术最常用。做好术前准备，配合医生手术，刮出物送病理检查。经所有可行方法治疗后效果不佳，可由患者及家属知情同意选择子宫次全切除术。

2. 排卵性功血

（1）黄体功能不足：促卵泡发育、黄体功能刺激疗法及黄体功能替代疗法。

（2）子宫内膜不规则脱落：调节下丘脑 - 垂体 - 卵巢轴的反馈功能，常用药物有孕激素、人绒毛膜促性腺激素。

考点：功血治疗要点

【护理诊断 / 问题】

1. 疲乏　与继发性贫血有关。

2. 焦虑　与担心疾病性质及治疗效果有关。

3. 营养失调：低于机体需要量　与继发性贫血有关。

4. 知识缺乏 缺乏正确使用性激素的知识。

5. 有感染的危险 与子宫长期不规则出血、贫血导致机体抵抗力下降有关。

【护理目标】

1. 患者无疲乏等全身症状出现。
2. 患者积极对待病情。
3. 患者加强营养，无疲乏等症状出现，积极对待病情。
4. 患者能够了解功血相关知识。
5. 患者不发生感染。

【护理措施】

1. 一般护理 改善全身情况，可补充铁剂、维生素C和蛋白质。制定个体化的饮食计划。出血量较多者，嘱其卧床休息，避免过度疲劳和剧烈活动。

2. 心理护理 鼓励患者表达内心感受，了解心理疑虑。解释病情，提供相关信息。

3. 治疗配合

（1）指导患者按时按量服用性激素，保持药物在血中的稳定程度，不得随意停服、漏服，以免因性激素使用不当引起子宫出血。

（2）药物减量必须按规定在血止后才能开始，每3天减量一次，每次减量不得超过原剂量的1/3，直至维持量。

（3）维持量服用时间，通常按停药后发生撤退性出血的时间与患者上一次行经时间相应考虑。

考点：功血护理措施要点

（4）指导患者在治疗期间严格遵医嘱正确用药，如出现不规则阴道流血，应及时就诊。

（5）严密观察与感染相关的征象，如体温、脉搏、子宫体压痛等，监测白细胞计数和分类，同时做好会阴护理保持局部清洁。

【健康教育】

保持心情舒畅，加强营养，注意休息。做好局部清洁卫生，勤换阴垫和内裤。禁止性生活，禁止盆浴，可淋浴或擦浴。严格遵医嘱用药，避免因药物使用不当导致异常出血。

【护理评价】

1. 患者无疲乏等全身症状出现。
2. 患者能积极对待病情，积极配合医护工作。
3. 患者身体营养均衡，体质增加。
4. 患者能表达自身对疾病诊断、治疗等的相关意见。
5. 患者无感染等并发症出现。

第2节 闭 经

案例17-2

女性，25岁。既往月经规律，结婚3年未孕，近半年无月经来潮。检查子宫稍小。每日肌内注射黄体酮注射液20mg，连用5日，停药后无阴道流血。

问题和思考：
1. 最可能的诊断是什么？
2. 针对目前情况，应进一步做什么检查？

【概述】

1. 概念　闭经（amenorrhea）为常见的妇科症状，通常分为原发性闭经和继发性闭经两类。原发性闭经指年龄超过 16 岁、女性第二性征已发育、月经还未来潮，或年龄超过 14 岁尚无女性第二性征发育者；继发性闭经指正常月经建立后月经停止 6 个月，或按自身月经周期计算停止 3 个周期以上者。

青春期前、妊娠期、哺乳期、绝经后的月经停止属生理现象。

2. 病因和分类

（1）原发性闭经：少见，往往由于遗传学原因或先天性发育缺陷引起，如米勒管发育不全、对抗性卵巢综合征、特纳综合征等。

（2）继发性闭经

1）下丘脑性闭经：最常见，以功能性原因为主。精神应激因素，如精神压抑、紧张、环境改变、过劳、寒冷使促肾上腺皮质激素释放激素和皮质素分泌增加；体重急剧下降，长期剧烈运动使体脂下降，长期应用甾体类避孕药及某些药物如奋乃静、氯丙嗪、利血平等抑制 GnRH 的释放。

2）垂体性闭经：腺垂体器质性病变或功能失调影响促性腺激素分泌，继而影响卵巢功能引起闭经。如垂体梗死（希恩综合征）、垂体肿瘤、空蝶鞍综合征等。

3）卵巢性闭经：卵巢分泌性激素水平降低，子宫内膜不发生周期性变化而致闭经。如卵巢早衰、卵巢功能性肿瘤、多囊卵巢综合征等。

4）子宫性闭经：子宫内膜被破坏或对卵巢激素不能产生正常的反应出现闭经。如人工流产后宫颈或宫腔粘连、子宫内膜炎、子宫切除或宫腔放射治疗。

5）其他内分泌功能障碍：肾上腺、甲状腺等功能异常均可引起闭经。

【护理评估】

1. 健康史　评估月经史包括初潮年龄、月经周期、经量、痛经等。评估有无诱因存在，如精神因素、环境改变、体重改变、剧烈运动、各种疾病及特殊用药等。

2. 身心状况　评估患者生殖器官情况、第二性征发育及全身状况。评估患者及家属的压力来源，帮其树立治疗信心。

3. 辅助检查

（1）子宫功能检查

1）诊断性刮宫、子宫输卵管碘油造影、子宫镜检查：了解宫腔情况、有无宫颈或宫腔粘连，可同时取材。

2）药物撤退试验：常用孕激素试验和雌、孕激素序贯试验。

（2）卵巢功能检查：包括基础体温测定、阴道脱落细胞检查、宫颈黏液结晶检查、血甾体激素测定、B 超监测以及卵巢兴奋试验。

（3）垂体功能检查：做血 PRL、FSH、LH 放射免疫测定、垂体兴奋试验、影像学检查等明确病变部位。

4. 心理 - 社会状况 患者因病程长或生殖系统先天性畸形产生很大的思想负担，表现为情绪低落，对治疗和护理丧失信心。

【处理原则】

1. 全身治疗 由于闭经的发生与神经内分泌的调控有关，因此全身性治疗在闭经治疗中占有重要地位。运动性闭经者适当减少运动量；精神因素闭经者采取心理治疗；肥胖闭经者建议低脂均衡饮食，加强锻炼；单纯营养不良闭经者增加营养，保持标准体重；对肿瘤、多囊卵巢综合征等引起的闭经，应进行对因治疗。

2. 性激素替代治疗 明确病变环节和病因后，给予相应激素治疗。①雌、激素替代疗法适用于无子宫者。②雌、孕激素人工周期疗法适用于有子宫者。③孕激素疗法适用于体内有一定内源性雌激素水平的闭经患者，可用于月经周期后半期。

3. 诱发排卵 可选用氯米芬、促性腺激素、促性腺激素释放激素、溴隐亭等促排卵。

4. 手术治疗 闭经若由器质性病变引起，采用相应的手术治疗。宫颈 - 宫腔粘连者行宫腔镜分离粘连后放置避孕环。先天性畸形如处女膜闭锁、阴道横膈或阴道闭锁等均可手术切开或成形，使经血通畅。

【护理诊断 / 问题】

1. 焦虑 与担心疾病影响健康、性生活、生育有关。

2. 功能障碍性悲哀 与长期闭经、治疗失败，担心丧失女性形象有关。

3. 知识缺乏 缺乏正确使用性激素的知识有关。

【护理目标】

1. 患者能够积极对待病情，主动配合医护工作。
2. 患者能够了解有关闭经的相关知识。

【护理措施】

1. 一般护理 加强营养、注意适度锻炼、增强体质。

2. 心理护理 提供相关的诊疗信息和医疗知识，解除患者心理压力。鼓励参与力所能及的社交活动，保持心情舒畅，正确对待疾病。

3. 治疗配合 指导合理用药，说明性激素的作用、副作用、剂量、具体用药方法、时间等问题。

【健康教育】

1. 保持心情舒畅，加强营养，适度锻炼，增强体质，保持标准体重。
2. 介绍相关治疗护理知识，指导正确、合理应用性激素。

【护理评价】

1. 患者保持良好心态，积极对待病情，主动配合治疗方案。
2. 患者能了解比较相关知识，能与医护人员交流病情和治疗感受。

第3节 痛 经

案例 17-3

女性，17 岁。经期腹痛 2 年，伴恶心、四肢厥冷。平素月经规律，有血块，经期腹部疼痛，第 1 日明显，伴腰酸、恶心、呕吐、乏力、四肢厥冷。曾口服益母膏，效果不明显。

问题和思考：

1．本病的初步诊断是什么？

2．针对目前情况应如何护理？

【概述】

1．概念 痛经（dysmenorrhea）是指行经前后或月经期出现下腹疼痛、坠胀，伴腰酸或其他不适，程度严重影响生活和工作质量者。痛经分为：①原发性痛经：生殖器官无器质性病变的痛经。②继发性痛经：盆腔器质性疾病引起的痛经。本节仅叙述原发性痛经。

2．病因

（1）内分泌因素：主要与月经时子宫内膜前列腺素含量增高有关。前列腺素的产生必须顺序的接受雌激素、孕激素的作用，因此，无排卵女性一般不发生痛经。

（2）遗传因素。

（3）精神、神经因素：紧张、焦虑、恐惧、寒冷、剧烈运动等均可引起发病。

【护理评估】

1．健康史 评估患者年龄、月经史、婚育史及与痛经相关的因素，评估发病的情况，治疗经过及个人应对方法。

2．身体评估 评估患者疼痛程度，患者疼痛多自月经来潮后开始，最早出现在经前 12 小时，以行经第 1 日疼痛最剧烈，持续 2～3 天后缓解，疼痛常呈痉挛性，可放射至腰骶部和大腿内侧，评估是否有伴随症状，如恶心、呕吐、腹泻、头晕、乏力等症状，甚者发生晕厥。

考点：痛经的主要临床表现

3．辅助检查 为排除盆腔病变，可做超声检查、腹腔镜检查、子宫输卵管造影、宫腔镜检查。

4．心理 - 社会状况 患者因疼痛造成紧张，无法正常生活，容易出现怨恨、悲观心理。

【处理原则】

1．一般治疗 应重视精神心理治疗，阐明月经时轻度不适是生理反应，消除紧张和顾虑有利于缓解疼痛。疼痛不能忍受时可辅以药物治疗。

2．药物治疗

（1）前列腺素合成酶抑制剂：该类药有效性达 80%。治疗痛经的药物有布洛芬、酮洛芬、氟芬那酸、甲芬那酸等。

（2）口服避孕药：通过抑制排卵，减少月经血前列腺素含量。适用于要求避孕的痛经患者，疗效达 90% 以上。

【护理诊断 / 问题】

1. **疼痛** 与子宫痉挛性收缩有关。
2. **恐惧** 与长期痛经造成的精神紧张有关。

【护理目标】

1. 患者疼痛明显减轻或消失。
2. 患者消除恐惧心理，正确对待月经来潮。

【护理措施】

1. **一般护理** 疼痛时卧床休息，注意保暖，局部热敷或进食热饮。

2. **心理护理** 关心并理解患者的痛苦，讲解相关知识，帮助消除恐惧心理，正确对待月经来潮。

3. **治疗配合**

（1）观察患者疼痛的位置、程度及伴发症状，如出现面色苍白、四肢厥冷、出冷汗等情况立即报告并协助医生治疗。

考点：痛经的护理要点

（2）按医嘱准确给予前列腺素合成酶抑制剂、避孕药等药物。观察服药后疼痛的缓解情况。可配合中医中药治疗。

【健康教育】

1. 积极开展经期健康宣传，介绍经期的生理变化。
2. 经期注意个人卫生，禁止性生活，注意保暖，增加营养、饮食忌辛辣寒凉食物，避免剧烈运动，保证充足睡眠。

【护理评价】

1. 应用有效的方法治疗，患者疼痛减轻。
2. 患者了解疾病相关知识，积极面对。

第 4 节　围绝经期综合征

案例 17-4

女性，47 岁。月经紊乱半年内，潮热、汗出 2 个月，伴心烦易怒。既往月经规律。自诉最近工作压力较大，潮热，心烦，爱发脾气，近半年月经周期和经期不规律，经量增多。初步诊断为：围绝经期综合征。

问题和思考：

1. 请给出目前主要护理诊断。
2. 针对目前情况应如何护理？

【概述】

1．概念　围绝经期（peri-menopause period）是指从接近绝经期出现与绝经（menopause）有关的内分泌、生物学和临床特征起至绝经一年内的时期，即绝经过渡期（menopausal transition period）至绝经后 1 年。我国城市妇女绝经的平均年龄为 49.5 岁，农村妇女为 47.5 岁。围绝经期综合征是指妇女绝经前后由于性激素减少所致的一系列躯体及精神心理症状。

2．病因

（1）卵巢功能衰退：卵巢体积缩小，原始卵泡几乎耗尽，遗留的少数卵泡对促性腺激素不敏感，不再排卵，卵巢分泌的雌激素减少。

（2）神经递质：β- 内啡肽降低，引起神经内分泌调节功能紊乱。5- 羟色胺水平异常，与情绪变化有关。

（3）其他因素：个人体质、气质类型、文化背景、生活环境等与本病的发生及严重程度有关。

【护理评估】

1．健康史　评估月经史、生育史、肝病、高血压、其他内分泌疾病等。

2．身心状况

（1）月经紊乱：半数以上妇女出现 2～8 年无排卵性月经，表现为月经周期不规则、持续时间长及经量增加。由于无排卵，雌激素水平波动，易发生子宫内膜癌。

（2）血管舒缩症状：表现为潮热、潮红、潮汗，是雌激素下降的典型症状。发作特点：面部和颈胸部皮肤阵阵发红，伴轰热、出汗，持续时间一般为 1～3 分钟，夜间或应激状态易诱发。此种状态可持续 1 年，甚至长达 5 年以上。

（3）精神神经症状：精神敏感、情绪不稳定，主要表现为激动易怒、抑郁、多疑等。

（4）泌尿生殖道症状：外阴、阴道及尿道萎缩，导致阴道干涩、阴道炎、尿失禁或排尿困难、反复发作的尿路感染。

（5）心血管疾病：由于雌激素降低，对女性心血管保护作用下降，可出现血压升高、假性心绞痛。绝经后女性患动脉粥样硬化、心肌缺血、心肌梗死、高血压、脑出血的发病率增加。

（6）骨质疏松：雌激素下降导致骨质吸收速度快于骨质生成，促使骨质丢失。约有 25% 的女性患骨质疏松，表现为骨骼压缩、身材变矮甚至骨折。

3．辅助检查

（1）FSH 值测定：FSH＞10U/L，提示卵巢储备功能下降。FSH＞40U/L，提示卵巢功能衰竭。

（2）氯米芬兴奋试验：月经第 5 日起服用氯米芬，每日 50mg，共 5 日，停药第 1 日测定血 FSH，若 FSH＞12U/L，提示卵巢储备功能下降。

4．心理 - 社会状况　患者因出现一系列自主神经功能失调症状，影响工作和生活，思想压力增加，同时又会加重疾病症状，患者痛苦懊恼。

【处理原则】

1．一般治疗　进行心理治疗。必要时选用适量镇静药以助睡眠，谷维素调节自主神经功能，治疗潮热症状。为预防骨质疏松，应坚持体育锻炼，增加日晒时间，饮食注意摄取足量蛋白质及含钙丰富的食物，并补充钙剂。

2．激素替代治疗（HRT）

（1）适应证：主要包括因雌激素缺乏所致各种症状、预防存在高危因素的骨质疏松及心血管疾病。

（2）禁忌证：①绝对禁忌证：不明原因子宫出血、可疑乳腺癌、子宫内膜癌、6个月活动性血栓病、重症肝脏疾病等。②相对禁忌证：心脏病、偏头痛、肝胆疾病史、子宫内膜癌病史、血栓性疾病史、乳腺良性疾病和乳腺癌家族史。

（3）制剂及剂量：主要药物为雌激素，同时使用孕激素。单纯雌激素治疗仅适用于子宫切除者。剂量应个体化，以最小有效量为佳。①雌激素制剂：国内应用较多的是国产尼尔雌醇，每半个月服1～2mg或每个月服2～5mg。②孕激素制剂：最常用的是甲羟孕酮，每日口服2.5～5mg。

（4）用药途径：包括口服、经阴道给药、经皮肤给药及皮下埋植。

（5）口服用药方案：①雌激素＋周期性孕激素：模拟自然月经周期，可预测撤药性出血。②雌激素＋连续性孕激素：适用于绝经多年的女性。③单一雌激素治疗：仅适用于子宫已切除的女性。

考点：HRT的治疗要点

（6）用药时间：①短期用药：为解除临床症状，待症状消失后即可停药。②长期用药：用药物防治骨质疏松，至少持续5～10年以上。

3. 非激素类药物 如钙剂、维生素D、降钙素、镇静药等。

【护理诊断/问题】

1. 自我形象紊乱 与精神、神经症状有关。

2. 焦虑 与围绝经期内分泌改变、家庭和社会改变等有关。

3. 有感染的危险 与月经异常、泌尿生殖器黏膜萎缩抵抗力下降有关。

【护理目标】

1. 患者能了解身体不适的原因，配合医护人员，寻找有效的治疗方法及途径。
2. 患者能够以乐观积极的态度对待老年期的到来。
3. 患者平稳度过围绝经期，避免感染等疾病的发生。

【护理措施】

1. 心理护理 解释围绝经期是正常生理过程，使她们掌握必要的保健知识，以乐观积极的态度对待老年期的到来，消除无谓的恐惧和焦虑。促使患者家属了解绝经期妇女可能出现的症状给予同情、安慰和关心。

2. 治疗配合

（1）观察患者出现的临床症状及严重程度。

（2）帮助患者了解用药目的、药物剂量、适应证、禁忌证、用药时可能出现的反应等。激素替代治疗可能的副作用包括①子宫出血：须查明原因。②性激素副作用：雌激素剂量过大可引起乳房胀、白带多、头痛、水肿、色素沉着等；孕激素副作用包括抑郁、易怒、乳房痛和水肿。③长期应用性激素有增加子宫内膜癌、乳腺癌的发病危险性。

【健康教育】

1. 向患者及家属说明围绝经期是女性正常生理过程。
2. 积极防治围绝经期妇女常见病、多发病，如糖尿病、高血压、冠心病、尿道炎、肿瘤和骨质疏松等，特别注意女性生殖道和乳腺肿瘤。
3. 宣传雌激素补充疗法的有关知识。

4. 向患者介绍减轻绝经后症状的方法以及预防围绝经期综合征的措施。

【护理评价】

1. 患者正确认识绝经是正常的生理过程，与医护配合良好，治疗有效。
2. 患者以积极、乐观的态度对待老年期的到来，社会关系融洽。
3. 无感染性疾病发生。

案例 17-1 分析

1. 功血分为无排卵性功血和排卵性功血两类。

2. 护理诊断：①潜在并发症：贫血；②有感染的危险；③焦虑。

3. 针对目前情况，应给予如下护理措施：①加强营养，改善全身状况，可补充铁剂、维生素 C 和蛋白质，注意休息，避免剧烈运动与劳累；②嘱患者保持会阴清洁，防止感染；③缓解焦虑。

案例 17-2 分析

1. 根据病例信息，既往月经规律，近半年无月经来潮，最可能的诊断是继发性闭经。

2. 对该患者目前情况，应进一步做雌、孕激素序贯试验。

案例 17-3 分析

1. 最可能的诊断是原发性痛经。

2. 主要护理诊断是疼痛。针对目前情况应该给予下列护理措施：①适当休息，进食热的饮料，热敷或按摩下腹部。②遵医嘱用药：前列腺素合成酶抑制剂。可配合中药治疗。③可适当服用止痛药，但防止成瘾。④积极开展经期健康宣传，正确对待月经来潮，解除痛经。

案例 17-4 分析

1. 主要护理诊断：①焦虑；②知识缺乏。

2. 针对目前情况，应给予以下护理措施：①向患者及家属说明围绝经期是女性正常生理过程，帮助消除焦虑心理。②坚持体育锻炼，增加日晒时间，适当摄取维生素 D 及钙，以减少骨质疏松。③宣传雌激素补充疗法的有关知识。

目标检测

A_1 型题

1. 无排卵性功能失调性子宫出血特点错误的为（　　）
   A. 多见于育龄期妇女
   B. 月经周期紊乱
   C. 经期长短不一
   D. 出血量多少不等
   E. 出血多者伴贫血
2. 青春期功血的治疗原则是（　　）
   A. 减少月经量
   B. 调整周期，减少月经量
   C. 调整垂体与性腺功能
   D. 止血、调整月经周期、促进排卵
   E. 促进子宫发育
3. 无排卵性功血常见于（　　）
   A. 不孕患者

B. 产后
C. 育龄期
D. 青春期及围绝经期
E. 流产后

4. 有关围绝经期妇女的症状错误的是（　　）
A. 生殖器官萎缩
B. 阴道黏膜变薄
C. 阴道分泌物增多
D. 常有尿失禁
E. 骨质疏松

5. 关于继发性闭经，正确的是（　　）
A. 18 岁未初潮
B. 月经周期建立后，连续停经 1 个月
C. 月经周期建立后，连续停经 2 个月
D. 月经周期建立后，连续停经 3 个月
E. 月经周期建立后，连续停经 6 个月或 3 个自身月经周期以上

6. 下列为闭经患者提供的护理措施中不恰当的是（　　）
A. 向患者解释有关检查的意义，以取得合作
B. 指导合理用药
C. 向患者讲述闭经的原因，澄清错误观念
D. 注意卧床休息，尽量避免到公共场所
E. 建立良好的护患关系，鼓励患者表达自己的情绪

7. 关于痛经，下述哪项不正确（　　）
A. 原发性痛经生殖器官无器质性病变
B. 继发性痛经生殖器官多有器质性病变
C. 原发性痛经多发于无排卵性月经
D. 痛经常于行经前数小时开始
E. 痛经者可用解痉药

A_2 型题

8. 章女士，30 岁。月经频发，经血量正常，婚后 4 年未孕，前来就诊。妇科检查：子宫正常大小，双附件无异常，基础体温呈双相型，最可能的诊断是（　　）
A. 无排卵功血
B. 黄体功能不全
C. 子宫内膜脱落不全
D. 子宫内膜炎
E. 子宫肌瘤

9. 顾女士，29 岁。人工流产后，月经 8～12 天 /28～30 天，经量不定，根据临床表现，首先考虑（　　）
A. 正常月经
B. 无排卵性宫血
C. 子宫内膜不规则脱落
D. 黄体发育不全
E. 子宫内膜慢性炎症

10. 林女士，49 岁。自述近 1 年来月经周期不定，经期 2～3 天，量极少。近期自感阵发性潮热，心悸，出汗，时有眩晕。妇科检查：子宫稍小，余无特殊。作为医护人员，应主要向患者宣教下述哪项知识（　　）
A. 无排卵性功血
B. 围绝经期综合征
C. 黄体萎缩延迟
D. 黄体发育不全
E. 神经衰弱

A_3 型题

（11～12 题共用题干）

肖女士，32 岁。结婚 3 年一直同居而未孕，月经经期不规律，周期紊乱，量时多时少，妇科检查无异常，基础体温为单相型。

11. 该患者应诊断为（　　）
A. 黄体功能不全
B. 子宫内膜不规则脱落
C. 无排卵性功血
D. 有排卵性功血
E. 排卵期出血

12. 该患者最恰当的治疗为（　　）
A. 孕激素周期治疗
B. 雌激素周期治疗
C. 雌孕激素调整月经后促排卵
D. 诊刮
E. 抗前列腺素药物

（13～22 题共用题干）

钱女士，43 岁。半年前人工流产，月经 20 天 /35 天，经期伴下腹坠胀。

13. 患者初步诊断应该是（　　）
A. 黄体功能不全
B. 子宫内膜不规则脱落
C. 无排卵性功血
D. 有排卵性功血
E. 排卵期出血

14. 支持该诊断的评估资料是（　　）
A. 经期延长、月经周期正常
B. 下腹坠胀、乏力

C. 人工流产后
D. 子宫肌瘤
E. 营养不良

15. 为了止血和明确诊断，首选哪项处理方法（　　）
A. 子宫全切除
B. 宫腔镜
C. 雌激素单一治疗
D. 雌孕激素序贯疗法
E. 诊刮

16. 诊刮选择的时间应在（　　）
A. 经前 3 日　　B. 经期第 1 日
C. 经期第 5 日　　D. 经后 10 日
E. 月经周期任意时间

17. 对患者进行的护理措施中，不恰当的是（　　）
A. 加强营养　　B. 放松心情
C. 劳逸结合　　D. 口服可待因
E. 提供相关信息

18. 患者近期出现了潮热现象，可能的诊断是（　　）
A. 神经衰弱　　B. 感染
C. 围绝经期综合征　　D. 黄体功能不足
E. 子宫肌瘤

19. 在护理评估过程中，下列哪项询问内容无助于支持该诊断（　　）
A. 月经紊乱，经期周期不规律
B. 情绪不稳定，易激动、烦躁
C. 潮红伴轰热、出汗
D. 近期常有心慌、心悸、胸闷等
E. 妇科检查左侧附件区压痛、片状增厚

20. 不属于该患者治疗原则的是（　　）
A. 支持疗法
B. 止血、调整周期、促排卵
C. 减少经量，防止子宫内膜病
D. 雌激素替代治疗
E. 心理治疗

21. 下列何种病史不影响患者接受 HRT 治疗（　　）
A. 妊娠
B. 乳癌
C. 无排卵性功血
D. 肝脏疾病
E. 血栓性静脉炎

22. 对患者进行健康指导时不正确的是（　　）
A. 科学安排作息时间，劳逸结合
B. 坚持体育锻炼，但注意避免日晒
C. 摄入足量蛋白质及含钙丰富的食物
D. 保持心情积极乐观
E. 多参加社会活动，丰富生活

（熊　瑛）

第 18 章　妊娠滋养细胞疾病病人的护理

学习目标

1. 掌握滋养细胞疾病患者的身心状况、治疗原则及护理措施。
2. 熟悉葡萄胎、侵蚀性葡萄胎、绒毛膜癌患者的健康教育。
3. 熟悉化疗患者的护理措施。

妊娠滋养细胞疾病（gestational trophoblastic disease，GTD）是一组由于胎盘绒毛滋养细胞异常增生引起的疾病，包括葡萄胎、侵蚀性葡萄胎与绒毛膜癌。其中葡萄胎是良性病变，侵蚀性葡萄胎、绒毛膜癌又为妊娠滋养细胞肿瘤，属恶性病变。

案例 18-1

女性，26 岁。停经 10 周，出现少量不规则阴道流血 3 天。患者平素月经规律，停经 40 天时尿妊娠试验（+），停经 50 天左右出现恶心、呕吐，于 3 天前出现少量阴道流血，呈暗红色，伴水泡状物。无腹痛，大小便正常。今日到我院就诊，患者表现紧张、焦虑。

查体：生命体征正常，心肺（－），腹软，未触及明显包块，肝、脾未触及。脊柱四肢无异常。妇科检查：外阴已婚经产型，有少量血迹，子宫前位，如孕 4 月大，在双侧附件区均可触及鹅蛋大的肿物，表面光滑，活动度好。辅助检查：血 β-HCG＞1000U/L，B 超检查，宫内呈“落雪状”，未见胎儿及胎心。

问题和思考：

1．初步考虑该病人的疾病诊断是什么？有何依据？
2．目前病人主要存在哪些护理问题？
3．对此病人的护理要点有哪些？

第 1 节　葡　萄　胎

葡萄胎（hydatidiform mole，HM）是由于妊娠后胎盘绒毛滋养细胞增生、间质水肿变性，形成大小不一的水泡，水泡间借蒂相连成串形如葡萄得名，也称水泡状胎块。年龄＜20 岁及＞35 岁妊娠妇女的发病率明显增高。葡萄胎分两类：完全性葡萄胎表现为水泡充满宫腔，无胎儿及其附属物；部分性葡萄胎则仅部分绒毛发生水泡状变化，合并胚胎或发育畸形的胎儿或已死亡的胎儿。

考点：葡萄胎的概念

【病因】

葡萄胎的病因不明。流行病学调查表明：葡萄胎的发生与年龄、病毒感染、种族、细胞遗传异常、营养不良及社会经济状况等有关。

【病理】

1. 肉眼观 水泡状物形如葡萄，壁薄、透亮，直径数毫米至数厘米不等，其间有细蒂相连，水泡内含黏性液体，水泡间充满血液及凝血块（图 18-1）。病变局限于子宫腔内，不侵入子宫肌层，也无远处转移。

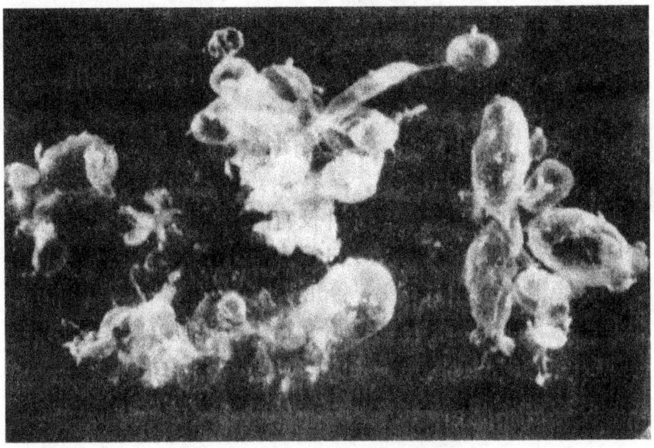

图 18-1 葡萄胎肉眼观

考点：完全性葡萄胎的组织学特点

2. 组织学特点 完全性葡萄胎滋养细胞呈不同程度增生，绒毛间质水肿呈水泡样，间质内血管减少或消失。部分性葡萄胎见部分绒毛水肿，轮廓不规则，滋养细胞增生程度较轻。

【护理评估】

1. 健康史 询问患者的月经史、生育史、有无滋养细胞疾病史，评估患者的营养状况及社会经济状况等相关致病因素。了解本次妊娠情况，如早孕反应时间、程度，有无阴道流血等。

2. 身体评估

（1）停经后阴道流血：为最常见的症状。多数患者在停经 8～12 周以后出现不规则阴道流血，常反复发生，量多少不定，时断时续，开始量少，呈咖啡色黏液或暗红色血，以后逐渐增多。葡萄胎组织可自行排出，所以有时可发现水泡状物随流血排出。

（2）早孕反应：较正常妊娠出现时间为早且严重，持续时间长。纠正不及时可导致水电解质紊乱。

（3）腹痛：葡萄胎增长迅速可致子宫过度快速扩张而引起阵发性下腹痛，常发生于阴道流血之前。若黄素化囊肿扭转或破裂可出现急性腹痛。

（4）子宫异常增大、变软：约半数以上患者的子宫大于停经月份，质地极软，但无胎体感及胎心音。少数患者的子宫与停经月份相符或小于停经月份。

（5）妊娠期高血压疾病征象：可在妊娠 20 周前出现高血压、蛋白尿和水肿，容易发展为子痫前期。

（6）卵巢黄素囊肿：常为双侧，但也可单侧，大小不等，囊壁薄，表面光滑，一般无症状，偶可发生蒂扭转而引起急性腹痛。卵巢黄素囊肿在葡萄胎清除后 2～4 个月后自行消退。

考点：葡萄胎主要的临床表现

（7）甲状腺功能亢进征象：约 7% 患者出现甲状腺功能亢进，表现为心动过速、皮肤潮热和震颤。

3. 辅助检查

（1）HCC 测定：患者血清及尿中的 HCG 高于正常，血 β-HCG 常超过 1000U/L，持续时间长。

（2）B 超检查：是诊断葡萄胎重要的辅助检查方法。表现为增大的宫腔内充满不均质密集雪花状光片，呈“落雪现象”，未见胎体影像和胎心搏动。

（3）其他检查：包括胸部 X 线摄片，血常规、出凝血时间、血型及肝肾功能检查等。

4. 心理 - 社会状况 当患者被诊断为葡萄胎并要给予清宫时，患者及家属常因缺乏葡萄胎相关知识，担心清宫手术是否安全，对今后生育有无影响，会出现焦虑、紧张、恐惧等不良情绪。

【处理原则】

1. 清除子宫腔内容物 一经确诊应迅速清除宫腔内容物。待子宫缩小后再慎重刮宫，并将刮出物送病理检查。

2. 预防性化疗 葡萄胎的恶变率为 10%～25%，对有下列高危因素者需进行预防性化疗：① HCG 异常升高，＞1000U/L；②葡萄胎清宫术后，HCG 下降缓慢或持续居高不下；③卵巢黄素化囊肿直径＞6cm；④年龄＞40 岁；⑤无条件随访者。

考点：葡萄胎的主要治疗方法

3. 手术治疗 适用于年龄较大、无生育要求者，可行全子宫切除术，保留双侧附件。

【护理诊断 / 问题】

1. 组织灌流量不足 与阴道流血有关。

2. 焦虑、紧张、恐惧 与害怕治疗、担心预后有关。

3. 有感染的危险 与反复阴道流血有关。

4. 知识缺乏 缺乏葡萄胎相关知识。

【护理目标】

1. 患者生命体征平稳，阴道流血减少或停止。
2. 患者焦虑减轻，情绪平稳。
3. 体温正常，无感染的表现。
4. 患者对葡萄胎有所了解，能积极配合治疗。

【护理措施】

1. 一般护理 保持病房内空气清新，环境安静，温度适宜，告知患者卧床休息。鼓励患者进高热量、高蛋白、高维生素、易消化饮食。

2. 病情观察 严密观察腹痛及阴道流血情况，记录出血量，流血多者注意生命体征。注意观察阴道排出物，发现有水泡状组织应送病理检查。

3. 心理护理 评估患者对疾病的心理承受能力，鼓励表达情绪，向患者讲解关于葡萄胎的相关知识，说明尽快清宫术的必要性。

4. 治疗配合

（1）清宫术患者护理：术前应进行交叉配血备用，并建立静脉通路，准备催产素和抢救药品及物品，防止大出血休克。一般采用吸宫术及时清出宫腔内容物，术中注意防止出血和子宫穿孔的发生。子宫大于妊娠 12 周妊娠者不宜 1 次吸刮干净，可于 1 周后行第二次刮宫。每次刮宫后均应取近宫壁的小水泡组织送病理检查。

（2）预防感染：保持病房空气流通，定期消毒病房。保持外阴清洁，每天用温开水冲洗外阴 1～2 次，勤换消毒会阴垫，以防上行感染。清宫术后禁止性生活及盆浴 1 个月。严密监测体温，发现感染征象报告医生。

【健康教育】

1. 随访　葡萄胎恶变率 10%～25%，应定期随访，以便及早发现恶变。

（1）随访时间：葡萄胎清宫后每周 1 次，直至降至正常水平，随后仍每周 1 次，共 3 个月；以后每半个月 1 次，共 3 个月；再每个月检查 1 次持续半年；第 2 年起每半年 1 次，共随访 2 年。

（2）随访内容：注意月经是否规则，有无异常阴道流血，有无咳嗽、咯血等转移灶症状；动态观察血、尿 HCG；定期进行妇科检查观察子宫复旧情况及黄素囊肿大小变化；必要时可行 B 超、胸部 X 线摄片或 CT 检查。

考点：葡萄胎的随访目的、时间及注意事项

2. 注意事项　随访期间应严格避孕，避孕方法最好用避孕套，一般不选用口服避孕药及宫内节育器，以免子宫穿孔或混淆子宫出血的原因。

【护理评价】

1. 患者生命体征是否平稳，阴道流血是否减少或停止。
2. 患者的焦虑是否减轻，能否积极配合手术相关治疗护理。
3. 患者的体温是否正常，有无感染发生。
4. 患者能否叙述随访的重要性和具体方法。

第 2 节　妊娠滋养细胞肿瘤

妊娠滋养细胞肿瘤（gestational trophoblastic neoplasia，GTN）指的是侵蚀性葡萄胎（invasive mole）和绒毛膜癌（choriocarcinoma）。绒毛膜癌 60% 继发于葡萄胎，30% 继发于流产，10% 继发于足月妊娠或异位妊娠。侵蚀性葡萄胎大多数发生在葡萄胎清宫后 6 个月内，1 年以上发病者一般考虑为绒毛膜癌；半年至 1 年之间发病者绒毛膜癌和侵蚀性葡萄胎均有可能，时间间隔越长，绒癌的可能性越大，最可靠的鉴别诊断是病理组织学检查。

侵蚀性葡萄胎大体检查可见子宫肌壁内有大小不等、深浅不一的水泡状物或血块，显微镜下可见滋养细胞增生和分化不良，可见变性的或完整的绒毛结构、组织有出血和坏死。

绒毛膜癌绝大多数发源于子宫，子宫肌层内可形成单个或多个宫壁肿瘤，癌肿质脆，极易出血。显微镜下滋养细胞高度不规则增生，绒毛结构消失。

【护理评估】

1. 健康史　询问既往史，包括滋养细胞疾病史、生育史、用药史及药物过敏史。既往曾患葡萄胎者，应了解发病的时间及治疗经过；收集血、尿 HCG 随访资料及肺部 X 射线检查结果。

2. 身体评估

（1）原发灶表现

1）不规则阴道流血：葡萄胎清宫后或流产、足月产后出现不规则阴道流血，量多少不定；也可表现为月经恢复正常数月后又出现停经后阴道流血。

2）子宫复旧不全或不均匀增大：多在葡萄胎清宫后4～6周子宫未恢复正常大小，质地软，或表现为子宫不均匀增大。

3）腹痛：一般无腹痛，病灶穿破子宫浆膜层时，可出现急性腹痛和腹腔内出血症状。

4）卵巢黄素化囊肿：在葡萄胎清宫后，两侧或一侧卵巢黄素化囊肿持续存在。

（2）转移灶表现：主要经血行播散。最常见的转移部位是肺（80%），其次是阴道（30%）、盆腔（20%）、肝（10%）和脑（10%）等。

1）肺转移：表现为胸痛、咳嗽、咯血及呼吸困难，这些症状常呈急性发作。但也可呈慢性持续状态达数月之久。当肺转移灶较小时也可无任何症状。

2）阴道转移：转移灶常位于阴道前壁，呈紫蓝色结节，破溃后引起不规则阴道流血，甚至可大出血而发生失血性休克。

3）肝转移：为不良预后因素之一，表现为上腹部或肝区疼痛，若病灶穿破肝包膜可出现腹腔内出血，导致死亡。

考点：滋养细胞肿瘤的临床表现

4）脑转移：为死亡的主要原因。按病情进展分三期，首先为瘤栓期，表现为一过性脑缺血症状，如短暂失语、失明、突然跌倒等；继为脑瘤期，表现为头痛、喷射性呕吐、偏瘫、抽搐、昏迷；最后进入脑疝期，表现为颅内压明显升高，脑疝形成，压迫呼吸中枢而死亡。

3. 辅助检查

（1）血、尿HCG测定：血β-HCG是葡萄胎后妊娠滋养细胞肿瘤主要的诊断依据。在葡萄胎排空后9周以上，流产、足月产、异位妊娠后4周以上，患者血、尿HCG测定仍持续高水平或一度下降后又升高，排除妊娠物残留或再次妊娠，结合临床表现，可诊断为妊娠滋养细胞肿瘤。

（2）B超检查：子宫正常大或不同程度增大，肌层内可见高回声团块，边界清楚，无包膜。

（3）胸部X射线摄片：诊断肺转移有价值。肺转移的最初X射线征象为肺纹理增粗，以后发展为片状或小结节阴影，典型表现为棉球状或团块状阴影。

（4）CT和磁共振成像：CT对发现肺部较小病灶和脑等部位的转移灶，有较高的诊断价值。磁共振成像主要用于脑、肝和盆腔病灶的诊断。

考点：侵蚀性葡萄胎与绒癌的组织学特点

（5）组织学检查：在子宫肌层内或转移灶中，见到绒毛结构或退化的绒毛阴影，可诊断为侵蚀性葡萄胎；仅见成片滋养细胞浸润及坏死出血，未见绒毛结构，诊断为绒癌。

4. 心理-社会状况 担心疾病的预后和化疗副作用，以及多次化疗带来的经济负担，患者和家属不能接受现实，感到恐惧、悲哀和无助感，对治疗失去信心。

【处理原则】

治疗原则以化疗为主、手术和放疗为辅助的综合治疗。

考点：滋养细胞肿瘤的主要治疗方法

1. 化疗 滋养细胞肿瘤主要的治疗方法。尤其是侵蚀性葡萄胎，化疗几乎替代了手术。常用的化疗药物有甲氨蝶呤（MTX）、氟尿嘧啶（5-Fu）、放线菌素-D（Act-D）等。

2. 手术 作为辅助治疗手段。对控制并发症、消除耐药病灶，减少肿瘤负荷和缩短化疗疗程等有一定作用，在特定情况下用。

3. 放疗 主要用于肝、脑转移和肺部耐药病灶的治疗。

【护理诊断/问题】

1. 焦虑、恐惧 与担心疾病预后不良及化疗副作用有关。

2. 潜在并发症 贫血、阴道大出血、肺转移。

3. 营养失调 与反复阴道流血、疾病消耗、化疗副反应有关。

【护理目标】

1. 患者恐惧感减轻或消失。
2. 患者贫血被及时纠正，阴道大出血被及时处理，肺转移被及时发现。
3. 患者营养状况良好，体重恢复到正常范围内，活动耐力增加。

【护理措施】

1. 一般护理 保持病室空气清新，定期消毒病房；嘱患者注意卧床休息，适当运动。

2. 病情观察 密切观察患者有无阴道流血、腹痛及转移灶症状。监测生命体征，密切注意转移灶症状。

3. 心理护理 听取患者及家属的心理感受，意见及想法，介绍有关的化疗药物及护理措施，减少病人及家属的无助感。

4. 治疗配合

（1）化疗护理见“第三节化疗患者的护理”。

（2）手术护理按妇科手术治疗护理常规进行护理。

（3）有转移灶者进行相应的护理。

① 阴道转移：尽量卧床休息，禁止不必要的阴道检查，配血备用，备好各种抢救物品。若发生破溃大出血，立即通知医生并配合抢救，用纱垫或长纱条填塞阴道压迫止血，并输血、输液防治休克，填塞的纱条须于 24～48 小时取出。保持外阴清洁，预防感染。

考点：阴道转移患者的护理

② 肺转移：卧床休息，有呼吸困难者采取半卧位并吸氧，按医嘱给予镇静剂；若出现大咯血，立即让患者取头低患侧卧位并保持呼吸道通畅，轻拍背部，排出积血。

③ 脑转移：尽量卧床休息，起床时应有人陪伴，以防瘤栓期的一过性脑缺血症状突然跌倒；观察颅内压增高症状，记录出入量，严格控制补液总量和速度，以防颅内压增高；遵医嘱给予补血剂、脱水剂、吸氧等，并采取必要的措施预防抽搐及昏迷状态下的坠地损伤、咬伤及吸入性肺炎等；做好腰穿及脑脊液 HCG 测定等项目的检查配合。

【健康教育】

治疗结束后应严密随访。第 1 次随访在出院后 3 个月，以后每 6 个月 1 次持续 3 年，然后每年 1 次直至 5 年，随访内容同葡萄胎。随访期间应严格避孕，应于化疗停止≥12 个月方可妊娠。

【护理评价】

1. 患者恐惧感是否减轻或消失。
2. 患者有无并发症或并发症是否得到及时发现和正确处理。
3. 患者营养失调是否改善，活动耐力是否增加，能否参与适当的活动。

第 3 节　化疗患者的护理

化学药物治疗（化疗）是采用化学药物在分子水平上阻断各种致癌因素所致的细胞异常增殖、杀死肿瘤细胞、抑制细胞生长繁殖和促进细胞分化的一种治疗方式。

妊娠滋养细胞肿瘤化疗已完全替代了手术。侵蚀性葡萄胎的治愈率接近 100%，绒癌治愈率达 80% 以上，是化疗治愈率最高的恶性肿瘤。同时化疗也是宫颈癌、子宫内膜癌、卵巢癌的术前、术后重要的治疗手段。

化疗主要毒副反应：

1. 消化道反应 最常见的为恶心、呕吐，多在用药后2～3日开始，5～6日后达高峰，停药后可逐渐好转，如反应严重可引起水、电解质平衡紊乱。

考点：化疗的毒副作用

2. 骨髓抑制 主要表现为外周血白细胞和血小板减少，但在停药后14日多可自然恢复。

3. 其他 肝肾功能损害、皮疹及脱发等。

【护理评估】

1. 健康史 询问患者的肿瘤病史和既往用药史，尤其是化疗史及药物过敏史，记录既往接受化疗过程中出现的药物毒副反应及应对措施。

2. 身体评估

（1）身体状况：意识状态、发育、营养、面容与表情等；观察皮肤、黏膜、淋巴结有无异常。

（2）准确测体重：一般在每个疗程的用药前及用药中各测1次体重，根据体重计算和调整化疗药物剂量。

（3）评估患者的日常生活规律：如饮食形态、嗜好、睡眠形态、排泄状态及合理程度。

3. 辅助检查

（1）血、尿、大便常规检查：可判断能否实施化疗。

（2）肝肾功能检查：了解肝肾功能情况，为化疗做准备。

（3）X线及心电图检查。

4. 心理-社会状况 患者因需要多次化疗，治疗费用高，表现出焦虑不安；因害怕不能耐受化疗的副作用及担心疾病的预后及化疗的效果产生焦虑和悲观情绪。

【护理诊断/问题】

1. 舒适改变 与化疗的副反应有关。

2. 有感染的危险 与化疗所致的白细胞减少，机体抵抗力下降有关。

3. 营养失调 低于机体需要量与化疗所致的消化道反应有关。

4. 自我形象紊乱 与化疗所致的脱发有关。

【护理目标】

1. 患者情绪稳定，能耐受化疗引起的不适。
2. 患者无感染征象。
3. 患者营养需要得到满足，体重无明显改变。
4. 患者能维持良好的自尊。

【护理措施】

1. 一般护理 病室每日通风，病室及患者定期消毒。合理进食，注意休息。化疗期间根据患者体力情况，指导其适当活动，并逐渐增加活动量。

2. 症状护理

（1）改善营养状况：提供良好的进食环境，注意食物的色、香、味，以增进食欲，鼓励患者进高蛋白、高热量、高维生素、易消化的饮食。

（2）预防感染：①保持床单清洁、平整，防止擦伤皮肤，勤洗澡，保持皮肤清洁；②限制探陪人员，嘱患者少去公共场所，以防感染；③监测体温、血常规变化，对全血细胞减少或白细胞减少的患者，遵医嘱少量多次输鲜血或成分输血，并进行保护性隔离；④遵医嘱应用抗生素。

（3）口腔护理：饭前、饭后、睡前、晨起清洁口腔。指导患者采用软毛牙刷刷牙，防止牙龈及口腔黏膜损伤。

3. 病情观察

（1）密切注意有无牙龈出血、鼻出血、皮下瘀斑或阴道活动性出血等骨髓抑制表现。每日或隔日查白细胞计数与血小板计数，及早发现异常。

（2）监测体温变化，判断有无感染征象。

（3）观察有无上腹疼痛、恶心、呕吐、食欲减退、黄疸、尿频、尿急、血尿等肝肾功能损害的表现。

（4）监测患者有无肢体麻木、肌肉软弱等神经系统副作用，有无消化道黏膜损害和脱发等现象。

4. 心理护理　建立良好的护患关系，耐心解答患者及家属提出的问题，介绍所用化疗药物可能出现的副反应及应对措施。

5. 治疗配合

（1）准确测体重：一般在每个疗程的用药前及用药中各测 1 次体重，根据体重计算和调整化疗药物剂量。

（2）正确用药：遵医嘱正确溶解和稀释药物，现配现用，一般常温下不超过 1 小时，避免日光照射控制用药速度，保证药物全部输入。

（3）注意保护静脉血管：从远端开始有计划的穿刺，用药前先注入少量生理盐水，确认针头在血管内再注入化疗药物，如有药液外渗应立即停止滴入，用生理盐水皮下注射加以稀释，并局部冷敷。化疗结束前用生理盐水冲管，减少刺激，保护血管。

（4）药物副作用及护理：①消化道反应：应指导病人进食，遵医嘱给予镇静止吐药物及静脉补液；合理安排用药时间；口腔溃疡者，溃疡处可涂甲紫或冰硼散。②骨髓抑制：隔日检查血小板和白细胞，如白细胞降至 $3.0\times10^9/L$，血小板降至 $50\times10^9/L$ 以下应提醒医生停药。对于白细胞计数低于正常的病人要采取预防感染的措施，严格无菌操作。若白细胞低于 $1.0\times10^9/L$ 时要进行保护性隔离。③内脏损害的护理：常见的有肝肾功能损伤，应定期检查其功能，严密监护。④脱发：解释脱发的原因，说明停药后头发能再生，消除患者的顾虑；指导患者不要用力梳头，为患者提供卫生帽或戴假发。

6. 疗效评估　每一个疗程结束后，应每周测血 β-HCG，结合妇科检查、B 超检查、胸部 X 线摄片、CT 等检查，进行疗效评估。

考点：化疗的用药及药物毒副作用的护理

7. 停药指征　治疗应持续到完全恢复的标准：肺转移完全消失；血或尿 HCG 正常；临床无症状。再巩固 1～2 个疗程方可停药。

【健康教育】

注意卫生和保暖，预防感染，加强营养，适量活动，强调定期复查和治疗的重要性，若有不适随时就诊。

【护理评价】

1. 患者的营养是否得到满足，体重的变化情况。
2. 患者是否能耐受化疗的副反应，是否能采取相应的应对措施。
3. 患者在住院期间有无感染，体温是否正常。
4. 患者能否正确面对自身外型的变化。

案例 18-1 分析

1．初步考虑该病人的疾病诊断是葡萄胎，依据①停经 10 周，出现少量不规则阴道流血 3 天；②子宫前位，如孕 4 个月大，在双侧附件区均可触及鹅蛋大的肿物，表面光滑，活动度好。③血 β-HCG＞1 000U/L，B 超检查，宫内呈“落雪状”，未见胎儿及胎心。

2．目前病人主要存在的护理问题有知识缺乏、有感染的危险、焦虑。

3．护理要点　①做好一般护理，增加营养、指导卧床休息；②注意外阴清洁，使用干净卫生垫，预防感染；③严密观察病情；④做好心理护理；⑤治疗配合措施到位，进行清宫术的术前准备、术中及术后的护理。

目标检测

A_1 型题

1. 葡萄胎患者的主要临床表现是（　　）
   A. 月经量增多
   B. 月经量减少
   C. 停经后腹痛
   D. 停经后不规则阴道流血
   E. 子宫异常增大
2. 葡萄胎首选的治疗方法是（　　）
   A. 切除子宫　B. 清除宫腔内容物
   C. 化疗　D. 放疗
   E. 继续妊娠
3. 葡萄胎排空后随访时最重要的项目是（　　）
   A. B 超检查
   B. 阴道脱落细胞涂片检查
   C. 盆腔内诊检查
   D. X 线胸片
   E. 血、尿 HCG 检查
4. 葡萄胎排空后随访期间应采取何种避孕措施（　　）
   A. 避孕套　B. 节育环
   C. 避孕药　D. 安全期避孕
   E. 紧急避孕药
5. 葡萄胎病人的随访时间为（　　）
   A. 6 个月　B. 1 年
   C. 2 年　D. 3 年
   E. 5 年
6. 恶葡和绒癌最主要的转移部位是（　　）
   A. 肺　B. 阴道
   C. 脑　D. 肝
   E. 盆腔
7. 鉴别恶葡和绒癌最重要的依据是（　　）
   A. 有无黄素囊肿
   B. 镜下有无绒毛结构
   C. 有无肺转移
   D. 阴道流血情况
   E. 良葡清除后间隔的时间
8. 侵蚀性葡萄胎或绒癌患者的首选治疗是（　　）
   A. 中医中药治疗　B. 放射治疗
   C. 清宫　D. 子宫全切
   E. 化学治疗
9. 化疗患者调整药物剂量主要是根据（　　）
   A. 病灶大小　B. 体重
   C. 身高　D. 年龄
   E. 病情严重程度

A_2 型题

10. 女性 20 岁，停经 60 天出现阴道流血，B 超检查见宫腔内有雪花状阴影，双附件囊肿，直径约 5cm，尿妊娠试验（＋），该病人附件肿块考虑为（　　）
    A. 妊娠黄体　B. 黄体囊肿
    C. 卵巢恶性肿瘤　D. 黄素化囊肿
    E. 卵巢巧克力囊肿

（朱　敏）

第 19 章　妇科其他疾病病人的护理

学习目标

1. 掌握子宫内膜异位症、子宫脱垂的身心状况、治疗原则及护理措施。
2. 熟悉子宫内膜异位症、不孕症、子宫脱垂的健康教育。
3. 了解不孕症的身心状况、治疗原则及护理措施。

案例 19-1

女性，36 岁。继发性痛经 2 年，逐渐加重。2 年前，在月经期第一天出现下腹隐痛，能忍受，次日即缓解。之后月经期腹痛逐渐加重，而且在月经前 1 天腹痛即开始出现，月经第一天疼痛最剧烈，并需用止痛药物芬必得等。生育史：顺产 1 次，人工流产 2 次。现采取宫内节育器避孕已 3 年。病人表情痛苦，情绪焦虑。

妇科检查：外阴阴道（一），宫颈光滑，子宫后位，欠活动，大小如常，扪及直肠子宫陷凹触痛性结节，右附件区一大小 5cm×6cm 包块，质软，欠活动，无压痛，与子宫关系密切，左附件区稍增厚。辅助检查：CA12584U/ml；腹部 B 超可见右附件区一 5.5cm×5.9cm 大小囊性包块，内见细小絮状光点。

问题和思考：

1．该病人最可能患的疾病是什么？

2．目前病人主要存在哪些护理问题？

3．护理要点有哪些？

第 1 节　子宫内膜异位症

具有生长功能的子宫内膜出现在子宫体腔以外部位时称为子宫内膜异位症（endometriosis，EMT），简称内异症。异位内膜可侵犯全身任何部位，如脐、膀胱、肾、输尿管、肺、胸膜、乳腺、淋巴结，甚至手臂、大腿等处。以卵巢及宫骶韧带最常见，其次为子宫、直肠子宫陷凹、腹膜脏层、阴道直肠膈等部位，故临床常称之为盆腔子宫内膜异位症。主要见于育龄期妇女，76% 在 25 至 45 岁。

考点：内异症概念及常见发病部位

【发病机制】

1．子宫内膜种植学说　子宫内膜异位症主要见于经血逆流的患者，如宫颈狭窄、阴道闭锁或处女膜闭锁、剖宫产后腹壁瘢痕或分娩后会阴切口出现内异症等。

2．淋巴及静脉播散学说　主要是发现在盆腔静脉和淋巴管中有子宫内膜样的组织，故认为它们经淋巴和静脉到达异位的组织，比如肺、鼻黏膜等。

3．体腔上皮化生学说　卵巢表面上皮、盆腔腹膜均是由具有化生潜能的体腔上皮分化而来，在某种内源性生物化学因素的诱导下可转化成子宫内膜组织。

4. 免疫与炎症因素

5. 遗传因素 内异症具有一定的家族性。

【病理】

内异症的基本病理变化为异位子宫内膜随卵巢激素变化而发生周期性出血，导致周围纤维组织增生和粘连形成，在病变区出现紫褐色斑点实质性结节或包块。卵巢最易被异位内膜侵犯，异位内膜侵犯卵巢皮质并在其内生长、反复周期性出血，形成单个或多个囊肿，称为卵巢子宫内膜异位囊肿。囊肿大小不一，直径多在5～6cm以下，最大可达25cm。囊肿表面呈灰蓝色，内含暗褐如巧克力样、糊状陈旧血性液体，故临床又称为卵巢巧克力囊肿。

考点：概念：卵巢巧克力囊肿

【护理评估】

1. 健康史 了解病人年龄、痛经史，有无剖宫产史、人工流产史、宫腹腔镜操作史，有无宫颈狭窄或阴道闭锁引起经血潴留。了解病人有无慢性盆腔疼痛和月经情况，有无不孕史及家族有无类似发病史。

2. 身体评估

（1）症状

1）痛经：子宫内膜异位症的典型症状是继发性痛经、进行性加重。疼痛多位于下腹、腰骶及盆腔中部，可放射至阴道、会阴、肛门及大腿。常于月经来潮前1～2日开始疼痛，经期第1日最重，以后可逐渐减轻。少数病人表现为长期下腹痛，经期加剧。有27%～40%病人无痛经。

2）不孕：不孕率可高达40%。造成不孕的原因较为复杂，如盆腔解剖改变影响精卵结合及输送、免疫功能异常破坏子宫内膜正常代谢及生理功能、卵巢功能异常导致排卵障碍和黄体形成不良等。

3）月经异常：15%～30%病人有经量增多、经期延长或月经淋漓不尽。可能与卵巢功能改变或合并有子宫腺肌病和子宫肌瘤有关。

4）性交不适：一般表现为深部性交痛，伴肛门坠胀感。月经来潮前性交痛最明显。

5）其他特殊症状：盆腔外任何部位有异位内膜种植生长时均可在局部出现周期性疼痛、出血和肿块，并出现相应症状。肠道内异症可出现腹痛、腹泻、便秘、周期性少量便血。膀胱内异症可在经期出现尿痛和尿频、腰痛和血尿。手术瘢痕异位症病人常在术后数月至数年出现周期性瘢痕处疼痛。卵巢子宫内膜异位囊肿破裂时，囊内容物流入盆腹腔引起突发性剧烈腹痛，伴恶心、呕吐和肛门坠胀感。

（2）体征：巨大的卵巢子宫内膜异位囊肿可在腹部扪及囊块，囊肿破裂时可出现腹膜刺激征。妇科检查时可发现子宫后倾固定，合并子宫肌瘤、子宫腺肌病者子宫可能增大质硬、饱满、形态失常。直肠子宫陷凹、宫骶韧带或子宫后壁下段可扪及触痛结节，质硬，不规则。一侧或双侧附件处触及囊实性包块，活动度差。

考点：子宫内膜异位症的典型症状与体征

3. 辅助检查

（1）影像学检查：B超检查可确定卵巢子宫内膜异位囊肿的位置、大小和形状，其诊断敏感性和特异性在96%以上。盆腔CT及MRI对盆腔内异症也有诊断价值。

（2）CA125测定：内异症病人血清CA125值可能升高。血清CA125测定可用于监测异位内膜病变活动情况，也可腹腔液检测CA125值。

（3）腹腔镜检查：是目前诊断子宫内膜异位症的最佳方法。镜下可取典型病灶或可疑病变组织活检明确诊断。

考点：子宫内膜异位症的最佳诊断方法

4. 心理 - 社会状况　周期性、逐渐加重的痛经和腰骶部疼痛使病人紧张、焦虑及恐惧。担忧不孕对家庭产生的影响。了解病人的家庭、社会支持情况等。

【处理原则】

治疗原则：去除病灶，控制症状，促进生育，减少复发。

1. 期待治疗　适于轻度内异症病人无生育要求者。进行定期随访及对症止痛。有生育要求者劝其尽早妊娠，妊娠可使异位的内膜萎缩而减轻病情。

2. 药物治疗　适用于痛经症状明显、有生育要求及无卵巢囊肿形成的病人。临床常采用假孕或假绝经的性激素疗法：长期连续服用避孕药造成类似妊娠的人工闭经，称假孕疗法；药物与子宫内膜雌、孕激素受体结合抑制内膜细胞增生，导致子宫内膜萎缩，出现闭经，并使 FSH、LH 呈低水平，称假绝经疗法。药物有口服避孕药、高效孕激素、孕三烯酮、达那唑等。

考点：假孕疗法及假绝经疗法

3. 手术治疗　适用于药物治疗后症状不缓解、局部病变加剧或生育功能未恢复者，较大的卵巢内膜异位囊肿者。根据手术范围划分为：保留生育功能手术，保留卵巢功能手术，根治性手术。腹腔镜手术是首选的手术方法。

【护理诊断 / 问题】

1. 疼痛　与异位内膜周期性出血有关。

2. 焦虑　与不孕、担心疾病的预后有关。

3. 自尊紊乱　与不孕有关。

【护理目标】

1. 疼痛得到控制，症状缓解。
2. 病人自信心得到提升。
3. 病人情绪稳定，焦虑减轻。

【护理措施】

1. 一般护理　指导休息和加强营养，简单介绍药物可能出现的反应和应对方法，遵医嘱接受治疗方案及配合检查等。

2. 症状护理

（1）疼痛的护理：解释疼痛的原因，严重时，可进行腰腹部按摩，并遵医嘱给予解痉、止痛剂。

（2）月经异常的护理：讲解月经期保健的重要性，保持会阴部清洁，及时更换会阴垫，会阴部每天清洗至少 1 次。

3. 病情观察　观察疼痛程度、部位及用药后有无缓解。生殖道流血量、色、气味。药物治疗后的副反应，术前病人的病情变化，术后病人手术切口的生长状况等。

4. 心理护理　鼓励病人和家属说出焦虑的原因及心理感受，给予理解和关心。了解病人和家属对手术后恢复及还需治疗的认知情况，介绍相关知识，减轻焦虑。

考点：子宫内膜异位症的护理措施

5. 治疗配合　期待疗法的病人告知如症状出现变化，及时就诊。药物治疗者遵医嘱口服或肌内注射给药。手术治疗者按腹部手术病人护理。

【健康教育】

1. 防止经血逆流　及时治疗生殖道畸形如处女膜闭锁、阴道横隔等；治疗宫颈粘连。

月经期一般不做盆腔检查，若有必要应轻柔操作。经期避免从事重体力劳动，避免月经期及月经干净3天内有性生活。

2. 避免手术和检查所导致的子宫内膜异位 月经来潮前禁做各种输卵管通畅试验；宫颈及阴道手术均应在月经干净后3～7天完成。

3. 抑制排卵 用药物避孕抑制排卵，可促使子宫内膜萎缩及经量减少，使子宫内膜异位症的机会亦相应减少。

【护理评价】

1. 疼痛是否得到控制，症状缓解。
2. 病人自信心是否得到提升。
3. 病人是否情绪稳定，焦虑减轻。

第2节 不 孕 症

有正常性生活，未避孕同居1年未妊娠者，称为不孕症（infertility）。婚后未避孕而从未妊娠者称为原发性不孕，曾有过妊娠而后未避孕连续1年不孕者称为继发性不孕。夫妇一方有缺陷无法纠正而不能妊娠者称绝对不孕，夫妇一方因某种因素暂时不孕，而得到纠正后仍能妊娠者称相对不孕。我国不孕症的发生率7%～10%。

【病因】

女方因素约占40%，男方因素占30%～40%，男女双方因素占10%～20%，不明因素约占10%。

1. 女性不孕因素 以排卵障碍和输卵管因素居多。

（1）卵巢因素：包括卵巢器质性病变和内分泌调节紊乱引起的卵巢不排卵。包括：①下丘脑-垂体-卵巢轴功能紊乱，引起无排卵性月经、闭经等；②卵巢病变，如先天性卵巢发育不良、多囊卵巢综合征、卵巢早衰、卵巢功能性肿瘤、卵巢子宫内膜异位囊肿、卵巢不敏感综合征等；③全身性因素，如重度营养不良、肥胖及甲状腺功能异常等。

（2）输卵管因素：是不孕症最常见的因素。如输卵管粘连、堵塞或通而不畅（衣原体、淋菌、结核菌等引起的感染，阑尾炎或产后、术后引起的继发感染、盆腔炎性疾病后遗症）、子宫内膜异位症（异位内膜种植于输卵管）、先天性发育不良等。

（3）子宫因素：子宫畸形、子宫黏膜下肌瘤、子宫内膜炎、子宫内膜结核、子宫内膜息肉、宫腔粘连等均能影响受精卵着床，造成不孕或流产。

（4）宫颈因素：宫颈狭窄或先天性宫颈发育异常可以影响精子进入宫腔。宫颈感染可以改变宫颈黏液量和性状，影响精子活力和进入宫腔的数量，影响受孕。

（5）阴道因素：先天性无阴道、阴道横隔和阴道损伤后形成的瘢痕性狭窄，可影响性交并阻碍精子进入；严重阴道炎时体内免疫因素而破坏阴道的精子细胞也可导致不孕。

2. 男性不育因素 主要为生精障碍和输精障碍。

（1）精液生成异常：表现为无精、弱精、少精、精子发育停滞、畸精症或精液液化不全等。导致精液异常的诱因包括：①急性或慢性疾病，如腮腺炎并发睾丸炎导致睾丸萎缩、睾丸结核破坏睾丸组织、精索静脉曲张影响精子质量、肾衰竭等；②生殖器感染；③先天发育异常；④治疗性因素，如化疗药物和放射治疗导致睾丸损伤的不育；⑤长期或多量接触有毒有害物质；⑥酗酒、吸毒。

（2）精液输送异常：主要原因有生殖管道感染和生殖管道创伤。①睾丸炎和附睾炎；②输精管感染；③前列腺感染导致不育；④尿道球部、尿道腹部因外伤或手术损伤造成尿道狭窄和梗阻，精液不能排出；⑤盆腔及腹股沟、会阴部手术；⑥尿道畸形如尿道下裂、尿道上裂可以阻碍精子进入宫颈口。

（3）免疫因素：在男性生殖道免疫屏障被破坏的条件下，精子、精浆在体内产生对抗自身精子的抗精子抗体。使射出的精子产生凝集而不能穿过宫颈黏液。

（4）内分泌因素：男性内分泌受下丘脑－垂体－睾丸轴调节，此轴调节功能紊乱能影响精子的产生而引起不育。

（5）性功能障碍：勃起障碍、早泄、不射精、逆行射精等使精子不能进入女性生殖道。

3. 男女双方因素

（1）缺乏性生活的基本知识：男女双方都缺乏性生活的基本知识或因为不了解生殖系统的解剖和生理结构而导致不正确的性生活。

（2）精神因素：夫妇双方过分盼望妊娠，过度紧张而出现心理压力。

（3）免疫因素

① 同种免疫：精子、精浆或受精卵抗原物质经破坏的天然屏障进入循环，产生抗体，使精子与卵子不能结合或受精卵不能着床。

② 自身免疫：某些不孕妇女血清中存在多种自身抗体，可能阻止精子与卵子结合而影响受孕。

考点：不孕症的概念、女性不孕的主要病因

4. 不明因素 可能的病因包括受精障碍、植入失败、遗传缺陷等，但目前的检测方法无法检查确诊。

【护理评估】

1. 健康史

（1）男性：生长发育史；疾病史，有无生殖器官感染及相关治疗史；外伤手术史；性生活史，性交频率和时间，有无勃起和（或）射精障碍、近期不育相关检查及治疗经过；个人职业和环境暴露史，吸烟、酗酒、吸毒史及家族史。

（2）女性：年龄、生长发育史及性生活史；月经史，生育史，生殖器官炎症史、慢性疾病史及家族史。

2. 身体评估

（1）男性检查：常规全身检查；检查外生殖器有无畸形或病变；精液常规检查：正常精液量为2～6ml，平均为3～4ml，pH 为 7.0～7.8，在室温中放置 5～30 分钟完全液化，精子总数＞40×10^6，精子密度（20～200）$\times10^9$/L，活动数＞50%，形态异常精子＜20%。当精液量＜1.5ml 或精子总量＜20×10^6 或精子活动数＜50% 或异常精子数＞50% 者为异常。

（2）女性检查

1）体格检查：包括全身及妇科检查。

2）卵巢功能检查：常用方法有 B 超监测卵泡发育及排卵、基础体温测定、宫颈黏液检查、阴道脱落细胞涂片检查、黄体期子宫内膜活组织检查、女性激素测定等。

3）输卵管检查：常用方法有输卵管通液术、子宫输卵管碘油造影，了解输卵管通畅情况。

4）子宫检查：宫腔镜检查直视子宫内膜，能发现宫腔粘连、黏膜下肌瘤、内膜息肉、子宫畸形等，并可取内膜活检。B 超检查可发现子宫肌瘤、子宫大小是否正常等。

5）腹腔镜检查：可直接观察子宫、输卵管、卵巢有无病变或粘连，必要时可在病变处取活检，并行粘连分离、子宫肌瘤剔除术等治疗。

6）性交后精子穿透力试验：上述检查未见异常，并且宫颈管无炎症后可做此试验。选择在预测的排卵期进行；在试验前3天禁止性生活，避免阴道用药或冲洗；在性生活后2～8小时进行检查，如宫颈管黏液涂片发现每高倍视野有20个活动精子为正常。

7）免疫检查：检测包括男女双方，可查抗精子抗体、抗子宫内膜抗体等。

3. 心理-社会状况 受传统观念的影响，不孕症女性的心理问题比较多，应对复杂的检查，病人会花费大量时间、精力和经济而产生紧张，焦虑，自尊紊乱；评估配偶及家庭对生育的认识，评估病人的社会支持系统。

【处理原则】

针对病因处理，应尽量采取自然、安全、高效、经济的治疗方案。

1. 期待治疗 建议良好的生活方式，纠正体重过重或过轻；掌握性知识，了解自己的排卵规律，性交频率适中，以增加受孕机会。

2. 治疗生殖器官器质性疾病 如检查患有生殖器炎症、阴道横隔、宫颈和宫腔粘连、肿瘤等及时用药物或手术治疗。

3. 促排卵治疗 适用于无排卵患者。可用氯米芬、绒促性素（HCG）、尿促性素（HMG）等，其中氯米芬为首选促排卵药。

4. 辅助生殖技术 包括人工授精、体外受精与胚胎移植（IVF-ET，第一代试管婴儿技术）、卵母细胞单精子显微注射（ICSI，第二代试管婴儿技术）、种植前遗传学诊断（PGD，第三代试管婴儿技术）及其衍生技术。

考点：首选的促排卵药

【护理诊断/问题】

1. 焦虑 与自身疾病和不孕有关。

2. 知识缺乏 与缺乏生殖知识有关。

3. 舒适度改变 与检查或自身疾病有关。

【护理目标】

1. 病人焦虑感减轻，配合治疗。
2. 病人熟悉自身疾病及生殖相关知识。
3. 病人正确对待诊治引起的不适感，不适感减轻或能承受。

【护理措施】

1. 一般护理 保持良好的生活方式，饮食起居有度，体重适中，增强体质，减轻压力。

2. 症状护理

（1）疼痛：腹腔镜手术后可能出现肩部疼痛，子宫内膜活检后下腹部可感疼痛，用促排卵药后在经间期可出现下腹一侧疼痛，观察疼痛程度，必要时遵医嘱用药止痛。

（2）阴道流血：在辅助生殖技术妊娠流产后可出现，观察出血量、色、气味，观察体温变化，保持局部清洁。

3. 病情观察

（1）观察各种检查给病人带来的不适，如腹痛、阴道流血、肩痛等。

（2）观察药物副反应，如促排卵药物使用后可出现潮热、恶心、呕吐、皮炎等。

（3）观察辅助生殖技术的并发症是否发生，如卵巢过度刺激综合征、多胎妊娠、流产、异位妊娠等。

4. 心理护理 鼓励病人说出焦虑的原因及心理感受，给予理解和关心。介绍相关知识，可能出现的症状，增强自我控制感，减轻焦虑，增强信心，配合治疗过程。

5. 检查治疗配合

（1）指导病人配合各种检查，告知病人检查的时间及注意事项。

（2）用药指导：告知病人药物作用和副反应，遵医嘱在月经周期中按时按量服药，在用药过程中出现不良反应及时和医务人员沟通。

（3）指导提高妊娠的技巧：学会预测排卵期，性生活时间、次数适当，性生活前后避免用药和阴道冲洗，性生活后臀部抬高卧床 30 分钟。

考点：不孕症的护理措施

【健康教育】

正确认识女性的社会职能和家庭职能，提高自我评价，降低孤独感。对不孕症的治疗结局需正确认知，如妊娠成功，需要加强产前检查，并提前到医院待产；如未成功妊娠，或异位妊娠、流产等，及时做相关治疗。

【护理评价】

1. 病人是否焦虑感减轻，配合治疗。
2. 病人是否熟悉自身疾病及生殖相关知识。
3. 病人是否能正确对待诊治引起的不适感，不适感减轻或能承受。

案例 19-2

女性，85 岁。阴道块状物脱出 25 年。25 年前，病人感腰酸、下腹坠胀，尤其在咳嗽、站立时有阴道块状物脱出，平卧时脱出的块状物可自行回缩，咳嗽时有少量尿液流出。此后脱出块状物逐渐增大，而且不能自行回缩；伴便秘，排便困难。生育史：顺产 9 次，现存子女 6 人。有“冠心病”史 10 年。病人表示不接受手术治疗。

妇科检查：平卧时见子宫及阴道前、后壁完全脱出于阴道口外，宫颈及阴道壁见多处溃疡，压力试验见有尿液不自主溢出，指压试验阳性。双附件区未扪及明确异常。

问题和思考：

1. 该病人可能的医疗诊断有哪些？
2. 目前的主要护理问题有哪些？
3. 护理要点有哪些？

第 3 节　子 宫 脱 垂

子宫脱垂（uterine prolapse）指子宫从正常位置沿阴道下降，宫颈外口达坐骨棘水平以下，甚至子宫全部脱出于阴道口以外，常合并有阴道前后壁膨出。

【病因】

子宫脱垂最主要的病因为分娩损伤。多次分娩史、产程延长、阴道助产手术等，使盆底组织及子宫韧带过度伸展，张力降低，甚至出现撕裂，若产妇于产褥期过早参加重体力劳动，过高腹压可将未复旧的子宫推向阴道，导致子宫脱垂；其次，长期腹压增加，如慢性咳嗽、习惯性便秘、排便困难、经常超重负荷、腹型肥胖、盆腹腔巨大肿瘤或大量腹水等，均可使腹内压增加，导致子宫下移形成脱垂；另外，先天性盆底组织发育不良或退行性变所致子宫脱垂偶见于未产妇，绝

考点：子宫脱垂的概念和主要病因

经后期妇女因雌激素水平下降，盆底组织萎缩退化，也可导致子宫脱垂或使子宫脱垂加重。

【护理评估】

1. 健康史 询问病人的年龄，了解孕产次、病人分娩方式和经过，有无产程延长、阴道助产手术史及盆底组织损伤病史；了解病人有无慢性咳嗽、便秘、长期从事重体力劳动、盆腹腔肿瘤等。

2. 身体评估

（1）症状

1）下坠感及腰骶部疼痛：由于子宫脱垂牵拉韧带，盆腔充血所致。常在久站、行走、下蹲、重体力劳动后加重，经平卧休息后症状可缓解。

2）块状物自阴道脱出：常在腹压增加时，阴道口有块状物脱出。开始时块状物在平卧休息时可自行回缩变小或消失，严重者休息后亦不能回缩，需用手还纳至阴道内。子宫长期脱出于阴道外，造成病人行动不便，可出现宫颈溃疡甚至出血，继发感染时，有脓血性分泌物排出。

3）排尿排便异常：合并阴道前壁脱垂者，常出现排尿困难、尿潴留或压力性尿失禁。若继发泌尿道感染可出现尿频、尿急、尿痛等。合并有直肠膨出者可有便秘、排便困难。

（2）查体：病人咳嗽或屏气增加腹压时，可见子宫脱出，合并有阴道前后壁膨出，可见宫颈及阴道壁溃疡、出血、脓性分泌物，宫颈及阴道黏膜明显增厚，宫颈肥大、延长。

（3）子宫脱垂的临床分度：我国 1981 年以病人平卧用力向下屏气时，子宫下降最低点为分度标准，将子宫脱垂分为 3 度。

1）Ⅰ度：轻型为宫颈外口距离处女膜缘＜4cm，未达处女膜缘；重型为宫颈外口已达处女膜缘，但尚未超出该缘，检查时在阴道口见到宫颈。

考点：子宫脱垂主要的临床表现及分度

2）Ⅱ度：轻型为宫颈已脱出阴道口外，但宫体仍在阴道内；重型为宫颈及部分宫体脱出至阴道口外。

3）Ⅲ度：宫颈及宫体全部脱出至阴道口外。

Ⅰ度病人多无自觉症状，Ⅱ、Ⅲ度病人常以阴道块物脱出为主要症状。

3. 辅助检查 压力性尿失禁检查：病人膀胱充盈，取膀胱截石位，观察咳嗽时有无尿液不自主溢出，如有，检查者用示、中指轻压尿道两侧，再观察咳嗽时尿液是否溢出，如尿液不再溢出，则提示伴压力性尿失禁。

4. 心理 - 社会状况 子宫脱垂使病人行动不便，工作劳动受到影响，排泄异常或尿失禁，与周围人群交往受到限制，导致病人痛苦、焦虑、孤独感增加。

【处理原则】

治疗原则：以预防为主，加强和恢复盆底组织及子宫韧带的支持作用为原则，针对不同患者采取个性化的治疗。

1. 支持疗法 加强营养，合理休息和工作，避免久站和重体力劳动，积极治疗增加腹压的疾病。

2. 保守治疗 包括盆底肌肉锻炼、子宫托和中医中药治疗。

3. 手术治疗 对Ⅱ度以上子宫脱垂的病人可采取手术治疗。根据病人的年龄、健康状况及有无生育要求，个性化的选择手术方式，如曼氏手术（Manchenster 手术，阴道前后壁修补、主韧带缩短及宫颈部分切除术）、经阴道全子宫切除术及阴道纵隔形成术等。

【护理诊断 / 问题】

1. 自我形象紊乱　与压力性尿失禁有关。

2. 舒适度改变　与阴道块物脱出有关。

3. 焦虑　与生活、工作受到影响及对疾病知识缺乏有关。

【护理目标】

1. 病人脱出的块物得到控制，舒适度得到改善。
2. 病人尿失禁得到改善，自我形象得到提升。
3. 病人了解病情，获得相关知识，焦虑感消失或减轻。

【护理措施】

1. 一般护理　加强营养，适当休息，避免久站，降低劳动强度，积极治疗使腹压增加的疾病，如慢性咳嗽、腹腔巨大肿瘤等。

2. 症状护理

（1）尿失禁的护理：常用温水擦洗会阴部及臀部，使用尿垫。

（2）便秘的护理：顺时针按摩腹部，遵医嘱使用缓泻剂如蓖麻油、番泻叶等或使用开塞露。

（3）块物脱出的护理：可用 1∶5000 的高锰酸钾液坐浴，每天 2 次；使用子宫托。

3. 病情观察　观察排尿排便异常情况是否得到缓解。阴道脱出块物表面溃疡是否好转。

4. 心理护理　因病程长，常有焦虑、烦躁等情绪，应理解病人，做好心理疏导。病人伴尿失禁时，常自卑、忧郁，应安慰和开导病人，使其配合治疗和护理。

5. 治疗配合

（1）指导病人进行盆底肌肉锻炼：盆底肌肉张力增强后，可减轻尿失禁症状。指导做肛门收缩运动，用力收缩盆底肌肉，保持 5 秒以上然后放松，每次 10～15 分钟，每天至少 2 次。

（2）指导病人取放子宫托：放置前让病人排空大小便，洗净双手，蹲下并两腿分开。一手握托柄，使托盘呈倾斜位进入阴道口内，将托柄边向内推边向阴道顶端旋转，直至托盘达宫颈，放妥后，将托柄弯度朝前，正对耻骨弓后面；取子宫托时，手指捏住子宫托柄，上、下、左、右轻轻摇动，等负压消除后向后外方向牵拉，即可从阴道滑出。使用子宫托注意事项：①所使用的子宫托大小应因人而异，以放置后不脱出又无不适感为宜；②放置前体内应有一定水平雌激素，绝经后妇女通常在用子宫托前 4～6 周开始应用雌激素软膏，并在放托过程中长期使用；③子宫托应在每晨起床后放入，每晚睡前取出，洗净后备用。久置不取可发生局部糜烂、溃疡及子宫托嵌顿，甚至引起压迫坏死性生殖道瘘；④放托后，分别于第 1、3、6 个月时到医院检查 1 次，以后每 3～6 个月复查一次；⑤宫颈或阴道有炎症或溃疡者不宜使用，月经期和妊娠期停用。

（3）做好手术前准备和手术后护理：①术前 5 天开始进行阴道准备，用 1∶5000 高锰酸钾溶液或 0.5% 碘伏稀释 20 倍后的溶液坐浴或阴道冲洗，每天 2 次；按医嘱局部用抗生素及雌激素软膏。②术后按外阴、阴道手术常规病人护理，术后卧床休息 7～10 天，禁止半卧位；留置尿管 10～14 天，拔尿管 2 天前行膀胱功能锻炼；避免增加腹压，如咳嗽、便秘、下蹲等。

考点：子宫脱垂的护理措施

【健康教育】

指导妇女避免难产及多产，产后应多锻炼和加强营养，以恢复盆底及腹壁张力。积极治疗咳嗽、便秘，防止久站和久蹲，平时应多进食高纤维食物，以保持大便通畅。子宫脱垂手术后应休息3个月，禁止盆浴和性生活，半年内避免重体力劳动。出院后1个月到医院复查，3个月后再次复查，在医生指导下恢复性生活。

【护理评价】

1. 病人是否脱出的块物得到控制，舒适度得到改善。
2. 病人是否尿失禁得到改善，增强了自我认同感。
3. 病人是否了解病情，获得相关知识，焦虑感消失或减轻。

案例 19-1 分析

1．初步考虑该病人最可能患的疾病是子宫内膜异位症。

2．目前病人主要存在的护理问题有疼痛、舒适度改变、焦虑。

3．护理要点①做好一般护理，加强营养；②对症止痛治疗，做好经期护理指导；③严密观察病情；④做好心理护理；⑤治疗配合措施到位，严格按医嘱使用孕三烯酮，并观察用药过程中和用药后的情况；做好手术前准备及术后护理。

案例 19-2 分析

1．该病人可能患的疾病：子宫脱垂、宫颈及阴道溃疡、阴道前后壁膨出、压力性尿失禁。

2．目前病人主要存在的护理问题有组织完整性受损、舒适度改变、知识缺乏。

3．护理要点①做好一般护理，加强营养；②做好宫颈及阴道溃疡护理；③严密观察病情；④做好心理护理；⑤治疗配合措施到位，严格按医嘱使用抗生素、雌激素软膏等药物，并观察用药过程中和用药后的情况；做好子宫托的使用指导。

目标检测

A_1 型题

1. 子宫内膜异位症的发病率近年（　　）
   A. 下降　　B. 升高
   C. 无变化　　D. 明显下降
   E. 明显升高
2. 异位子宫内膜可以出现在身体的不同部位，其中最常见的是（　　）
   A. 卵巢　　B. 宫骶韧带
   C. 直肠子宫陷凹　　D. 宫颈
   E. 腹壁
3. 子宫内膜异位症患者月经失调是由于（　　）
   A. 卵巢实质病变无排卵
   B. 合并子宫腺肌病
   C. 黄体功能不足
   D. 合并子宫腺肌瘤
   E. 以上都是
4. 子宫内膜异位症的典型症状是（　　）
   A. 不孕
   B. 继发性进行性加重的痛经
   C. 不规则阴道流血
   D. 腹痛
   E. 月经失调
5. 假绝经疗法是指何药导致的闭经（　　）
   A. 高效孕激素　　B. 高效雄激素
   C. 高效雌激素　　D. 丹那唑
   E. 甲羟孕酮
6. 药物性卵巢切除导致暂时性闭经是指（　　）
   A. 溴隐亭　　B. 甲羟孕酮
   C. 丹那唑　　D. GnRH-a
   E. 孕三烯酮
7. 子宫内膜异位症多见于何年龄妇女（　　）
   A. 青春期　　B. 育龄期

C. 绝经前期　　D. 绝经期
E. 绝经后期

8. 30岁女性，结婚后3年未孕。有痛经史，月经尚规律。妇科检查：子宫后位，活动受限，骶韧带处触及数个触痛结节。健康史最重要的应详细询问（　　）
A. 月经初潮　　B. 避孕方式
C. 丈夫健康情况　　D. 痛经情况
E. 服用何种止痛药

9. 导致女方不孕的最常见原因是（　　）
A. 子宫因素　　B. 子宫颈因素
C. 输卵管因素　　D. 外阴、阴道因素
E. 排卵障碍

10. 导致输卵管不通的主要因素是（　　）
A. 输卵管炎症　　B. 先天性发育异常
C. 腹腔肿瘤压迫　　D. 子宫内膜异位症
E. 子宫肌瘤压迫

11. 进行性交后精子穿透试验的最佳时间是（　　）
A. 月经前3～7天
B. 月经干净后3～7天
C. 月经干净后24小时内
D. 预测的排卵期
E. 非经期的任何时间

12. 因输卵管粘连扭曲使输卵管蠕动受到限制，影响伞端捡拾卵子造成不孕的主要原因是（　　）
A. 子宫内膜异位症　　B. 输卵管过长
C. 输卵管过短　　D. 输卵管复通术
E. 多囊卵巢综合征

13. 关于子宫脱垂的病因，错误的是（　　）
A. 不可能发生于未产妇及处女
B. 与长期咳嗽、便秘有关
C. 盆腔内巨大肿瘤或大量腹水
D. 产后过早从事体力劳动
E. 与营养不良有关

14. 子宫脱垂Ⅱ度重型是指（　　）
A. 子宫颈外口下降至处女膜缘内不足4cm
B. 子宫颈外口脱出阴道口外
C. 子宫颈及部分子宫体脱出阴道口外
D. 子宫颈及全部子宫体脱出阴道口外
E. 子宫颈及部分阴道壁脱出阴道口外

15. 我国发生子宫脱垂最常见的原因是（　　）
A. 分娩损伤　　B. 放射性损伤
C. 营养不良　　D. 发育不良
E. 腹腔压力增高

16. 对防止子宫脱垂发生最重要的韧带是（　　）
A. 子宫圆韧带　　B. 子宫阔韧带
C. 骨盆漏斗韧带　　D. 主韧带
E. 卵巢固有韧带

A_2型题

17. 29岁女性，继发性痛经2年，不影响日常生活，无明显加重，婚后半年未孕，输卵管通液示双侧输卵管通畅。最佳治疗方法是（　　）
A. 期待疗法　　B. 假孕疗法
C. 假绝经疗法　　D. 剖腹探查
E. 保留生育功能手术

18. 患者女，35岁。婚后4年未孕。夫妇双方生殖器形态学检查未见异常，未检测有无排卵，不宜采取的项目是（　　）
A. 基础体温测定
B. B超动态监测
C. 宫颈黏液镜检
D. 阴道脱落细胞学检查
E. 腹腔镜检查

19. 62岁女性。外阴脱出肿物1年，妇科检查：部分宫体脱出阴道，该病人的临床分度是（　　）
A. 子宫Ⅰ度脱垂轻型
B. 子宫Ⅰ度脱垂重型
C. 子宫Ⅱ度脱垂轻型
D. 子宫Ⅱ度脱垂重型
E. 子宫Ⅲ度脱垂

（蒋　莉）

第 20 章　妇科手术病人的护理

学习目标

1. 掌握妇科腹部手术、外阴阴道手术的术前准备。
2. 掌握妇科腹部手术、外阴阴道手术的手术日和术后护理。
3. 了解妇产科腹部手术的种类。

案例 20-1

女性，50 岁。因检查发现盆腔包块入院，月经正常。体格检查：生命体征正常，一般情况良好。妇科检查：外阴、阴道、宫颈、附件无明显异常；宫体：前位、活动、无压痛，增大如 3 月孕。侧壁可扪及一包块。B 超提示子宫增大 8cm×8cm×8cm，侧壁包块 4cm×5cm×3cm，考虑子宫肌瘤，建议手术治疗。

问题与思考：

1．如果经腹做肌瘤切除术，术前准备有哪些?

2．术后如何护理?

第 1 节　腹部手术病人的护理

手术治疗在妇产科疾病治疗中占有相当重要的地位，为了保证手术顺利进行和手术后患者康复，必须进行充分的术前准备和精心的术后护理，以保证患者以最佳的身心状态经历手术全过程。

【妇产科腹部手术种类】

1. 按手术急缓程度，可分为择期手术、限期手术和急诊手术。
2. 按手术范围区分，有剖腹探查术、附件切除术、次全子宫切除术、全子宫切除术、次全子宫及附件切除术、全子宫及附件切除术、子宫根治术、剖宫产术等。子宫切除术也可经由阴道施行。

【手术适应证】

1. 子宫本身及附件有病变或因附件病变而不能或不必要保留子宫者。
2. 性质不明的盆腔肿块。
3. 诊断不清的急腹症。
4. 阴道分娩有困难者。

【手术前准备】

1. 心理护理　耐心解答病人的提问，使病人相信在医院现有的条件下能得到最好的治疗和照顾，能顺利度过手术全过程。

2. 术前护理　术前需对病人进行全面评估，同时提供针对性的指导。

（1）指导并协助完成各项术前检查；积极配合治疗全身性疾病。

（2）介绍手术名称及过程，让子宫切除者了解术后不再出现月经，卵巢切除的病人也会出现停经、潮热、阴道分泌物减少等症状。

（3）认真做好预防术后并发症的指导工作，包括床上使用便器，术后需做的深呼吸、咳嗽、翻身、收缩和放松四肢肌肉的运动等。

（4）注意指导病人摄入高蛋白、高热量、高维生素及低脂肪全营养饮食。

3. 备皮　手术前 1 日进行，上自剑突下，下至两大腿上 1/3，两侧至腋中线，外阴部阴毛全部清除。备皮完毕用温水洗净、拭干，以消毒治疗巾包裹手术野。如经腹行子宫全切除术，在备皮同时需做阴道准备。腹腔镜手术应特别注意彻底清洁脐部。

4. 胃肠道准备　一般于术前 1 日灌肠 1～2 次，或口服缓泻剂，使患者能排便 3 次以上。术前 6～8 小时禁食，术前 4～6 小时严格禁水，手术日晨禁食，以减少手术中因牵拉内脏引起恶心、呕吐反应。预计手术可能涉及肠道时，如卵巢癌有肠道转移者，于术前 3 日进少渣半流质饮食，并按医嘱服肠道抗菌药物，或术前口服番泻叶水。

5. 阴道准备　一般于术前 3 日开始，用消毒液行阴道冲洗；阴道出血者用 0.1%～0.5% 碘伏液擦洗阴道和宫颈，每天 1～2 次。

考点：手术前各项准备

【手术当日护理】

1. 手术日晨，护士宜及早看望受术者，测量生命体征。
2. 取下受术者可活动的义齿、发夹、首饰及贵重物品交家属或护士长保管。
3. 常规安置导尿管，保持引流通畅，以免术中伤及膀胱出现术后尿潴留等并发症。
4. 子宫全切除者，术日晨消毒阴道和宫颈，在子宫颈和阴道穹隆部涂擦 1% 甲紫，作为切除子宫的标记。
5. 术前 30 分钟给基础麻醉药物，通常为苯巴比妥和阿托品或东莨菪碱，目的在于缓解病人的紧张情绪，并减少唾液腺分泌，防止支气管痉挛。
6. 送病人去手术室前，应允许家属或亲友有短暂的探视时间。
7. 由病房护士直接向手术室巡回护士介绍病人，当面核对无误后签字。
8. 病房护士根据病人手术种类及麻醉方式，铺好麻醉床，准备好术后监护用品及急救用物。

考点：手术当日护理措施

【手术后护理】

1. 体位　根据麻醉方式选择体位。全麻未清醒时取去枕头偏向一侧卧位，专人守护，保持呼吸道通畅。硬膜外麻醉可取低枕卧位。病情稳定后，可取半卧位，此体位可使腹部肌肉松弛，减轻切口张力缓解疼痛，有利于切口愈合。

2. 观察生命体征　给予心电监护，每 30 分钟监测一次，待生命体征平稳后改为 2 小时一次，常规吸氧，血氧饱和度维持在 95% 以上，手术后 1～3 日体温稍有升高，一般不超过 38.5℃，每日应测量体温 3 次。

3. 伤口护理　伤口可加压包扎，术后应每 4 小时观察一次伤口，观察伤口有无渗血、渗液等。

4. 会阴部护理　观察阴道流血情况，每日进行会阴擦洗 2 次。

5. 腹胀　通常术后 48 小时恢复正常蠕动，一经排气，腹胀即可缓解。刺激肠蠕动、缓解腹胀的措施很多，例如生理盐水低位灌肠，热敷下腹部等。在肠蠕动已恢复尚不能排气时，可针刺“足三里”穴或皮下注射新斯的明 0.5mg，也可采用肛管排气等。术后早期下床活动，预防或减轻腹胀。

6. 尿潴留 术后鼓励病人定期坐起来排尿，在拔除尿管前，注意定时开放尿管，以训练膀胱恢复收缩力。如上述措施无效，则应导尿，一次导尿量不得超过1000ml，宜暂时保留尿管，每3～4小时候开放1次。拔管后一般在4～8小时自解小便，注意记录尿量和时间。

考点：手术后护理措施

【健康教育】

1. 饮食指导 在肛门尚未排气前，流质但避免产气食物。肛门完全排气后，半流质饮食逐渐向普通饮食过渡。应进食高蛋白、富含维生素、易消化的食物。

2. 活动指导 手术后6～8小时以后，协助患者在床上翻身，活动并按摩双下肢，鼓励早期下床活动。一般手术24～36小时应鼓励并协助其下床活动。子宫根治术等大手术患者，应在手术3～5天后下床活动。

3. 出院指导 子宫全切术后2个月内避免提重物，防止正在愈合的腹部肌肉用力；术后3个月内，避免阴道冲洗和性生活，以免影响阴道顶端伤口的愈合。出现阴道流血、异常分泌物时应减少活动并立即就诊。

第2节 外阴、阴道手术病人的护理

【外阴、阴道手术种类】

按手术范围分为外阴癌根治术、前庭大腺切开引流术、处女膜切开术、宫颈手术、阴道成形术、阴道前后壁修补术、尿瘘修补术、阴式子宫切除术等。

【手术前准备】

1. 心理准备 外阴、阴道手术的患者常担心手术切口的瘢痕会导致将来性生活不协调；由于病变在隐私部位会加重患者的心理负担。护士应理解患者的感受，以亲切和蔼的态度耐心回答患者的问题，解除患者疑虑。

2. 皮肤准备 每日清洁外阴，术前1日行皮肤准备，备皮范围上至耻骨联合上10cm，下至会阴部，肛门周围、腹股沟及大腿内侧上1/3。备皮后洗净皮肤。

3. 阴道准备 为了防止术后感染，手术前3日开始进行阴道准备，常用1∶5000高锰酸钾、0.02%碘伏或1∶1000苯扎溴铵溶液坐浴或阴道冲洗。术晨用消毒液行阴道消毒，消毒时应特别注意阴道后穹隆，消毒后用大棉签蘸干。

4. 肠道准备 术前3日进食无渣饮食，并遵医嘱使用肠道抗生素，如庆大霉素、甲硝唑。术前日晚及术晨行清洁灌肠。

5. 尿道护理 术前一般不留置尿管，嘱患者排空膀胱后，将无菌导尿管带入手术室，待手术结束后使用。

【手术后准备】

1. 体位 根据不同手术采取相应的体位。处女膜闭锁及有子宫的先天性无阴道患者，术后应采取半卧位，有利于经血的流出；行阴道前后壁修补的患者应以平卧位为宜，禁止半卧位，以降低外阴、阴道张力，促进伤口的愈合；外阴癌根治术后的患者应采取平卧位，双腿外展屈膝、膝下垫软枕头，减轻腹股沟及外阴部的张力，减轻患者的疼痛，并有利于伤口的愈合。

2. 切口的护理 每日给患者行2次会阴擦洗，保持外阴清洁、干燥。随时观察会阴切口的愈合情况，观察局部皮肤的颜色、温度、湿度、有无黏膜或皮肤组织坏死。

3. 尿管的护理　注意保持尿管通畅，注意观察尿量和尿色。长期留置尿管的患者每日定时做膀胱冲洗，拔管前应做膀胱功能锻炼，拔除尿管后应嘱患者尽早排尿，注意观察病人排尿情况。

4. 肠道护理　应控制首次排便的时间，以利于伤口的愈合。术前 3 天一般给予少渣或无渣饮食，术前 1 天禁食。术后遵医嘱给予抑制肠蠕动药物，以保证术后 5 天不排便。排便前给予粪便软化剂，避免排便困难影响手术切口愈合。

5. 减轻疼痛　会阴部神经末梢丰富，外阴、阴道手术后患者疼痛感明显。护士应正确评估患者对疼痛的耐受性，针对不同的患者，采取不同的方法缓解疼痛，遵医嘱使用镇痛药，并观察用药后效果。

【健康教育】

指导患者出院保持外阴的清洁、干燥；注意休息，外阴癌患者至少要休息 3 个月，禁止性生活及盆浴，避免重体力劳动和增加腹压的活动，如用力排便、咳嗽、下蹲等。逐渐增加活动量，并于术后 3 个月返回门诊复查。

案例 20-1 分析

1．术前准备：①心理护理；②术前护理包括指导并协助完成各项术前检查，向患者介绍手术名称，认真做好预防术后并发症的指导工作，指导患者饮食；③备皮；④做好胃肠道准备及阴道准备。

2．术后护理措施①体位；②伤口护理；③会阴护理；④并发症护理。

目标检测

A_1 型题

1. 子宫全切术后患者应禁止性生活及盆浴(　　)
   A. 1 个月　B. 2 个月　C. 3 个月　D. 4 个月　E. 5 个月
2. 经腹子宫切除术术前准备，下述哪项是不必要的（　　）
   A. 清洁灌肠
   B. 手术日给予术前用药
   C. 观察生命体征
   D. 术前 3 日，每日阴道冲洗一次
   E. 术前 3 日，进食流质
3. 剖宫产术后的护理措施正确的是（　　）
   A. 术后立即取半卧位
   B. 鼓励早期下床，减少并发症
   C. 术后当日进食流质
   D. 术后 3 日体温持续在 38℃以上无需处理
   E. 术后 48 小时拔导尿管
4. 妇科手术术前准备正确的是（　　）
   A. 手术当日备皮
   B. 腹部手术次晨禁食
   C. 术前 1 日开始进行阴道冲洗
   D. 手术前 1 日晚留置导尿管
   E. 术前禁食 4～6 小时

A_2 型题

5. 患者女性，45 岁，因患子宫肌瘤行腹部子宫全切术。术前 3 日应做的护理准备是（　　）
   A. 皮肤准备　B. 阴道准备　C. 胃肠道准备　D. 留置尿管　E. 禁食
6. 初产妇，足月分娩，行会阴侧切术，术后 5 天拆线，发现伤口红肿有分泌物流出，以下采取的护理措施哪项不妥（　　）
   A. 常规冲洗外阴每天 2 次
   B. 大便后随时冲洗
   C. 局部烤灯
   D. 嘱患侧卧位
   E. 产后 2 周行 1∶5000 高锰酸钾溶液坐浴

（罗丽蓉）

第 21 章　计划生育妇女的护理

学习目标

1. 了解计划生育的内容与意义。
2. 掌握药物避孕及宫内节育器避孕的避孕原理、放取环时间。
3. 熟悉各种避孕方法的适应证、并发症及护理。
4. 熟悉绝育的方法及其护理要点。
5. 熟悉终止妊娠的方法及其护理要点。

计划生育是指通过科学的方法有计划地生育子女。实施计划生育是我国的一项基本国策。

我国计划生育的内容包括：①晚婚，按法定年龄推迟 3 年以上结婚。②晚育，按国家法定年龄推迟 3 年以上生育。③节育，提倡一对夫妻只生育 1～2 个子女，节育的主要措施是避孕和绝育。④优生优育，避免先天性缺陷代代相传，防止后天不良因素影响发育，提高人口质量。

第 1 节　避孕方法及护理

避孕是采用药物、器具以及女性的生殖生理自然规律等使女性暂时不受孕的方法。目前常用的避孕方法有工具避孕和药物避孕。

一、工 具 避 孕

（一）宫内节育器

宫内节育器（intrauterine device，IUD）是一种安全、有效、简便、经济、可逆的避孕工具，为我国育龄妇女的主要避孕措施。

【种类】

1. 惰性宫内节育器　用惰性材料如金属、硅胶、塑料等制成。因金属单环，带器妊娠率和脱落率高，目前已淘汰。

2. 活性宫内节育器　内含活性物质如金属铜、孕激素、药物等，这些物质能提高避孕效果，减少副反应，现已广泛使用。

（1）带铜 IUD：是目前我国应用最广泛的 IUD，有 T 形、V 形、伞形等。在宫内持续释放具有生物活性，有较强抗生育能力的铜离子，避孕效果与含铜表面积呈正比，目前常用的有含铜 300IUD、Tcu220C、MLCu375、吉妮 IUD 等（图 21-1）。

（2）含药 IUD：将药物储存在节育器内，通过每天释放出微量的药物提高避孕的效果，降低副反应。目前我国临床主要应用含孕激素 IUD 和含吲哚美辛 IUD。

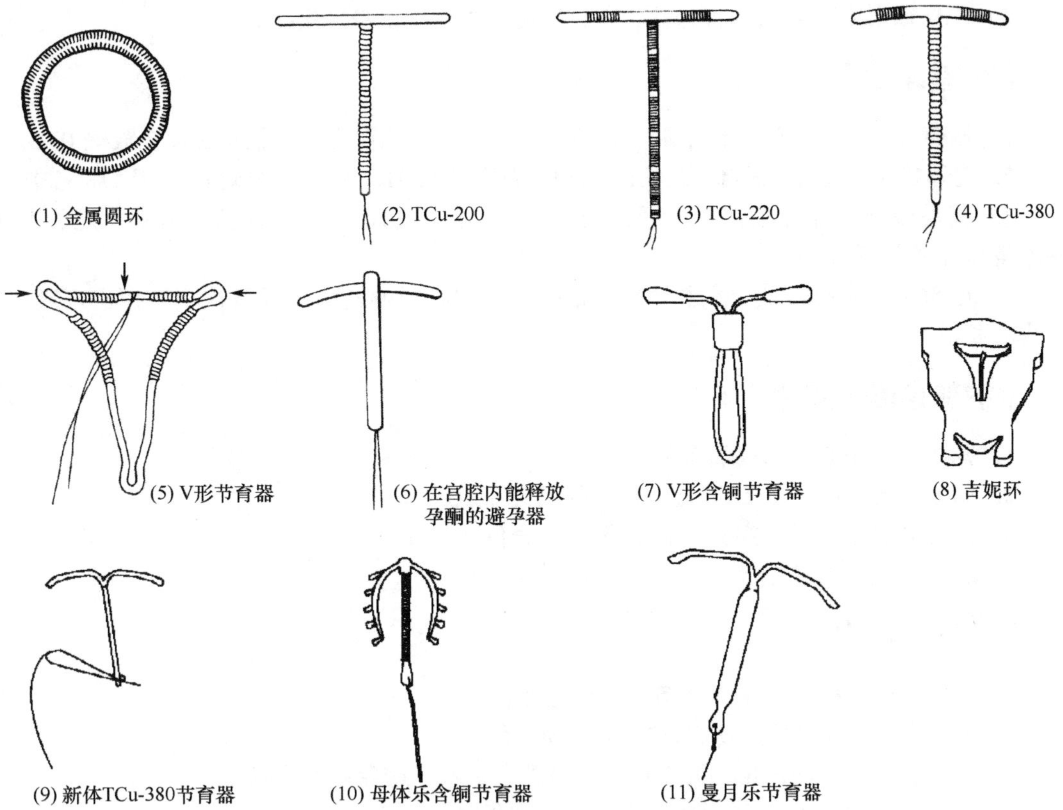

图 21-1　国内常见宫内节育器种类

【避孕原理】

1. 引起子宫内膜异物反应和无菌性炎症，改变子宫内环境，影响着床。

2. 使子宫内膜产生前列腺素，影响卵子或受精卵的输送。

3. 带铜 IUD 释放铜离子可影响精子运动，不利于受精卵着床及囊胚发育。

4. 含孕激素的 IUD 释放孕酮可引起子宫内膜腺体萎缩和间质蜕膜化，不利于受精卵着床；还可使宫颈黏液变黏稠，不利于精子通过。

【适应证】

1. IUD 放置术　凡育龄妇女自愿要求放置而无禁忌证者均可放置。

2. IUD 取出术　①放置宫内节育器后副反应严重、治疗无效或出现并发症者；②放置期满需要更换者；③拟改用其他避孕措施或绝育者；④绝经过渡期停经 1 年者；⑤计划再生育或不需要避孕，如丧偶或离异等；⑥带器妊娠。

【禁忌证】

1. IUD 放置术　①妊娠或可疑妊娠者；②月经过频、经血量过多或有阴道不规则流血者；③生殖器官急、慢性炎症；④生殖器官肿瘤、子宫畸形者；⑤产后或人工流产后子宫收缩不良，疑有妊娠组织残留或感染者；⑥宫颈内口过松、重度宫颈裂伤或子宫脱垂者；⑦严重全身性疾病者；⑧宫腔＜5.5cm 或＞9.0cm；⑨近 3 个月内有月经失调、阴道不规则流血；⑩有铜过敏史者，禁止放置带铜 TUD。

考点：IUD 的避孕原理及 IUD 放置术的禁忌证

2. IUD取出术 生殖器官急性、亚急性炎症或严重全身性疾病者。

【护理评估】

1. 健康史 详细询问女性年龄、月经史、婚育史、既往史，评估是否适合放置IUD。

2. 身体状况 询问有无自觉症状；术前体温应<37.5℃，进行全身体格检查及妇科检查。

3. 辅助检查 可行血常规、肝肾功能检查、凝血功能检查、B超、白带常规、TCT检查等以排除禁忌证。

4. 心理-社会状况 受术者常因害怕疼痛，担心影响性生活及再次生育而出现紧张、焦虑的心情。

【护理诊断/问题】

1. 焦虑 与担心手术疼痛有关。

2. 知识缺乏 缺乏IUD放置与取出的相关知识。

3. 潜在并发症 子宫穿孔、感染及IUD异位。

4. 舒适改变 与腰骶部酸痛，下腹坠胀感有关。

【护理目标】

1. 受术者能正确认识手术疼痛，减轻焦虑。
2. 受术者对IUD放置与取出的知识有所了解。
3. 受术者了解可能发生的并发症，积极配合手术，避免并发症发生。
4. 受术者了解IUD放置后的不良反应，自愿接受手术。

【护理措施】

1. IUD放置术护理

（1）选择放置时间：①月经干净后3～7日无性交；②产后42日恶露已净，会阴伤口已愈合，子宫恢复至正常大小；③剖宫产术后半年放置；④人工流产术后立即放置；⑤自然流产于转经后放置，药物流产2次正常月经后放置；⑥哺乳期应先排除早孕。

（2）术前准备：①向受术者介绍IUD放置术的过程和避孕原理，取得理解和配合；②嘱手术者术前3日禁止性生活；③根据宫腔深度及育龄妇女的要求选择合适的IUD类型；④测量生命体征，体温应<37.5℃，签手术知情同意书；⑤准备手术用物，协助受术者摆好体位。

（3）操作方法（图21-2，图21-3）：①受术者排尿后取膀胱截石位，消毒外阴，铺无菌洞巾；②双合诊检查子宫位置、大小、形状及附件状况；③阴道窥器暴露宫颈，消毒宫颈、阴道；④以颈钳钳夹宫颈前唇，用子宫探针按子宫屈向探测宫腔深度；⑤用放环器将宫内节育器送入宫腔底部，退出放环器。若放置带有尾丝的宫内节育器可直接持柄送入，在距宫颈外口2cm处剪断尾丝；⑥观察无出血，取出宫颈钳和阴道窥器。

（4）副反应及处理：①阴道流血：主要表现为经量过多、经期延长和月经周期中期点滴出血，一般不需特殊处理，3～6个月后逐渐恢复，可按医嘱给予止血剂进行对症处理。如处理无效，应考虑取出宫内节育器，改用其他避孕方法。②腰腹酸胀感：表现为腰酸、下腹坠胀感。轻者不需处理，重者应考虑更换IUD型号或改用其他避孕方法。

（5）并发症及其护理：①感染：多因手术时无菌操作不严或节育器尾丝导致上行感染。一旦发生感染，应遵医嘱给予抗生素治疗并取出节育器。②节育器异位：多因操作不当所致。确诊后，应经腹或在腹腔镜下将IUD取出。③节育器嵌顿或断裂：多因放置时损伤宫

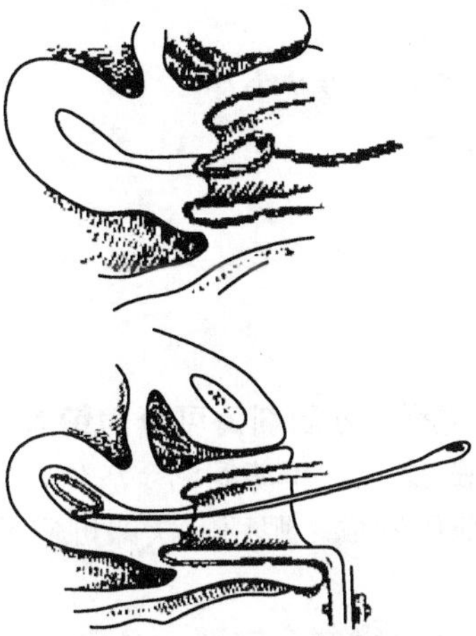

图 21-2 放置宫内节育器

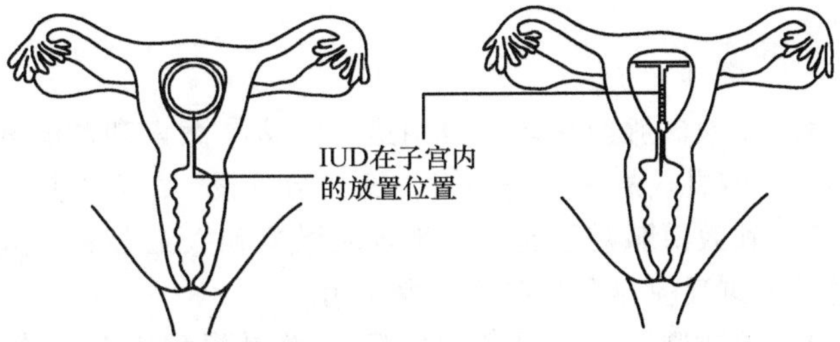

图 21-3 IUD 放置后的位置

壁或带器时间过长，致部分器体嵌入子宫肌壁或发生断裂，应及时取出。若取出困难，可在 X 射线或 B 超监视下或借助宫腔镜取出。④节育器脱落：常见于 IUD 放置后一年内，多因 IUD 型号选择不当、宫颈口松弛、月经过多或未将节育器放至宫底所致。⑤带器妊娠：多见于 IUD 下移、脱落或异位。一经确诊，行人工流产术同时取出 IUD。

2. IUD 取出术护理

（1）取器时间：①月经干净后 3～7 日无性交；②因子宫不规则出血而需取器者，随时可取；③带器妊娠者行人工流产同时取出。

考点：IUD 放置术的时间、并发症

（2）操作方法：常规消毒后，有尾丝者用血管钳夹住尾丝轻轻牵引取出。无尾丝者，先用子宫探针探查清楚宫内节育器的位置，再用取环钩牵引取出。如取器困难，可在 B 超、X 射线监视下或借助宫腔镜取器。

3. 心理护理 做好详细的解释工作，说明 IUD 放置和取出过程中可能出现的不适反应，消除思想顾虑。

【健康教育】

1. 放置术后休息 3 日，取出术后休息 1 日，术后禁止性生活及盆浴 2 周，保持外阴清洁。
2. 放置术后 3 个月内月经期及排便时注意有无节育器脱出，在 1、3、6、12 个月各随访 1 次，以后每年 1 次。
3. 术后若出现少量阴道流血、下腹轻微不适，无需处理，严重者应及时就诊。
4. IUD 到达规定的期限后，应到医院取出或更换，以免影响避孕效果。

考点：IUD 放置术后的注意事项

（二）阴茎套

阴茎套也称避孕套，阻止精子进入阴道从而达到避孕目的。同时可有效防止性传播疾病。

阴茎套为筒状优质薄膜乳胶制品。顶端呈小囊状，射精后精液储留在小囊内。筒径有 29、31、33、35mm 四种。使用前先选择合适的型号，行吹气检查有无漏气，排出小囊内空气即可使用。射精后在阴茎尚未软缩时，捏住套口与阴茎一起取出，事后如发现阴茎套有破孔、滑脱，需采取紧急避孕措施。

【护理评价】

1. 受术者能否正确认识手术疼痛，焦虑是否减轻。

2. 受术者对IUD放置与取出的知识是否有所了解。

3. 受术者是否了解可能发生的并发症，积极配合手术，避免并发症发生。

4. 受术者是否了解IUD放置后的不良反应，自愿接受手术。

二、药物避孕

【种类】

1. 短效口服避孕药 应用最广，是孕激素和雌激素组成的复方制剂，可分为糖衣片、纸型片和滴丸。从月经周期第5日开始口服，每天1片，连服22天，不能间断。

2. 长效口服避孕药 由长效雌激素和人工合成孕激素配伍制成。服用一次即可避孕1个月，因副反应较多，现已较少应用。

3. 速效避孕药（探亲避孕药） 为孕激素类制剂或雌、孕激素复合制剂。避孕有效率达98%以上，适用于短期探亲夫妇。

4. 长效避孕针 目前有单纯孕激素制剂和雌、孕激素复合制剂两种。注射1次，可避孕1个月。首次月经周期第5天和第12天各肌内注射1支，以后在每次月经周期的第10～12天肌内注射1支，一般于注射后12～16天月经来潮。

5. 缓释系统避孕药 是以具备缓释性能的高分子化合物为载体，一次给药在体内通过持续、恒定、微量释放甾体激素，主要是孕激素，达到长效避孕效果。目前常用的有皮下埋植剂、缓释阴道避孕环、避孕贴片、微球和微囊避孕针等。

【避孕原理】

1. 抑制排卵。

2. 改变宫颈黏液性状，不利于精子通过。

3. 改变子宫内膜形态与功能，不利于受精卵着床。

4. 改变输卵管功能，改变受精卵在输卵管内正常运动，干扰受精卵着床。

考点：药物避孕的原理

【护理评估】

1. 健康史 询问女性年龄、月经史、婚育史、既往史，评估是否适合药物避孕，禁忌证：①严重心血管疾病的患者；②急、慢性肝炎或肾炎；③血液病或血栓性疾病患者；④内分泌疾病的患者，如糖尿病、甲状腺功能亢进症；⑤恶性肿瘤、癌前病变、子宫或乳房肿块者；⑥哺乳期；⑦月经稀少或年龄大于45岁者；⑧精神病长期服药者；⑨年龄大于35岁的吸烟妇女。

2. 身体状况 进行全身体格检查及妇科检查，以排除禁忌证。

3. 辅助检查 可行血常规、肝肾功能检查、凝血功能检查、B超、白带常规、TCT检查等以排除禁忌证。

4. 心理-社会状况 因担心药物的副反应而感到焦虑。

【护理诊断/问题】

1. 焦虑 担心药物副反应有关。

2. 知识缺乏 缺乏药物避孕的相关知识。

3. 舒适改变 与类早孕反应、突破性出血等有关。

【护理目标】

1. 拟用药避孕者了解药物避孕的相关知识，能正确应用避孕药物。
2. 拟用药避孕者了解药物的副反应及应对措施，焦虑缓解。
3. 拟用药避孕者按医嘱服药，不良反应少。

【护理措施】

1. 加强知识宣教，指导正确用药　介绍避孕药物的种类、用法及注意事项，帮助育龄妇女选择适宜的避孕药物并正确使用。

2. 介绍副反应及应对措施

（1）类早孕反应：服药初期部分妇女出现恶心、呕吐、乏力、头晕等类似早孕反应。一般无需处理，坚持服药数天后副反应自行减轻。

（2）阴道不规则流血：服药期间阴道流血又称突破性出血，多因漏服、迟服（不定时服药）引起。轻者点滴出血，无需处理；流血较多者可每晚加服炔雌醇 1 片，直至停药。若阴道流血似月经量或流血时间已接近月经期，则停止用药，作为一次月经来潮，于出血第 5 天再开始下一周期用药。

（3）闭经：1%～2% 妇女发生闭经，常见于月经不规则妇女。停药后月经不来潮需排除妊娠，停药 7 天后可继续服药，若继续停经 3 个月，需停药观察。

（4）色素沉着及体重增加：一般不需做处理，停药后多可自然减轻或消退。

（5）其他偶可出现皮疹、皮肤瘙痒、头痛、乳房胀痛等，可对症处理。

3. 心理护理　热情接待，做好耐心、细致的解释工作，解除思想顾虑，使其树立信心，乐于接受和配合。

考点：药物避孕的副反应及应对措施

【健康教育】

1. 妥善保管药物　应将药物存放于阴凉、干燥处，以免受潮后影响避孕效果，同时防止儿童误服。

2. 按时服药　若漏服，应在 12 小时内及时补服，以免出现突破性出血。

3. 停用长效避孕药者　应在停药后改用短效避孕药 3 个月，防止月经失调。

4. 要求生育者　应在停药 6 个月后再受孕。哺乳期妇女不宜服药。

【护理评价】

1. 拟用药避孕者是否了解药物避孕的相关知识，能正确应用避孕药物。
2. 拟用药避孕者是否了解药物的副反应及应对措施，焦虑缓解。
3. 拟用药避孕者是否按医嘱服药，不良反应少。

三、其他避孕法

（一）紧急避孕

是指在无防护性生活或避孕失败后的几小时或几天内，妇女为防止非意愿妊娠的发生而采取的补救避孕法，包括放置宫内节育器和口服紧急避孕药，用于避孕失败，如阴茎套破裂、滑脱、脱落或移位，漏服避孕药等。性生活未采取任何避孕方法者。遭到性暴力者。

【方法】

1. 宫内节育器（IUD） 在无保护性生活后5天（120小时）内放置带铜IUD，避孕有效率达95%以上。

2. 紧急避孕药 在无防护性交后口服紧急避孕药。主要有激素类如左炔诺孕酮片和非激素类如米非司酮两类。左炔诺孕酮片需要在72小时内口服，首剂1片，12小时后再服1片；米非司酮可在无防护性生活后120小时内服用。

紧急避孕只对一次无保护性生活有效，不能作为常规避孕法反复使用。

紧急避孕药对子代的安全性

研究证明，甾体类避孕药（特别是短效口服避孕药）对子代致畸的危险性不大。以前认为，服用紧急避孕药后妊娠应该终止。近期上海所做的临床观察提示，单方孕激素如LNG类紧急避孕药对子代致畸与未服用妇女比较没有明显增加，无须终止妊娠。但是如果服用米非司酮作为紧急避孕药则需要终止妊娠。

知识链接

（二）自然避孕法

也称安全期避孕法，是根据女性的自然生理规律推测排卵日期，选择在月经周期中的不易受孕期内进行性交达到避孕的目的。排卵前后4～5天为易受孕期，其余时间不易受孕为安全期。由于妇女可发生额外排卵，因此，自然避孕法并不十分可靠。

（三）免疫避孕法

主要分为导向药物避孕和抗生育疫苗两类。

【护理评价】

1. 拟行避孕措施者焦虑是否减轻。
2. 拟行避孕措施者对避孕方法是否了解，是否乐于接受。
3. 拟行避孕措施者出现不良反应后，是否采取了对应措施。

第2节　女性绝育方法及护理

考点：女性绝育常用的方法

女性绝育是用手术或药物的方法，达到永久不生育的目的。目前，女性绝育方法主要是经腹壁或在腹腔镜下，通过切断、结扎、电凝、钳夹、药物黏堵输卵管等方式，阻断精子和卵子相遇而达到绝育。

一、经腹输卵管绝育术

【适应证】

1. 育龄期自愿接受绝育手术且无禁忌证者。
2. 患有全身性疾病不宜生育者，如心脏病、肝肾疾病等。

【禁忌证】

1. 各种疾病急性期。

2. 全身状况不佳，如心力衰竭、肝肾功能不全，不能胜任手术者。
3. 24 小时内 2 次体温＞37.5℃者。
4. 患有严重神经官能症者。
5. 腹部皮肤有感染灶或患有急、慢性盆腔炎。

【护理评估】

详细询问妇女月经史、婚育史、既往史、现病史，通过全身检查和妇科检查及实验室检查，排除禁忌证；受术者常因害怕疼痛及手术，可能出现紧张、焦虑的情绪。

【护理诊断 / 问题】

1. **焦虑**　与担心手术疼痛有关。
2. **知识缺乏**　缺乏输卵管绝育术的相关知识。
3. **潜在并发症**　感染及脏器损伤等。

【护理目标】

1. 受术者紧张情绪缓解。
2. 受术者没有发生感染、脏器损伤等并发症。
3. 受术者了解经腹输卵管绝育术的相关知识，配合手术。

【护理措施】

1. **心理护理**　介绍手术的相关知识，消除其紧张焦虑心理，使其配合手术。

2. **医护配合**

（1）指导受术者选择合适的手术时间：①非孕妇女在月经干净后 3～4 日；②人工流产或分娩后 48 小时内；③哺乳期或闭经妇女应排除妊娠。

（2）术前准备：详细询问病史，通过全身检查和妇科检查全面评估受术者情况；按妇科腹部手术要求常规准备。

（3）麻醉以局部浸润麻醉为主。

（4）手术过程（图 21-4）：受术者排空膀胱，取头低臀高仰卧位，常规消毒铺巾。切口取下腹正中耻骨联合上两横指处做 2cm 长纵切口，产后则在宫底下 2～3cm 处行纵切口。逐层打开腹腔。提取及辨认输卵管，确认无误后，采用抽心近端包埋法结扎输卵管。检查腹腔、腹壁各层有无出血，清点纱布、器械无误后关闭腹腔，逐层缝合，结束手术。

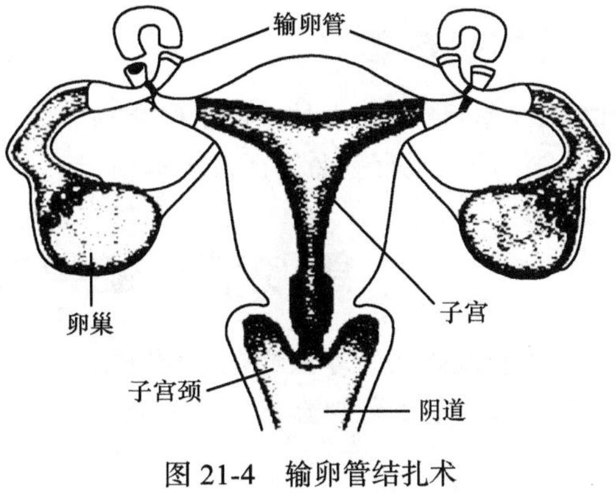

图 21-4　输卵管结扎术

3. **术后并发症的护理**

（1）出血或血肿：过度牵拉损伤输卵管或输卵管系膜血管引起。因此手术时操作忌粗暴。一旦发现，应找出出血部位予以缝扎止血。血肿形成时应切开止血后再缝合。

（2）感染：多因未严格掌握手术适应证和禁忌证、术中未严格执行无菌操作规程所致。应以预防为主。感染发生后应积极给予抗生素治疗。

（3）脏器损伤：多因操作不熟练、粗暴或解剖关系辨认不清所致。一旦发生脏器损伤，应立即修补并注意术后观察。

4. 术后护理

（1）密切观察体温、脉搏、血压、腹痛情况，有无内出血或脏器损伤征象等。

（2）观察伤口有无渗血，保持敷料清洁干燥。

（3）鼓励受术者卧床休息 4～6 小时后下床活动，减少腹腔粘连。

（4）术后休息 3～4 周，禁止性生活 1 个月。

【护理评价】

1. 受术者紧张情绪是否缓解。
2. 受术者是否发生感染、脏器损伤等并发症。
3. 受术者是否了解经腹输卵管绝育术的相关知识，配合手术。

二、经腹腔镜输卵管绝育术

此方法简单、安全，创伤性小，国内已逐渐推广选用。

【适应证】

同经腹输卵管绝育术。

【禁忌证】

腹腔粘连及心肺功能不全者，余同经腹输卵管结扎术。

【手术过程】

采用局麻、硬膜外麻醉或全身麻醉，受术者取头低臀高仰卧位，常规消毒、铺巾。脐孔下缘做 1cm 小切口，把气腹针插入腹腔，充二氧化碳气体 2～3L，然后置换腹腔镜。在腹腔镜直视下将弹簧夹或硅胶环置于输卵管峡部，以阻断输卵管道，也可用双极电凝烧灼输卵管峡部 1～2cm。

【术后护理】

1. 静卧 4～6 小时后可下床活动。
2. 严密观察生命体征及腹痛情况，有无内出血及内脏损伤等征象。

第 3 节　避孕失败补救措施及护理

终止妊娠是避孕失败的补救方法，或因意外妊娠、优生或疾病等原因而采用的终止妊娠的方法，包括药物流产、人工流产手术、中期妊娠引产术。

一、药物流产

是指应用药物终止早期妊娠的方法。目前临床常用药物为米非司酮与米索前列醇配伍。

【适应证】

1. 停经 49 日内，确诊为宫内妊娠，本人自愿要求使用药物终止妊娠，年龄＜40 岁的健康妇女。

2. 人流高危因素者，如瘢痕子宫、哺乳期、畸形子宫及多次手术流产等。
3. 对人工流产手术有疑虑或恐惧心理者。

考点：药物流产的适应证

【禁忌证】

1. 使用米非司酮的禁忌证　如肾上腺及其他内分泌疾病、血液病、血栓病等病史。
2. 使用前列腺素类药物的禁忌证　如心血管疾病、青光眼、哮喘、癫痫、结肠炎等患者。
3. 带有宫内节育器、可疑宫外孕或宫内孕不明确者。
4. 其他　过敏体质，妊娠剧吐，长期服用抗癫痫、抗抑郁、抗前列腺素药等。

【方法】

具体用法：米非司酮 25mg，每天口服 2 次，连续服用 3 日，于第 4 日上午在医院内口服米索前列醇 600μg。

【注意事项】

服药过程中可出现轻度恶心、呕吐或腹泻等胃肠道症状，多自行好转，不需特殊处理；主要副反应为出血时间较长和出血量较多，用药后应严密随访，必要时刮宫，给予抗生素预防感染。

二、手 术 流 产

指在妊娠 14 周以内，用人工方法终止妊娠的手术。

【适应证】

1. 妊娠 14 周内要求终止妊娠而无禁忌证者。
2. 因各种疾病不宜继续妊娠者。

【禁忌证】

1. 各种疾病的急性期，或严重的全身性疾病。
2. 生殖器官急性炎症，如急性盆腔炎、阴道炎、宫颈炎等。
3. 妊娠剧吐酸中毒尚未纠正。
4. 术前两次体温在 37.5℃以上者。

【护理评估】

详细询问病史，核对末次月经时间，确定妊娠周数。测量生命体征，进行全身检查及妇科检查，进行血常规、出凝血时间、白带常规检查等全面评估受术者能否进行手术。受术者因担心手术疼痛及手术的并发症，而感到紧张、恐惧。

【护理诊断 / 问题】

1. **知识缺乏**　缺乏相关手术知识有关。
2. **焦虑**　与手术可能引起的疼痛及并发症有关。

【护理目标】

1. 受术者了解手术的相关知识，配合手术。
2. 受术者焦虑情绪减轻。

【护理措施】

1. 心理护理 向受术者解释手术过程、并发症及应对措施，缓解紧张情绪。

2. 配合医生做好术前准备工作

3. 物品准备：手术器械、敷料与宫内节育器放置术基本相同，另外，需增加宫颈扩张器 1 套，不同型号吸管各 1 个，小头卵圆钳 1 把，有齿卵圆钳 1 把，刮匙 1 把，人工流产负压吸引器。

4. 操作方法

（1）负压吸引术：适用于妊娠 10 周以内者（图 21-5）。

嘱受术者排空膀胱后，取膀胱截石位，常规消毒外阴、阴道，铺巾，行双合诊检查，查清子宫位置、大小及附件状况，阴道窥器暴露宫颈并消毒。探测宫腔深度。扩张宫颈至比吸管大半号或 1 号。将吸管连接负压吸引器按孕周选择吸管粗细及负压大小，所用负压不宜超过 400～500mmHg。将吸管缓慢送入宫底，按顺时针方向吸引宫腔 1～2 周，当感觉子宫缩小、吸管被包紧、子宫壁有粗糙感、移动受阻时，表示妊娠产物已被吸净，取出吸管后再用小刮匙轻刮宫腔 1 周，特别注意两侧宫角和宫底处。观察无异常后取出阴道窥器，结束手术。仔细检查有无绒毛及胚胎组织，吸出物是否与孕周相符，检查有无绒毛，若未见绒毛，应送病理检查。

（2）钳刮术：适用于妊娠 11～14 周者（图 21-6）。

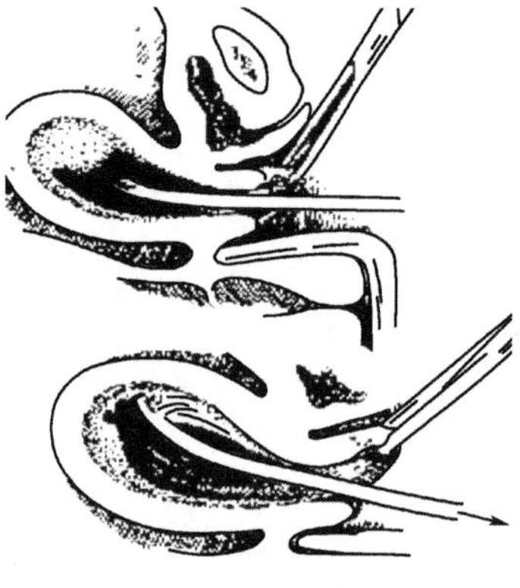

图 21-5 人工流产吸宫术

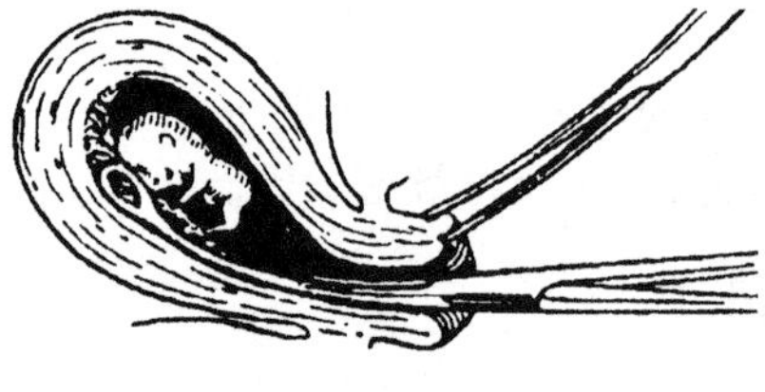

图 21-6 人工流产钳刮术

常规消毒、探测宫腔、扩张宫颈管。用卵圆钳进入宫腔夹破胎膜使羊水流净，后夹取胎盘和胎儿组织，再用刮匙清理宫腔。

5. 护理要点

（1）严格遵守无菌操作常规。

（2）术中正确判断子宫大小及方向，动作轻柔，减少损伤。

考点：人工流产手术的护理要点

（3）术后受术者在观察室卧床休息 1 小时，观察腹痛及阴道出血情况。

（4）嘱受术者保持外阴清洁，禁止性生活及盆浴 1 个月。

（5）吸宫术后休息 3 周，钳刮术后休息 4 周；若有腹痛或阴道流血增多者嘱随时就诊。

【并发症及护理】

1. 人工流产综合反应 因手术疼痛或局部刺激，受术者在术中或术毕出现心动过缓、心律不齐、血压下降、面色苍白、头晕、胸闷、大汗等症状，甚至出现昏厥和抽搐。一旦出现，立即停止手术，遵医嘱给予吸氧，严重者给予阿托品 0.5～1mg 静脉注射。

2. 子宫穿孔 是人流手术的严重并发症。发生率与手术者操作技术以及子宫本身情况（如哺乳期子宫、瘢痕子宫、子宫过度屈曲等）有关。疑有手术穿孔者应立即停止手术，遵医嘱给予缩宫素及抗生素，严密观察生命体征，有无腹痛及腹腔内出血征象，必要时应剖腹探查。

3. 吸宫不全 是人工流产术后常见并发症。与手术者操作技术不熟练或子宫位置异常有关。如术后阴道流血超过 10 天，流血量过多，或流血停止后再现多量流血，应考虑吸宫不全。无明显感染征象者，应行刮宫术，刮出物送病理检查，术后用抗生素预防感染。

4. 漏吸 指确诊为宫内妊娠，但人工流产手术时未能吸出胚胎或胎盘绒毛。常因子宫畸形、位置异常或术者操作技术不熟练等有关。应再次行负压吸引术。

5. 出血 多发生在妊娠月份较大时，因子宫较大，子宫收缩欠佳，出血量多。可在扩张宫颈后注射缩宫素，尽快钳取或吸出妊娠产物。

6. 感染 多因吸宫不全、术后过早行性生活、手术用物消毒不严以及术者无菌观念不强所致。可发生急性子宫内膜炎、盆腔炎甚至腹膜炎。术后给予抗生素预防感染。

7. 羊水栓塞 少见。即使发生羊水栓塞，其病情较轻。此时应给氧、解痉、抗过敏、抗休克等处理。

考点：人工流产手术的并发症

三、中期妊娠引产

用人工的方法终止中期妊娠称为中期妊娠引产。常用的方法有依沙吖啶（利凡诺）引产和水囊引产。

（一）依沙吖啶（利凡诺）引产

依沙吖啶是一种强力杀菌剂，可使胎儿中毒死亡，引起子宫收缩排出胎儿和胎盘。临床多采用依沙吖啶经腹羊膜腔内注射法。

（二）水囊引产

是将水囊置于子宫壁与胎膜之间，再向水囊中注入适量无菌生理盐水，使子宫膨胀，利用其机械刺激，引起子宫收缩，促使胎儿及附属物排出。

【适应证】

1. 妊娠 15 周至不足 28 周、自愿终止妊娠而无禁忌证者。
2. 因各种疾病不宜继续妊娠者。

【禁忌证】

1. 严重的全身性疾病。
2. 各种疾病急性期，如生殖器官炎症、急性传染病者。
3. 术前 24 小时内 2 次体温超过 37.5℃以上者。
4. 前置胎盘。

【物品准备】

1. 羊膜腔内注入法 卵圆钳 2 把，7 号或 9 号腰椎穿刺针 1 个，弯盘 1 个，5ml 及 20ml 注射器各 1 个，治疗巾、纱布、无菌手套。

2. 水囊引产法 将消毒后的两个阴茎套套在一起呈双层用来制备水囊，将 14 号导尿管送入阴茎套内，用粗线在距离 5cm 和 8cm 处将囊缚扎于导管上。排空囊内空气后，扎紧导管末端备用，其他用物同羊膜腔内注射法（图 21-7）。

【操作方法】

1. 羊膜腔内注入法 按经腹壁羊膜腔穿刺方法进行。腰椎穿刺针垂直刺入羊膜腔后，抽出针芯，见有羊水溢出，接上装有依沙吖啶的注射器抽出少量羊水，缓慢注入药物。拔出穿刺针，覆盖无菌纱布，压迫数分钟后，用胶布固定（图 21-8）。

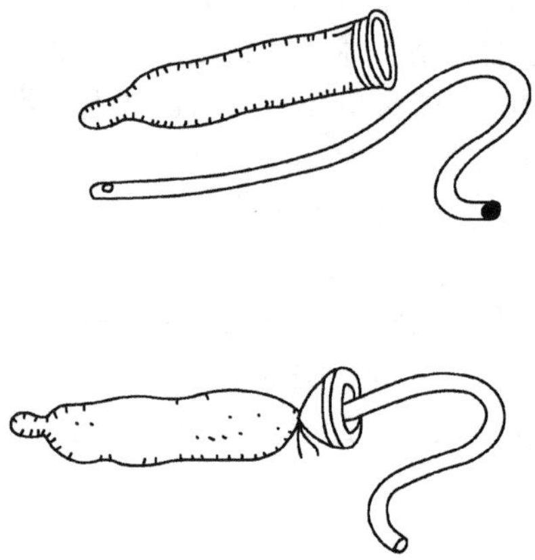

图 21-7　水囊制备

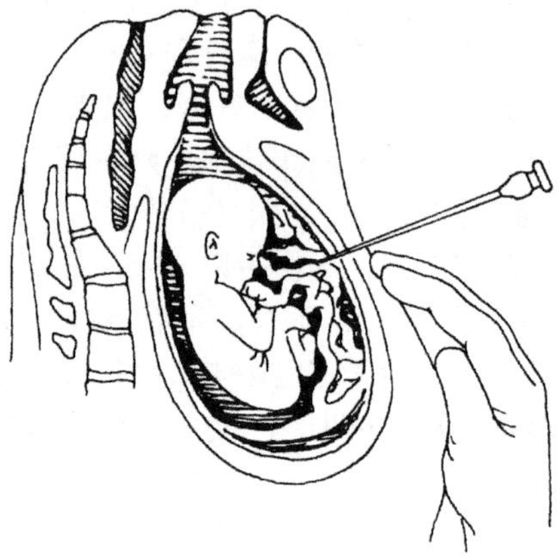

图 21-8　中期妊娠羊膜腔穿刺术

2. 水囊引产　孕妇排尿后取膀胱截石位，外阴、阴道常规消毒铺巾。用阴道窥器暴露宫颈并消毒，可用宫颈扩张器逐号扩张宫颈至 8～10 号。用长无齿镊将准备好的水囊逐渐全部送入子宫腔内，向水囊内缓慢注入无菌生理盐水 300～500ml，并加入数滴亚甲蓝以利于识别羊水和注入液。折叠导尿管末端，扎紧后放入阴道穹隆部（图 21-9，图 21-10）。

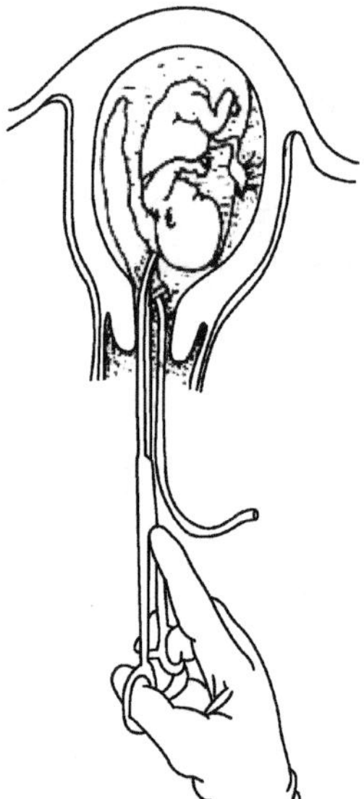

图 21-9　水囊放置

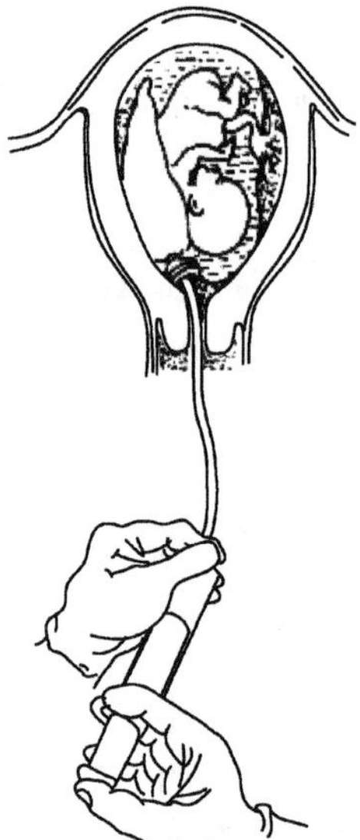

图 21-10　水囊注水

【护理要点】

1. 羊膜腔内注入法

（1）向孕妇讲解引产手术的特点、过程，配合完成各项检查及护理。

（2）做好受术者身心状况评估，协助医生评估适应证和禁忌证。

（3）术中严格无菌操作，穿刺次数不得超过 3 次，动作轻柔。

（4）胎儿排出前嘱孕妇尽量卧床休息。

（5）监测生命体征，注意拔针前后有无呼吸困难、发绀等表现。严密观察宫缩、产程进展及阴道流血情况。

（6）产后检查胎盘、胎膜及软产道。妊娠产物排出后常规行清宫术。

2. 水囊引产

（1）向孕妇讲解引产手术的特点、过程，配合完成各项检查及护理。

（2）做好受术者身心状况评估，协助医生评估适应证和禁忌证。

（3）术中严格无菌操作，动作轻柔，切勿碰阴道壁，避免反复操作。水囊引产最好只放 1 次，第 2 次仍失败者，应改用其他方法引产。

（4）放入时若有出血且量多，应立即取出停止操作；出血量少，可改换方向再放入；

注水时遇有阻力，即停止操作。

【健康教育】

1. 嘱受术者保持外阴清洁，禁止性生活及盆浴 1 个月。
2. 指导退奶及实施有效的计划生育措施。
3. 引产术后 1 个月到医院复查，如有发热、腹痛、多量出血随时就诊。

【护理评价】

1. 受术者是否了解手术的相关知识，配合手术。
2. 受术者焦虑情绪是否减轻。

目标检测

A_1 型题

1. 我国育龄期妇女的主要避孕措施为（　　）
   A. 工具避孕　B. 口服避孕药
   C. 避孕套避孕　D. 安全期避孕
   E. 紧急避孕
2. 下列哪一项不是放置宫内节育器的并发症（　　）
   A. 节育器脱落　B. 感染
   C. 带器妊娠　D. 子宫穿孔
   E. 节育器断裂
3. 宫内节育器放置时间是在月经干净后（　　）
   A. 立即　B. 1～2 天
   C. 3～7 天　D. 10 天
   E. 15 天
4. 放置宫内节育器术中及术后的护理措施错误的是（　　）
   A. 术中随时观察受术者情况
   B. 嘱术者如有出血多、发热、腹痛等随时就诊
   C. 术后休息 3 天
   D. 1 周内禁止性生活
   E. 术后于 1、3、6、12 个月分别复查一次
5. 服用口服避孕药的妇女应该停药的情况是（　　）
   A. 阴道点滴样出血　B. 体重增加
   C. 闭经　D. 经量减少
   E. 恶心、呕吐
6. 施行人工流产负压吸宫术是在妊娠（　　）
   A. 10 周内　B. 8 周内
   C. 6 周内　D. 14 周内
   E. 24 周内
7. 钳刮术流产适用于（　　）
   A. 49 天以前　B. 10 周内
   C. 11～14 周　D. 14～24 周
   E. 14～28 周
8. 吸宫术后注意事项不正确的是（　　）
   A. 术毕应在休息室休息 1～2 小时
   B. 1 周内禁止盆浴
   C. 1 月内禁止性生活
   D. 保持外阴清洁
   E. 持续阴道流血 10 天以上，须及时复诊

A_2 型题

9. 张女士，产后 2 个月的哺乳妇女，今天来咨询避孕方法，作为护士你应指导她采用以下哪种方法（　　）
   A. IUD 避孕　B. 口服避孕药
   C. 避孕套避孕　D. 安全期避孕
   E. 紧急避孕
10. 何女士，22 岁，来医院做婚检，咨询新婚夫妇最佳的避孕方法，以下说法正确的是（　　）
   A. 工具避孕　B. 口服避孕药
   C. 避孕套避孕　D. 安全期避孕
   E. 紧急避孕

（朱　敏）

第 22 章　妇产科常用护理技术

学习目标

1. 掌握会阴擦洗（冲洗）、阴道灌洗、会阴湿热敷、阴道或宫颈上药、坐浴的操作步骤和护理要点。

2. 熟悉会阴擦洗（冲洗）、阴道灌洗、会阴湿热敷、阴道或宫颈上药、坐浴需准备的物品。

3. 了解会阴擦洗（冲洗）、阴道灌洗、会阴湿热敷、阴道或宫颈上药、坐浴的适应证。

第 1 节　会阴擦洗（冲洗）

【适应证】

生殖系统、泌尿系统逆行感染的病人；长期卧床、妇科腹部手术留置导尿管的病人；会阴、阴道手术后的病人；产后一周内的妇女。

【物品准备】

药液（1∶5000 的高锰酸钾溶液，0.02% 聚维酮碘溶液等）；会阴擦洗盘：无菌碗内盛棉球数个、无菌镊子 2 把、干纱布两块、无菌干纱球 1～2 个、弯盘 1 个、一次性垫巾、一次性手套。会阴冲洗时备冲洗壶和便盆。

【操作方法】

1. 携用物至床旁，核对患者，解释并取得合作。

2. 护士站于患者右侧，协助患者取仰卧位，脱去对侧裤腿，两腿屈曲分开暴露外阴部，臀下放置一次性会阴垫。

3. 会阴擦洗：左手持镊子夹取浸有消毒液的棉球，递至右手所持的卵圆钳，用右手持卵圆钳夹棉球擦洗，如棉球液体过多，可用镊子和卵圆钳拧干，共擦洗 3 次。

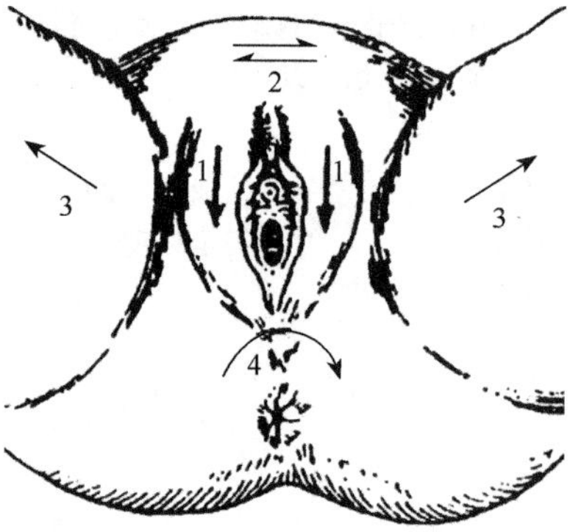

图 22-1　会阴擦洗顺序

第 1 次：自上而下，由外往里，首先擦去外阴的血迹分泌物及其他污垢，顺序为阴阜、大腿内侧上 1/3（由外向内）、大阴唇、小阴唇、会阴、肛周、肛门。

第 2 次：自内向外或以伤口为中心逐渐向外，顺序为大阴唇、小阴唇、阴阜、大腿内侧上 1/3（由内向外）、会阴、肛周、肛门（图 22-1）。

第 3 次：同第 2 遍。必要时可多擦几次直至干净。原则上一个部位 1 个棉球，最后用镊子夹取无菌纱布擦干外阴部残留液体，撤去会阴垫。

4. 观察患者表现，听取其感受，指导其注意外阴部卫生。

5. 协助患者在外阴部放置卫生巾，穿好裤子，整理用物，记录。

【护理要点】

1. 严格查对制度，遵循无菌技术操作，做好个人防护。

2. 做好解释与沟通工作，操作时注意保暖和遮挡病人，如护士为男性，必须有 1 名女护士陪同。

3. 擦洗顺序正确，进行第 2 次擦洗时范围不能超过第 1 次的范围。操作轻柔、准确。

第2节　阴道灌洗

【适应证】

1. 各种阴道炎、宫颈炎的治疗。

2. 子宫切除术前或阴道手术前的常规阴道准备。

【物品准备】

治疗车、冲洗壶或冲洗袋、冲洗液（遵医嘱，温度 38～40℃）、一次性会阴垫 2 张、一次性手套、窥阴器、卵圆钳、消毒弯盘 2 个、无菌棉球若干、无菌干纱布 2 块、手消毒凝胶、治疗单。

【操作方法】

1. 核对病人，解释并取得合作。

2. 将病人带到治疗室，协助其上检查床，脱去一侧裤腿，取膀胱截石位，臀下放置一次性会阴垫。

3. 冲洗外阴，左手持盛有消毒液的冲洗壶或冲洗袋接管，右手持卵圆钳夹棉球，边冲消毒液边擦洗，顺序为大阴唇、小阴唇、阴阜、大腿内 1/3（由内往外）、会阴、肛周、肛门。

4. 冲洗阴道，左手分开小阴唇，沿阴道后壁斜 45°插入窥阴器，旋转窥阴器成正位，暴露宫颈，左手持冲洗壶或冲洗袋接管，右手持卵圆钳夹棉球，边冲冲洗液边擦洗，冲洗时转动窥阴器，以便冲净阴道四周皱襞，必要时更换棉球，用无菌干纱布擦干外阴部残留液体，嘱病人抬高臀部，换上清洁会阴垫。

5. 观察病人表现，听取其感受，指导其注意会阴部卫生。

6. 协助病人穿好裤子，清理用物，记录。

【护理要点】

1. 严格查对制度，严格执行无菌操作技术，做好个人防护，以防交叉感染。

2. 做好解释与沟通工作，操作时注意保暖、注意遮挡。

3. 冲洗顺序正确，使用窥阴器手法正确、动作轻柔，冲洗头不能插入阴道过深，以免损伤阴道壁或宫颈组织。

4. 嘱病人在操作过程中臀部不要抬高，以免冲洗液流入后背，双手不能触碰消毒过的区域。

5. 溶液温度以 41～43℃为宜，滴虫阴道炎用酸性溶液；细菌性阴道炎用碱性溶液；非特异性炎症病人则用一般溶液或生理盐水灌洗。

6. 灌洗筒不宜超过床沿 70cm，以免压力过大，水流过速，使溶液或阴道分泌物流入子宫腔，引起上行感染，或灌洗液在阴道停留时间过短，穹隆部及阴道壁的皱折处未能洗净。

7. 灌洗头不宜插入过深，操作需轻巧，勿伤阴道及宫颈。

8. 经期、产后或人工流产术后一般禁做阴道灌洗。但如产后 10 天以上或妇科手术 2 周后，阴道分泌物味臭，阴道伤口感染坏死者，可做低压灌洗，压力不可高于 30cm，以免污物进入宫腔或损伤阴道残端伤口。

9. 未婚妇女不做阴道灌洗，必要时用小号灌洗头或导尿管代替。

第 3 节　会阴湿热敷

会阴湿热敷疗法具有扩张血管、改善局部血液循环、促进局部代谢的作用。该疗法也可缓解肌肉痉挛，促进炎症及淤血的吸收，药物热敷还可使药物通过局部吸收，起到直达病所的目的，使治疗更直接、更有效。

【适应证】

会阴水肿、会阴血肿的吸收期，会阴伤口硬结及早期感染等病人。

【物品准备】

治疗车、橡胶单及治疗巾各 1 块，便盆、消毒弯盘 2 个，镊子 2 把，棉垫 1 个，消毒干纱布 2 块，凡士林，95% 乙醇，加热的 50% 硫酸镁溶液。

【操作方法】

1. 备齐物品，推治疗车至产妇床旁，向产妇解释操作的目的。
2. 铺橡胶单及治疗巾，行会阴擦洗，清洁局部。
3. 会阴擦洗后用纱布擦干会阴，撤出便盆。
4. 热敷部位先涂一薄层凡士林，盖上无菌干纱布，再轻轻敷上热敷溶液中的湿纱布，再盖上棉垫。
5. 每 3～5 分钟更换热敷一次，亦可将热水袋放在棉垫外，延长更换敷料时间，一次热敷 15～30 分钟。
6. 热敷完毕，更换清洁会阴垫。
7. 整理床铺。

【护理要点】

1. 操作时注意保暖和遮挡。
2. 严格无菌操作。
3. 湿热敷过程中要注意观察会阴切口及会阴肿胀情况，发现异常，应及时告知医生，遵医嘱给予相应处理。
4. 热敷面积应是病损范围的 2 倍，湿热敷的温度一般为 41～48℃或以自我感觉舒适为宜，防止烫伤。湿热敷时间为 30 分钟。
5. 对休克、虚脱、昏迷及感觉不敏感的病人尤应警惕烫伤。

第 4 节　阴道或宫颈上药

【适应证】

各类阴道炎、宫颈炎的治疗。

【物品准备】

治疗车、冲洗壶或冲洗袋、冲洗液（遵医嘱，温度 38～40℃）、一次性会阴垫 2 张、一次性手套、窥阴器、卵圆钳、消毒弯盘 2 个、无菌棉球若干、无菌干纱布 2 块、手消毒液、治疗单、药物（遵医嘱）。

【操作方法】

1. 核对病人，解释并取得合作。
2. 将病人带到治疗室，协助其上检查床，脱去一侧裤腿，取膀胱截石位，臀下放置一次性会阴垫。
3. 冲洗外阴：左手持盛有消毒液的冲洗壶或冲洗袋接管，右手持卵圆钳夹棉球，边冲消毒液边擦洗，顺序为大阴唇、小阴唇、阴阜、大腿内 1/3（由内往外）、会阴、肛周、肛门。
4. 根据选用药物的剂型采取不同的方法上药。

（1）纳入法：凡栓剂、片剂、丸剂可用卵圆钳夹药片后放入阴道后穹隆，或者由护士戴上无菌手套后用示指及中指夹住药片直接放入阴道后穹隆。

（2）喷撒法：粉剂可用喷粉器吸药粉对准宫颈进行喷射，边退窥阴器边喷药物，使阴道壁均能喷洒上药物，或用大棉枝蘸药粉或药液顶塞于宫颈部，如为腐蚀性药物，应注意保护正常组织。退出窥阴器，用无菌干纱布擦干外阴部残留液体。嘱病人抬高臀部，换上清洁会阴垫。

5. 观察病人表现，听取其感受，如药物为栓剂、片剂、丸剂，指导病人使用纳入法自己上药。
6. 协助病人穿好裤子，清理用物，记录。

【护理要点】

1. 严格查对制度，严格遵循无菌技术操作原则，做好个人防护。
2. 做好解释与沟通工作，操作时注意保暖和遮挡病人。
3. 行外阴道冲洗或坐浴后再上药，充分暴露宫颈，擦洗要彻底，并注意棉球不宜过湿。
4. 指导病人自己上药最好在临睡前操作，以免脱落影响治疗效果。
5. 涂布腐蚀性药液前应用纱布或棉球垫于阴道壁或后穹隆，药物只涂宫颈病灶局部，避免灼伤阴道壁及正常组织。
6. 如使用带线大棉球，则线尾留在阴道口外，12～24 小时应及时取出。
7. 经期及阴道出血者不宜采用阴道给药，用药期间禁止性生活。
8. 未婚妇女上药时禁用阴道窥器，可用长棉枝涂擦或放药。
9. 注意保暖，遮挡患者，擦洗时动作宜轻柔，避免对患者造成损伤。

第 5 节　坐　　浴

坐浴可以通过水温及药液的作用，促进局部组织血液循环，增强抵抗力，减轻外阴部炎症与疼痛，使创面清洁，利于组织修复。

【适应证】

1. 用于外阴、阴道手术或子宫切除前的准备。
2. 外阴或阴道炎的局部治疗。

【物品准备】

坐浴椅、消毒用的坐浴盆1个，药物、纱布或干净小毛巾；温开水（41～43℃）2000ml；坐浴药液的配置：1∶5000高锰酸钾、0.5%醋酸、1%乳酸溶液；2%～4%碳酸氢钠溶液；1∶2000苯扎溴铵（新吉尔灭）溶液、0.025%碘伏溶液；洁尔阴、肤阴洁等溶液。

【操作方法】

查对医嘱及治疗单、核对患者。讲解坐浴目的与配合要点。清洁坐浴盆，嘱病人排空膀胱，擦洗干净外阴及肛门。遵医嘱配制坐浴液或温开水。坐浴液温度以病人舒适为宜，一般为41～43℃。将坐浴盆放在坐浴椅上，嘱病人将整个外阴部浸在药液或温水中20～30分钟。嘱病人感觉不适时，要及时告诉护士；坐浴后擦干会阴部，有伤口者局部换药。观察病人脸色，臀部皮肤；询问病人感觉。协助患者穿好裤子。整理用物并记录。

【护理要点】

1. 操作时注意保暖和遮挡。
2. 严格无菌操作。
3. 坐浴药液的温度不可过高，防止烫伤皮肤，水温下降后应及时调节。
4. 坐浴水量不易过高，以免坐浴时外溢。
5. 对月经期、妊娠期、不规则阴道流血、产褥期10日内、人工流产术后宫口未闭的患者禁止操作。

目标检测

A_1型题

1. 阴道灌洗液的最佳温度是（　　）
   A. 34～35℃　B. 36～37℃
   C. 38～40℃　D. 41～42℃
   E. 43～45℃
2. 会阴局部冷敷的时间一般为（　　）
   A. 10分钟　B. 15分钟
   C. 20分钟　D. 25分钟
   E. 35分钟
3. 吸宫术后注意事项，不正确的是（　　）
   A. 术毕，应在休息室休息1～2小时
   B. 术后1周后可盆浴
   C. 1个月内禁止性交
   D. 保持外阴清洁
   E. 持续阴道流血10天以上，须及时复诊
4. 下列哪项不是宫颈或阴道上药的适应证（　　）
   A. 滴虫阴道炎
   B. 阴道假丝酵母菌病
   C. 子宫颈癌
   D. 细菌性阴道病
   E. 宫颈糜烂
5. 关于会阴擦洗的目的，不包括（　　）
   A. 防止泌尿系统感染
   B. 促进会阴部血液循环
   C. 促进会阴部伤口愈合
   D. 防止生殖系统感染
   E. 保持会阴部清洁
6. 下列哪项不是阴道灌洗的禁忌证（　　）
   A. 月经来潮前一周
   B. 阴道流血

C. 月经期
D. 妊娠期
E. 产后 7 天内

7. 关于阴道灌洗的操作，错误的是（　　）
A. 备灌洗液 500～1000ml
B. 灌洗筒距床沿 60～70cm
C. 灌洗液温度 41～43℃
D. 冲洗液流尽后抽出冲洗头
E. 病人排空膀胱后，取膀胱截石位

8. 一次阴道灌洗需配置灌洗液（　　）
A. 100～300ml　B. 300～500ml
C. 500～1000ml　D. 1000～1500ml
E. 2000ml

9. 下列哪个病人不能阴道灌洗（　　）
A. 全子宫切除的子宫肌瘤患者，术前准备
B. 阴道手术前准备
C. 宫颈糜烂患者
D. 老年性阴道炎患者
E. 宫颈癌患者有活动性出血

10. 有关会阴擦（冲）洗和冷、热敷，下述哪项是错误的（　　）
A. 会阴冷敷一般每次 50 分钟
B. 热敷用于外阴水肿
C. 冷敷用于会阴早期小血肿
D. 会阴水肿也可用 95% 乙醇湿敷
E. 会阴擦（冲）洗有清洁会阴、预防感染的作用

11. 常用的阴道灌洗液不包括（　　）
A. 1∶5000 过氧乙酸
B. 1∶5000 高锰酸钾
C. 1∶2000 苯扎溴铵
D. 0.5% 的醋酸
E. 2%～4% 碳酸氢钠

12. 会阴湿热敷最常用的药液是（　　）
A. 1% 乳酸　B. 75% 乙醇
C. 50% 硫酸镁　D. 0.9% 盐水
E. 4% 碳酸氢钠

13. 会阴湿热敷药液的最佳温度是（　　）
A. 30～35℃　B. 35～40℃
C. 40～45℃　D. 41～48℃
E. 50～60℃

14. 有关会阴湿热敷错误的是（　　）
A. 常用于会阴水肿
B. 热敷面积即病变范围
C. 湿热敷时间为 20～30 分钟
D. 湿热敷纱布垫上再盖上棉垫
E. 会阴水肿的病人可以进行湿热敷

15. 坐浴的禁忌证不包括（　　）
A. 阴道出血　B. 产后 7 天内
C. 宫颈电烙术后 1 周　D. 妊娠期
E. 宫颈息肉

16. 哪段时间可做阴道灌洗（　　）
A. 月经期　B. 妊娠期
C. 产后 1 周内　D. 排卵期
E. 阴道流血期

17. 每次坐浴的时间一般为（　　）
A. 5～10 分钟　B. 10～15 分钟
C. 20～30 分钟　D. 40 分钟
E. 60 分钟

18. 关于会阴擦洗不正确的是（　　）
A. 棉球由外向内擦洗 1～2 遍
B. 勿使擦洗液流入阴道
C. 取膀胱截石位暴露外阴
D. 如会阴有伤口应以伤口为中心向外擦洗
E. 按阴唇、阴阜、大腿内侧、会阴、肛门的顺序擦洗

19. 关于宫颈或阴道上药不正确的是（　　）
A. 用药后应禁止性生活
B. 给未婚女性上药时不用窥器
C. 病人可自行放置栓剂
D. 月经期应继续阴道上药治疗
E. 应用腐蚀性药物时，应注意保护正常组织

（王　敏）

第 23 章　妇产科诊疗及手术护理配合

学习目标

1. 掌握宫颈活组织检查、会阴切开缝合术、阴道助产术、剖宫产术、诊断性刮宫的适应证和护理要点。

2. 熟悉妇产科诊疗及手术的操作步骤，能配合医师施行手术，为手术病人提供整体护理。

3. 了解生殖道细胞学检查、阴道后穹隆穿刺术、人工剥离胎盘术、内镜检查术、输卵管通畅检查的适应证和护理要点。

第 1 节　生殖道细胞学检查

生殖道脱落细胞检查可反映体内性激素水平，同时对细胞形态结构的分析，有助于发现恶性细胞。

【适应证】

卵巢功能失调性疾病，如功能失调性子宫出血、闭经、流产、卵巢功能性肿瘤等；生殖道感染性疾病，如细菌性阴道病、衣原体性宫颈炎、病毒感染等；妇科肿瘤筛查，如宫颈癌。

【物品准备】

阴道窥器，无菌手套，无菌长镊子，无菌棉球，无菌棉签，宫颈刮板，细胞刷，装有保存液的标本瓶，玻片，0.9% 氯化钠注射液等。

【检查方法】

1. 阴道涂片　已婚妇女可用窥器扩开阴道，在阴道侧壁上 1/3 处轻轻刮取黏液，朝一个方向薄而均匀地涂在干燥玻片上。未婚女性先将无菌棉签用 0.9% 氯化钠注射液浸湿，然后伸入阴道，在其侧壁上 1/3 处轻卷后取出涂片，将涂片置于 95% 乙醇标本瓶中固定送检。

2. 宫颈刮片　暴露宫颈后，拭净分泌物，用宫颈刮板在宫颈外口鳞 - 柱状上皮交界处，以宫颈外口为中心轻轻刮取 1 周（图 23-1），均匀涂于玻片上，固定送检。

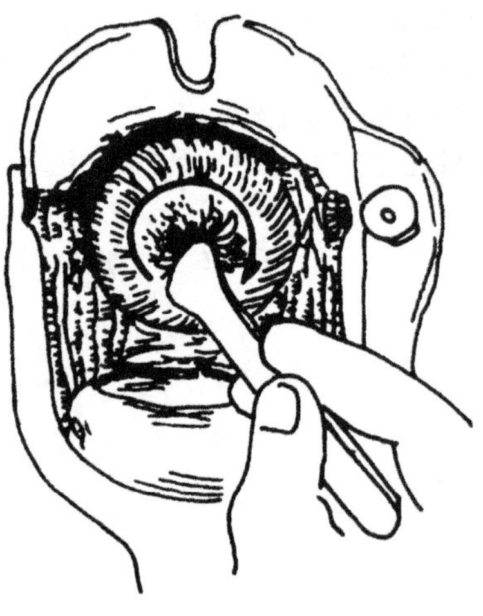

图 23-1　宫颈刮片

3. 宫颈管涂片　取样可选择两种方法。

（1）刮板取样：先用无菌干棉球将宫颈表面的分泌物拭净，用小型刮板伸入宫颈管内，轻轻刮取一周，涂片并固定送检。

（2）“细胞刷”取样：将“细胞刷”伸入宫颈管内，

向内达宫颈外口上 10 mm 左右，然后旋转 360°取出。转动“细胞刷”，将附着在其上的标本均匀地涂布在玻片上，或立即洗脱于装有保存液的标本瓶中。

4．宫腔吸片　用大镊子将塑料管小心送入宫腔达宫底部，外端连接无菌干燥的注射器，上下左右转动方向并轻轻抽吸，将吸出物涂片，固定送病理科检查。

【结果评定及临床意义】

1．卵巢功能检测方面的结果评定及意义

正常女性阴道脱落的鳞状上皮细胞分为低层、中层和表层，其生长与成熟受雌激素的影响，由低层向表层逐渐成熟。临床上常用 4 种指数代表体内雌激素水平。

（1）成熟指数（maturation index，MI）：在低倍显微镜下观察 300 个鳞状上皮细胞，计算底层、中层、表层各层细胞所占百分比，按底层 / 中层 / 表层顺序书写，如低层 5、中层 60、表层 35，MI 应表达为 5/60/35。若底层细胞百分比越高，则雌激素水平越低；若表层细胞百分比越高，则表示雌激素水平越高。

（2）致密核细胞指数（karyopyknotic index，KI）：是计算鳞状上皮细胞中表层致密核细胞的百分率。指数越高，表示上皮越成熟。

（3）嗜伊红细胞指数（eosinophilic index，EI）：是计算鳞状上皮细胞中表层红染细胞的百分率。指数越高，表示雌激素水平越高，上皮越成熟。

（4）角化指数（cornification index，CI）：是计算鳞状上皮细胞中表层嗜伊红致密核细胞的百分率，用以表达雌激素水平。

2．生殖道感染方面的评定及意义

（1）细菌性阴道病涂片：可见炎性细胞，表现为细胞核呈豆状核，核破碎和核溶解，上皮细胞核周有空晕，细胞质内有空泡。

（2）衣原体性宫颈炎阴道细胞涂片：可见化生的细胞质内有球菌样物及包涵体，感染细胞肥大多核。

（3）病毒感染阴道涂片：见挖空细胞、不典型角化不全细胞及反应性外低层细胞，提示有人乳头瘤病毒感染；感染细胞的核增大，染色质细，呈淡的嗜碱性染色，均匀散布，如毛玻璃状，多为单纯疱疹病毒感染。

3．妇科肿瘤方面的结果评定及意义　癌细胞特征主要表现为核增大、深染及核分裂异常，形态大小不一，排列紊乱等。阴道脱落细胞学诊断的报告形式有以下 2 种。

（1）巴氏分类法

巴氏Ⅰ级：未见不典型或异常细胞。为正常的阴道细胞涂片。

巴氏Ⅱ级：发现不典型细胞，无恶性特征细胞。属良性改变或炎症。

巴氏Ⅲ级：发现可疑恶性细胞或性质不明，怀疑恶性。为可疑癌。

巴氏Ⅳ级：发现不典型细胞，数目较少。属高度可疑癌。

巴氏Ⅴ级：发现多量癌细胞，形态典型。为原位癌。

（2）TBS 分类法及其描述性诊断

1）良性细胞学改变：①感染包括细菌、病毒、真菌、原虫等；②反应性细胞学改变，包括细胞对炎症、损伤、放疗、化疗、激素治疗、宫内节育器引起的反应性改变。

2）鳞状上皮细胞异常：包括不典型鳞状细胞、低度鳞状上皮内病变、高度鳞状上皮内病变、鳞状细胞癌。

3）腺上皮细胞改变：包括不典型腺上皮细胞、腺原位癌、腺癌。

4）其他恶性肿瘤。

【护理要点】

1. 让患者了解阴道脱落细胞学检查的必要性、意义及步骤，使其积极配合。

2. 告诉患者月经期、生殖器官急性炎症期禁止检查。在采集标本前24小时内禁止性生活、阴道检查、阴道灌洗及用药。

3. 刮片、阴道窥器必须消毒、干燥，并一次性使用。取材时不使用任何化学药物或润滑剂。

4. 涂片时应从载玻片一端向另一端涂抹，厚薄均匀，禁止来回涂擦，以免破坏细胞。

5. 涂片后立即放于95%乙醇固定液标本瓶中，写好患者姓名和取材部位等标记送病检。

第2节　宫颈活体组织检查

宫颈或宫颈管活组织检查简称宫颈活检，是自宫颈病变处或可疑病变部位采取少量组织进行病理学检查，是诊断宫颈病变最可靠的检查方法。

【适应证】

宫颈脱落细胞学涂片检查巴氏Ⅲ级及Ⅲ级以上者；宫颈脱落细胞学涂片检查巴氏Ⅱ级经抗感染治疗后仍为Ⅱ级者；TBS分类鳞状上皮细胞异常者；阴道镜检反复可疑阳性或阳性者；慢性特异性炎症需进一步明确诊断者。

【物品准备】

阴道窥器，无菌手套，无菌纱布，无菌干棉球，无菌带尾线大棉球或纱布卷1个，卵圆钳，宫颈钳，宫颈活检钳，小刮匙，装有固定液的标本瓶4～6个，碘溶液及消毒液等。

【操作方法】

1. 患者取膀胱截石位，用阴道窥器暴露宫颈，用干棉球拭净宫颈黏液及分泌物，新洁尔灭消毒阴道，碘酒、酒精消毒宫颈。

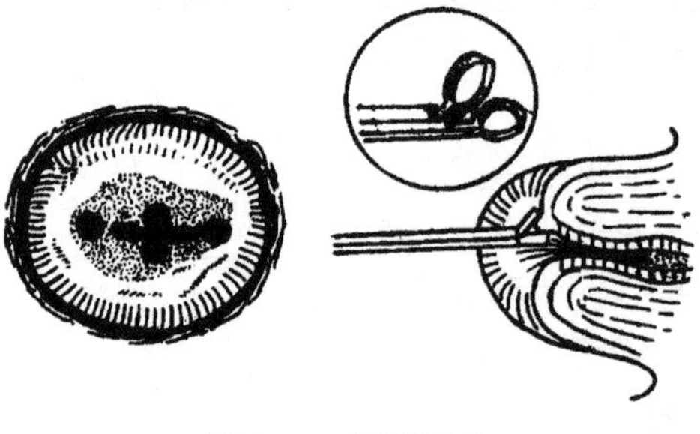

图23-2　宫颈活检

2. 用活检钳在宫颈外口鳞－柱交接处咬取活组织（图23-2）。可疑宫颈癌者，可在宫颈3、6、9、12点四处取材，或肉眼观察宫颈柱状上皮异位较深，或病变处取材。为提高取材准确性，可在阴道镜指导下进行定位活检，或在宫颈阴道部涂以碘溶液，选择不着色区取材。

3. 用带有尾线的纱布卷或大棉球填塞压紧钳取部位，防止出血，并将尾线留在阴道口外2～3cm。嘱患者24小时后自行取出。

【护理要点】

1. 阴道炎、妊娠期、月经期患者原则上不做宫颈活检。

2. 术前向患者介绍宫颈活检目的、病理学检查的临床意义及对疾病诊断的必要性，取得患者的配合。

3. 协助医生填写宫颈活组织检查知情同意书并请患者签字。

4. 术中配合医生，提供所需要物品。

5. 术后将取自不同部位的标本分别装在有固定液的瓶中，注明患者姓名、年龄、取材部位，封好瓶口送检。

6. 指导患者保持外阴清洁，禁止盆浴及性生活 2 周。

第 3 节　阴道后穹隆穿刺术

直肠子宫陷凹是腹腔最低部位，腹腔内的积血、渗出液、脓液、肿瘤破碎物或腹水等常积聚于此，阴道后穹隆顶端与直肠子宫陷凹贴接，选择经阴道后穹隆穿刺，可鉴别盆腔、腹水性质、盆腔良性肿块诊断及进行局部治疗。

【适应证】

异位妊娠流产或破裂出血的诊断、输卵管妊娠部位注药治疗、盆腔脓肿穿刺引流及注药、不孕症患者 B 超引导下经阴道后穹隆穿刺取卵助孕等。

【物品准备】

阴道窥器 1 个，宫颈钳 1 把，腰椎穿刺针或 7 号注射针 1 个，10ml 注射器 1 个，无菌试管 1 支，无菌洞巾 1 块，纱布数块。

【操作方法】

1. 患者排空膀胱，取膀胱截石位，用 0.5% 聚维酮碘液消毒外阴，铺无菌巾。

2. 双合诊检查子宫及附件情况，注意有无宫颈举痛及后穹隆饱满。

3. 用阴道窥器暴露宫颈，常规消毒阴道及宫颈，用宫颈钳夹持宫颈后唇，向前上方提拉，充分暴露阴道后穹隆，并再次消毒。

4. 连接穿刺针与 10ml 注射器，选取后穹隆中央或偏向患侧的部位，穿刺针在宫颈后唇与阴道黏膜交界处稍下方进针，并沿平行宫颈管方向刺入，进针 2～3cm 时有落空感，为穿过阴道壁，立即抽吸，必要时改变方向或深度，如无液体抽出，则边退针边抽吸。

5. 抽吸完毕后拔出穿刺针，局部以无菌纱布压迫片刻，血止后取出宫颈钳和阴道窥器。

【护理要点】

1. 向患者介绍后穹隆穿刺的目的、方法、对诊断疾病的意义，减轻患者的心理压力，取得患者的配合。

2. 术中注意观察并记录患者生命体征的变化，了解患者的感受，陪伴在其身边提供心理支持。若抽出血液，应观察血液静置 10 分钟左右是否凝集，出现凝集为血管内血液，不凝集为盆、腹腔积血。若不能抽出积液，应分析、寻找原因。

3. 术后安置患者回病房休息，嘱咐患者注意观察阴道流血情况。

4. 将抽出物注明标记，送常规检查、病理检查、细菌培养及药物敏感试验等。

第 4 节　会阴切开缝合术

会阴切开术（episiotomy）是最常用的产科手术。常用术式有会阴侧斜切开和会阴正中切开两种（图 23-3，图 23-4）。

图 23-3 会阴侧斜切开

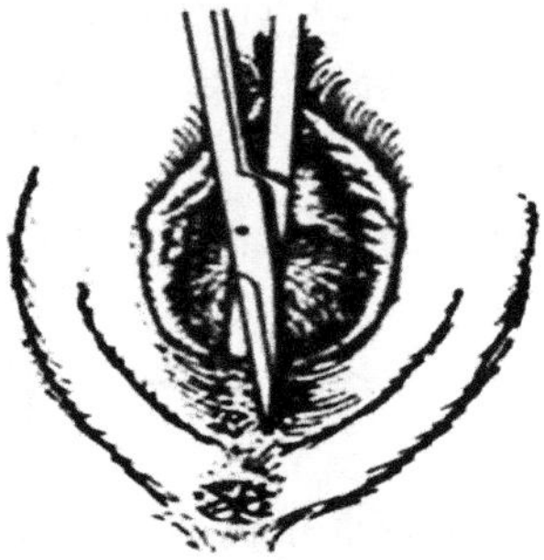

图 23-4 会阴正中切开

【适应证】

1. 初产妇需行产钳术、胎头吸引术、臀位助产术。
2. 初产妇会阴体较长或会阴部坚韧，有严重撕裂可能。
3. 为缩短第二产程，例如重度子痫前期、继发性宫缩乏力、胎儿较大导致第二产程延长者。
4. 预防早产儿因会阴阻力引起颅内出血。

【物品准备】

无菌会阴切开包 1 个，内有剪刀 1 把、弯血管钳 4 把、布巾钳 4 把、持针器 1 把、2 号圆针 1 枚、治疗巾 4 张、纱布 10 块、1 号丝线 1 团、0 号肠线 1 根或 2/0 可吸收缝线 1 根，利多卡因 5ml、注射器 1 个、长穿刺针头 1 个等。

【麻醉方式】

通常采用阴部神经阻滞麻醉（图 23-5）及局部皮下浸润麻醉（图 23-6）。

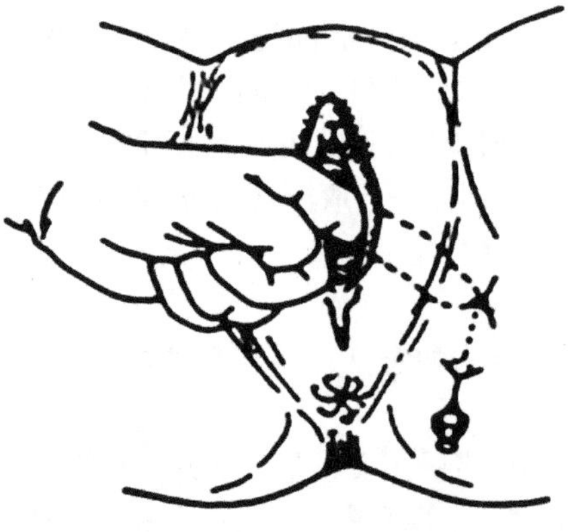

图 23-5 阴部神经阻滞麻醉

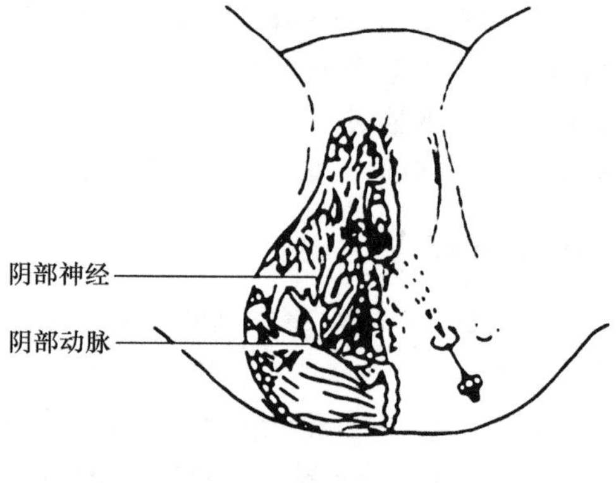

图 23-6 皮下浸润麻醉

【操作方法】

1. 会阴侧斜切开缝合术

（1）会阴切开：多选会阴左后侧斜切开。消毒会阴部并铺巾。麻醉起效后，左手示、中两指伸入胎先露和阴道侧后壁之间，既可保护胎儿又可指示切口的位置，右手持剪刀在会阴后联合正中偏左向左下方，与正中线呈 45°，于宫缩时剪开皮肤和黏膜，一般剪开 3～5cm。然后用纱布压迫止血。

（2）会阴缝合：胎盘娩出后检查阴道有无其他部位裂伤，阴道内填塞带尾纱布。检查会阴切口，寻找阴道黏膜顶端，用 0 号或 1 号肠线自切口顶端上方 0.5～1cm 处开始连续褥式缝合阴道黏膜及黏膜下组织。采用 2/0 可吸收性缝线间断或连续缝合会阴部肌层、皮下组织，常规丝线缝合会阴皮肤（或皮内缝合）。

（3）取出带尾纱布：行肛门指诊，了解有无肠线穿过直肠黏膜及有无阴道后壁血肿。

2. 会阴正中切开缝合术

（1）会阴切开：消毒会阴部并铺无菌洞巾。当胎头着冠时，沿会阴正中向下切开，根据产妇会阴后联合长短而定，通常剪开不超过 2～3cm。

（2）会阴缝合：用 1 号肠线对位缝合阴道黏膜至阴道外口，将两侧皮下组织对位缝合，常规丝线缝合皮肤。

会阴正中切开的切口小，出血少，易缝合，但应避免切口延长导致会阴Ⅲ度裂伤，损伤肛门括约肌。

【护理要点】

1. 术前向产妇讲清会阴切开术的目的，取得产妇配合。
2. 密切观察产程进展，协助医师掌握会阴切开的时机。
3. 术中指导产妇正确运用腹压，促使胎儿顺利经阴道娩出。
4. 术后嘱产妇取健侧卧位，保持外阴部清洁、干燥，及时更换会阴垫，每天进行会阴冲洗 2 次，排便后及时清洗会阴。
5. 会阴侧切伤口于术后第 5 天拆线，正中切开则于术后第 3 天拆线。

第 5 节 阴道助产术

一、胎头吸引术

胎头吸引术是将胎头吸引器（vacuum extractor）置于胎头，形成一定负压后吸住胎头，通过牵引协助胎儿娩出的一种助产手术。常用的胎头吸引器有金属直形、牛角形空筒和金属扁圆形胎头吸引器（图 23-7）。

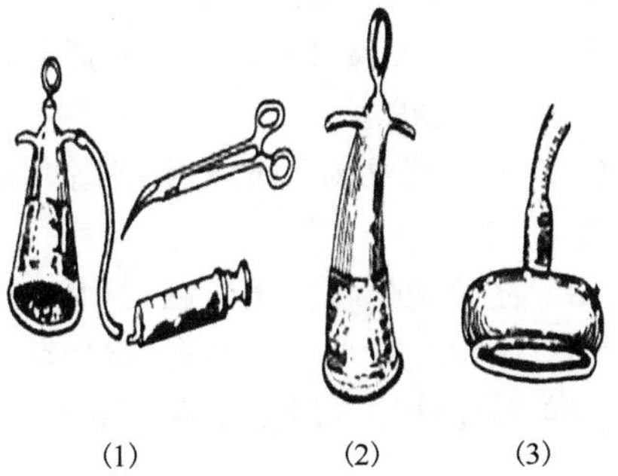

(1)　(2)　(3)

图 23-7 常用的胎头吸引器

（1）直形空筒胎头吸引器；（2）牛角形空筒胎头吸引器；（3）金属扁圆形胎头吸引器

【适应证】

1. 产妇患心脏病、子痫前期等需缩短第二产程者。
2. 子宫收缩乏力致第二产程延长，或胎头拨露达半小时胎儿不能娩出者。
3. 有剖宫产史或子宫有瘢痕，不宜过分屏气用力者。

【禁忌证】

1. 有严重头盆不称、面先露、产道阻塞、尿瘘修补术后等，不能或不宜经阴道分娩者。
2. 宫口未开全或胎膜未破者。

3. 胎头位置高，未达阴道口者。

【物品准备】

胎头吸引器1个，50ml注射器1个，血管钳2把，治疗巾2张，纱布4块，一次性吸引管1根，吸氧面罩1个，供氧设备，新生儿吸引器，抢救药品等。

【操作方法】

1. 产妇取膀胱截石位，导尿排空膀胱，消毒外阴，铺巾。
2. 阴道检查确认宫口开全，阴道口见胎头，已破膜，明确胎位。
3. 初产妇会阴体较长或会阴部坚韧者先行会阴切开术。
4. 放置吸引器　左手分开两侧小阴唇，并以示、中两指撑开阴道后壁，右手持涂以润滑剂的吸引器头端，沿阴道后壁缓慢滑入，示、中两指掌面向外拨开阴道右侧壁，使吸引器头端侧缘滑入阴道内，继而手指转向上撑起阴道前壁，使吸引器头端上缘滑入阴道，最后右手示、中两指撑开阴道左侧壁，使吸引器头端完全滑入阴道内并与胎头顶端紧贴。右手示指沿吸引器头端周边检查一周，确认宫颈和阴道壁未被夹于胎头吸引器头端后，调整吸引器横柄与胎头矢状缝相一致，作为旋转胎头方向的标记。
5. 抽吸胎头吸引器内空气，使之成为负压　一般使负压在200～300mmHg为度。若无负压表，则抽吸空气150～180ml，此时用血管钳夹住连接管，确认吸引器与胎头紧贴。
6. 根据胎位，在向外牵引过程中，旋转胎头至正枕前位，当胎头枕部达耻骨联合下缘时，保护好会阴，胎头娩出阴道口时，解除负压取下吸引器。

【护理要点】

1. 术前向产妇讲解胎头吸引术助产的目的及方法，取得产妇积极配合。
2. 牵拉胎头吸引器前，检查吸引器有无漏气。吸引器负压要适当，发生滑脱，虽可重新放置，但不应超过2次。否则改行低位产钳术或剖宫产。
3. 牵引时间不应超过20分钟。
4. 术后仔细检查软产道，有撕裂伤应立即缝合。
5. 新生儿护理

（1）密切观察新生儿头皮产瘤大小、位置，有无头皮血肿及头皮损伤的发生，以便及时处理。

（2）注意观察新生儿面色、反应、肌张力等，警惕发生颅内出血，做好新生儿抢救准备。

（3）新生儿静卧24小时，避免搬动，生后3天内禁止洗头。

（4）给予新生儿维生素$K_1$10mg肌内注射，防止出血。

二、产　钳　术

产钳术是用产钳（forceps）牵拉胎头以娩出胎儿的手术。目前临床仅行低位产钳术。低位产钳是指胎头颅骨已达骨盆底，胎头双顶径已达坐骨棘平面以下时施行的产钳术。产钳由左右两叶组成，每叶分为钳叶、钳茎、钳锁扣和钳柄4部分（图23-8）。

【适应证】

1. 同胎头吸引术。
2. 胎头吸引术因阻力较大而失败者。

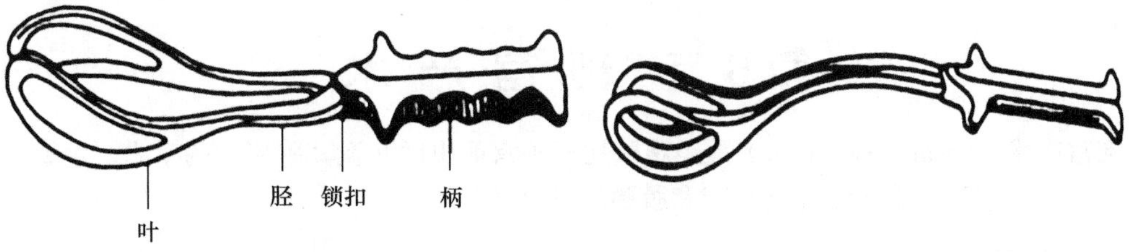

（1）常用产钳及其结构　（2）臀位后出头产钳

图 23-8　产钳

3. 臀先露后出胎头娩出困难者。
4. 剖宫产娩出胎头困难者。

【禁忌证】

1. 同胎头吸引术。
2. 胎头颅骨最低点在坐骨棘水平或在坐骨棘以上，有明显头盆不称者。
3. 确定为死胎、胎儿畸形者应行穿颅术，避免损伤产妇软产道。

【物品准备】

会阴切开包 1 个，无菌产钳 1 副，吸氧面罩 1 个、坐凳、灯光、麻醉药、抢救药品等。

【操作方法】

1. 术前准备：产妇取膀胱截石位，常规外阴消毒，铺无菌洞巾，导尿，阴道检查明确胎位及施术条件。放置产钳前一般行会阴侧斜切开术。

2. 放置产钳：以枕前位为例，术者左手持产钳左叶钳柄，将左叶沿右手掌面伸入手掌与胎头之间，在右手引导下将钳叶缓缓向胎头左侧及深部推进，将钳叶置于胎头左侧，钳叶及钳柄与地面平行，由助手持钳柄固定。然后术者右手持产钳右叶钳柄，在左手引导下将钳叶引导至胎头右侧，达左叶产钳对应位置。产钳放置好后，检查钳叶与胎头之间无软组织及脐带夹入，胎头矢状缝在两钳叶正中。

3. 产钳扣合：两钳叶柄平行交叉，试行扣合锁住，钳柄对合。

4. 牵拉产钳：宫缩时术者向外、向下缓慢牵拉产钳，然后再平行牵拉。当胎头着冠后将钳柄上提，使胎头仰伸娩出。

5. 当胎头双顶径越过骨盆出口时，应松开产钳，先取下右叶产钳，再取出左叶产钳，钳叶应顺胎头慢慢滑出，然后按分娩机转娩出胎体。

6. 术后常规检查宫颈、阴道壁及会阴切口，并予以缝合。

【护理要点】

1. 术前明确胎位，检查产钳是否完好。向产妇及家属说明行产钳术的目的，减轻其紧张情绪。

2. 术中观察产妇的宫缩及胎心变化。

3. 术后检查新生儿有无产伤、产妇宫缩、阴道流血、会阴切口及排尿等情况。

第6节 剖宫产术

剖宫产术（cesarean section）是经腹壁切开子宫取出胎儿及其附属物的手术。主要术式有子宫下段剖宫产、子宫体部剖宫产和腹膜外剖宫产三种。

【适应证】

1. 产力异常如子宫收缩乏力，发生滞产经处理无效者。
2. 产道异常如头盆不称者因骨盆狭窄或畸形骨盆，产道阻塞（如肿物、发育畸形）。
3. 胎儿异常及胎位异常如因巨大胎儿、臀先露、肩先露等异常胎位。
4. 妊娠合并心脏病、重度子痫前期及子痫、胎盘早剥、前置胎盘、瘢痕子宫等妊娠并发症。
5. 过期妊娠儿、珍贵儿、早产儿、临产后出现胎儿窘迫情况等。

【禁忌证】

死胎及胎儿畸形，不应行剖宫产术终止妊娠。

【物品准备】

剖宫产手术包1个，内有25cm不锈钢盆1个，弯盘1个，卵圆钳6把，1、7号刀柄各1把，解剖镊2把，小无齿镊2把，大无齿镊1把，18cm弯血管钳6把，10cm、12cm、14 cm直血管钳各4把，阿里斯钳4把，布巾钳4把，持针器3把，吸引器头1个，阑尾拉钩2个，腹腔双头拉钩2个，刀片3个，双层剖腹单1块，术衣6件，治疗巾10块，纱布垫4块，纱布20块。手套10副，1、4、7号丝线各1个，铬制肠线2管或可吸收缝线若干根。另备气管插管、氧气及急救药品等。

【麻醉】

以连续硬膜外麻醉为主，特殊情况采用局部麻醉或全身麻醉。

【手术方式】

1. 子宫下段剖宫产术 消毒手术野、铺巾。下腹正中切口或下腹横切口，打开腹壁及腹膜腔，弧形切开子宫下段的膀胱腹膜反折，分离并下推膀胱，暴露子宫下段。在子宫下段前壁正中做一小横切口，用两示指向左右两侧钝性撕开延长切口约10cm，刺破胎膜，取出胎儿及胎盘胎膜。缝合子宫切口及腹膜反折，清理腹腔，清点敷料及器械无误，关腹。此术式切口愈合好，与盆腔粘连的概率小，再次妊娠发生子宫破裂的机会少，目前临床广泛使用。

2. 子宫体部剖宫产术 也称古典式剖宫产术。在子宫体部正中做纵形切口，长约10cm，刺破胎膜，取出胎儿及胎盘胎膜。缝合子宫切口。此手术方法较易掌握，但术中出血多，切口容易与大网膜、肠管、腹壁腹膜粘连，再次妊娠、分娩时发生子宫破裂的可能性较大。仅适用在急于娩出胎儿或胎盘前置不能做子宫下段剖宫产术者。

3. 腹膜外剖宫产术 切开腹壁，经腹膜外分离膀胱子宫反折腹膜，推开膀胱，暴露子宫下段后切开子宫取出胎儿的手术。此术式较复杂，但可明显减少剖宫产术后腹腔感染的机会，对宫腔有严重感染者尤为适用。

【护理要点】

1. 术前准备

（1）告知产妇剖宫产术的目的，耐心解答有关疑问，缓解其焦虑。做好备皮、药物敏感试验等准备。

（2）术前禁用呼吸抑制剂，以防发生新生儿窒息。

（3）手术当日清晨禁食，留置导尿管，做好输血准备。

（4）密切观察并记录胎心变化，做好新生儿保暖和抢救工作，如氧气、急救药品等。

（5）产妇可取侧斜仰卧位，防止仰卧位低血压综合征的发生。

2. 术后护理　在腹部手术后常规护理及产褥期妇女的护理基础上，还应注意：

（1）观察产妇子宫收缩及阴道流血情况，产后 24 小时后产妇取半卧位，以利恶露排出。

（2）留置导尿管 24 小时，拔管后注意能否自行排尿。

（3）鼓励产妇做深呼吸、勤翻身并尽早下床活动；根据肠道功能恢复状况，指导产妇进食。

（4）酌情补充液体 2～3 天，按医嘱应用抗生素预防感染。

3. 出院指导　产后保持外阴部清洁；落实避孕措施，至少应避孕 2 年；鼓励符合母乳喂养条件的产妇坚持母乳喂养；做产后保健操，摄取营养丰富的食物，有利于体力恢复、排尿及排便，促进骨盆肌及腹肌张力恢复，避免腹部皮肤过度松弛；产后 42 天去医院做产后健康检查。

第 7 节　人工剥离胎盘术

人工剥离胎盘术是指在胎儿娩出后，术者用手剥离并取出滞留胎盘。

【适应证】

适用于胎盘滞留、胎盘剥离不全者、胎儿娩出后胎盘娩出前有活动性出血者。

【用物准备】

正常接生用物，另备手术衣及手套、消毒用物。

【操作方法】

1. 病人准备　取膀胱截石位，排空膀胱。

2. 术前准备　更换手术衣及手套，用 0.5% 碘伏消毒外阴，铺巾。

3. 麻醉　宫颈内口紧时，用哌替啶 50～100mg 及阿托品 0.5mg 肌内注射。

4. 手伸入宫腔　一手放在腹部向下推压宫底，另一手手指并拢成圆锥形沿消毒过的脐带伸入宫腔。

5. 剥离胎盘　进入宫腔之手沿脐带摸到胎盘边缘，手背紧贴宫壁，掌面向胎盘的母体面，手指并拢，以手掌的尺侧缘慢慢将胎盘自宫壁分离。

6. 协助胎盘娩出　待胎盘完全剥离后，用手握住全部胎盘，另一手在宫缩时牵拉脐带，协助胎盘缓慢娩出。检查胎盘胎膜是否完整。

7. 促进子宫收缩　注射缩宫素。

【护理要点】

1. 严密观察产妇一般情况，及时做好输血准备。

2. 向产妇及家属做好解释，安慰产妇，使其配合手术。

3. 严格执行无菌操作规程，动作轻柔、准确、规范，人工剥离胎盘有困难时，不能用手指强行抠挖胎盘。

4. 术后密切观察子宫收缩及阴道出血情况，如宫缩不佳，应及时按摩子宫并遵医嘱应用宫缩剂。

5. 检查取出的胎盘、胎膜是否完整，如有缺损应根据情况决定是否清宫，尽量减少宫腔内操作的次数和时间。

第 8 节　诊断性刮宫

诊断性刮宫简称诊刮，即刮取子宫内膜或宫腔内膜病灶做活组织检查，排除子宫内膜器质性病变；了解子宫内膜的变化及其对性激素的反应，判断卵巢功能；子宫大量出血时紧急止血。如需同时排除宫颈管病变者，需先刮取宫颈管内容物，再取宫腔内容物，分别进行病理检查，称为分段诊断性刮宫，简称分段诊刮。

【适应证】

绝经后阴道流血或阴道异常排液，功能失调性子宫出血，闭经，不孕症，宫腔内有组织残留或功能失调性子宫出血量多时。

【物品准备】

无菌刮宫包 1 个，内含阴道窥器 1～2 个，长持物钳 1 把，宫颈钳 1 把，子宫探针 1 个，宫颈扩张器 1 套，无齿、有齿卵圆钳各 1 把，子宫刮匙 1 把，弯盘 1 个，纱布 2～3 块，棉球、棉签数个，装有固定液的小标本瓶 2 个等。

【操作方法】

1. 患者排尿后取膀胱截石位，双合诊检查子宫大小、位置、双侧附件及宫旁组织情况。

2. 常规消毒外阴，铺巾，阴道窥器暴露宫颈，拭净阴道分泌物，并消毒宫颈、阴道穹隆部、宫颈外口。

3. 探宫腔深度及子宫屈向程度。用宫颈扩张器自 4 号开始逐一扩张宫颈，直到能放入相应刮匙为止。

4. 将刮匙置入宫底，自内向外沿子宫前壁、侧壁、后壁及两侧宫角刮取内膜组织。需分段诊刮时，先用小刮匙刮取宫颈管内组织，再用探针探测宫腔深度并刮取宫腔内组织。

5. 将刮出的组织放入标本瓶内送病理检查。如为分段诊刮，刮出的宫颈管黏膜和子宫腔内膜组织要分别装瓶，做好标记送检。

【护理要点】

1. 术前向患者讲解诊断性刮宫的目的、手术过程，解除患者的恐惧情绪，使患者主动配合手术。

2. 做好输液、配血的准备。

3. 根据刮宫目的选择适当的刮宫时间　了解有无排卵时，应选择月经前或月经来潮 12 小时内刮宫；诊断子宫内膜脱落不全者，应选择出血第 5 天诊刮；功能失调性子宫出血量多时刮，可起到立即止血的目的。怀疑器质性病变时，一般在月经干净后 3～7 天刮宫。

4. 术中安抚患者，指导做深呼吸，缓解紧张情绪。将刮出的组织放入已做好标记、装有固定液的小标本瓶内。

5. 术后指导患者按医嘱服用抗生素 3～5 天，保持外阴清洁，禁止性生活和盆浴 2 周。

第 9 节　妇产科内镜检查

一、阴道镜检查

阴道镜检查（colposcopy）是利用阴道镜将宫颈阴道部上皮放大 10～40 倍，观察肉眼看不到的较微小病变。在可疑部位进行活组织检查，能提高确诊率。

【适应证】

1. 宫颈刮片细胞学检查巴氏Ⅱ级以上，或 TBS 提示上皮细胞异常者。
2. 有接触性出血，肉眼观察宫颈无明显病变者。
3. 肉眼观察宫颈可疑癌变者，行可疑病灶指导性活组织检查。
4. 慢性宫颈炎长期治疗无效者。
5. 可疑为阴道恶性肿瘤者。

【物品准备】

弯盘 1 个，阴道窥器 1 个，宫颈钳 1 把，卵圆钳 1 把，宫颈活检钳 1 把，尖手术刀 1 把，标本瓶 4 个，纱布 4 块，棉球、棉签若干及阴道镜等。

【操作方法】

1. 病人排尿后取膀胱截石位，阴道窥器充分暴露阴道及宫颈。轻轻拭去宫颈分泌物。

2. 打开光源，调整阴道镜目镜以适合观察，再调节焦距至物像清晰，先用低倍镜观察宫颈阴道部上皮、血管等变化。精细血管观察时需加用绿色滤光片。

3. 于宫颈表面涂 3% 醋酸溶液，柱状上皮在醋酸作用下水肿，微白呈葡萄状，以此鉴别宫颈鳞状上皮和柱状上皮。再涂以复方碘液，正常鳞状上皮呈棕褐色，不典型增生和癌变上皮因糖原少而不着色。在不着色的可疑病变部位取活组织送病理学检查。

【护理要点】

1. 术前 24 小时内避免性交及阴道、宫颈的操作和治疗。

2. 向受检者介绍阴道镜检查的过程及可能出现的不适，减轻其心理压力。

3. 禁止使用涂有润滑剂的阴道窥器，以免影响检查结果。配合医生调整光源，及时递送所需物品。

4. 取出的活检组织装入标本瓶中及时送检。

二、妇科腹腔镜检查

腹腔镜检查（laparoscopy）是利用腹腔镜观察盆、腹腔内脏器的形态、有无病变，必要时取活组织行病理学检查，以明确诊断。

【适应证】

1. 怀疑子宫内膜异位症，腹腔镜是确诊的金标准方法。

2. 原因不明的急慢性腹痛及盆腔痛及治疗无效的痛经。
3. 不孕症病人为明确或排除盆腔疾病及判断输卵管通畅程度，观察排卵状况。
4. 绝经后持续存在小于5cm的卵巢肿块。
5. 恶性肿瘤术后或化疗后的效果评价。

【禁忌证】

1. 严重心、肺疾病或膈疝。
2. 盆腔肿块过大，超过脐水平。
3. 弥漫性腹膜炎。
4. 怀疑腹腔内广泛粘连。
5. 凝血系统功能障碍。

【物品准备】

阴道窥器1个，宫颈钳1把，敷料钳1把，卵圆钳1把，子宫探针1根，细齿镊2把，刀柄1把，组织镊1把，持针器1把，药杯2个。缝线、缝针、刀片、棉球、棉签、纱布，CO_2气体，举宫器，2ml注射器1支，局麻药，腹腔镜。

【操作方法】

1. 常规消毒腹部皮肤及外阴阴道后，放置举宫器。

2. 人工气腹，将气腹针于脐孔中央处与腹部皮肤呈90°穿刺进入腹腔，以流量1～2L/min速度注入CO_2气体，腹腔压力达12mmHg左右停止充气，拔出气腹针。

3. 放置腹腔镜并观察，切开脐孔下缘皮肤1cm，将套管针从切口处垂直穿刺入腹腔，拔出套管针芯，将腹腔镜自套管插入腹腔，打开冷光源按顺序检查盆腔内各器官，并可行活体组织检查等。

4. 检查无出血及内脏损伤，取出腹腔镜，放尽气体，拔出套管，缝合穿刺口，以无菌纱布覆盖并固定。

【并发症】

1. **血管损伤** 操作中误伤腹膜后大血管或腹壁下动脉损伤，引起大出血。
2. **脏器损伤** 误伤与生殖器官邻近的膀胱、直肠等。
3. **与气腹相关的并发症** 出现皮下气肿与气腹针未能正确穿入腹腔有关。
4. **感染** 由原有的感染灶扩散或术中无菌操作不严所致。

【护理要点】

1. 术前准备

（1）向病人讲解腹腔镜检查的目的、操作方法及注意事项，使其积极配合检查。

（2）腹部皮肤准备时注意脐孔的清洁。术前应放置导尿管。

（3）检查时病人取头低臀高15° 体位，使肠管滑向上腹部，充分暴露盆腔手术野。

2. 术后护理

（1）拔出导尿管，密切观察病人生命体征。

（2）病人卧床休息至少半小时，向其说明出现肩痛及上肢不适等症状，是因腹腔残留气体而引起，术后会逐渐缓解直至消失。

（3）观察穿刺口有无红肿渗出，鼓励病人下床活动，以尽快排除腹腔气体。术后 2 周内禁止性交。

（4）按医嘱给予抗生素。

三、宫腔镜检查

宫腔镜检查（hysteroscopy）是应用膨宫介质扩张宫腔，通过玻璃导光纤维束和柱状透镜将冷光源导入宫腔内，直视下观察宫颈管、宫颈内口、子宫内膜和输卵管开口，针对病变组织直接取材。

【适应证】

1. 异常子宫出血者。
2. 不孕症、反复流产者以及怀疑宫腔粘连者。
3. 评估超声检查的异常宫腔回声及占位性病变。
4. 节育器的定位及取出。

【禁忌证】

1. 急性及亚急性生殖道炎症。
2. 严重心肺功能不全或血液疾患。
3. 近期有子宫穿孔或子宫手术史。

【物品准备】

阴道窥器 1 个，宫颈钳 1 把，敷料钳 1 把，卵圆钳 1 把，子宫探针 1 根，刮匙 1 把，宫颈扩张器 4～8 号，小药杯 1 个，弯盘 1 个，纱球 2 个，纱布 2 块，5% 葡萄糖液 500ml，庆大霉素 8 万 U 1 支，地塞米松 5mg 1 支，宫腔镜等。

【操作方法】

1. 病人排尿后取膀胱截石位，消毒外阴及阴道，铺无菌巾。阴道窥器暴露宫颈，再次消毒阴道、宫颈。宫颈钳夹持宫颈。
2. 探针探查宫腔，扩张宫颈至大于镜体外鞘直径半号，使镜管能够进入。
3. 接通液体膨宫泵，排空管内气体，以 100mmHg 压力向宫腔内冲入 5% 葡萄糖液，将宫腔镜插入宫腔，冲洗宫腔至流出液清亮。调整液体流量和宫腔内压力，移动宫腔镜管按顺序检查宫腔。
4. 在退出过程中检查宫颈内口和宫颈管，取出宫腔镜。

【护理要点】

1. 术前详细询问病史，糖尿病病人应选用 5% 甘露醇液替代 5% 葡萄糖液。术前必须进行妇科检查、宫颈脱落细胞学检查和阴道分泌物检查。
2. 月经净后 1 周内检查为宜。
3. 术中注意观察受检者的反应，给予其心理支持。
4. 术后卧床休息 30 分钟，观察并记录受检者的生命体征，有无腹痛等，应用抗生素 3～5 天。
5. 保持会阴部清洁，2 周内禁止性交及盆浴。

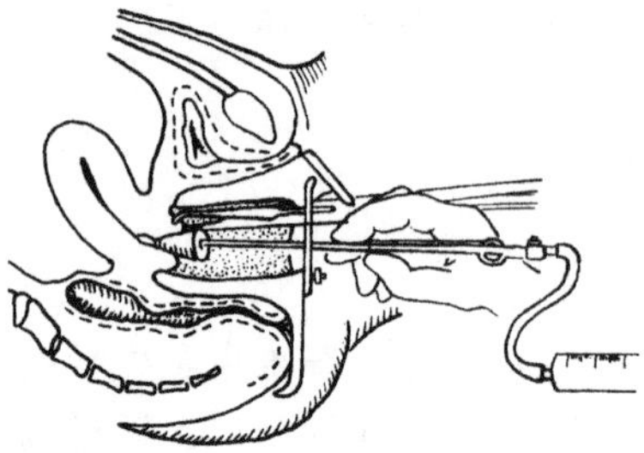

图 23-9　输卵管通畅检查

第 10 节　输卵管通畅检查

输卵管通畅检查可检查输卵管是否通畅；了解子宫和输卵管形态及输卵管阻塞部位。常用方法有输卵管通液术、子宫输卵管造影术（图 23-9）。

【适应证】

原发或继发不孕症，男方精液正常，疑有输卵管阻塞者；评价输卵管绝育术、输卵管再通术或输卵管成形术的效果；疏通输卵管轻度粘连，防止输卵管再通术后吻合口再粘连。

【检查时间】

一般应在月经干净后 3～7 天进行输卵管通畅检查，术前 3 天禁止性生活。

【物品准备】

阴道窥器 2 个，宫颈导管 1 根，弯盘 1 个，卵圆钳 1 把，宫颈钳 1 把，子宫探针 1 根，长镊子 1 把，宫颈扩张器 4～5 号，无菌洞巾 1 块，纱布数块，棉球、棉签数个。输卵管通液术需：20 ml 注射器 1 具，0.9% 氯化钠注射液 20 ml，8 万 U 庆大霉素注射液 1 支，5 mg 地塞米松注射液 1 支。子宫输卵管造影术需：20 ml 注射器 1 具，40% 碘化油造影剂 1 支等。

【操作方法】

1. 患者排尿后取膀胱截石位，常规消毒外阴及阴道，铺无菌巾。双合诊检查子宫大小及位置。

2. 用窥器暴露宫颈，消毒阴道及宫颈。宫颈钳夹持宫颈前唇，沿宫腔方向伸入宫颈导管约 3cm，并使之与宫颈外口紧密相贴。

3. 用 Y 形管将宫颈导管与注射器和压力表相连，向宫颈导管内缓慢推注，同时注意观察阻力大小、患者表情、有无液体反流及腹痛等。输卵管碘油造影者，将 40% 碘化油缓慢注入宫颈导管，在 X 线透视下，观察碘化油流经宫腔及输卵管的情况并摄片，24 小时后再摄盆腔平片，观察腹腔内碘油播散情况。

4. 取出宫颈钳及宫颈导管，消毒宫颈、阴道，取出阴道窥器。

【护理要点】

1. 有内、外生殖器官急性炎症，慢性盆腔炎急性或亚急性发作，体温高于 37.5℃者，或有严重的全身性疾病，不能耐受手术者禁止此项检查。

2. 术前向患者讲解手术的目的、步骤，可能出现的意外（如输卵管损伤、心脑综合征、造影剂过敏或栓塞等），以取得患者的合作。

3. 检查所用物品是否完备。通液所用 0.9% 氯化钠注射液应加温至接近体温后应用，以免过冷刺激输卵管发生痉挛。

4. 对输卵管造影术者，应询问患者有无碘过敏史，并做碘过敏试验。

5. 术中及时了解患者的感受，观察患者下腹部疼痛的性质、程度。注意观察患者有无过敏症状。

6. 手术后安置患者休息，观察 1 小时无异常，方可让患者离院。嘱患者术后 2 周内禁性生活和盆浴，按医嘱服用抗生素。

目标检测

A_1 型题

1. 做输卵管通液术的时间是（　　）
   A. 月经期
   B. 月经来潮前 3～7 天
   C. 月经干净后 3～7 天
   D. 月经干净后 7～10 天
   E. 月经干净后 14 天
2. 卵巢功能检查的方法错误的是（　　）
   A. BBT 测定
   B. 宫颈黏液检查
   C. 阴道清洁度检查
   D. 子宫内膜检查
   E. 激素测定
3. 了解卵巢的内分泌功能行阴道涂片的取材部位是（　　）
   A. 宫颈管
   B. 阴道下 1/3 侧壁
   C. 阴道口
   D. 阴道后穹隆
   E. 阴道上 1/3 侧壁
4. 宫颈刮片标本固定液是（　　）
   A. 35 %乙醇　B. 45 %乙醇
   C. 55 %乙醇　D. 75 %乙醇
   E. 95 %乙醇
5. 需做宫颈活体组织检查的是（　　）
   A. 巴氏染色Ⅲ级　B. 急性宫颈炎
   C. 不孕症　D. 葡萄胎
   E. 月经失调
6. 分娩时不考虑做会阴切开的是（　　）
   A. 胎儿宫内窘迫　B. 前置胎盘
   C. 妊娠高血压疾病　D. 会阴过紧
   E. 早产
7. 会阴切开缝合术后常规应做（　　）
   A. 阴道检查　B. 肛门检查
   C. 腹部检查　D. B 超检查
   E. X 线检查
8. 会阴切开缝合术后产妇的体位是（　　）
   A. 平卧位　B. 半卧位
   C. 头低臀高位　D. 患侧卧位
   E. 健侧卧位
9. 胎头吸引术助产时一般牵引时间不超过（　　）
   A. 5 分钟　B. 10 分钟
   C. 15 分钟　D. 20 分钟
   E. 30 分钟
10. 胎头吸引术助产时一般负压为（　　）
   A. 100～200mmHg
   B. 200～300mmHg
   C. 300～400mmHg
   D. 400～500mmHg
   E. 500～600mmHg
11. 胎头吸引助产的新生儿护理错误的是（　　）
   A. 密切观察颅内出血征象
   B. 观察面色、反应、肌张力等
   C. 静卧 24 小时
   D. 24 小时后沐浴
   E. 维生素 K_1 肌内注射
12. 下列剖宫产术前准备哪项错误（　　）
   A. 禁食、禁水　B. 留置导尿管
   C. 准备腹部皮肤　D. 鉴定血型、备血
   E. 常规应用吗啡

（陈云梅）

第24章　妇女保健

学习目标

1. 了解妇女病普查普治及劳动保护的相关规定。
2. 了解妇女保健工作的目的和意义。
3. 熟悉妇女保健工作内容。

第1节　妇女保健工作的目的和意义

考点：妇女保健工作的核心

妇女保健（health care of women）是我国卫生保健事业的重要组成部分，其宗旨是维护和促进妇女身心健康。妇女保健工作以维护生殖健康为核心，通过积极的普查、预防保健、监护和治疗措施，开展儿童期、青春期、围婚期、生育期、围生期、围绝经期及老年期的各项保健工作，控制某些疾病的发生及性传播疾病的传播，降低孕产妇及围生儿死亡率，减少患病率和伤残率，从而提高妇女生活质量、促进妇女身心健康。

【妇女保健工作的组织机构】

1. 行政机构

（1）卫生部内设基层卫生与妇幼保健司，并下设妇幼保健处及儿童保健处领导全国妇幼保健工作。

（2）省（直辖市、自治区）卫生厅设基层卫生与妇幼保健处。

（3）市（地）级卫生局设妇幼保健科。

（4）县（市）级卫生局设妇幼保健所。

2. 专业机构

（1）妇幼卫生专业机构：如各级妇产科医院、儿童医院；综合性医院的妇产科、计划生育科、儿科、预防保健科；中医医疗机构中妇科、儿科；妇产科、儿科诊所以及各级妇幼保健机构。

（2）各级妇幼保健机构

1）国家机构级：目前为设立在中国疾病预防中心的妇幼保健中心与各省、市、县妇幼保健机构，构成我国妇幼保健服务体系。

2）省级：省妇幼保健院（三级机构）。

3）（地）市级：（地）市级妇幼保健院（所）（三级机构）。

4）县级：县级妇幼保健院（所）（二级机构）。

5）乡卫生院妇幼保健组和社区卫生服务等（一级机构）。

第 2 节　妇女保健工作内容

【女童保健】

女童保健是指对 10 岁以下的女性儿童提供的特殊保健服务，是与女童生殖系统健康有关的保健。

1．女童的身心特点　体格发育迅速，但生殖器官还处于幼稚型，由于生殖系统自然防御功能较差，又缺乏自我保健意识，易发生感染与外伤。女童期也是心理发展的重要时期。

2．保健要点

（1）个人卫生保健：女童父母或看护人要帮助女童养成良好的卫生习惯，保持外阴清洁卫生，包括每日清洗外阴，选择纯棉质地内衣裤并每日更换。这种从童年开始形成的良好卫生习惯，对女性一生的生殖健康都有利。

（2）性生理和心理教育：老师和家长合理引导和教育，帮助女童识别性身份和性角色，促进性心理健康发育；此外，教会女童学会自我保护，防范性侵犯等。

（3）疾病的预防：玩耍时少穿开裆裤，避免骑跨锐物等，预防感染及损伤。要注意婴幼儿饮食结构，适当进行日光浴，预防贫血和佝偻病。同时加强体育锻炼等。

【青春期保健】

世界卫生组织（WHO）规定青春期为 10—19 岁，身心发育都经历着巨大改变。

1．青春期的生理特点　青春期身体及生殖器官发育很快，第二性征形成，开始出现月经。月经初潮是青春期开始的标志，由于卵巢功能尚不健全，故初潮后月经周期也无一定规律，须经逐步调整才接近正常。

2．青春期的心理特点　青少年随着生理上的变化会产生不同的心理反应，如抑郁、焦虑、自卑等心理。且容易与周围的事情发生冲突。渴望独立、自我意识不断增强，认知能力显著提高，性兴趣和性冲动产生。

3．保健要点

（1）营养指导：营养成分合理搭配，提供充足的热量，三餐有度。

（2）卫生指导：保持外阴清洁干燥，经期使用消毒卫生巾并及时更换，注意下腹部和下肢保温，忌食寒凉、辛辣刺激性食物；经期可用清水清洗外阴，不宜坐浴、盆浴；经期应适当休息，保持心情愉快。

（3）乳房保健：佩戴合适的乳罩；科学饮食、适当进行游泳、打球等有利于锻炼胸部及上臂肌肉的运动，以促进乳房发育。

（4）心理卫生教育：帮助青少年建立良好的人际关系，培养健全人格和健康的心理。

（5）性教育：对青少年进行性生理及心理知识宣教，培养良好性道德；健康的性意识、性价值观；健康性行为，避免发生意外妊娠及性传播疾病。

【婚前保健】

婚前保健是指对准备结婚的男女双方在结婚登记前进行婚前医学检查、婚前卫生指导、婚前卫生咨询的保健服务。内容包括：

1．婚前医学检查　通过医学检查发现并治疗可能影响结婚和生育的疾病。如严重的重要脏器疾病、生殖系统发育障碍或畸形；严重遗传性疾病；艾滋病、淋病、梅毒、麻风病等指定传染病；精神分裂症等。

2. 婚前卫生指导 婚前保健医师为准备结婚的男女双方提供与结婚、生育以及预防病残儿出生等有关的生殖保健知识教育，主要是性卫生知识、生育知识和遗传病防治知识的健康教育。

3. 婚前卫生咨询 婚前保健医师与准备结婚的男女就有关婚配、生育保健等问题进行面对面的交谈与商讨，解答问题，提供医学指导意见。

【生育期保健】

此期妇女具有旺盛的生殖能力，保健的主要目的是维护正常生殖功能，保证母婴安全，降低孕产妇死亡率和围生儿死亡率。同时给予计划生育指导，避免因孕育或节育引发各种疾病。指导内容主要包括：

1. 大力推广以避孕为主的综合节育措施。
2. 通过各种手段，降低人工流产率和中期妊娠引产率。
3. 提高计划生育手术质量，减少和防止手术并发症产生。
4. 开展不孕不育诊治服务。
5. 防治生殖道感染及性传播疾病。

【围生期保健】

我国围生期是指妊娠满28周到产后1周，对孕产妇、胎儿、新生儿进行一系列健康保健工作，保证母婴安全。

1. 孕前期保健 指导夫妻双方选择最佳的受孕时期，如适宜年龄（女性最佳生育年龄在21—29岁，男性最佳生育年龄在23—30岁）、最佳的身体心理状态、良好的社会环境等，积极治疗对妊娠有影响的疾病，戒烟戒酒，避免接触有毒物质和放射线，长期使用避孕药物避孕者应该用工具避孕半年后再妊娠，确保优生优育。

2. 孕期保健

（1）孕早期保健：避免接触各种有害因素。应尽早确诊妊娠，对孕妇进行全方面检查，确定是否适宜妊娠。进行高危妊娠初筛，及时治疗各种内科合并症。同时还应进行孕期保健指导，定期进行产前检查等。

（2）孕中期保健：应加强营养，适当补钙、铁等，监测胎儿生长发育的各项指标及孕妇的健康状况，预防和及早发现胎儿发育异常。对高危妊娠进行筛查，如胎儿开放性神经管缺损和唐氏综合征等，若疑有畸形或遗传病、高龄产妇还应进行产前诊断。

（3）孕晚期保健：应定期行产前检查，注意胎盘功能和胎儿宫内安危的监护，注意营养均衡，防止妊娠并发症，及早发现并矫正胎位异常。对孕期进行健康宣教，包括自然分娩的优点、临产的判断、分娩过程、乳房护理、母乳喂养及新生儿护理知识与技巧、产前准备等。

3. 分娩期保健 目的是确保顺利分娩，母儿安全。做到“五防、一加强”，防出血、防感染、防滞产、防产伤、防窒息，加强产时监护和产程处理。

4. 产褥期保健 目的是预防并发症的发生，促进产妇生理功能的恢复。

（1）健康宣教：指导产妇注意卫生，特别是会阴和乳房的清洁；居室安静、舒适，温度、湿度适宜；营养均衡；自然分娩的产妇，产后6～12小时可起床做轻微活动，坐起后无眩晕方可行走；产后第二日可在室内活动；按时做产后保健操，运动量逐渐增加；同时指导正确母乳喂养，护理新生儿。

（2）心理保健：产后加强观察，积极发挥社会支持系统特别是丈夫的积极作用，减少产后抑郁。对于已发生心理障碍的高危产妇，要高度重视，必要时进行专业心理治疗和咨询。

（3）产后检查及计划生育指导：产后 42 天，对母婴都应进行一次全面检查。产后检查包括产后访视及产后健康检查。产褥期内禁止性生活。

5. 哺乳期保健　哺乳期一般为 10 个月左右。WHO 倡导纯母乳喂养 6 个月，向孕产妇宣教母乳喂养的优点及有关问题的处理方法；如母婴无异常，指导母亲产后半小时内即开始早吸吮；指导母亲如何喂奶，以及在与婴儿分开时如何保持泌乳；除母乳外，禁止给新生儿喂任何食物及饮料，除非有医学指征；实行产后母婴同室，按需喂哺；不给母乳喂养的婴儿使用奶头作安慰物或吸吮橡皮乳头。

【围绝经期保健】

围绝经期保健的主要目的是提高围绝经期妇女的自我保健意识和生活质量。

1. 健康宣教，使围绝经期妇女了解这一特殊时期的生理、心理特点，合理安排生活，加强营养，适度运动，并保持心情愉悦。指导其保持外阴部清洁，防止感染。每 1～2 年定期进行 1 次妇科常见疾病和肿瘤的筛查。

2. 为预防子宫脱垂和张力性尿失禁发生，应鼓励并指导妇女进行缩肛运动，每日 2 次，每次 15 分钟。积极防治绝经前期月经失调；对绝经后阴道流血者，给予明确诊断。

3. 在医师的指导下用激素替代疗法或补充钙剂等综合措施，防治围绝经期综合征和骨质疏松。

4. 指导避孕至停经 1 年以上，宫内节育器绝经 1 年后取出。

考点：妇女不同时期保健要点；围生期保健的“五防、一加强”；男、女性最佳生育年龄

【老年期保健】

随着身体各器官功能的衰老，老年妇女心理和生活发生改变，易产生各种心理障碍及疾病。老年妇女保健的主要内容包括规律生活、均衡饮食、适当锻炼、保持心情舒畅、定期体检、防治老年期常见病和多发病，提高生活质量。

第 3 节　妇女病普查普治及劳动保护

【常见妇科病防治】

定期对育龄妇女进行妇科常见病及肿瘤的普查普治工作，一般要求 35 岁以上妇女每 1～2 年普查 1 次。普查内容包括妇科检查、阴道分泌物检查、宫颈刮片检查、超声检查。育龄妇女注意感染性疾病、月经失调、妇科肿瘤的防治，中老年妇女以防癌为重点。通过对妇女的普查普治，做到早发现、早诊断、早治疗，进而维护妇女健康，提高妇女生活质量。

【妇女劳动保护】

目前我国已经颁布了《女职工劳动保护规定》《女职工禁忌劳动范围的规定》《中华人民共和国妇女权益保障法》《中华人民共和国母婴保健法》等法律法规，对我国劳动妇女劳动保护提供了法律保障和依据。

1. 月经期　禁忌从事冷水低温作业，不得从事搬运、装卸等重体力的劳动及高处、野外等作业；重度痛经及月经过多的女职工应休假 1～2 日；月经异常女职工不宜从事接触铅、苯、汞等可能影响女性内分泌的工作。

2. 孕前期　准备妊娠女性禁忌在铅、苯、汞作业场所从事《有毒作业分级》标准中第Ⅲ、Ⅳ级作业；从事铅作业女工，即使没有铅中毒表现也要先做驱铅治疗后再妊娠等。

3. 孕期 怀孕女职工在劳动时间内进行产前检查，所需时间计入劳动时间；怀孕期间，所在用人单位不得安排从事国家规定的第Ⅲ级体力劳动强度的劳动；不得安排加班加点；怀孕满7个月以上的女职工，用人单位不得延长劳动时间或者安排夜班劳动，并应当在劳动时间内安排一定的休息时间；用人单位不得因女职工怀孕、生育、哺乳而降低其工资、予以辞退、与其解除劳动或聘用合同；禁忌从事放射物质超标的作业、禁忌从事抗癌药物及己烯雌酚生产作业等。

4. 分娩期 女职工生育享受98天产假，其中产前可以休假15天；难产的，应增加产假15天；生育多胞胎的，每多生育1个婴儿，可增加产假15天；女职工怀孕未满4个月流产的，享受15天产假；怀孕满4个月流产的，享受42天产假。女职工执行计划生育的可按本地区本部门规定延长假期。

5. 哺乳期 对哺乳未满1周岁婴儿的女职工，用人单位不得延长劳动时间或者安排夜班劳动；用人单位应当在每天的劳动时间内为哺乳期女职工安排1小时哺乳时间；女职工生育多胞胎的，每多哺乳1个婴儿每天增加1小时哺乳时间。女职工若在哺乳期内，不得安排其从事国家规定的第Ⅲ级体力劳动强度的劳动，不得安排加班。

考点：常见妇科病普查的时间、项目；不同时期妇女劳动保护的相关规定

6. 围绝经期 社会应给予围绝经期女职工广泛的理解和关怀。经医疗保健机构诊断为围绝经期综合征者，经治疗效果不佳，不适应现任工作时，应适当减轻工作或暂时安排其他事宜的工作，对接触有毒物质和噪声的女职工，若围绝经期症状较重，可暂时调离。

7. 其他 妇女应遵守国家计划生育法规，但也有不育的自由；各单位对妇女应定期进行防癌为主的妇女病普查、普治；女职工的劳动负荷，单人负重一般不得超过25kg，两人抬运总重量不得超过50kg等。

目标检测

A_1型题

1. 国家对边远贫困地区的母婴保健事业给予（　　）
   A. 赞助　　B. 扶持
   C. 拨款　　D. 资助
   E. 帮助
2. 婚前卫生咨询的内容是（　　）
   A. 病史调查
   B. 对有关婚配，生育保健等问题
   C. 对双方可能犯的疾病的检查
   D. 关于性卫生知识，生育知识和遗传病知识
   E. 预防接种
3. 关于孕前指导以下哪项是错误的（　　）
   A. 如果夫妇婚后不准备避孕应向双方进行孕前指导
   B. 经济困难，居住拥挤不属于不利于妊娠的心理社会因素
   C. 受孕应在夫妇双方身心健康良好的情况下进行
   D. 如有长期接触对胎儿有毒有害物质的历史暂不适合妊娠
   E. 孕前指导是围产保健中的重要一环
4. 下列哪项职业有害因素与女工妊娠高血压发病率无关（　　）
   A. 铅　　B. 麻醉剂气体
   C. 氯乙烯　　D. 强烈噪声
   E. 苯系混合物
5. 下列哪一项不是环境因素影响生殖健康的特点（　　）
   A. 环境因素可影响生殖细胞突变，可影响生殖过程和结局
   B. 环境因素可影响生殖过程的任何一个环节，造成生殖功能障碍或不良生殖结局
   C. 孕晚期接触环境有害因素对孕妇及胎儿没有影响
   D. 环境致畸因素可通过妊娠中的母体，干扰正常的胚胎发育过程，引起先天缺陷
   E. 孕期接触环境有害因素，可导致子代体能和智能损害或通过胎盘致癌

（张艳民）

实　训

实训一　女性生殖系统解剖

【实训目的】

1. 通过实训熟悉女性内生殖器官与邻近器官的关系。
2. 掌握正常女性骨盆的结构、分界及骨性标志；女性内、外生殖器官的解剖和功能。
3. 培养学生小组合作能力，引导学生自主学习。

【实训内容】

1. 骨盆及骨盆底结构及功能。
2. 内外生殖器官的结构与功能。
3. 内生殖器官的邻近器官。

【实训准备】

1. 电教片及播放设备或制作女性生殖系统的课件。

2. 模型（正常女性骨盆模型、骨盆底模型、内外生殖器模型、女性内生殖器与邻近器官模型及挂图）。

【实训方法与步骤】

1. 多媒体教学　课件展示正常女性骨盆、女性内外生殖器官、女性内生殖器官的邻近器官结构图。

2. 实训室实训操作练习　学生分组讨论，利用模型辨认女性骨盆及骨盆底（骨盆的骨骼组成及其位置；骨盆的分界线及位置；常用的骨性标志：髂前上棘、髂嵴、耻骨弓、坐骨结节、坐骨棘、坐骨切迹、骶尾关节、骶髂关节、耻骨联合等；骨盆底的组成及其与尿道、阴道的关系）。辨认女性生殖器官（外生殖器：阴阜、大阴唇、小阴唇、阴蒂及阴道前庭的解剖结构；内生殖器：阴道、子宫、输卵管及卵巢的解剖结构）。辨认内生殖器与邻近器官（膀胱、尿道、输尿管、直肠、阑尾的位置及其和内生殖器的关系）。教师巡回矫正反馈。学生分组总结讨论结果，由小组代表发言阐述各个器官的结构及功能。

3. 书写实训报告

【检测实训结果】

1. 每组代表汇报讨论结果，老师对小组学习情况进行综合评价，并完善补充。

2. 利用护理模型随机抽查，学生描述正常女性骨盆、骨盆底、内外生殖器、女性内生殖器与邻近器官结构并阐述其功能。

【注意事项】

1. 实训前认真学习正常女性生殖系统解剖的相关内容。

2. 实训时遵守纪律，认真观看，积极参与讨论。

3. 培养学生小组合作能力，引导学生自主学习，爱护教具、模型。

实训二　产前检查技能训练（腹部四步触诊、骨盆外测量）

【实训目的】

1. 通过实训掌握妊娠期妇女的护理评估方法。

2. 学会腹部四步触诊、骨盆外测量以及宫高和腹围的测量方法。

3. 培养学生对工作认真负责、关爱病人的良好职业素质和较强的人际沟通能力。

【实训内容】

1. 腹部四步触诊的检查方法。

2. 骨盆外测量方法。

3. 宫高和腹围的测量方法。

【实训准备】

1. 电教片及播放设备或制作产前检查的课件。

2. 孕妇模型、骨盆模型、骨盆外测量仪及软尺。

【实训方法与步骤】

1. 多媒体教学　播放产前检查图片、动画或视频。

2. 实训室实训操作练习　学生分组，用模型练习腹部四步触诊、骨盆外测量以及宫高和腹围的测量。

3. 书写实训报告

【检测实训结果】

1. 每组抽查至少 1 名同学，其他同学及老师对其进行评价，并矫正。

2. 批改实训报告。

【注意事项】

1. 实训前认真学习产前检查的相关内容。

2. 实训时遵守纪律，认真观看，积极动手操作。

3. 实训时爱护模型，能与病人进行有效沟通。

实训三　正常分娩产妇的护理训练

【实训目的】

1. 通过实训熟悉待产室和分娩室的布局、设备、护理管理。

2. 掌握产程的划分，描述 3 个产程的进展、产程观察及护理配合。学会缩宫素、胎心监护仪的临床应用。

3. 培养学生对工作高度负责、关爱病人的职业素质和良好的人际沟通能力。

【实训内容】

1. 参观待产室及分娩室。
2. 讲解或观察产程的划分、各产程的临床经过及护理配合。
3. 缩宫素及胎心监护仪的临床应用。

【实训准备】

1. 选择典型案例。
2. 准备相关录像。
3. 在医院产科准备病例。

【实训方法与步骤】

1. 参观待产室及分娩室

（1）由带教老师讲解：分娩室的总体要求。

（2）介绍设备：①产床的结构与使用；②接生用物；③常备急救用具及药物；④红外线辐射新生儿抢救台及新生儿娩出后体检用物；⑤必备检查用物；⑥消毒洗手装置、消毒药液等。

（3）介绍产房管理制度，观看产房的各项管理规章条例。

（4）同学讨论参观后的感受。

2. 讲解或观察产程的划分、各产程的临床经过及护理配合

（1）产程划分。

（2）各产程的临床经过及护理配合。

3. 缩宫素及胎心监护仪的临床应用

4. 书写实训报告

【检测实训结果】

每组选代表汇报讨论结果，老师对其进行综合评价，并完善补充。

【注意事项】

1. 实训前认真学习正常分娩的相关内容。
2. 实训时遵守纪律，认真观看，积极参与讨论。
3. 医院见习时关心体贴病人，语言亲切、态度和蔼。敏感问题不要当着病人和家属的面发问，应避开病人和家属再向老师请教。
4. 滴注催产素时须有专人看护并填写记录，如收缩过强或胎心率变化，应减慢或停止静脉滴注。

实训四　新生儿沐浴

【实训目的】

1. 掌握新生儿沐浴前的准备工作。
2. 掌握新生儿沐浴的基本方法，新生儿脐部及臀部护理。
3. 培养爱婴观念。

【实训内容】

1. 新生儿沐浴的准备工作。
2. 新生儿沐浴的操作步骤及方法。
3. 新生儿沐浴时的注意事项。

【实训准备】

1. 护士准备

（1）护士着装整洁，戴口罩，系好围裙。

（2）修平指甲，取下手表、戒指等饰物，衣服口袋内无锐利物品。

（3）六步洗手法清洁双手。

2. 新生儿准备 哺乳后1小时进行，避免新生儿溢乳或过度饥饿。

3. 用物准备

（1）沐浴池：使用一次性中单铺好沐浴垫。

（2）洗浴物品：大浴巾、小毛巾、换洗衣服、尿片、婴儿专用的沐浴露、润肤露、电子秤、新生儿远红外线辐射台、护臀膏、眼药水。

（3）脐护理盘：75%乙醇、消毒棉签、消毒纱布、脐带护理包。

（4）水温调节：38～42℃，先放凉水再放热水，可用温度计或手腕内侧试水温。

4. 环境准备 关闭门窗，避免对流风，调节室温至26～28℃，光线柔和，可播放轻柔的音乐增加沐浴气氛。

【实训方法与步骤】

1. 问候与解释 护士做自我介绍，简介沐浴过程，取得家长配合。

2. 核对与评估

3. 洗头面部

4. 洗全身

5. 沐浴后处理

（1）脐部护理。

（2）眼、鼻护理。

（3）更换尿片，穿好衣服，裹好包被，注意保暖，再次检查腕带，核对新生儿信息。

6. 健康宣教

7. 整理用物、洗手、记录

【检测实训结果】

1. 分组进行模拟练习，老师巡回指导。
2. 随机抽查学生练习情况，统一进行操作考核。

【注意事项】

1. 实训前认真学习新生儿沐浴的相关内容。
2. 实训时遵守纪律，认真练习，积极参与讨论。
3. 实训时爱护模型、教具。

实训五　母乳喂养指导训练

【实训目的】

1. 掌握乳房护理前的准备工作。
2. 掌握乳房护理的基本方法。
3. 能进行母乳喂养指导。

【实训内容】

1. 母乳喂养指导的准备工作。
2. 母乳喂养指导的操作步骤及方法。
3. 母乳喂养注意事项。

【实训准备】

1. **护士准备**　护士着装整洁，戴口罩，洗手。
2. **产妇准备**　取舒适体位，放松，注意保暖。
3. **用物准备**　治疗车、治疗盘、弯盘、镊子或止血钳、无菌纱布块、无菌干棉球。
4. **环境准备**　关闭门窗，调节室温，光线明亮，拉床帘，保护产妇隐私。

【实训方法与步骤】

1. **问候与解释**　护士向产妇做自我介绍，简介操作目的及注意事项，取得产妇配合。
2. **核对与评估**　核对产妇的姓名、床位，评估母乳喂养情况。
3. **观察乳房**　有无异常。
4. **清洁乳房**
5. **按摩乳房**
6. **母乳喂养指导**
7. **撤去用物，放在治疗车下层，整理床单位**
8. **健康宣教**
9. **整理用物，洗手后记录操作情况**

【检测实训结果】

1. 分组进行模拟练习，老师巡回指导。
2. 利用护理模型随机抽查学生练习情况，统一进行操作考核。

【注意事项】

1. 实训前认真学习母乳喂养的相关内容。
2. 实训时遵守纪律，认真练习，积极参与讨论。
3. 指导产妇哺乳时注意观察新生儿面色、呼吸等情况。

实训六　妊娠期并发症的护理措施训练

【实训目的】

1. 通过实训掌握妊娠期并发症的疾病特点，能够初步进行病例分析，学会制定护理措施。

2. 培养学生的临床思维能力和分析综合能力，善于归纳总结，具有良好的表达能力和人际沟通能力。

【实训内容】

1. 流产、异位妊娠的案例分析及护理措施制定。
2. 前置胎盘和胎盘早剥的案例分析及护理措施制定。
3. 妊娠高血压疾病的案例分析及护理措施制定。
4. 早产和过期妊娠的案例分析及护理措施制定。

【实训准备】

1. 案例资源

案例 1

赵女士，28 岁。已婚，已停经 2 月余，腹痛并阴道出血不止一天收住入院。入院时体检：体温 36.6℃，心率 89 次 / 分，呼吸 23 次 / 分，血压 90/55mmHg。妇科检查：子宫约孕 7 周大小，宫颈口微张，内有胎盘样组织堵塞，有活动性出血，量中等。病人诉腹痛、头晕、恶心。医嘱给予急诊刮宫术。

案例 2

刘女士，平素月经规律，停经 61 天，曾做尿妊娠试验为阳性。今晨突发腹痛而晕厥，阴道少量流血。入院查体：血压 64/40mmHg，心率 132 次 / 分，左下腹明显压痛、反跳痛，阴道后穹隆穿刺抽出暗红色不凝固血液。

案例 3

王女士，40 岁。G1P0，孕 36 周，水肿（++），血压 160/110mmHg，水肿延及大腿中部，呈凹陷性。取随意尿查尿蛋白（+++）。一天前出现头痛、恶心。入院诊断为重度子痫前期。目前重点应用硫酸镁治疗。

案例 4

张女士，35 岁。妊娠 30 周，因无痛性间断阴道大量出血 5 小时急诊入院。查体：体温 36.6℃，脉搏 102 次 / 分，呼吸 18 次 / 分，血压 80/50mmHg，腹部大小与妊娠周数相符，LOA，无宫缩，胎心 140 次 / 分。

案例 5

孕妇李女士，30 岁。孕 1 产 0，妊娠 34 周，有原发性高血压病史，合并妊娠高血压综合征。2 小时前突然腹痛，阴道流血，如月经量，色鲜红。查体：体温 36.8℃，脉搏 110 次 / 分，血压 70/40mmHg，宫底剑突下三指，腹壁硬如板状，压痛明显，胎位不清，胎心音消失。肛查：宫颈管未消失，宫颈口未开。

案例 6

某孕妇，妊娠 34 周，孕 2 产 0。今日出现腹痛伴阴道少量流血 4 小时急诊入院。查体：体温 36.5℃，脉搏 76 次 / 分，呼吸 20 次 / 分，血压 110/70mmHg，腹痛 4～5 分钟出现1次，每次30秒左右。胎心140次/分，宫口开大2cm。诊断为早产临产。

案例7

某孕妇，宫内妊娠43周尚无分娩发动，自觉胎动明显减少而就诊。自述胎动计数12小时8次。查体：子宫大小与妊娠周数相符，ROA，宫颈软。缩宫素激惹试验（OCT）出现频繁的胎心晚期减速。随意尿雌三醇与肌酐（E/C）比值为9。

2. 电教片及播放设备

【实训方法与步骤】

1. 医院见习　将全班分成若干小组，分别由老师或医院的带教老师指导，最好采用护理查房的方式进行。

2. 多媒体播放电教片　通过观看电教片，熟悉以上疾病及临床操作，师生共同归纳疾病特点。

3. 案例分析　课件展示案例，选出学生代表抽取案例，分组讨论，制定护理措施，由小组代表发言。

4. 教师点评，总结

5. 书写实训报告

【检测实训结果】

1. 每组选代表汇报讨论结果，各组推荐1名评委组成评委组进行评价。
2. 老师对代表发言和评委组评价进行归纳点评，并完善补充。

【注意事项】

1. 实训前认真复习妊娠期并发症的相关内容。
2. 实训时衣帽整齐，遵守纪律，认真观看，积极参与讨论。
3. 医院见习时关心体贴病人，语言亲切、态度和蔼。敏感问题不要当着病人和家属的面发问，应避开病人和家属再向老师请教。

（张　欣）

实训七　新生儿窒息的救护训练

【实训目的】

1. 做好新生儿窒息复苏的准备工作。
2. 掌握新生儿窒息复苏的准备及技术：保持气道通畅，建立呼吸，维持正常循环。
3. 培养学生对工作高度负责、关爱患儿的职业素质和良好的人际沟通能力。

【实训内容】

1. 新生儿窒息复苏的保暖措施。
2. 清理呼吸道技术护理配合。
3. 复苏囊人工呼吸和心脏按压技术的护理配合。

【实训准备】

1. 护士准备 衣帽整洁，洗手，戴口罩。

2. 物品准备 喉镜、各种型号气管套管、金属芯、胶布、剪刀、氧气管、氧气源、吸引设备（吸引器、吸痰管）、复苏气囊及面罩、听诊器等。

3. 药品准备 肾上腺素、纳洛酮、注射用水等急救药品。

4. 新生儿复苏模型

【实训方法与步骤】

1. 教师演示或观看电教片 将全班分成若干小组，分别由老师指导。课件展示案例，学生分组讨论，由小组代表发言，师生共同归纳疾病特点、护理诊断，制定护理措施。

2. 实验室实训操作练习 用模型练习新生儿窒息的救护及护理配合。

（1）防止热量散失：置新生儿于辐射热源保暖区；消毒浴巾擦干身体及头部；移去湿毛巾。

（2）建立通畅呼吸道。

（3）诱发呼吸：进行触觉刺激，轻拍足底或弹足跟，摩擦背部。

（4）评价新生儿：观察呼吸、心跳、皮肤颜色三项指标，进行决策。

（5）面罩气囊人工呼吸。

（6）胸外按摩。

（7）气管插管。

【检测实训结果】

1. 每组选代表汇报讨论结果，老师对其进行综合评价，并完善补充。
2. 利用护理模型随机抽查学生演示操作程序。

【注意事项】

1. 实训前认真学习新生儿窒息的相关内容。
2. 实训时遵守纪律，认真观看，积极参与讨论。
3. 复苏过程中每30秒评估一次。新生儿经过复苏，生命体征恢复正常以后仍有可能恶化，复苏后要进行严密监护。

实训八 妊娠合并心脏病孕妇的护理措施训练

【实训目的】

1. 通过产科查房，明确心脏病孕妇最危险的时期。
2. 能向病人介绍妊娠合并心脏病时心脏病与妊娠两者间的互相影响。
3. 能够对妊娠合并心脏病孕妇进行护理。

【实训内容】

1. 妊娠合并心脏病孕妇的护理措施。
2. 高危产妇的临床监护。

【实训准备】

1. 选择典型病例。
2. 妊娠孕妇模型、抢救车、心电监护设备、吸氧装置及用物和药品等。
3. 准备相关 PPT 及录像。
4. 在医院产科准备病例。

【实训方法与步骤】

1. 实训室实训操作练习 利用模型结合典型病例开展训练。

2. 多媒体教学 PPT 或录像展示案例，学生分组讨论，由小组代表发言，师生共同归纳疾病特点、护理诊断，制定护理措施。

3. 医院见习 将全班分成若干小组，分别由老师或医院的带教老师指导，最好采用护理查房的方式进行。

4. 书写实训报告

【检测实训结果】

1. 每组选代表汇报讨论结果，老师对其进行综合评价，并完善补充。
2. 利用护理模型随机抽查学生演示妊娠合并心脏病典型病例的护理操作程序。

【注意事项】

1. 实训前认真学习妊娠合并心脏病的相关内容。
2. 实训时遵守纪律，认真观看，积极参与讨论。
3. 医院见习时关心体贴病人，语言亲切、态度和蔼。敏感问题不要当着病人和家属的面发问，应避开病人和家属再向老师请教。

实训九　产后出血产妇的救护训练

【实训目的】

1. 通过实训熟悉产后出血产妇的身心状况和护理评估。
2. 掌握产后出血产妇的护理诊断，学会制定护理措施。学会按摩子宫的手法。
3. 培养学生对工作高度负责、关爱病人的职业素质和良好的人际沟通能力。

【实训内容】

1. 宫缩乏力性产后出血的案例分析及按摩子宫止血方法。
2. 胎盘因素引起的产后出血病因分析及手术护理配合。
3. 软产道损伤引起产后出血的修补缝合方法及注意事项。

【实训准备】

1. 选择产后出血的典型案例。
2. 电教片及播放设备或制作产后出血的课件。
3. 模型（按摩子宫法、人工剥离胎盘术、清宫术、会阴裂伤缝合术）及手术相关器械及用物和药品。

【实训方法与步骤】

1. 医院见习 将全班分成若干小组，分别由老师或医院的带教老师指导，最好采用护理查房的方式进行。

2. 多媒体教学 课件展示案例，学生分组讨论，由小组代表发言，师生共同归纳疾病特点、护理诊断，制定护理措施。

3. 实训室实训操作练习 用模型练习腹壁按摩子宫法操作。

4. 书写实训报告

【检测实训结果】

1. 每组代表汇报讨论结果，老师对其进行综合评价，并完善补充。
2. 利用护理模型随机抽查学生演示产后出血的止血操作程序。

【注意事项】

1. 实训前认真学习产后出血的相关内容。
2. 实训时遵守纪律，认真观看，积极参与讨论。
3. 医院见习时关心体贴病人，语言亲切、态度和蔼。敏感问题不要当着病人和家属的面发问，应避开病人和家属再向老师请教。
4. 按摩子宫先排空膀胱，同时加用宫缩剂。

实训十 妇科检查的护理配合

【实训目的】

1. 通过实训能熟练完成妇科检查的各项准备工作；熟记妇科检查时的注意事项。
2. 能熟练配合完成妇科检查，独立完成接受检查妇女的健康宣教。
3. 培养学生对工作高度负责、关爱病人的职业素质和良好的人际沟通能力。

【实训内容】

1. 外阴部检查、阴道窥器检查的操作方法及护理配合。
2. 双合诊、三合诊、肛腹诊的操作方法及手术护理配合。
3. 妇科检查的记录内容与规范。

【实训准备】

1. 选择接受妇科检查的典型案例。
2. 视频教学片、课件、微课。
3. 妇科检查设备准备。诊查床、妇科检查台、妇科检查模型、立灯、污物桶、器具浸泡桶（内盛消毒液）、洗手设备；妇科检查用物准备：窥阴器、消毒手套、润滑剂，必要时备镊子、棉球、棉签、试管、玻片、刮板及常用药品等。
4. 操作者准备。护士着装整齐，修剪指甲，戴无菌帽子、口罩，戴消毒手套。
5. 病人准备。向病人简单说明检查目的和方法，以解除顾虑，配合检查。检查前嘱病人排尿，协助病人脱衣裤；检查床上铺消毒垫，协助病人平卧位，双腿屈膝外展，注意保暖。

【实训方法与步骤】

1. 借助多媒体教学资料线上学习妇科检查。
2. 讲解实训内容，教师在模拟妇科检查室利用妇科检查模型及器具进行妇科检查的操作示教；正确向医生递送检查物；检查中正确采集标本并及时送检。
3. 学生分组进行操作练习，教师巡回指导、答疑。要求每位同学在模型上按实训要求操作演练3遍。
4. 临床见习：学生分组到医院妇科门诊见习，由带教老师示范操作与指导。
5. 书写实训报告。

【检测实训结果】

1. 随机抽测学生利用模型进行操作演示，就操作质量给予讲评纠错。
2. 实验评价，由指导老师和实验组长分头考核每位学生，并记录考核成绩。

【注意事项】

1. 实训前认真学习妇科检查的相关内容。
2. 实训时着装整齐，提前到岗；遵守纪律，认真操作；严格无菌观念。
3. 医院见习时关心体贴病人，语言亲切、态度和蔼。敏感问题不要当着病人和家属的面发问，应避开病人和家属再向老师请教。
4. 强调妇科检查时的注意事项让学生牢记。

实训十一　腹部手术患者的护理措施训练

【实训目的】

1. 通过实训熟悉腹部手术的种类、手术适应证。
2. 掌握腹部手术术前、术日、术后的各项护理措施。
3. 培养学生的动手能力、关爱病人的职业素质和良好的人际沟通能力。

【实训内容】

1. 熟悉各项术前准备工作，掌握妇科腹部手术备皮的范围和方法。
2. 熟悉各项手术日的准备工作，掌握阴道冲洗、阴道上药及标记宫颈的操作方法。
3. 了解术后护理措施。

【实训准备】

1. 电教片及播放设备或制作妇产科腹部手术课件。
2. 模型（女性腹部模型）及相关器械及用物和药品。

【实训方法与步骤】

1. **多媒体教学**　播放电教片（备皮和阴道冲洗、阴道上药及标记宫颈）。
2. **教师示教**　教师分步骤逐步讲解各项操作。

3. 实验室实训操作练习 用模型练习上述操作。

4. 书写实训报告

【检测实训结果】

1. 每组选代表口述妇科腹部手术相关的护理措施，老师对其进行综合评价，并完善补充。
2. 利用护理模型随机抽查学生演示操作过程。

【注意事项】

1. 实训前认真学习腹部手术患者护理措施的相关内容。
2. 实训时遵守纪律，认真观看，积极参与讨论。
3. 操作过程中，注意严格按照无菌技术原则。
4. 实训时关心病人，能进行有效沟通。

实训十二 妇科常用护理技术训练

【实训目的】

1. 通过实训熟悉需实施会阴擦洗（冲洗）、阴道灌洗、会阴湿热敷、阴道或宫颈上药、坐浴妇女的身心状况和护理评估。

2. 掌握需实施会阴擦洗（冲洗）、阴道灌洗、会阴湿热敷、阴道或宫颈上药、坐浴妇女的护理诊断，学会制定护理措施及实施过程。

3. 培养学生对工作高度负责、关爱病人的职业素质和良好的人际沟通能力。

【实训内容】

1. 会阴擦洗（冲洗）操作过程及注意事项。
2. 阴道灌洗操作过程及注意事项。
3. 会阴湿热敷操作过程及注意事项。
4. 阴道或宫颈上药操作过程及注意事项。
5. 坐浴操作过程及注意事项。

【实训准备】

1. 选择需实施会阴擦洗（冲洗）、阴道灌洗、会阴湿热敷、阴道或宫颈上药、坐浴病人的典型案例。

2. 电教片及播放设备或制作妇科常用护理技术的课件。

3. 实施会阴擦洗（冲洗）、阴道灌洗、会阴湿热敷、阴道或宫颈上药、坐浴所需用物。

【实训方法与步骤】

1. 医院见习 将全班分成若干小组，分别由老师或医院的带教老师观摩操作。

2. 多媒体教学 课件展示案例，学生分组讨论，由小组代表发言，师生共同归纳操作特点，制定操作步骤。

3. 实训室实训操作练习 用模型练习会阴擦洗（冲洗）、阴道灌洗、会阴湿热敷、阴道或宫颈上药、坐浴操作。

4. 书写实训报告

【检测实训结果】

1. 每组选代表汇报讨论结果，老师对其进行综合评价，并完善补充。

2. 利用护理模型随机抽查学生演示会阴擦洗（冲洗）、阴道灌洗、会阴湿热敷、阴道或宫颈上药、坐浴操作程序。

【注意事项】

1. 实训前认真学习会阴擦洗（冲洗）、阴道灌洗、会阴湿热敷、阴道或宫颈上药、坐浴的相关内容。

2. 实训时遵守纪律，认真观看，积极参与讨论。

3. 医院见习时关心体贴病人，语言亲切、态度和蔼。敏感问题不要当着病人和家属的面发问，应避开病人和家属再向老师请教。

4. 做好解释与沟通工作，操作时注意保暖和遮挡，如护士为男性，必须有一名女护士陪同。

实训十三　计划生育妇女的护理训练

一、IUD 的放置与取出术

【实训目的】

1. 掌握宫内节育器放置术的术前准备。

2. 掌握宫内节育器放置术的术中配合及术后护理。

3. 了解宫内节育器放置术的操作方法及注意事项。

【实训内容】

1. IUD 的放置术。

2. IUD 的取出术。

【实训准备】

1. 实训物品

（1）无菌器械包：阴道窥器 1 个、消毒钳 2 把、宫颈钳 1 把、探针 1 根、放置器 1 把、取环器 1 把、宫颈扩张器 4～6 号各 1 根、弯盘 1 个、剪刀 1 把、药杯 1 个、节育器、双层大包布 1 块、洞巾 1 块、脚套 2 只、干纱布、棉球若干。

（2）无菌手套 1 双、常规消毒液棉球。

（3）消毒包装的节育器：使用前注意查看有无破损或过期。凡浸泡消毒的节育器，使用前均应用无菌液冲洗除去药液。

2. 多媒体资料、计划生育模型

【实训方法与步骤】

1. 医院见习　将全班分成若干小组，分别由老师或医院的带教老师指导，见习 IUD 放置及取出术的操作过程 。

2. 多媒体教学 课件展示案例，播放教学录像，让学生加深认识。

3. 实验室实训操作练习 用模型练习 IUD 的放置与取出术。

4. 书写实训报告

【检测实训结果】

1. 利用护理模型随机抽查学生演示 IUD 的放置与取出术的操作程序。
2. 随机抽查学生叙述 IUD 放置与取出术的注意事项。

【注意事项】

1. 严格无菌操作，向宫腔放置节育器时避免碰触外阴及阴道，防止感染。
2. 操作过程中应技术熟练，动作轻柔。
3. 取环时切忌粗暴用力，硬性牵拉，以避免发生脏器损伤和大出血。宫口较紧者应 行扩张术后再取出节育器。牵拉过程中尾丝断离、脱落，可改用钳取。
4. 取器困难者应在 B 超监护下操作，也可暂时观察，下次月经后再取。

二、人工流产手术

【实验目的】

1. 掌握人工流产手术的术前准备。
2. 掌握人工流产手术的术中配合及术后护理。
3. 了解人工流产手术的操作步骤。

【实训内容】

1. 负压吸引术。
2. 钳刮术。

【实训准备】

1. 物品准备

（1）人工流产器械包：消毒钳 1 把、阴道窥器 1 个、宫颈钳 1 把、探针 1 个、宫颈扩张器 4～10 号（钳刮术时至 14 号）各 1 根、级管 5～8 号各 1 根、连接胶管 1 根、小头卵圆钳 1 把、有齿卵圆钳 1 把、小刮匙 1 把、换药碗 1 个、弯盘 1 个、小药杯 1 个、双层大包布 1 块、孔巾 1 块、脚套 2 只、长棉签 2 支、干棉球、纱布若干。以上物品打包后高压灭菌消毒备用。

（2）其他物品：负压吸引装置，16～18 号导尿管 1 根，无菌手套 1 双，缩宫素。

2. 多媒体资料

3. 计划生育模型

【实训方法与步骤】

1. 医院见习 将全班分成若干小组，分别由老师或医院的带教老师指导，最好采用护理查房的方式进行。

2. 多媒体教学 课件展示案例，播放教学录像，学生分组讨论，由小组代表发言，师生共同制定护理措施。

3. **实训室实训操作练习**　用模型练习负压吸引术及钳刮术的操作。

4. **书写实训报告**

【检测实训结果】

1. 利用护理模型随机抽查学生演示负压吸引术和钳刮术的操作程序。
2. 每组为负压吸引术的受术者制定一份护理计划，老师对其进行综合评价，并完善补充。

【注意事项】

1. 严格遵守无菌操作规程，防止感染。
2. 正确判定子宫大小、位置，动作轻柔。
3. 正确使用负压吸引管，吸管进出宫颈必须关闭负压开关或将橡皮管夹住，以防损伤宫颈内膜，术后发生宫颈粘连。
4. 注意检查吸出物，当发现吸出物与术前诊断不符时，应及时查明原因。

参考文献

戴鸿英，简雅娟．2013．母婴护理．北京：高等教育出版社
丰有吉．2005．妇产科学．北京：人民卫生出版社
黄会霞，曹姣玲．2013．妇产科护理．北京：军事医学科学出版社
蒋莉，杨在华．2013．妇产科护理学．北京：中国医药科技出版社
乐杰．2012．妇产科学．第 7 版．北京：人民卫生出版社
黎梅．2011．妇产科护理．第 2 版．北京：科学出版社
李晋爱．2010．妇科护理．北京：人民卫生出版社
刘文娜．2010．妇产科护理．北京：人民卫生出版社
罗琼，王娅莉．2015．妇产科护理学．第 2 版．北京：高等教育出版社
王彩霞，朱梦照，陈芬．2013．妇产科护理．武汉：华中科技大学出版社
夏海鸥．2014．妇产科护理学．第 3 版．北京：人民卫生出版社
谢幸，苟文丽．2013．妇产科学．第 8 版．北京：人民卫生出版社
张欣．2015．妇产科护理．第 3 版．北京：中国中医药出版社
张欣．2015．妇科护理学．北京：科学出版社
张新宇．2011．妇产科护理．第 2 版．北京：人民卫生出版社
张新宇，田小英．2012．妇产科护理．北京：高等教育出版社
郑修霞．2012．妇产科护理．第 5 版．北京：人民卫生出版社
朱梦照．2012．妇产科护理 . 北京：科学出版社
朱壮彦．2012．妇产科护理学．第 2 版．北京：科学出版社

英汉名词对照

abnormal labor 异常分娩
abortion 流产
adolescence 青春期
abnormal uterine action 子宫收缩力异常
amenorrhea 闭经
amniotic fluid embolism 羊水栓塞
androgen 雄激素
Apgar score 阿普加评分
atrophic vaginitis 萎缩性阴道炎
artificial abortion 人工流产
bacterial vaginosis 细菌性阴道病
Barthelin glands 巴多林腺
bartholinitis 前庭大腺炎
breech presentation 臀先露
carcinoma of vulva 外阴癌
cervical cancer 子宫颈癌
cervicitis 宫颈炎
childhood 儿童期
choriocarcinoma 绒毛膜癌
Couvelaire uterus 库弗莱尔子宫
crowning of head 胎头着冠
dermoid cyst 皮样囊肿
dysfunctional uterine bleeding，DUB 功能失调性子宫出血
dysmenorrhea 痛经
dystocia 难产
ectopic pregnancy 异位妊娠
endometriosis，EMT 子宫内膜异位症
endometrial carcinoma 子宫内膜癌
estrogen，E 雌激素
expected date of confinement，EDC 预产期
extrauterine pregnancy 宫外孕
fallopian tube or oviduct 输卵管
fertilization 受精
fetal distress 胎儿窘迫
fetal lie 胎产式
fetal macrosomia 巨大胎儿
fetal period 胎儿期
fetal sition 胎方位
fetal presentation 胎先露
fetal heart rate,FHR 胎心率
follicle-stimulating hormone，FSH 促卵泡素
gestational diabetes mellitus，GDM 妊娠期糖尿病
gestational trophoblastic disease，GTD 妊娠滋养细胞疾病
gestational trophoblastic neoplasia，GTN 妊娠滋养细胞肿瘤
gonadotropin-releasing hormone，GnRH 促性腺激素释放激素
growth spurt 生长加速
head visible on vulval gapping 胎头拨露
Hegar sign 黑加征
human chorionic gonadotropin，HCG 人绒毛膜促性腺激素
human placental lactogen，HPL 人胎盘生乳素
hydatidiform mole 葡萄胎
hypertensive disorders in pregnancy 妊娠期高血压疾病
infertility 不孕症
intrauterine device，IUD 宫内节育器
invasive mole 侵蚀性葡萄胎
Krukenberg tumor 库肯勃瘤
last mestrual period，LMP 末次月经
late puerperal hemorrhage 晚期产后出血
lochia 恶露
luteinizing hormone，LH 促黄体生成素
menstruation 月经
menarche 月经初潮
Meigs syndrome 梅格斯综合征
menopause 绝经
menopausal transition period 绝经过渡期
multiple pregnancy 多胎妊娠
myoma of uterus 子宫肌瘤
neglected shoulder presentation 忽略性肩先露
neonatal asphyxia 新生儿窒息
neonatal period 新生儿期

ovary 卵巢
ovulation 排卵
oligohydramnios 羊水过少
ovarian tumor 卵巢肿瘤
ovarian tumor like condition 卵巢瘤样病变
past menstrual period，PMP 前次月经日期
patholopic retraction ring 病理性缩复环
perineum 会阴
pelvis 骨盆
pelvic inflammatory disease，PID 盆腔炎性疾病
peri-menopause period 围绝经期
perinatology 围生医学
placenta 胎盘
placental abruption 胎盘早剥
placenta previa 前置胎盘
polyhydramnios 羊水过多
postmenopausal period 绝经后期
postpartum hemorrhage 产后出血
postpartum depression 产后抑郁症
postterm pregnancy 过期妊娠
postterm delivery 过期产
premature delivery 早产
premature rupture of membranes，PROM 胎膜早破
pregnancy 妊娠
precipitate delivery 急产
progestin，P 孕激素
puberty 青春期
puerperal infection 产褥感染
puerperal morbidity 产褥病率
puerperium 产褥期
rupture of uterus 子宫破裂
senility period 老年期
sexual maturity period 性成熟期
Sheehan syndrome 席汉综合征
spontaneous ahortion 自然流产
shoulder presentation 肩先露
teratoma 畸胎瘤
term delivery 足月产
trichomonal vaginitis 滴虫性阴道炎
twin pregnancy 双胎妊娠
uterus 子宫
uterine myoma 子宫肌瘤
uteroplacental apoplexy 子宫胎盘卒中
uterine inertia 子宫收缩乏力
uterine overcontraction 子宫收缩过强
uterine prolapse 子宫脱垂
vagina 阴道
vulvitis 外阴炎
vulvovaginal candidiasis，VVC 外阴阴道假丝酵母菌病

（李湫莲）

参考答案

第 2 章

1. E 2. D 3. C 4. C 5. D 6. C 7. C 8. C 9. E 10. E 11. A 12. A 13. D 14. B 15. E 16. C 17. A 18. B 19. D 20. C 21. C 22. B 23. A 24. B 25. E 26. A 27. B 28. C 29. E 30. C 31. E 32. A

第 3 章

1. C 2. A 3. D 4. E 5. D 6. C 7. A 8. E 9. C 10. D 11. E 12. D 13. C 14. A 15. C 16. B 17. C 18. C

第 4 章

1. A 2. E 3. B 4. C 5. E 6. C 7. C 8. E 9. E 10. B 11. D 12. C 13. A 14. D 15. B 16. C 17. D 18. C 19. E 20. C 21. D 22. B 23. A 24. B 25. C 26. B

第 5 章

1. B 2. E 3. C 4. A 5. D 6. B 7. B

第6章

1. D 2. E 3. B 4. E 5. A 6. A
7. D 8. C 9. D 10. D 11. B 12. C
13. C 14. C 15. A 16. A 17. D 18. C
19. C 20. C 21. C 22. D

第7章

1. E 2. D 3. C 4. E 5. A 6. E

第8章

1. D 2. E 3. A 4. B 5. D 6. A
7. D 8. A 9. D 10. B 11. D 12. C
13. A 14. D 15. C 16. C 17. C 18. B
19. E 20. E 21. C 22. E 23. D 24. D
25. E 26. E 27. A 28. B 29. C 30. C
31. C 32. D 33. E 34. A 35. C 36. B
37. D 38. B 39. E 40. D

第9章

1. D 2. B 3. D 4. C 5. C 6. B
7. D 8. E 9. B 10. A 11. C 12. C
13. D 14. D 15. D 16. E 17. C 18. E

第10章

1. A 2. C 3. A 4. D 5. A 6. A
7. B 8. B 9. D 10. C 11. C 12. C
13. C 14. E 15. A 16. A 17. E 18. E
19. E 20. B

第11章

1. B 2. D 3. E 4. E 5. B 6. E
7. B 8. C 9. D

第12章

1. C 2. A 3. A 4. B 5. C 6. C
7. C 8. B 9. D 10. B

第13章

1. B 2. B 3. B 4. C 5. A 6. D
7. C 8. D 9. E 10. B 11. A 12. B

第14章

1. D 2. D 3. C 4. D 5. A 6. B
7. E 8. A

第15章

1. C 2. A 3. C 4. B 5. C 6. D
7. B 8. D 9. D 10. D

第16章

1. A 2. C 3. A 4. C 5. C 6. E
7. E 8. C 9. B 10. B 11. D 12. C
13. B 14. E 15. C 16. B 17. A 18. E
19. D 20. A 21. D 22. C 23. D 24. B

第17章

1. A 2. D 3. D 4. C 5. E 6. D
7. C 8. B 9. C 10. B 11. C 12. C
13. B 14. A 15. E 16. C 17. D 18. C
19. E 20. B 21. C 22. B

第18章

1. D 2. B 3. E 4. A 5. C 6. A
7. B 8. E 9. B 10. D

第19章

1. E 2. A 3. E 4. B 5. D 6. D
7. B 8. D 9. C 10. A 11. D 12. A
13. A 14. C 15. A 16. D 17. A 18. E
19. D

第20章

1. C 2. E 3. B 4. E 5. B 6. C

第21章

1. A 2. D 3. C 4. D 5. C 6. A
7. C 8. B 9. A 10. C

第22章

1. C 2. C 3. B 4. C 5. B 6. A
7. D 8. C 9. E 10. A 11. A 12. C
13. D 14. B 15. E 16. D 17. C 18. A
19. D

第23章

1. C 2. C 3. E 4. E 5. A 6. B
7. B 8. E 9. D 10. B 11. D 12. E

第24章

1. B 2. B 3. B 4. B 5. C